城市轨道交通职业技能鉴定
培训系列教材

城市轨道交通职业技能鉴定培训系列教材

城市轨道交通
变配电检修工

童岩峰　　章新华　　主　编

冯洪高　　王庆友　　周骏鑫　　副主编

苗因山　　主　审

中国铁道出版社

2017 年·北京

内 容 简 介

　　本书为城市轨道交通职业技能鉴定培训系列教材之一,全书共分六章:城市轨道交通变配电系统概述、变配电系统的运行及管理、变配电设备检修组织、变配电设备检修、继电保护、供电设备施工组织等内容,每章后面配有复习题,供课后复习使用。

　　本书不仅是城市轨道交通变配电检修岗位培训、技能鉴定的培训教材,也可作为城市轨道交通大专院校、职业学校、学生的教学参考用书。

图书在版编目(CIP)数据

城市轨道交通变配电检修工/童岩峰,章新华主编
—北京:中国铁道出版社,2015.12(2017.7重印)
城市轨道交通职业技能鉴定培训系列教材
ISBN 978-7-113-20508-9

Ⅰ.①城… Ⅱ.①童… ②章… Ⅲ.①城市铁路—轨道交通—变电所—配电系统—检修—职业技能—鉴定—教材　Ⅳ.①U239.5

中国版本图书馆 CIP 数据核字(2015)第 284407 号

书　　名:城市轨道交通变配电检修工
作　　者:童岩峰　章新华　主编

策　　划:金　锋
责任编辑:阚济存　　　　编辑部电话:010-51873133　　　　电子信箱:td51873133@163.com
封面设计:时代澄宇
责任校对:马　丽
责任印制:郭向伟

出版发行:中国铁道出版社(100054,北京市西城区右安门西街8号)
网　　址:http://www.tdpress.com
印　　刷:北京明恒达印务有限公司
版　　次:2015年12月第1版　2017年7月第2次印刷
开　　本:787 mm×1 092 mm　1/16　印张:20.5　字数:521 千
书　　号:ISBN 978-7-113-20508-9
定　　价:56.00 元

随着我国城市轨道交通行业的蓬勃发展，培养一支技能型、实操型、有一技之长的高级蓝领队伍，打造企业的脊梁型人才，已成为行业内的当务之急。同时，建立一套完善的职业技能鉴定体系，打通企业技能员工晋升通道，引导和激励员工爱岗学技，岗位成才，保持员工队伍的稳定，对企业具有至关重要的意义。

南京地铁集团有限公司和南京铁道职业技术学院依托联合成立的"地铁学院"一体化办学平台，整合双方优质资源，共同开展了城市轨道交通企业职业技能鉴定体系开发工作。在编制完成南京地铁各岗位职业标准、鉴定要素细目表、题库的基础上，以南京地铁运营实践和南京铁道职业技术学院城市轨道交通专业建设为基础，结合国内上海、广州等地铁公司培训教材开发的情况，推出了城市轨道交通职业技能鉴定培训系列教材。

这套教材的推出，是在城市轨道交通行业职业资格证书建设方面进行的一个尝试，旨在为我国城市轨道交通行业的职业教育发展探索一条可持续发展之路。

本系列教材力求在以下方面有所突破：

一是力求教材内容具有较强的针对性。根据岗位职业标准中的基础知识及技能要求，结合鉴定要素细目表，教材内容覆盖了各工种需掌握的完整知识点和技能，将理论知识和实际操作有机结合，力求符合实际工作要求，具有较强的实操性。

二是力求教材系统完整，系统之间有机衔接。教材力避职业标准中不连续、比较原则和简略等弊端，按照连接性和扩展性的知识和技能要求进行必要的细化和展开，使相关的技能和知识连成线、织成片；并注重各专业的有机衔接，补充必需的基础性、辅助性知识和技能，形成一个相对独立、有利于学员、学生学习的培训教材体系。

　　三是力求教材编排融合度高。根据对应职业标准中五个等级的内容及考核比重表的要求，按培训规范中对应培训科目的培训目标、培训内容、培训学时等要求，将五个等级的内容要求融合为一体进行编写。

　　四是力求教材通用性好。教材对各岗位通用的基础知识、专业基础知识编写形成统一的通用教材，供各岗位使用，确保通用知识内容的准确性，使员工在转岗时能适应多个岗位的学习需要。

　　五是力求教材适用性广。教材内容以南京地铁运营公司的技术装备和运营实践为主，同时，结合各地铁公司使用的设备和运营管理情况，保证教材除满足南京地铁培训需要外，还可供其他地铁公司作为培训教材参考使用，相互交流。同时，教材可满足高级、中级、初级不同级别员工的培训、学习需要，既可作为普及型教材，亦可作为高技能人才培养教学用书。

　　由于编写时间仓促，且城市轨道交通行业尚未形成国家统一的标准和体系，教材中一定有许多不妥之处，恳请读者和广大同行批评指正、补充完善。另外，在教材的编写过程中参阅了大量书籍、报刊、学术论文、网站等有关资料，虽已尽可能在参考文献中加以注明，但仍有可能存在遗漏，在此特别说明并致谢！

2014 年 8 月 8 日

城市轨道交通是一个庞大复杂的技术系统,包括了线路、车辆、供电、通信、信号、自动售检票、屏蔽门等众多专业,涵盖了土建、机械、电气设备、电子信息、环境控制、运输组织等各个门类。为了保证城市轨道交通列车安全、正点运行,在集中调度、统一指挥的原则下,要求与运营有关的各部门、各专业、各工种之间按照统一的工作计划——列车运行图,协调一致地进行生产活动。因此对从业人员开展岗位培训及技能训练已成为城市轨道交通行业职业教育的重要任务。

在城市轨道交通众多专业岗位中,变配电检修工担负着为城市轨道交通各系统提供电能、保证系统正常运转的重要职责。为了保证变配电设备的正常运转,变配电检修工除了进行设备的日常维护和各种级别的检修施工外,还要在突发事件中与调度人员、接触网人员、乘务人员、工务人员、车站人员等共同进行事故处理,因此变配电检修工需要具备全面的城市轨道交通行业和供电方面的专业知识,以及良好的心理素质。

本书根据南京地铁与南京铁道职业技术学院共同制定的城市轨道交通变配电检修工职业标准、鉴定要素细目表及培训规范编写,内容涵盖了城市轨道交通变配电检修工初、中、高级工和技师、高级技师五个等级的知识和技能要求,主要内容包括城市轨道交通变配电系统组成、变配电系统的运行与管理、变配电设备的检修组织、变配电设备的检修内容和方法、继电保护、变配电设备施工等6个方面。除此之外,城市轨道交通变配电检修工还需要掌握城市轨道交通职业要求及各专业基本知识、电工电子知识、计算机及网络知识、机械基础知识、识图绘图知识、电力系统和高电压理论知识、变配电设备原理、安全用电和触电急救知识,这些内容在本套系列教材的通用教材和供电基础教

FOREWORD

材中专门介绍,本教材不再重复叙述。本书不仅是城市轨道交通变配电检修岗位培训、技能鉴定的培训教材,也可以作为城市轨道交通大专院校、职业学校学生的教学参考用书。

本书是在借鉴南京地铁运营有限责任公司《高电压系统》教材的基础上,由地铁有关技术人员、专业院校教师共同编写。本教材结合南京地铁近十年来变配电设备运行维护的经验,对城市轨道交通变配电系统的运行与管理、变配电设备的日常巡视与检修作业、倒闸操作、设备试验、故障处理、施工作业等都进行了描述和概括。作为一本面向城市轨道交通一线职工的技术培训教材,理论联系实际是这本教材的特色,力求做到满足现场培训需求。

本书由南京铁道职业技术学院童岩峰、南京地铁运营有限责任公司章新华担任主编,南京地铁运营有限责任公司苗因山担任主审,冯洪高、王庆友、周骏鑫副主编。具体编写分工如下:第一章由南京铁道职业技术学院冯洪高编写,第二章由南京地铁运营有限责任公司王庆友编写,第三章由南京地铁运营有限责任公司周骏鑫编写,第四章第一至第四节由南京地铁运营有限责任公司章新华编写,第四章第五节由南京铁道职业技术学院宋奇吼编写,第四章第六节由南京铁道职业技术学院戴丽君编写,第四章第七节由南京铁道职业技术学院陈明忠编写,第四章第八节由南京铁道职业技术学院徐百钏编写,第四章第九节由南京铁道职业技术学院陈莉编写,第四章第十节由南京铁道职业技术学院杨飏,王雪钰共同编写,第五章、第六章由南京铁道职业技术学院童岩峰编写。全书由童岩峰统稿。

本书在编写过程中,得到了上海上益教育设备制造有限公司申标、朱安君的大力支持,以及南京地铁职教部门、南京铁道职业技术学院地铁学院领导和同仁的关心和指导,在此谨表示诚挚的感谢!

　　由于编写时间仓促,编者水平有限,书中难免有错误和不妥之处,恳请读者批评指正。

　　　　　　　　　　　　　　　　　编　者
　　　　　　　　　　　　　　　　　2015 年 12 月

第一章 城市轨道交通变配电系统概述

通过本章的学习,掌握城市轨道交通供电系统的组成和运行方式,其中重点掌握主变电所、中压环网与牵引供电系统的组成和运行方式,熟悉电力监控系统和低压动力照明供电系统,了解城市轨道交通变电所的类型和设备布置情况。

城市轨道交通供电系统是轨道交通各系统的动力能源和心脏,它主要包括电源系统、牵引供电系统、动力照明供电系统、电力监控系统。它的主要功能在于向轨道交通车辆和各机电设备系统提供安全和可靠的电力供应,满足各级供电网络在正常、事故和灾害情况下的控制、测量、监视、计量和调整的功能、安全操作联锁功能和故障保护功能。

(1)电源系统将来自于城市电网的高压电源降压为地铁使用的中压、或者是将城市电网的中压电源引入地铁,通过中压环网供电网络分配给牵引供电系统和动力照明供电系统。

(2)牵引供电系统将引自于主变电所或者是地方电网的中压电源,通过牵引变电所降压整流,变成适合地铁车辆使用的直流电源,通过接触网和回流网供给地铁车辆使用。

(3)动力照明供电系统将中压电源通过降压变电所降压,变成 AC 380/220 V 的低压电源,供给风机、空调、灯具等动力照明设备使用。

(4)电力监控系统(SCADA)在地铁控制中心,通过调度端、通道和执行端对整个地铁供电系统的主要设备进行控制、监视和测量。

城市轨道交通供电系统是整个电力系统的一部分,而且是末端部分,对于国家电网来说,我们是他的用户。我们有必要先了解一下整个电力系统的组成和特点。

第一节 电力系统概述

电力系统是由发电厂、输配电线路、变配电所和用电单位组成的整体。在同一瞬间,发电厂将发出的电能通过输配电线路、变配电所,输送到用电单位,供给工农业生产和人民生活使用。因此,掌握电力系统基本知识和电力生产的特点,是对电工作业的基本要求。

一、电力系统及其组成

轨道交通需要的电力能源以及我们日常生活用电的电能都是由发电厂生产的。发电厂将自然界蕴藏的一次能源,如水力、煤炭、石油、天然气、风力、热能、太阳能和核能等,转换为电能。

以煤、石油、天然气等作为燃料,燃料燃烧时的化学能转换为热能,然后借助汽轮机等热力机械将热能变为机械能,并由汽轮机带动发电机将机械能变为电能,这种发电厂称火力发电厂,图1-1是火力发电厂生产过程示意图。火力发电厂若既发电又供热则称热电厂。利用江河所蕴藏的水力资源来发电,称水力发电厂。水力发电厂往往需要修建拦河大坝等水工建筑物以形成集中的水位落差,并依靠大坝形成具有一定容积的水库以调节河水流量,由大坝维持在高水位的水经压力水管进入螺旋形蜗壳推动水轮机转子旋转,将水能变为机械能,水轮机转子再带动发电机转子旋转发电,将机械能变成电能,图1-2是水力发电厂生产过程示意图。

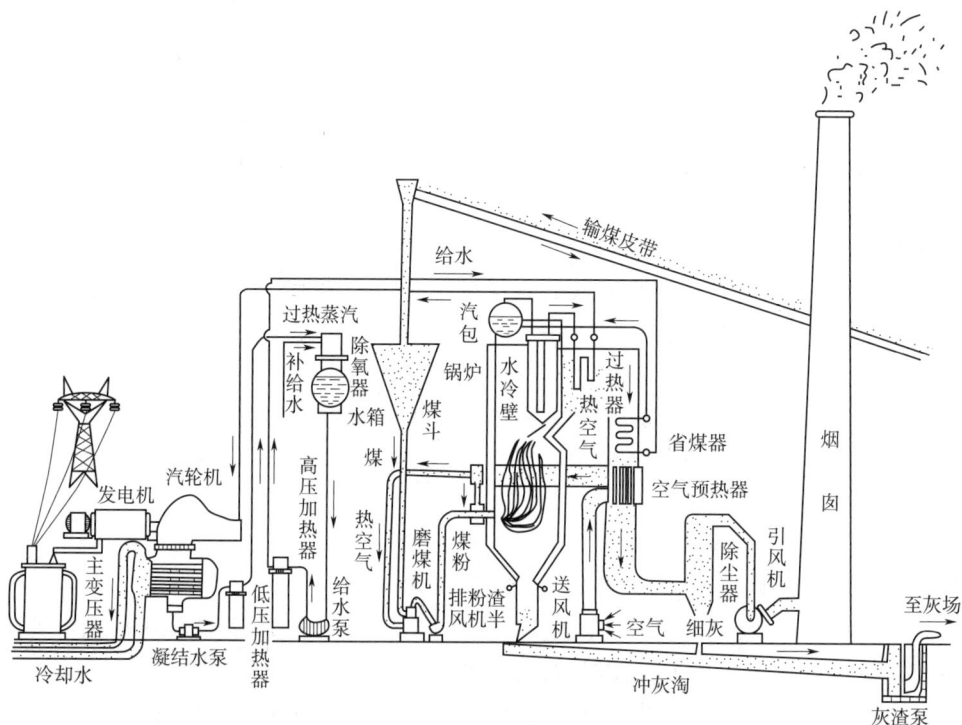

图1-1 火力发电厂生产过程示意图

核能发电厂的基本原理是:核燃料在反应堆内产生核裂变,释放出大量热能,由冷却剂(水或气体)带出,在蒸发器中将水加热为蒸汽,然后像一般火力发电厂一样,用高温高压蒸汽推动汽轮机,再带动发电机发电。

除火电厂、水电厂、核电厂外还有地热电站、风力电站、潮汐电站等等。发电厂大多建在能源产地及交通运输方便、冷却水源充足、火电厂出灰方便、环境保护符合要求、电气出线方便、地质地理条件符合要求的地方,而这些地方往往离用电负荷中心距离较远,如煤炭、石油、天然气往往在盛产的矿区,水力资源集中在河流落差较大的山区。而用电负荷中心往往集中在城市和工业中心,它们之间相距较远,为了减少网络损耗,所以必须建设升压变电所、高压、超高压输电线路,将电能从发电厂远距离输送到负荷中心。很高电压的电能不能直接使用,又必须建设降压变电所,配电线路,将降低到用电设备使用电压的电能送到用电设备。图1-3是从发电厂到用户的供电过程示意图。

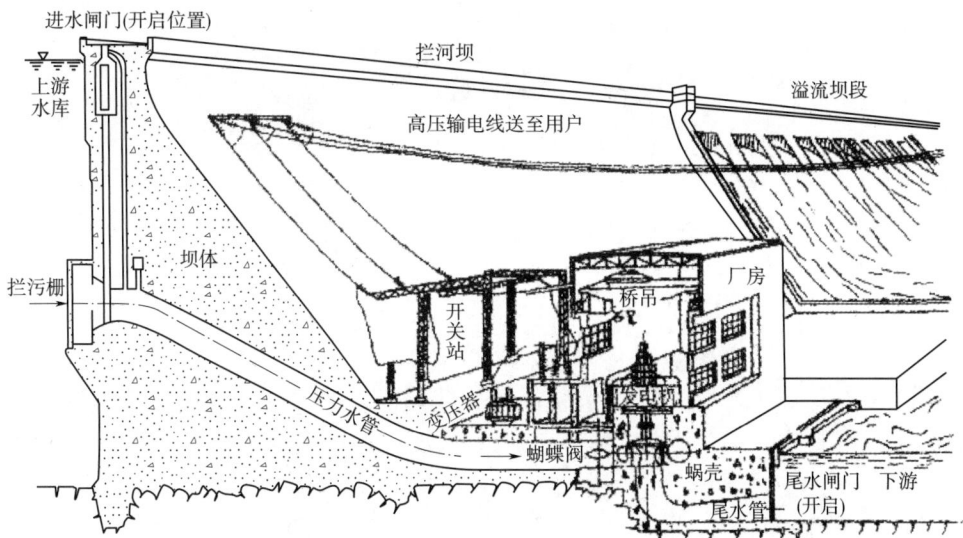

图 1-2 水力发电厂生产过程示意图

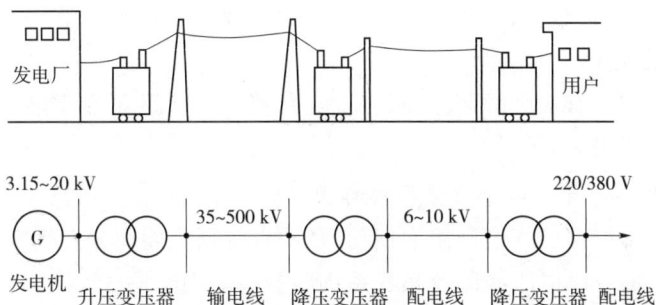

图 1-3 从发电厂到用户的供电过程示意图

为了提高供电可靠性、经济性,合理利用动力资源,充分发挥水力发电厂作用,以及减少总装机容量和备用容量,现在都是将各种类型的发电厂、变电所通过输电线路连接成一个系统。这种由各级电压的电力线路,将各种发电厂、变电所和电力用户联系起来集发电、输电、配电和用电为一体,称电力系统,即从发电厂发电机开始一直到用电设备为止,这一整体称为电力系统。图 1-4 是电力系统的示意图。

大型电力系统主要有下列技术经济优点:

1. 提高供电可靠性

大型电力系统提高了电力系统的稳定性。同时,由于采取了环网、双环网等结构,当系统中某局部设备故障或者某部分线路需要检修时,可以通过变更电力网的运行方式,实现对用户的连续供电,对用户供电的可靠程度也相应提高了。

2. 减少系统的备用容量

地区电网互联形成电力系统后,各地区电网可以实现备用容量的相互支持,为保证电力系统安全运行所必需的备用机组可以减少。

3. 减少系统的峰谷差

大型电力系统通过合理地分配负荷,降低系统的高峰负荷,调整峰谷曲线,提高运行经济性。

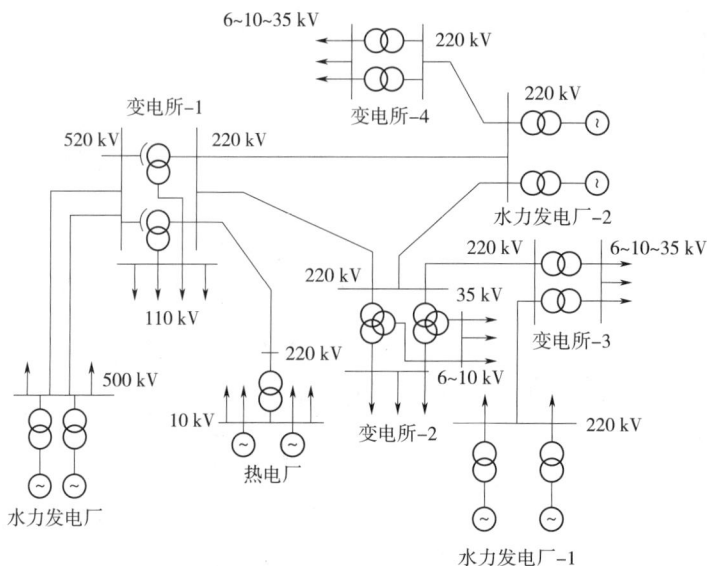

图 1-4　电力系统示意图

4. 提高供电质量

大型电力系统具有强大的调频和调压能力,以及较大的抵御谐波的能力,从而可以有效提高电能质量。

5. 有效利用水力等一次动力资源的作用

大型电力系统能够更好地利用大型动力资源,特别是能充分发挥水力发电厂的作用。电力系统中的各级电压线路及其联系的各级变、配电所的组成部分叫做电力网,或称电网。

电网按其在电力系统中的作用不同,分为输电网和配电网。输电网是以高压甚至超高电压将发电厂、变电所或变电所之间连接起来的送电网络,所以又称为电力网中的主网架。输电网中又分为交流高压输电网(一般指 220 kV 电网)、交流超高压输电网(一般指 330 kV、500 kV、750 kV 电网)、交流特高压输电网(一般指 1 000 kV 及以上电压电网)。另外还有直流输电,一般直流 ± 500 kV 及以下称为高压直流输电;直流 ± 800 kV 称为特高压直流输电。直接将电能送到用户的网络称为配电网。配电网的电压根据用户负荷情况和供电要求而定,配电网中又分为高压配电网(一般指 35 kV、110 kV 及以上电压)、中压配电网(一般指 20 kV、10 kV、6 kV、3 kV 电压)及低压配电网(220 V、400 V)。

二、电力生产的特点

1. 同时性

电能的生产、输送、分配以及转换为其他形态能量的过程,是同时进行的。电能不能大量储存。电力系统中瞬间生产的电力,必须等于同一瞬间使用的电力。

电力生产具有发电、供电、用电在同一时间内完成的特点,决定了发电、供电、用电必须时刻保持平衡,发、供电随用电的瞬时增减而增减。由于具有这个特点,电力系统必须时刻考虑到用户的需要,不仅要搞好发电工作,而且要搞好供电和用电工作,这也是国民经济的需要。

2. 集中性

电力生产是高度集中的、统一的。在一个电网里不论有多少个发电厂、供电公司,都必须接受电网的统一调度,并依据统一质量标准、统一管理办法,在电力技术业务上受电网的统一指挥和领导,电能由电网统一分配和销售,电网设备的启动、检修、停运、发电量和电力的增减都由电网来决定。

3. 适用性

电能使用最方便,适用性最广泛。发电厂、电网经一次投资建成之后,就随时可以运行,电能不受或很少受时间、地点、空间、气温、风雨、场地的限制,与其他能源相比是最清洁、无污染、对人类环境无害的能源。

4. 先行性

(1)工农业生产的提高,需要依靠不断提高机械化和电气化水平来实现,使电能的需要量大大增加;

(2)出现许多规模大、耗电多的工业部门,如电气冶炼、电化学等,电能的需要量大大增加;

(3)农业、交通运输业等,随着新技术推广、将广泛应用电能使电能的需要量大大增加;

(4)人民生活、文化水平不断提高,使居民用电量日益增加。

为此,装机容量、电网容量、发电量增长速度应快于工业总产值的增长。

三、负荷曲线

负荷曲线是反映负荷随时间变化规律的曲线。它以横坐标表示时间,以纵坐标表示负荷值。电力负荷曲线表示出在某一段时间内该地区电力、电量的使用情况。是安排发电计划、检修计划、基建计划和做好电力规划工作的重要参考依据。曲线所包含的面积代表这一段时间内的用电量。

图 1-5 是电力系统的典型日有功负荷曲线。图中,P_{max} 为日最大负荷,俗称"峰";P_{min} 为日最小负荷,俗称"谷"。很显然峰谷差越大,用电就越不合理,造成用电高峰时缺电,用电低谷时要关停发电机。所以要"削峰填谷",在用电量不变的情况下,调整负荷,做到合理用电。

四、用电负荷

用电负荷是用户在某一时刻对电力系统所需求的功率。

为了更好地保证用户供电,通常根据用户的重要程度和对供电可靠性的要求,将电力负荷分为三类。

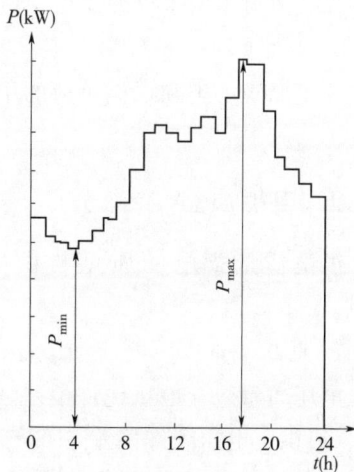

图 1-5 电力系统的典型日有功负荷曲线

1. 一类负荷

凡属于下列情况之一的用电负荷称为一类用电负荷。

(1)中断供电时将造成人身伤亡。

(2)中断供电时将在经济上造成重大损失,例如重大设备损坏、重大产品报废、用重要原料生产的产品大量报废、国民经济中重点企业的连续生产过程被打乱需要长时间才能恢复等。

(3)中断供电时将影响有重大政治、经济意义的用电单位的正常工作,例如重要交通枢纽、重要通信枢纽、重要宾馆、大型体育场馆、经常用于国际活动的大量人员集中的公共场所等用电单位中的重要电力负荷。

在一类用电负荷中,当中断供电将发生中毒、爆炸和火灾等情况的负荷时,以及特别重要场所的不允许中断供电的负荷,称为特别重要的负荷。

一类负荷由两个独立电源供电,当一个电源发生故障时,另一个电源不应同时受到损坏。

一类负荷中的特别重要负荷,除由两个独立电源供电外,还应增设应急电源,并不准将其他负荷接入应急供电系统。应急电源有下列几种:

①独立于正常电源的发电机组,即与电网在电气上独立的电源,例如柴油发电机组等。

②供电网络中独立于正常电源的专用馈电线路。

③蓄电池组。

2. 二类负荷

凡属于下列情况之一的用电负荷称为二类负荷。

(1)中断供电时将在经济上造成较大损失,例如主要设备损坏、大量产品报废、连续生产过程被打乱需较长时间才能恢复、重点企业大量减产等。

(2)中断供电将影响重要用电单位的正常工作,例如交通枢纽等用电单位中的重要电力负荷,以及中断供电将造成大型影剧院、大型商场等较多人员集中的重要公共场所秩序混乱等。

二类负荷由两个电源供电,这两路电源不要求一定要独立。

3. 三类负荷

凡不属于一类和二类负荷的用电负荷称为三类负荷。三类负荷一般由一路电源供电。

五、电能质量

供电质量指电能质量与供电可靠性。电能质量包括电压、频率和波形的质量。

1. 电压

电压质量包含电压允许偏差、电压允许波动与闪变等内容。

(1)供电电压允许偏差

在某一时段内,电压幅值缓慢变化而偏离额定值的程度,以电压实际值和电压额定值之差 ΔU 与电压额定值 U_N 之比的百分数 $\Delta U\%$ 来表示,即

$$\Delta U\% = \frac{U - U_{\mathrm{N}}}{U_{\mathrm{N}}} \times 100\%$$

电压质量对各类电气设备(包括用电设备)的安全、经济运行有直接的影响。因为电气设备都是按在额定电压条件下运行而设计制造的,当其端电压偏离额定电压时,电气设备的性能就要受到影响。就照明负荷来说,当电压降低时,白炽灯的发光效率和光通量都急剧下降;当电压上升时,白炽灯的寿命将大为缩短。对电力负荷中大量使用的异步电动机而言,因为异步电动机的转矩与端电压的平方成正比,如果电压降低过多,电动机可能停转,或不能启动,定子、转子电流都显著增大,导致电动机的温度上升,甚至烧坏电动机;反之,当电压过高时,会使电气绝缘老化过程加快、设备寿命缩短等。此外,电视、广播、传真、雷达等电子设备对电压质量的要求更高,电压过高或过低都将使特性严重改变而影响正常运行。

如上所述,不仅各种用电负荷的工作情况均与电压的变化有着极其密切的关系,而且,电压的过高、过低也给电力系统本身造成很大威胁。故在运行中必须规定电压的允许偏移范围,也就是电压的质量标准,一般用电设备的电压偏移保持在此规定范围内,就不会影响用电设备工作。我国 GB 12325—2008《电能质量供电电压允许偏差》规定供电企业供到用户受电端的供电电压允许偏差如下:

①35 kV 及以上电压供电的,电压正、负偏差绝对值之和不超过额定电压10%;

②10 kV 及以下三相供电的,电压允许偏差为额定电压的±7%;

③低压照明用户供电电压允许偏差为额定电压的+7%~-10%。对电压有特殊要求的用户,供电电压允许偏差由供用电协议确定。

(2)电压允许波动和闪变

①电压允许波动。在某一个时段内,电压急剧变化而偏离额定值的现象,称为电压波动。电压变化的速率大于1%的,即为电压急剧变化。电压波动程度以电压在急剧变化过程中相继出现的电压最大值 $U_{\max}$ 和最小值 $U_{\min}$ 之差与额定电压之比的百分数 $\Delta U\%$ 来表示。

电压波动是由于负荷急剧变动的冲击性负荷所引起的。负荷急剧变动,使电网的电压损耗相应变动,从而使公共供电点的电压出现波动现象。例如电动机的启动、电焊机的工作、特别是大型电弧炉和大型轧钢机等冲击性负荷的工作,均会引起电网电压的波动,电压波动可影响电动机的正常启动,甚至使电动机无法启动;对同步电动机还可引起其转子振动;可使电子设备、计算机和自控设备无法正常工作;还可使照明灯发生明显的闪烁,严重影响视觉,使人无法正常生产、工作和学习。

②电压闪变。周期性电压急剧波动引起灯光闪烁,光通量急剧波动,而造成人眼视觉不舒适的现象,称为闪变。要尽量设法减少电压闪变现象。

(3)为了保证电压质量合乎标准,往往需要装设必要的无功补偿装置和采取一定的调压措施。用户供配电系统常用的电压调整措施有:

①正确选择变压器的变比和电压分接头。用户用的电力变压器一般为无载调压型,其高压绕组(一次绕组)有 $(1 \pm 2 \times 2.5\%)U_{\mathrm{n}}$ 的电压分接头,当用电设备电压偏低时,可将变压器电压分接头放在较低挡。

对调压要求高的情况,可选用有载调压变压器,使变压器的电压分接头在带负荷情况下实时调整,以保证电压稳定。

②降低系统阻抗。供配电系统中的电压损耗在输送功率确定后,其数值与各元件的阻抗成正比,所以减少供配电系统的变压级数和增大供配电线路的导线截面,是减小电压损耗的有效方法,线路中各元件电压损耗减少,就可提高末端用电设备的供电电压。

③使三相负荷平衡。三相负荷假如不平衡,会使有的相负荷过大,有的相负荷过小,负荷过大的相,电压损耗大大增加,这样使末端用电设备端电压太低,影响用电安全。

④采取补偿无功功率措施。系统功率因数太低,会使系统无功损耗增大。同时使线路中各元件的电压损耗也增加,导致末端用电设备端电压太低,影响安全可靠用电。提高功率因数的方法有两种:在供电系统设计时要正确选择设备,防止出现"大马拉小车"等不合理现象,即提高自然功率因数;运行中可在工厂变配电所的母线上或用电设备附近装设并联电容器,用其来补偿电感性负载过大的感性电流,减小无功损耗,提高功率因数,提高末端用电电压。

电网电压偏低可能有两方面原因:一是系统中过多的无功功率传送,引起系统中电压损耗增加,电压下降;二是供电距离太长,线路导线截面太小,变压级数太多,造成电压损耗增大,引起电压下降。对于前者应采用无功补偿设备(例如:投入并联电容器或增加并联电容器数量)解决;对于后者可采用调整变压器分接头、降低线路阻抗等方法解决。

⑤合理改变供电系统运行方式。例如由两台变压器并联运行的工厂,当负荷轻时可改为一台变压器运行。此外,合理调整对用电设备的供电方式等也能起到改善电压的作用。

2. 频率

电网中发电机发出的正弦交流电每秒钟交变的次数,称为频率,或叫供电频率。供电频率偏差是以实际频率和额定频率之差与额定频率之比的百分数表示,即

$$\Delta f\% = \frac{f - f_N}{f_N} \times 100\%$$

电力系统频率偏离额定值(我国技术标准规定为 50 Hz)过大将严重影响电力用户的正常工作。对电动机而言,频率降低将使其转速降低,导致电动机功率的降低,将影响所带动转动机械的出力,并影响电动机的寿命;反之,频率增高将使电动机的转速上升,增加功率消耗,特别是某些对转速要求较严格的工业部门(如纺织、造纸等),频率的偏差将大大影响产品质量,甚至产生废品。另外,频率偏差对发电厂本身将造成更为严重的影响。例如,对锅炉的给水泵和风机之类的离心式机械,当频率降低时其出力将急剧下降,从而迫使锅炉的出力大大减小,甚至紧急停炉,这样就势必进一步减少系统电源的出力,导致系统频率进一步下降。另外,在低频情况下运行时,容易引起汽轮机叶片的振动,缩短汽轮机叶片的寿命;严重时会使叶片断裂。此外,系统频率的变化还将影响到电子钟的正确使用和计算机、自动控制装置等电子设备的准确工作等。因此,频率的过高过低不仅给用户造成危害,而且对发电厂、电力系统本身也造成严重的不良后果。

频率是电能质量的重要指标之一,我国电力采用交流 50 Hz 频率,俗称"工频"。

根据《供电营业规则》规定:在电力系统正常状态下供电频率的允许偏差为:电网装机容量在 3 000 MW 及以上的为 ±0.2 Hz;电网装机容量在 3 000 MW 以下的为 ±0.5 Hz;在电力系统非正常状态下,供电频率允许偏差可超过 ±1.0 Hz。在并联运行的同一电力系统中,不论装机容量的大小,任一瞬间的频率在全系统都是一致的。

为了保证频率偏差不超过规定值,必须维持电力系统的有功功率平衡,采取相应的调频措施。

3. 波形

日常用的交流电是正弦交流电,正弦交流电的波形要求是严格的正弦波(包括电压和电流)。当电源波形不是严格正弦波时,它就有很多的高次谐波成分,谐波对电气设备的危害很大,可使变压器的铁芯损耗明显增加,从而使变压器出现过热,增加能耗,而且使其绝缘介质老化加速,缩短使用寿命。谐波还能使变压器噪声增大。谐波电流通过交流电动机,不仅会使电动机的铁芯损耗明显增加,绝缘介质老化加速,缩短使用寿命,而且还会使电动机转子发生振动现象,严重影响机械加工的产品质量。谐波电压加在电容器两端时,由于电容器对谐波的阻抗很小,电容器很容易发生过电流发热导致绝缘击穿甚至造成烧毁。此外,谐波电流可使电力线路的电能损耗和电压损耗增加,使计量电能的感应式电度表计量不准确;可使电力系统发生电压谐振,从而在线路上引起过电压,有可能击穿线路的绝缘;还可能造成系统的继电保护和自动装置发生误动作或拒动作,使计算机失控,电子设备误触发,电子元件测试无法进行;并可对附近的通信设备和通信线路产生信号干扰等。

电网谐波的产生,主要在于电力系统中存在各种非线性元件。因此,即使电力系统中电源的电压为正弦波,但由于非线性元件存在,结果在电网中总有谐波电流或电压存在。产生谐波的元件很多,如荧光灯和高压汞灯等气体放电灯、异步电动机、电焊机、变压器和感应电炉等,都要产生谐波电流或电压。最为严重的是大型的晶闸管变流设备和大型电弧炉,它们产生的谐波电流最为突出,是造成电网谐波的主要因素。

保证交流电波形是正弦波,必须遵守以下要求:

(1)要求发电机发出符合标准的正弦波形电压(这在发电机、变压器等设计制造时已考虑,并采取了相应的措施)。

(2)要求在电能输送和分配过程中,不应使波形发生畸变。

(3)还应注意消除电力系统中可能出现的其他谐波源(如晶闸管整流装置、电弧炉等)的影响。

控制各类非线性用电设备所产生的谐波引起电网电压正弦波形畸变,常采用下列措施:

(1)各类大功率非线性用电设备由容量较大的电网供电。

(2)对于大功率静止整流设备可采取下列方法:

①增加整流变压器二次侧的相数和增加整流器的整流脉冲数。

②采用多台相数相同的整流装置,使整流变压器的二次侧有适当的相角差。

③按谐波次数装设分流滤波器。

④选用高压绕组三角形接线,低压绕组星形接线的三相配电变压器。

⑤装设静止无功补偿装置,吸收冲击负荷的动态谐波电流。

第二节　城轨供电系统基本组成与运行方式

城市轨道交通供电系统是为城市轨道交通运营提供所需电能的系统,它不仅为城市轨道交通电动列车提供牵引用电,而且还为城市轨道交通运营服务的其他设施提供电能,如照明、通风、空调、给排水、通信、信号、防灾报警、自动扶梯等。在城市轨道交通的运营中,供电一旦中断,不仅会造成城市轨道交通运输的瘫痪,而且还会危及乘客的生命安全和造成财产损失。因此,高度安全、可靠并且经济合理的电力供给是城市轨道交通正常运营的前提和重要保证。

一、城市轨道交通供电系统的组成

城市轨道交通供电电源一般取自城市电网,通过城市电网一次电力系统和城市轨道交通供电系统实现输送或变换,然后以适当的电压等级供给城市轨道交通的各类用电设备。

城市轨道交通供电系统一般包括电源系统(主变电所或电源开闭所)、牵引供电系统、动力照明供电系统和电力监控系统。其中,牵引供电系统包括牵引变电所和牵引网,动力照明供电系统包括降压变电所和动力照明配电系统。

在我国,用电负荷根据重要程度可分为一级负荷、二级负荷和三级负荷,其中一级负荷应由两路独立电源供电,当任何一路电源发生故障中断供电时,另一路应能保证继续供电。在城市轨道交通供电系统中,牵引用电负荷为一级负荷,而动力照明等用电负荷根据实际情况可分为一级、二级或三级负荷。城市轨道交通的外部电源供电方案应根据供电公司线网规划和城市电网的具体情况进行规划设计,而不应局限在某一条线路上。根据实际情况的不同,外部电源方案可分为集中供电方式、分散供电方式和混合供电方式。

集中供电方式是指在线路的适当站位,根据总容量的要求设置主变电所,由发电厂或城市电网区域变电所以高压(常见的如 110 kV)向主变电所供电,经主变电所降压成中压(常见的如 35 kV 或 10 kV)向各车站变电所供电,结合各车站变电所进线形成中压环网,再由环网供沿线设置的牵引变电所,并降压整流为直流电(如 750 V 或 1 500 V),从而对电动列车供电。另外,各车站机电设备用电需由降压变电所降压为 AC 380/220 V。为了便于城市轨道交通供电系统的统一管理,城市轨道交通供电系统目前较多地采用集中供电方式。这种供电方式的中压网络电压等级的确定,需要考虑用电容量、供电距离、城市当地电网现状及发展规划等因素。

分散供电方式是指不设置主变电所,而直接由城市电网区域变电所的 35 kV 或 10 kV 中压供电线路直接向城市轨道交通沿线设置的牵引变电所、降压变电所供电并形成环网。采用这种供电方式的前提是城市电网比较发达,并且在有关车站附近有符合可靠性要求的供电电源,其中压网络的电压等级应与城市电网相一致。分散供电方式可设置电源开闭所,并可与车站变电所合建。

混合供电方式,是以上两种方式的混合,即轨道交通线路的一部分采用集中供电方式,另一部分采用分散供电方式,但一般以集中供电方式为主、分散供电方式作为补充。

二、变电所及其运行方式

1. 变电所的分类

变电所是城市轨道交通供电系统的重要组成部分，一般在城市轨道交通沿线设置，其数量、容量及其在线路上的分布应在综合考虑的基础上计算确定。城市轨道交通的变电所可以建在地下，也可以建在地面。地下变电所不占用地上面积，但土建造价高；地面变电所占地面积大，但土建造价低。城市轨道交通的变电所（尤其是地下变电所）在防火方面都有一定的要求，其防火措施主要应从结构和建筑材料以及变电所电气设备本身的不燃性等方面来考虑。变电所应装设自动消防报警装置、防火门和防火墙等隔离设施和有效的灭火系统。

城市轨道交通供电系统一般设置三类变电所，即主变电所（分散式供电方式为电源开闭所）、降压变电所、牵引降压混合变电所。

主变电所是指采用集中供电方式时，接受城市电网 35 kV 及以上电压等级的电源，经其降压后以中压供给城市轨道交通牵引变电所和降压变电所。主变电所选址时要考虑其供电的半径，一般一条地铁线路需要 2～3 座主变电所。

降压变电所从主变电所（电源开闭所）获得电能并降压变成低压交流电，供给地铁动力照明等设备使用。当由其他变电所引入中压电源而独立设置降压变电所时，称为跟随式降压变电所。

牵引变电所从主变电所（电源开闭所）获得电能，经过降压和整流变成电动列车所需要的直流电。在既有牵引变电所又有降压变电所的站点，为了方便运行管理，降低工程造价，可将二者合并建成一座牵引及降压混合变电所，简称牵混所。由于每个车站都需要降压变电所，所以一般没有单独的牵引变电所。

2. 变电所的运行方式

（1）主变电所。主变电所电源侧（如 110 kV）通常采用单元接线或桥型接线，两路电源同时供电，互为备用。负荷侧（如 35 kV）通常采用单母线分段形式，设置分段母线联络断路器，正常运行时，分段断路器断开，两台主变压器分列运行，共同负担全站的全部负荷。当一路 110 kV 电源或一台主变压器故障跳闸退出运行时，35 kV 母线分段断路器自动合闸，由另一台主变压器向本所供电区域的一、二级负荷供电。这种互为备用的设计大大提高了供电系统的可靠性。

（2）降压变电所。降压变电所高压侧为单母线分段，而除跟随式降压变电所外，0.4 kV 侧也为单母线分段。每个降压变电所或跟随式降压变电所均设两台动力变压器，分别负责向各变电所所在的半个车站及半个区间内的动力照明负荷供电。正常运行时，两台动力变压器分别运行，同时供电，当其中一台动力变压器因故障退出运行时，通过分段开关由另一台动力变压器负担全所一、二级动力照明负荷。

（3）牵引降压混合变电所。牵混所与降压变电所的主要差别就在于多了一套牵引供电设备。某牵引降压混合变电所的电气主接线如图 1-6 所示，35 kV 侧和 0.4 kV 均为单母线分段，和降压变电所没有差别。牵引部分有两台整流机组，接在同一段 35 kV 母线上，整流后的直流经正负极母线分配出去，正负极母线也没有分段。可以这么说，牵混所中的牵引部分其高压侧和直流侧均采用单母线接线形式。正常运行

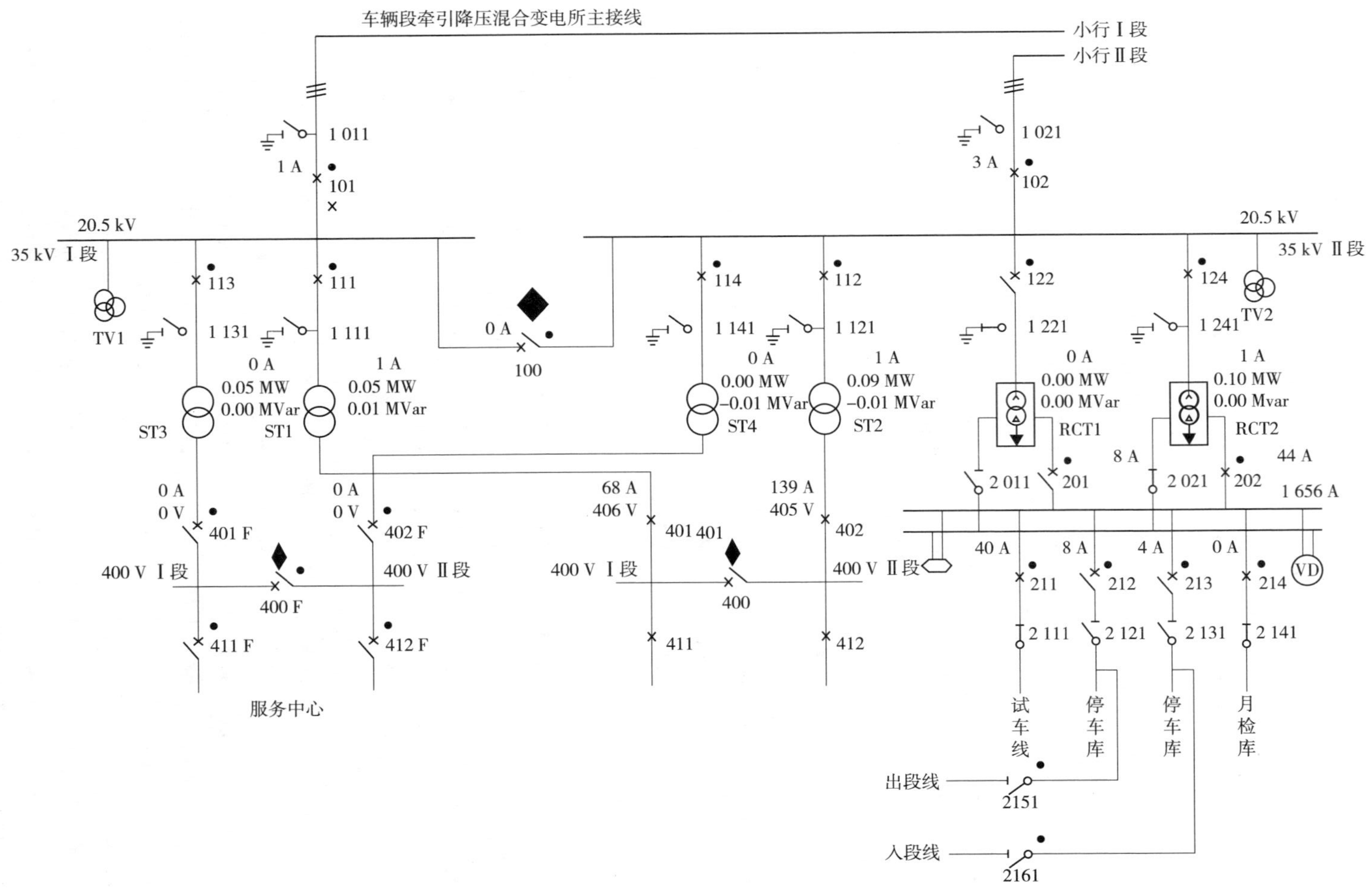

图1-6 牵引降压混合变电所电气主接线图

时,这两组牵引整流机组并列工作,当其中一套机组因故障退出运行时,另一套机组在满足过负荷要求、谐波含量要求和不影响故障机组的检修情况下可继续运行。这样既可保持列车运行,还可降低能耗、轨电位,减少杂散电流的影响。

三、变电所的主要设备

变电所要求使用技术先进、安全性及可靠性高的电气设备;地下变电所的电气设备应体积小、质量轻以及防爆、阻燃、防潮、耐腐蚀性好;检修、维护方便;主要开关设备必须具备电动操作功能,以保证集中控制要求;还要具有可通信的接口。

下面简单介绍变电所的主要设备。

(1)变压器。变压器是一种传送和变换电能的静止变换器。地铁的主变压器一般为油浸双线圈有载调压变压器,动力变压器一般为环氧树脂浇注的双绕组干式变压器,整流变压器一般为环氧树脂浇注的三绕组干式变压器。

(2)断路器。断路器是一种能对电路进行控制和保护的高压电器。它有熄灭电弧的能力,可以切断负载电流和短路电流。地铁的 110 kV 断路器一般为六氟化硫(SF$_6$)断路器,35 kV 断路器一般为真空断路器,直流断路器和交流低压断路器为空气断路器。

(3)隔离开关。隔离开关是一种没有熄弧装置的高压电器,不能切断负载电流和短路电流。它在无负载电流时接通和断开电路,断开时能起到隔离电源的作用,为运行、操作和检修提供了方便。

(4)母线。母线是一种汇总和分配电能的导电线。在室外用软母线(钢芯铝绞线居多),室内用硬母线(铝排或铜排)。在三相交流系统中:A 相——黄色;B 相——绿色;C 相——红色。在直流系统中:正极——红色;负极——蓝色;地线——黑色或黄绿双色。

(5)熔断器。熔断器是一种过负荷和短路电流导致熔体发热熔断的保护电器。任何一种熔断器在电流超过其最大熔断电流时都会熔断,其熔断时间随电流增大而缩短。熔断器一般用来保护电力线路、小容量变压器和电压互感器等电气设备。

(6)电压互感器(PT 或 TV)。电压互感器是在电气测量、控制和保护回路中使用的变压器。电压互感器一次侧并联在高压回路上,二次侧额定电压一般为 100 V,并联在二次侧的电压表可间接指示一次电压值,二次电压也可在控制和保护回路中作为电源或电压信号使用。

(7)电流互感器(CT 或 TA)。它是在电气测量、控制和保护回路中使用的变流器。电流互感器一次线圈串联在高压回路中,二次线圈额定电流一般为 5 A 或 1 A,串联在二次线圈回路中的电流表可间接指示一次电流值,二次电流也可在控制和保护回路中作为电源或电流信号使用。

(8)避雷器。它是防止从线路侵入的雷电波和操作过电压损坏电气绝缘的保护电器。常用的有保护间隙(角型、管型、阀型)及氧化锌避雷器。

(9)金属封闭开关设备(开关柜)。制造厂根据用户对高压一次接线的要求,将断路器、负荷开关、熔断器、隔离开关、接地开关、避雷器、互感器以及控制、测量、保护等装置和内部连接件、绝缘支撑件和辅助件固定连接后,安装在一个或几个接地金属封闭外壳内的成套配电装置,即开关柜。按照开关柜内部绝缘介质的不同,一般分为以大气绝缘和以 SF$_6$ 气体为绝缘介质的开关柜。按电压等级又可划分为 3.6～40.5 kV(即中压)和 72.5 kV 及以上(即高压)两大类。

（10）整流器。整流器是与整流变压器组合成整流机组的电流变换器。交流中压电源经整流变压器降压后供给整流器，变为一定电压等级的直流电。牵引用的整流器一般是由大功率的硅整流元件组成，一般采用自冷式的整流器柜，两台 12 脉波的整流器并列运行构成 24 脉波的直流波形。

（11）继电保护装置。在电力系统出现故障或处于不正常工作状态时，能使断路器跳闸发出报警信号的自动装置称为继电保护装置。它的任务是在系统出现故障时，使靠近故障点的断路器跳闸，切除故障部分，恢复系统的其他部分正常运行；在系统处于不正常工作状态如过负荷时，发出报警信号，提醒值班员注意和处理。继电保护装置与自动装置配合，可进一步实现电力系统自动化。

第三节　交流中压环网系统

一、环网系统概述

地铁的外部电源，也即主变电所的高压系统，受地方供电系统控制，对于地铁而言是不可控因素。当高压系统发生故障时，中压环网系统的可靠性就成了地铁供电的关键因素。

交流中压环网系统有两大属性：一是电压等级，二是构成形式。交流中压环网系统不是供电系统中独立的子系统，但它却是城轨供电系统设计的核心内容。它涉及外部电源方案、主变电所的位置及数量、牵引变电所及降压变电所的位置与数量、牵引变电所与降压变电所的主接线等。

地铁的牵引供电和动力照明等用电是通过中压环网系统来先降压后供电的，地铁供电系统在获得电源之后，需要通过城市电网一次电力系统和地铁供电系统实现传输和变换，降压变压器提供适当电压等级的电能给地铁各类设备。通过中压电缆，纵向把上级主变电所和下级牵引变电所、降压变电所连接起来，横向把全线的各个牵引变电所、降压变电所连接起来，便形成了中压供电网络。

根据网络功能的不同，把为牵引变电所供电的中压供电网络，称为牵引网络；同样，把为降压变电所供电的中压供电网络称为动力照明网络。对于牵引与动力照明相对独立的网络，牵引供电网络与动力照明网络的电压等级可以相同，也可以不同。供电系统中的中压网络应按列车运行的远期通过能力设计，对于互为备用线路，一路退出运行时，另一路应能承担其一、二级负荷的供电，线路末端电压损失不宜超过 5%。

一个运行可靠、调度灵活的环网供电系统，一般要满足以下设计原则和技术条件。

（1）供电系统应满足经济、可靠、接线简单、运行灵活的要求。

（2）供电系统（含牵引供电）容量按远期高峰小时负荷设计，根据路网规划的设计可预留一定裕度。

（3）供电系统按一级负荷设计，即平时由两路互为备用的独立电源供电，以实现不间断供电。

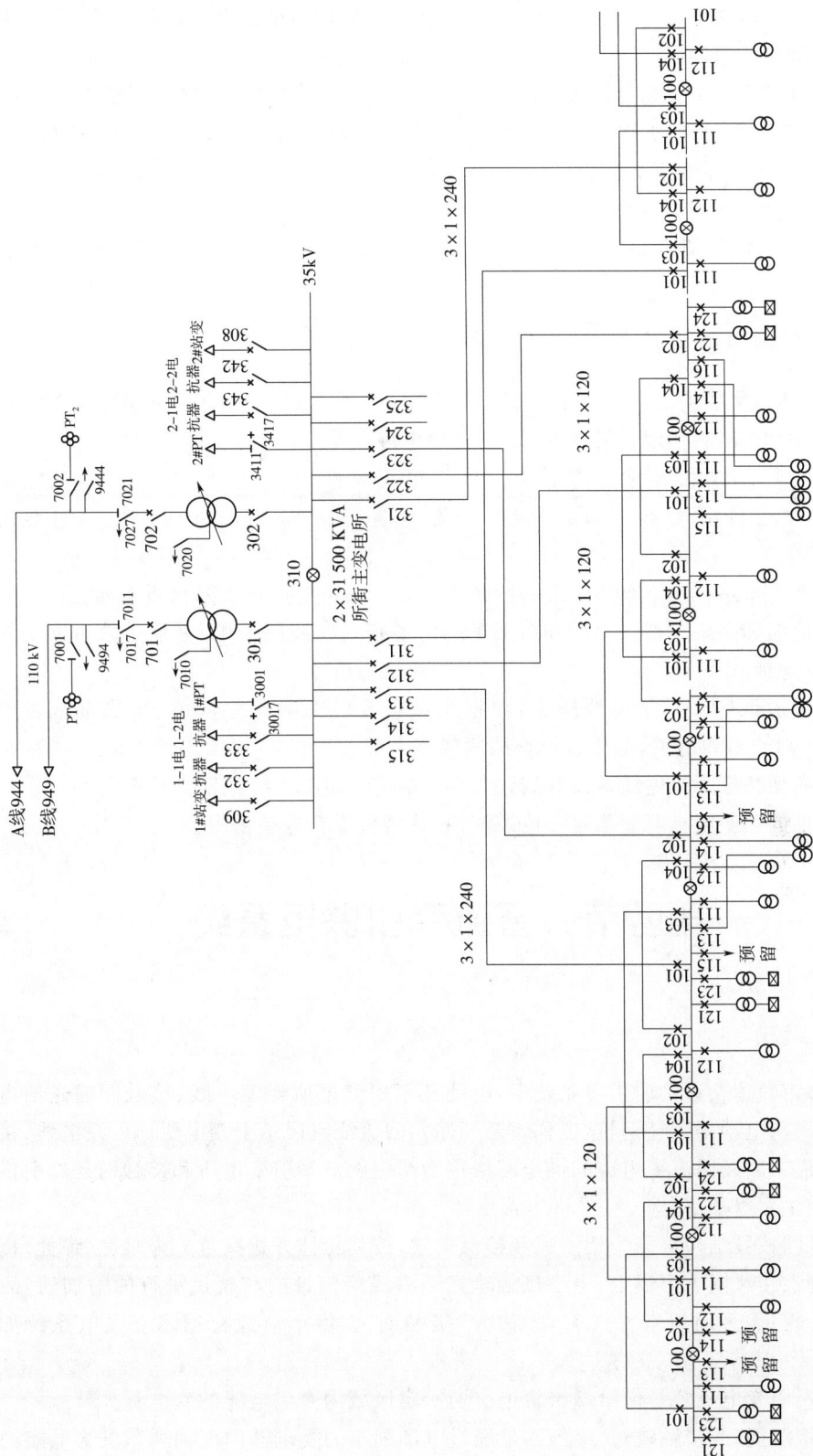

图1-7 中压环网系统示意图（部分）

(4)环网设备容量应满足远期最大高峰小时负荷的要求,并满足当一个主变电所发生故障时(不含中压母线故障),另一个主变电所能承担全线牵引负荷及全线动力照明一、二级负荷的供电。

(5)电缆载流量应满足最大高峰小时负荷的要求,同时当主变电所正常运行,环网中一条电缆故障时,应能保证城市轨道交通的正常运行。这里不考虑主变电所和环网电缆同时发生故障的情况,但要保证主变电所与一个牵引变电所同时发生故障时,系统能正常供电(三级负荷除外)。

图1-7所示为某城市轨道交通工程采用集中供电方式时的中压环网系统中的一部分。

二、环网电缆敷设

中压环网网络主要是指从主变电所至地铁车站变电所,以及地铁车站变电所之间联络的环网电缆,其作用是输送中压(35 kV)电源。

中压网络采用双电源回路。为保证供电可靠性,在条件允许情况下,双电源电缆分别沿上下线敷设,一段母线的电源电缆走左线,二段母线的电源电缆走右线。

(1)地下车站。地下车站电缆一般敷设在站台板下外沿或者站台板下通道内。

(2)地面和高架车站。地面和高架车站电缆敷设在线路外侧,采取过轨方案与车站变电所连接。

(3)隧道区间。对于单线隧道,根据车站布置形式确定敷设位置、尽量减少电缆过轨。对于双线隧道,电缆敷设在两侧隧道上部。

(4)高架桥区间。电缆敷设在线路外侧,电缆支架结合 H 型钢立柱固定。

(5)地面路基段。电缆敷设在电缆沟内,或者敷设在电缆槽内。

第四节　直流牵引供电系统

一、组成

在城市轨道交通牵引供电系统中,电能从牵引变电所经馈电线、接触网输送给电动列车,再从电动列车经钢轨(也称轨道回路)、回流线流回牵引变电所。由馈电线、接触网、轨道回路及回流线组成的供电网络称为牵引网。牵引变电所和接触网是牵引供电系统的主要组成部分。

接触网按其结构可分为架空式和接触轨式,按其悬挂方式又可分为柔性(弹性)接触网和刚性接触网。习惯上,由于接触轨式是沿线路铺设的与轨道平行的附加轨,故又称第三轨;而采用架空方式时,才称为"接触网"。城市轨道交通牵引供电系统如图1-8所示,其各部分功能简述如下:

(1)牵引变电所。是供给城市轨道交通一定区域内牵引电能的变电所。

(2)接触网(或接触轨)。接触网是经过电动列车的受电器向电动列车供给电能的导电网(包括接触轨和架空接触网两种方式)。

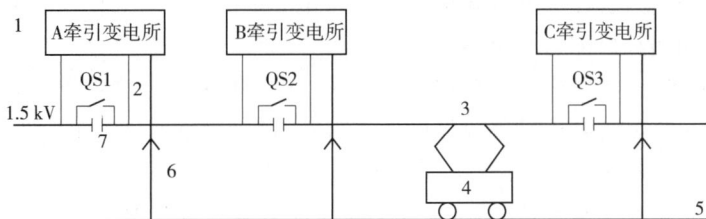

图 1-8　牵引供电系统示意图

1—牵引变电所；2—馈电线；3—接触网(轨)；4—电动列车；5—钢轨；6—回流线；7—电分段

（3）馈电线。馈电线是从牵引变电所向接触网输送牵引电能的导线。

（4）回流线。回流线是供牵引电流返回牵引变电所的导线。

（5）电分段。为便于检修和缩小事故范围，将接触网分成若干段，称为电分段。

（6）轨道。列车行走时，利用走行轨作为牵引电流回流的电路称为轨道。在采用跨座式单轨电动车组时，需沿线路专门敷设单独的回流线。

在城市轨道交通牵引供电系统中采用直流供电制。我国早期建成的城市轨道交通供电电压采用 DC 750 V，后期建的上海、广州、南京、深圳等城市轨道交通供电电压采用 DC 1 500 V。

二、要求

牵引变电所的数量、容量和设置的距离需要根据牵引计算和经济技术比较后确定。它们一般设置在城市轨道交通沿线的若干车站和车辆段附近。每个牵引变电所按照所需容量设置两组牵引整流机组并列运行，如果沿线任一牵引变电所发生故障解列，由两侧相邻的牵引变电所共同承担该区段的全部牵引负荷。

牵引变电所的容量和设置的距离一般需要考虑以下设计原则和技术条件。

（1）正线任一牵引变电所发生故障时，其相邻牵引变电所应采用越区供电方式，负担起该区段的全部牵引负荷，此负荷应满足远期高峰小时负荷。

（2）牵引变电所的数量及其在线路上的位置，应满足在故障情况下越区或单边供电时的接触网的电压水平。直流牵引供电系统的电压及其波动范围应符合表 1-1 的规定。

表 1-1　直流牵引供电系统电压值（V）

标　称　值	最　高　值	最　低　值
750	900	500
1 500	1 800	1 000

（3）在任何运行方式下，接触网最高电压不得高于规定要求的最高值；高峰负荷时，全线任一点的电压不得低于规定要求的最低值。

三、运行方式

牵引变电所向接触网（或接触轨）供电的方式有两种，即单边供电和双边供电。在每个牵引变电所附近城市轨道交通接触网（或接触轨）由电分段进行电气隔离，分成两个供电分区，每个供电分区也称为一个供电臂。如果列车只从所在供电臂上的一个牵引变电所获得电能,这种供电方式称为单边供电;如果一个供电臂同时从相邻两个牵引变电所获得电能,则称为双边供电。

一般情况下,车辆段内采用单边供电方式,正线采用双边供电方式。在采用双边供电时,当某一牵引变电所发生故障退出运行时,该段接触网就变成了单边供电方式。如图 1-3 所示,正常运行时,列车以双边供电方式从 B 牵引变电所和 C 牵引变电所获得电能,越区隔离开关 QS_1、QS_2、QS_3 断开;当 B 牵引变电所因故障退出运行时,越区隔离开关 QS_2 合上,通过 QS_2 由 A 牵引变电所和 C 牵引变电所进行大双边供电。正线上任何牵引变电所因故障退出运行时,均由相邻牵引变电所越区供电。在越区供电方式下,供电末端的接触网(或接触轨)电压较低,电能损耗较大。因此,根据情况要适当减少同时处在该供电区段的列车数目。另外,直流馈线保护整定时还需考虑大双边供电方式下的灵敏度。因此,越区供电只是在不得已的情况下短时采用的一种运行方式。

第五节　低压供电系统

牵引降压混合变电所、降压变电所和跟随式降压变电所设置两台 35/0.4 kV 动力变压器,输出 0.4 kV 交流电源,负责本车站及两端半个区间相关范围内除牵引负荷外的所有设备的负荷用电。

一、负荷分类及供电方式

1. 负荷分类

地铁车站及区间的动力及照明用电根据负荷性质及重要程度分为一、二、三级。一级负荷均为两路电源进线,在设备的电源切换箱处切换。二级负荷为单路电源进线,供电电源在变电所的低压母线处切换。三级负荷为单路电源进线,供电电源取自变电所 AC 0.4 kV 的三级负荷小母线,故障状态下可根据需要切断该电源。

2. 供电方式

(1)正常运行。在正常工作状态下,AC 0.4 kV 母联断路器打开,两台动力变压器分列运行。

为使两台动力变压器的负荷率尽量平衡,两台变压器应各带约 50% 的一级负荷运行,各设备的两路电源在设备电源切换箱处进行切换,备用电源处于热备用状态;对二级负荷和三级负荷进行分配设计时,尽量使二级负荷和三级负荷根据容量分别平均分配在两台变压器上。

(2)故障运行。单路变压器进线电源故障或单台变压器检修时,一台变压器向负责供电范围内的全部一、二级负荷供电,同时切除全部三级负荷。

二、动力变压器容量选择

动力变压器容量的确定,主要是根据各车站低压配电专业提供的负荷资料进行合理计算,使变压器容量既满足低压负荷的要求,又能应对负荷的变化和扩展,同时还要考虑投资的经济性。为达到动力变压器最佳负荷率的要求,工程中的常规方法是对变压器正常与故障状态下的负荷率进行规定:如正常运行状态下,双台变压器负荷率尽量不超过70%,故障运行状态下,单台变压器负荷率不高于100%。

随着供电设备技术的飞速发展,动力变压器的制作水平也不断提高,干式变压器负载损耗和空载损耗逐步降低,如 1 250 kV·A 干式变压器,空载损耗为 2.16 kW,负载损耗为 10.01 kW。由于变压器最佳负荷率区域的扩大,在容量选择过程中应综合考虑变压器的利用率和最佳负荷率。

三、无功补偿及电压调整

供电系统低压无功补偿按就地平衡、分散补偿的原则考虑。在变电所两段 AC 0.4 kV 母线分别设电力电容器组,通过无功功率自动补偿装置自动投切,根据无功负荷大小进行动态补偿,使 AC 0.4 kV 母线处的功率因数达到 0.9。AC 0.4 kV 母线电压的调整通过变压器的分接头实现。

四、负荷计算方法

在低压配电的负荷计算中常用的方法有"需要系数法"、"利用系数法"和"二项式法"。根据经验,"需要系数法"适用于变、配电所的负荷计算,计算时将用电设备功率按工作类别分组乘以相对应的需要系数和同时系数,即可直接得出计算负荷。

第六节　电力监控系统

电力监控系统(SCADA 系统)实现控制中心(OCC)对供电系统的集中管理及调度、实时监控和数据采集。除利用"四遥"(遥控、遥信、遥测、遥调)功能监控供电系统设备的运行情况,及时掌握和处理供电系统的各种事故、报警事件外,还可以利用该系统的后台工作站对系统进行数据归档和统计报表,实现更好地管理供电系统。

随着计算机和通信技术的发展,自 20 世纪 90 年代末开始,以计算机为基础的电力监控系统给供电系统的运行管理带来了一次变革。它包含微机保护、调度自动化和当地基础自动化,可实现电网安全监控、电量及非电量监测、参数自动调整、中央信号、当地电压无功综合控制、电能自动分时统计、事故跳闸过程自动记录、事件按时排序、事故处理提示、快速处理事故微机控制、免维护蓄电池和微机远动一体化功能,为推行变电所无人值班提供了强大的技术支持。

一、基本组成与功能

电力监控系统由设置在控制中心的主站监控系统、设置在各种变电所内的子站系统以及联系二者的通信通道构成。

电力监控系统的设备选型、系统容量和功能配置应满足轨道交通运营管理和发展的需要。其系统构成、监控对象和功能要求应根据城市轨道交通供电系统的特点、运营要求和通信系统的通道条件确定。

电力监控系统主站的建设,应确定主站的位置、主站系统设备配置方案、各种设备的功能、型式和要求,以及系统容量、远动信息记录格式和人机界面形式要求等。电力监控系统子站的设计,应确定子站设备的位置、类型、容量、功能、型式和要求。电力监控系统通道的建设要求,应包括通道的结构形式、主/备通道的配置方式、远动信息传输通道的接口形式和通道的性能要求等。电力监控系统的结构宜采用 1 对 N 的集中监控方式,即 1 个主站监控 N 个子站的方式。系统的硬件、软件一般要求充分考虑可靠性、可维护性和可扩展性,并具备故障诊断、在线修改功能,同时遵循模块化和冗余的原则。远动数据通道宜采用通信系统提供的数据通道。

1. 主站监控系统的基本功能和主要设备

(1)主站监控系统的基本功能

①实现对遥控对象的遥控。

②实现对供电系统设备运行状态的实时监视和故障报警。

③实现对供电系统中主要运行参数的遥测。

④实现汉化的屏幕画面显示、模拟盘显示或其他方式显示以及运行和故障记录信息的打印。

⑤实现电能统计等的日报、月报制表打印。

⑥实现系统自检功能。

⑦实现系统以友好的人机界面维护功能。

⑧实现主/备通道的切换功能。

(2)主站监控系统的主要设备

①计算机设备(主机)与计算机网络。

②人机接口设备。

③打印记录设备和屏幕拷贝设备。

④通信处理设备。

2. 子站设备(远动终端)的基本功能

(1)远动控制输出。

(2)现场数据采集(包括数字量、模拟量、脉冲量等)。

(3)远动数据传输。

(4)可脱离主站独立运行。

此外,子站设备(远动终端)的通信规约应对用户完全开放。

3. 变电所综合自动化装置基本功能

(1)保护、控制、信号、测量。

(2)电源自动转接。

(3)必要的安全联锁。

(4)程序操作。

(5)装置故障自检。

(6)开放的通信接口。

当采用主控单元对各变电所综合自动化装置进行管理时,除提供多种形式的现场网络接口外,变电所间断路器联跳等功能通过综合自动化主控单元与控制中心监控主站的信息传递和交换共同来实现。重要设备之间除考虑二次回路硬线联动、联锁、闭锁外,由综合自动化软件实现逻辑判断、计算、继电等功能,并通过下位监控单元执行操作。

二、监控的基本内容

1. 遥控的基本内容

(1)主变电所、开闭所、中心降压变电所、牵引变电所、降压变电所内 10 kV 及以上电压等级的断路器、负荷开关及系统用电动隔离开关。

(2)牵引变电所的直流快速断路器、直流电源总隔离并关。

(3)降压变电所的低压进线断路器、低压母联断路器、三级负荷低压总开关。

(4)接触网电源隔离开关。

(5)有载调压变压器的调压开关。

2. 遥信的基本内容

(1)遥信对象的位置信号。

(2)高中压断路器、直流快速断路器的各种故障跳闸信号。

(3)变压器、整流器的故障信号。

(4)交直流电源系统故障信号。

(5)降压变电所低压进线断路器、母联断路器的故障跳闸信号。

(6)钢轨电位限制装置的动作信号。

(7)预告信号。

(8)断路器手车位置信号。

(9)无人值班变电所的大门开启信号。

(10)控制方式。

3. 遥测的基本内容

(1)主变电所进线的电压、电流、功率、电能。

(2)变电所中压母线的电压、电流、功率、电能。

(3)牵引变电所直流母线的电压。

(4)牵引整流机组的电流与电能、牵引馈线电流、回流线回流电流。

(5)变电所交直流操作电源的母线电压。

第七节　变电所主接线

主接线是地铁变电所方案设计的核心部分,也是构成整个供电系统的基本环节。主接线的确定对供电系统及变电所本身运行的可靠性、灵活性和经济性密切相关,并对电气设备的选择、设备布置、继电保护和控制方式的拟定有很大影响。

变电所的主接线应以供电系统构成方案为基础,在满足供电可靠性、灵活性、经济性的要求以及相关技术条件的前提下,力求简单、清晰,便于运营管理。

地铁车站变电所主接线主要由 AC 35 kV 接线、整流机组挂接、DC 1500 V 接线、动力变压器挂接四部分组成。

一、AC 35 kV 接线

变电所 AC 35 kV 接线一般有单母线分段和单母线两种形式。目前,采用三级供电方式的变电所,AC 35 kV 一般采用单母线接线,如上海明珠线;采用两级供电方式的变电所,AC 35 kV 一般采用单母线分段接线,如广州地铁二号线、深圳地铁一期工程和南京地铁等。

1. 接线方案

AC 35 kV 母线采用单母线分段、母联开关常开的接线形式,两段母线分列运行。每段母线分别引入 1 回独立电源,向相邻变电所馈出 1 回,进、出线环网电缆将变电所串接成供电分区。

接线方案如图 1-9 所示。

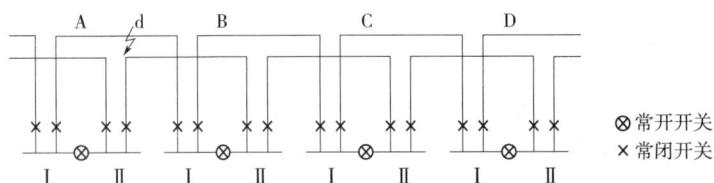

图 1-9　AC 35 kV 接线方案

2. 运行方式

(1)正常运行时,变电所母联开关常开,Ⅰ段和Ⅱ段母线分列运行。

(2)当进线电缆故障引起变电所一段母线失电时,差动保护动作并启动母联开关自投装置,自投装置检测母线电压和判断开关位置,如条件成立,电源侧第一个失电所母联开关自投,其他所母联开关不动作。如:d 处出现短路故障,B 所母联开关应自投,其他所母联开关不动作。

(3)当主变电站解列或运行方式改变引起变电所一段母线失电时,母联开关自投装置均不启动。

3. 接线特点

(1)全线各变电所接线方式及保护配置统一,标准化程度高。

(2)只需采集本所相关信号作为母联开关投切的判别依据,各变电所母联开关自投装置相互独立。

(3)变电所保护配合简单、独立性强,系统运行方式灵活,后期拓展性强。

(4)母联开关自投装置动作准确、迅速,恢复供电时间短。

虽然单母线分段接线方案比单母线接线方案要增设母联断路器,投资略高,但单母线分段方案所具有的供电可靠性高、运行方式灵活、保护设置简单、标准化程度高等优点,对地铁供电系统来说却是至关重要的。

二、整流机组挂接

1. 地铁牵引负荷的特点

(1)牵引负荷属于一级负荷,供电可靠性要求高。

(2)负荷分布很不均匀。

（3）运行初期允许单台整流机组运行,远期两台整流机组同时投入或同时退出运行。

（4）运行过程中,从电网取流的同时向电网注入谐波电流,谐波电流在电网阻抗上产生谐波压降,使电网电压产生畸变,干扰电网中其他设备的正常运行。

2.24 脉波整流

从地铁牵引负荷的特点可以看出,整流机组的方案设计必须考虑供电系统对供电可靠性和谐波分量的要求。在我国城市轨道交通的发展历程中,整流技术经历了 6 脉波整流→12 脉波整流→24 脉波整流的发展。24 脉波整流技术的采用,从谐波源就减小了谐波发生量,限制了整流机组产生的注入公共联结点的谐波,降低了谐波对电网的影响,提高了供电质量。

多数整流机组采用 24 脉波整流技术。24 脉波整流原理为:2 套 12 脉波整流机组并联运行,调整整流变压器原边绕组接线方式,使两台变压器次边的输出电压之间相差 15°相位角,次边输出端并联后向牵引网合成输出等效 24 脉波的直流电源。

3. 整流机组挂接方式

24 脉波整流技术要求两台 12 脉波整流机组一次侧输入电源具有严格的同期性,以保证其低压输出端电压相位角相差15°。如果将两套整流机组分接于不同的 AC 35 kV 母线上,电源的同期性将不能得到保证,电源压差还将导致两套整流机组出力不均,严重时其中一套整流机组将会过载受损。

因此,应采取将两套整流机组挂接在同一段 AC 35 kV 母线上的接线方案。但从全线交流供电系统的角度看,应保证部分牵引变电所整流机组挂接于一段母线,部分牵引变电所整流机组挂接于二段母线,这样尽可能保证主变电所两段母线的负荷平衡。

三、DC 1500 V 接线

正常运行方式下,相邻牵引变电所共同向区间的接触网构成双边供电。当某一座牵引变电所故障时,一般采用两种方式实现越区供电,即通过故障牵引变电所内 DC 1500 V 母线或者接触网越区隔离开关合闸,从而实现与故障所相邻的牵引变电所组成的大双边供电。

牵引变电所 DC 1500 V 母线接线一般有两种形式:单母线接线和单母线分段接线。单母线接线为世界上大多数城市轨道交通所采用,而采用单母线分段接线形式的变电所较少。在香港地铁部分换乘站的牵引变电所 DC 1500 V 母线采用了单母线分段接线,因为设在该处的牵引变电所负责向其供电范围的两条地铁线路同时供电,正常运行时,DC 1500 V 母联开关打开,每段母线的直流馈线开关负责一条线路的供电。国内城市轨道交通中各条地铁或轻轨线路的牵引供电系统尤其是牵引部分是相互独立的,每个牵引变电所只向其承担供电范围的一条地铁或轻轨线路供电,如广州、上海、天津等地区的轨道交通工程,所以单母线接线能够满足牵引变电所的运行要求。

四、动力变压器挂接

1. 挂接方式

地铁供电系统中一般在牵引降压混合变电所和降压变电所设置两台 AC 35/ 0.4 kV

动力变压器,分别挂接于两段 AC 35 kV 母线上。在动力照明负荷较大的地下车站设跟随式降压变电所(设有 2 台 AC 35/0.4 kV 动力变压器和 AC 0.4 kV 低压开关柜),动力变压器通过电力电缆分别挂接于本站牵引降压混合变电所或降压变电所的两段 AC 35 kV 母线上。

2. 跟随式降压变电所变压器安全检修

跟随式降压变电所的设置有效解决了低压回路长距离、大容量供电的难度,降低了运营用电损耗,减少了设备投资。但是,由于跟随式降压变电所内动力变压器与其电源侧 AC 35 kV 进线开关安装在不同地点(一般为车站两端),带来了检修和维护方面的安全问题。因此,应采取切实有效的安全措施实现动力变压器的安全检修。

要实现动力变压器的安全检修和维护,关键在于解决误闯带电间隔和检修过程中误送电的问题,即:变压器断电前,变压器外壳门不允许打开;变压器外壳门打开后,变压器前 AC 35 kV 进线开关不允许操作。在实际工程中,通常采取三种方案解决即:在动力变压器所在安装位置前装设隔离开关柜、负荷开关柜或采用电磁及机械闭锁装置。其接线示意图如图 1-10 所示。

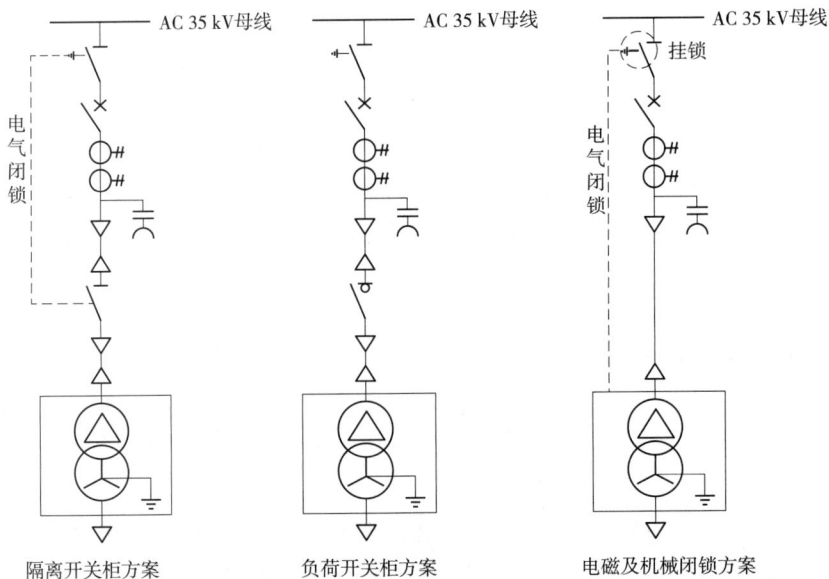

图 1-10 变压器检修防护方案接线示意图

五、主接线典型方案

1. 牵引降压混合变电所

(1)AC 35 kV 母线采用单母线分段接线方式,每段母线引入 1 回独立电源,向相邻变电所馈出 1 回,进、出线电缆将变电所串接成供电分区;

(2)每座牵引降压混合变电所设置两套整流机组,并接于同一段 AC 35 kV 母线上,输出等效 24 脉波直流电源;

(3)每段 AC 35 kV 母线设置一组电压互感器,用于电压测量和保护;

(4)每段 AC 35 kV 母线设置避雷器,用于过电压保护;

（5）DC 1500 V 母线采用单母线接线；

（6）正线车站牵引降压混合变电所馈出 4 回 DC 1500 V 电源，分别接至接触网上下行，与相邻牵引降压混合变电所构成双边供电；

（7）车辆段牵引降压混合变电所馈出 4 回 DC 1500 V 电源（预留 2 回开关位置），分别向相应供电范围接触网提供直流电源；

（8）直流馈线开关选用直流快速断路器，开关设置在小车上；

（9）整流器阀侧与 DC 1500 V 母线正极之间的开关选用直流快速断路器，开关设置在小车上；

（10）整流器阀侧与 DC 1500 V 母线负极之间的开关选用手动隔离开关；

（11）DC 1500 V 母线正极对地及正负极之间各设一组避雷器，用于过电压保护；

（12）牵引降压混合变电所配置小车式直流快速断路器 4 台作为备用；

（13）牵引降压混合变电所设置两台动力变压器，分别接于两段 AC 35 kV 母线；

（14）AC 0.4 kV 母线采用单母线分段接线方式。

2. 降压变电所

（1）AC 35 kV 母线采用单母线分段接线方式，每段母线引入一回独立电源，向相邻变电所馈出 1 回，进、出线电缆将变电所串接成供电分区；

（2）每段 AC 35 kV 母线设置一组电压互感器，用于电压测量和保护；

（3）每段 AC 35 kV 母线设置一组避雷器，用于过电压保护；

（4）每座降压变电所设置两台动力变压器，分别接于两段 AC 35 kV 母线；

（5）AC 0.4 kV 母线采用单母线分段接线方式。

3. 跟随式降压变电所

（1）跟随式降压变电所设置两台动力变压器，不再设置 AC 35 kV 开关柜，分别自本站的牵引降压混合变电所或降压变电所两段 AC 35 kV 母线引入 1 回电源；

（2）AC 0.4 kV 母线采用单母线分段接线方式。

第八节　变电所设备布置

城市轨道交通是一个庞大的系统工程，其土建投资规模大，机电设备种类繁多，设备之间相互关联性强。变电所用房及设备布置方案要为安全生产、方便管理、节省投资、控制车站规模等方面创造各种条件，并考虑设备之间、房屋之间的整体性和协调性。

一、设计原则

（1）变电所房屋组成与布局标准化、模块化，便于土建设计和运营管理；

（2）设备平面布置应满足相关规程规范的要求，满足运营运营维护工作需要，并做到设备布置和空间利用合理；

（3）变电所房屋满足《地铁设计规范》GB 50157—2013 和《火力发电厂与变电所设计防火规范》GB 50229—2006 的防火要求；

（4）设备布置应充分考虑各设备间的电气联系，工艺流向合理，设备间的电缆连接

最短,敷设路径顺畅,便于运行维护,尽可能减少电缆投资;

(5)设备布置应考虑操作通道、检修通道、设备运输通道等的要求,满足规范、运营巡视、维护、电缆敷设的要求,考虑设备预留孔洞与支撑梁的位置关系;

(6)变电所按有电缆夹层和无人值守设计,设备房间高度应满足设备安装的要求;

(7)变电所的平面布置紧凑、合理,既满足技术和安全要求,又节约用地,减少投资。

二、变电所的位置

(1)地下车站变电所一般设在车站内,并尽可能设置在站台层,便于设备运输和电缆敷设;如果变电所不设置在站台层,应考虑设备的吊装方案;变电所的具体位置需根据车站建筑统一考虑。

(2)有跟随式降压变电所的车站,将跟随式降压变电所与该站的牵引降压混合变电所或降压变电所分别布置在车站两端。

(3)地面车站变电所一般与地面站务用房合建。高架车站的变电所尽量与车站建筑合建,也可建在站外,具体位置应根据车站建筑统一考虑。

(4)变电所位置的选择应考虑进出电缆敷设和设备运输的可行性。

(5)车辆段的变电所根据负荷分布情况进行合理布置。

三、变电所设备间的相互关系

(1)牵引降压混合变电所内牵引部分设备组成及其相互关系如图1-11所示。

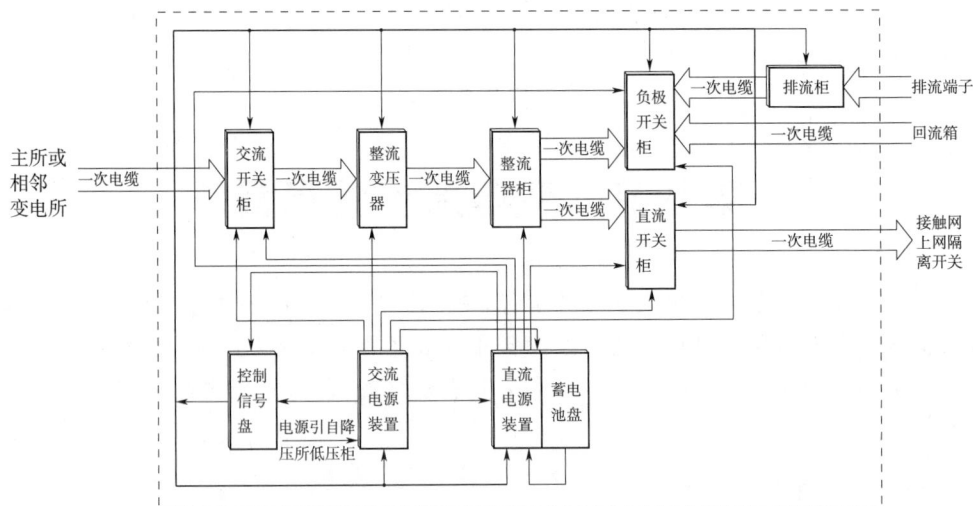

注:虚线框内设备布置在牵引降压混合变电所内。

图1-11 牵引部分设备相互关系示意图

①AC 35 kV环网电缆将相邻变电所串接,形成供电分区;
②AC 35 kV馈线开关柜通过电缆向整流变压器馈电,电缆敷设于变电所内;
③整流变压器二次侧通过AC 3.6 kV电缆(或DC 1500 V电缆)与整流器连接。
整流器阀侧正极通过DC 1500 V电缆与直流进线开关柜连接,负极通过电缆经负极

柜与钢轨回流箱连接；

④DC 1500 V 馈线开关柜通过 DC 1500 V 电缆向接触网馈电；

⑤排流网、结构钢筋及接地网分别经电缆通过排流柜中不同的二极管与负极柜连接；

⑥控制信号盘负责监控 AC 35 kV 开关柜、整流变压器、整流器、DC 1500 V 开关柜、负极柜、排流柜及接触网电动隔离开关；

⑦所内交流电源装置向 AC 35 kV 开关柜、整流变压器、整流器、DC 1500 V 开关柜、负极柜及接触网电动隔离开关、所内直流等装置等提供交流电源；

⑧所内直流电源装置向 AC 35 kV 开关柜、整流器、DC 1500 V 开关柜、负极柜及接触网电动隔离开关等提供直流电源；

⑨蓄电池盘装置平时由直流电源装置浮充电，事故状态时通过直流电源装置向变电所内直流负荷供电；

(2)牵引降压混合变电所内降压部分设备或降压变电所设备组成及其相互关系如图 1-12 所示。

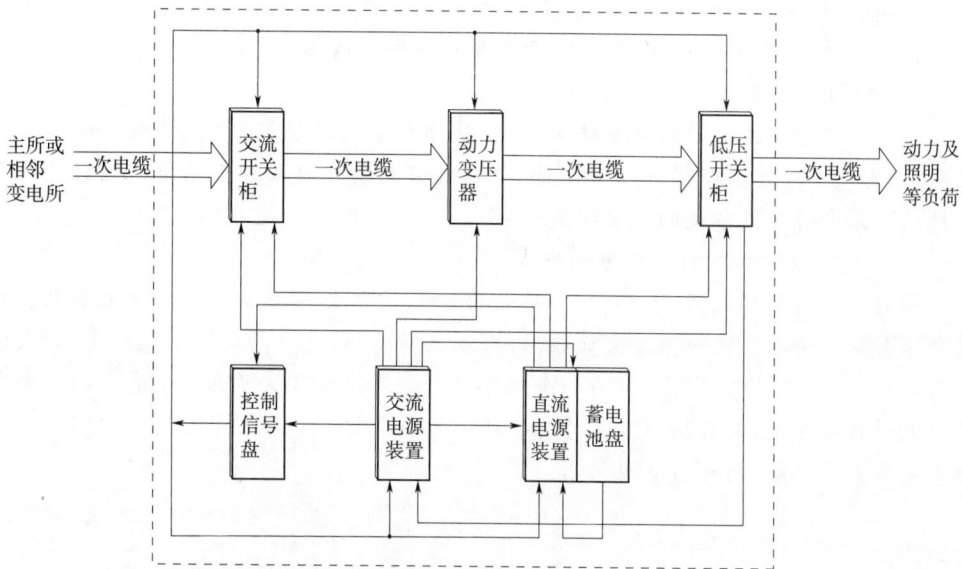

注：虚线框内设备布置在变电所内。

图 1-12　降压部分设备相互关系示意图

①AC 35 kV 电缆将相邻变电所串接形成供电分区；

②AC 35 kV 开关柜通过电缆向动力变供电，电缆敷设于电缆夹层内；

③动力变压器通过 AC 0.4 kV 开关柜向车站及区间用电负荷提供电源；

④所内交流电源装置向 AC 35 kV 开关柜、动力变压器、AC 0.4 kV 开关柜、直流电源装置等提供交流电源；

⑤所内直流电源装置向 AC 35 kV 开关柜、AC 0.4 kV 开关柜、控制信号盘等提供直流电源；

⑥蓄电池盘装置平时由直流电源装置浮充电，事故状态时通过直流电源装置向所用直流负荷供电。

关键名称与概念

1. 城市轨道交通供电系统的组成

城市轨道交通供电系统一般包括电源系统(主变电所或电源开闭所)、牵引供电系统、动力照明供电系统和电力监控系统。其中,牵引供电系统包括牵引变电所和牵引网,动力照明供电系统包括降压变电所和动力照明配电系统。

2. 主变电所

主变电所是指采用集中供电方式时,接受城市电网 35 kV 及以上电压等级的电源,经其降压后以中压供给牵引变电所和降压变电所的一种城市轨道交通变电所。

3. 中压供电网络

地铁供电系统在获得电源之后,需要通过城市电网一次电力系统和地铁供电系统实现传输和变换,降压变压器提供适当电压等级电能给地铁各类设备。通过中压电缆,纵向把上级主变电所和下级牵引变电所、降压变电所连接起来,横向把全线的各个牵引变电所、降压变电所连接起来,便形成了中压供电网络。

4. 牵引供电系统

在城市轨道交通牵引供电系统中,电能从牵引变电所经馈电线、接触网输送给电动列车,再从电动列车经钢轨(也称轨道回路)、回流线流回牵引变电所。牵引变电所和接触网是牵引供电系统的主要组成部分。

5. 牵引变电所向接触网供电的方式

牵引变电所向接触网(或接触轨)供电的方式有两种,即单边供电和双边供电。在每个牵引变电所附近城市轨道交通接触网(或接触轨)由电分段进行电气隔离,分成两个供电分区,每个供电分区也称为一个供电臂。如果列车只从所在供电臂上的一个牵引变电所获得电能,这种供电方式称为单边供电;如果一个供电臂同时从相邻两个牵引变电所获得电能,则称为双边供电。

复习题

1. 城轨交通供电系统由哪些部分组成?(适合【初级工】)

2. 城市电网对城轨交通的供电方式有哪些?(适合【初级工】)

3. 城轨交通供电系统电压等级主要有哪几种?(适合【中级工】)

4. 简述城市轨道交通牵引供电系统各部分功能。(适合【中级工】)

5. 电力监控系统由哪些部分组成?(适合【高级工】)

6. 城轨交通变电所中常用哪些主接线形式,有什么特点?(适合【高级工】)

第二章 变配电系统的运行及管理

第一节　岗　位　职　责

一、运行管理的组织

　　在城市轨道交通供电系统的运行管理中,设有各级运行与检修人员,分别担负着不同的工作,如何根据城市轨道交通供电系统站多、分散、距离短、充分运用自动化系统的特点,不同的企业结合实际情况,应选择更合适自己的组织管理模式。运行管理组织既要求机构精简,管理层次少,又要分工明确,提高管理和检修效率。但一般而言,控制中心需设置电力调度,在供电管理部门除设置技术管理人员外,还需设置相关的运行、检修、试验人员。根据具体情况,可分设运行值班人员与检修试验人员,也可检修试验人员同时兼顾运行值班工作。

　　1. 供电管理部门负责人的职责

　　(1)主持本部门的全面管理工作,完成分管工作;负责供电设备的运行、维修和事故处理工作;确保地铁供电系统安全可靠供电。

　　(2)组织开展与供电设备有关的技改、科研,不断提供设备运营质量和运营水平。

　　(3)制定本部门的年度方针目标和生产计划,组织实施供电系统设备运行、检修、技改、科研计划,以及为实施上述计划而进行的采购、资金使用等计划申报。

　　(4)执行上级部门供用电方针,实施安全供电,完成供电量指标任务,开展节约用电。执行上级指示、各种生产指标。

　　(5)组织制订有关规章制度、标准化文件、检修规程,并组织执行。

　　(6)协调各工班之间、本部门与其他部门之间的生产工作关系;检查下级安全、生产、运行、检修工作执行情况。

　　(7)控制生产过程中出现的指标偏差,确保公司工作总目标的实现。

　　(8)组织本部门的质量、安全生产,是其项目的责任人。

　　2. 专业技术管理人员的职责

　　(1)确保本专业的设备正常运行和人员人身安全。

　　(2)组织实施本专业设备运行、维修和日常管理,并进行检查监督;组织实施本专业的故障处理及其技术支持,并组织科研、技改的研究和实施工作。

(3)组织供电文本、规程编写,提高维修质量和故障处理能力。

(4)编报本专业各种检修、材料工具、培训计划。

(5)建立和检查本专业各种记录、台账、报表,向上级提供各种运行报表。

(6)接受上级指令,明确分部目标,并展到班组及责任人。

(7)提供良好服务,接受各种检查监督,认真整改不足。

(8)处理各种反馈信息,确保生产的正常开展,及时反馈各种信息。

(9)开展本专业技改、科研项目,使本专业设备不断完善。

3. 工班长的职责

工班长是整个工班在行政和业务上的领导人,应负责做好以下工作:

(1)接受行政上级的领导和专业工程师的业务指导,主持本班组的工作。

(2)根据部门下达的工作计划,编制检修工作计划,并负责组织实施。

(3)督促全工班人员并以身作则严格遵守有关规程和制度,发现问题及时处理,确保人身和设备的安全。

(4)制定班组管理制度,并负责实施。

(5)负责工班的工器具使用、保养和班前维修的管理,及时提出工器具的补充和报废计划。

(6)负责管理班组备用材料,按程序领用和储备备品、备件,负责填写备品、备件使用报表,并上报相关部门。

(7)负责收集和上报各种票据作业单。

(8)做好班组的修旧利废组织工作,降低各种维修开支。

(9)负责本班组的检修记录、用工记录、原材料消耗、能源消耗工作量的记录和统计工作。

(10)审核班组人员的工作表现和工作能力,编制有关的培训计划,批准后负责实施。

(11)组织学习有关安全生产的文件和规程;组织进行事故预想演习;组织分析本工班的事故和事故苗子,并提出反事故措施。

(12)按时完成工作总结及填报各种报表。

(13)组织搞好班组的文明生产。

4. 班员的职责

(1)在工班长领导下,负责对所辖设备进行日常巡视、检查、维护、维修和抢修工作。

(2)熟悉所管辖范围内设备和供电系统情况,并能根据技术标准、工作程序完成操作任务和工班长交给的生产任务。

(3)熟悉掌握所辖设备的维护、保养方法和检修工艺。

(4)正确使用和维护工器具和测试仪表、仪器。

(5)严格执行各项规章制度和电气安全、技术规程,确保设备及人身安全。

(6)认真做好设备运行及维护、抢修工作的各项原始记录工作,认真填写各种工作作业票。

(7)积极主动参加各种培训,不断提高技术能力。

(8)有权督促操作者的正确作业、向工班长及各级反映情况和提出意见,有权参与工班的各种考评。

5.变电所值班(巡视)人员的职责

值班(巡视)人员在值班时间内,负责设备的正确维护与安全运行,其主要工作有:设备巡视及维护保养,表计监视和记录,倒闸操作,办理检修作业手续,事故、故障和缺陷的处理,整理资料并进行运行分析,清洁环境等。

对值班(巡视)人员的要求是能做到"五熟"、"三能"。

(1)熟悉本所主接线和二次接线的原理及其布置和走向。

(2)熟悉本所电气设备型号、规格、工作原理、构造、性能、用途、检修标准、巡视项目、停运条件和装设位置。

(3)熟悉本所(区段)继电保护和自动、远动装置及仪表等的基本原理和装设位置。

(4)熟悉本岗位的各种规章、制度及标准化作业程序。

(5)熟悉本所(区段)正常和应急的运行方式、操作原则、操作卡片和事故处理原则。

(6)能分析、判断正常和异常的运行情况。

(7)能及时发现并排除故障、缺陷。

(8)能掌握一般的维护、检修技能。

值班(巡视)人员的具体职责见表2-1。

表 2-1 值班(巡视)人员的具体职责

项目	值班负责人	值班(巡视)员	助理值班员
交接班	1. 交班前:检查所有的记录、图纸、资料、备品及当天的工作票 2. 交接班时:点名、介绍值班期间运行、检修情况 3. 接班时: (1)带领交、接班人员进行巡视 (2)根据交接班人员介绍的情况,重点检查有关的记录及运行日志 (3)批准接班	1. 交班前:检查当班时负责的记录 2. 交班时:留守控制室,监视设备运行 3. 接班时: (1)参加交接班巡视,重点检查主要设备(变压器、断路器、隔离开关、互感器),并检查测量、保护装置的切换片、开关等 (2)监护助理值班员试验信号及表计 (3)检查操作命令记录、断路器跳闸及保护动作记录、故障缺陷记录及图纸、资料等	1. 交班前:检查当班时负责的记录和工具、备品 2. 交班时:参加交接班巡视并测量蓄电池 3. 接班时: (1)参加交接班巡视,重点检查避雷装置、高压母线、电缆、端子箱、控制室内设备安装及接触情况 (2)测量蓄电池 (3)在监护下试验信号及表计 (4)检查避雷器动作记录、主变过负荷记录、门卫记录、工具、备品及钥匙等
值班	1. 主持研究并安排当天工作 2. 与电力调度联系,申请停电作业 3. 监视异常设备、保护装置及表计的运行情况 4. 参加熄灯巡视及特殊巡视 5. 组织制定事故及设备缺陷的处理措施	1. 接调度电话 2. 计算供电日报、月报,填写运行日志(抄表部分除外) 3. 主要监视直流屏表计,调整端电池放电电流、浮充电电流,监视保护装置运行 4. 参加定时巡视,根据值班负责人的要求参加特殊巡视 5. 处理事故及设备缺陷	1. 接各站电话 2. 抄表(小时负荷、主变过负荷、馈电线大负荷)并填写运行日志中的有关部分 3. 监视控制屏,量计屏、交流屏上仪表指示及信号显示情况 4. 根据值班负责人的要求参加各种巡视 5. 协助值班员处理事故及设备缺陷

项目	值班负责人	值班(巡视)员	助理值班员
倒闸作业	1. 编写倒闸表 2. 监护复杂的操作及未经模拟操作的紧急倒闸操作 3. 助理值班员不在时进行操作	1. 准备操作卡片和操作记录 2. 要令、消令、执行操作命令、监护倒闸操作	1. 准备安全工具和钥匙 2. 在监护下进行操作 3. 监护值班员要令、消令
断路器跳闸的处理	1. 带领值班员检查有关的设备 2. 批准有缺陷设备的投运申请 3. 检查有关记录及标示牌	1. 监护助理值班员确认并复归转换开关及有关信号 2. 参加有关设备的检查 3. 向电力调度汇报跳闸情况、设备状态,并作好记录	1. 在监护下复归转换开关及有关信号 2. 在监护下检查有关设备 3. 更换断路器跳闸次数标示牌
检修作业	1. 审查工作票 2. 必要时监护办理工作票 3. 验收设备,批准结束工作票 4. 经常巡视检修作业地点,了解检修及安全情况	1. 审查工作票,向助理值班员交待准备工作 2. 办理工作票 3. 监护助理值班员执行及恢复安全措施 4. 参加设备验收 5. 随时巡视检修作业地点,了解检修及安全情况	1. 准备接地线,标示牌及防护栅等 2. 在监护下,执行及恢复工作票上规定的安全措施 3. 根据值班员负责人的安排参加检修组工作

注:①学习(实习)值班负责人、值班员、助理值班员在学习(实习)期间可分别在值班员负责人、值班员、助理值班员的监护下进行职责范围内的工作并对其负责,相应的监护人员亦有同样责任。

②值班负责人可临时代替值班员或助理值班员的工作。

6.电力调度员的职责

(1)负责所辖范围内的供电生产工作,保证整个城市轨道交通供电系统安全运行和连续供电。

(2)认真贯彻执行有关规章、制度、命令和上级指示。

(3)执行供电协议有关条文,负责城市轨道交通与城市供电部门间供电范围内的有关工作协调与联系。

(4)执行供电系统的运行方式;制定故障下系统的紧急运行模式。

(5)对电调管辖范围内的设备在OCC远方直接进行设备停启、运行方式转换的操作,对OCC不能进行远控的设备,电调负责编写操作票发令到变电所值班员当地操作。

(6)审核所辖设备检修计划,根据批准的计划要求,组织设备的检修和施工,并负责对施工安全进行把关,对施工过程进行监控。

(7)指挥供电系统内的事故处理,参加事故分析,制定系统安全运行的措施。

(8)负责对供电系统的电压调整、继电保护、安全自动装置设备进行运行管理;执行继电保护及自动装置的运行、更改方案。

(9)收集整理本系统的运行资料并进行分析工作,总结交流调度运行工作经验,不断提高系统调度运行和管理水平。

二、变电所无人值班的管理

在实现变电所无人值班时,对调度端的电调和站端的变电所值班(巡视)人员的要求均与有人值班时不同。在实行分段管理的初期,其管理原则可按如下考虑:

1. 站端变电所值班(巡视)人员的管理原则

(1)职责

①按调度命令进行就地倒闸操作。值班人员为倒闸操作人(即变电所工作要令人),同时兼任变电所内工作许可人。有关检修班组工作负责人为倒闸操作监护人;若不是检修作业而进行的倒闸操作,由区段内其他人员做监护人。

②一般情况下,每天每分段设置一名分段值班员 8:00～8:00(次日)在分段值班室值班,负责固定值班室所在车站的变电所的巡视和可能的倒闸操作、事故处理及本分段运行情况的收集;另设置两名巡视人员 8:00～17:00 负责除固定值班室所在车站外的变电所的巡视和可能的倒闸操作、事故处理。

③变电所设备正常巡视至少每天一次,节假日巡视每天至少二次,特殊巡视及增加巡视次数按相关规定执行,各分段的巡视人员巡视结束后,若无特别事情须回固定值班室待命。

④一般情况下,各分段的巡视人员每天在巡视结束后,须将巡视变电所的《运行日志》送回分段固定值班室交由固定值班室值班员保存,并将巡视情况交代给值班员。

⑤各分段的巡视人员在离开固定值班室前去巡视前,必须先告知电调去向并取得其许可方可前去。固定值班室的交接班按有关规定及交接班制度执行,若遇所辖范围变电所(包括固定值班室所在车站外的变电所)内主要一、二次设备运行方式有较大变动或存在较严重的设备缺陷或运行情况异常或交接双方认为有必要到现场时,交接双方应一同到现场进行交接检查确认。

(2)倒闸操作

①凡具备遥控功能的设备倒闸操作,由当值电调负责遥控操作。其余操作由现场人员进行,并必须按规定各自填写操作票。

②有计划的或可预见的操作,根据情况由电调命令巡视人员提前到达需操作的变电所,听从指挥。

③倒闸操作由两人进行,一人负责操作,一人负责监护,现场操作人员到达现场执行前,还需与当值电调联系并取得许可后方可操作。

④现场操作人员按当值电调命令进行现场操作及事故处理,操作后要立即报告当值电调。

(3)设备异常及事故处理

①当设备发生事故危及人身及设备安全时,值班人员有权先将事故设备停电,然后立即汇报电调及有关领导。

②在所辖分段内出现设备事故跳闸时,值班人员必须尽快赶到事故现场,检查设备情况并汇报电调,并在电调的指挥下立即着手处理事故。

③远动装置失灵或不具备"四遥"功能的设备发生事故时,值班人员须向当值电调汇报,并做好记录,按电调的命令处理事故。

2.调度端管理原则

（1）任务和职责

①电调是整个供电系统的运行监控指挥人和操作执行人

②当值电调必须认真监视各站的运行情况，并详细填写《运行日志》。

③交班时，须认真仔细交接，并试验警报音响是否正常。将本班中存在的问题和缺陷（包括远动系统）向下一班交待清楚，重大问题向直接领导直至上层主管领导汇报。

④操作时，一人操作，另一人监护，认真核实操作设备无误后再执行，并注意主机一次系统图设备位置显示及参数变化是否正确。如有疑问，应派变电值班巡视人员到现场检查开关实际位置及设备状况。

（2）设备异常及事故处理

①按"先通后复"的原则，用一切可能的方法（包括改变运行方式和动用设备的过负载能力）尽力保证对接触网等重要负载的供电。

②在遥控操作及开关跳闸或重合闸后，应立即检查遥信、遥测及打印记录是否工作正常。如有疑问，应派变电值班巡视人员到现场检查。

③遥控操作时，若发生拒动或遥测、遥信异常等情况时，应按下列步骤进行检查：检查调度端控制室设备及远动通信是否正常工作；派变电值班巡视人员到现场检查站端设备是否正常，判明是否远动终端装置异常或变电所一、二次设备故障，根据情况分别进行处理。

④遥信动作后，应首先检查屏幕显示与打印记录是否相符，否则，应另行做好记录，然后根据具体情况分别对待复归信号。复归信号一般按下列规定进行：对主设备的主保护动作跳闸，必须待处理人员到达现场检查后，根据技术条件由电调遥控复归或由现场人员奉令复归保护的动作信号；无需派人到现场检查处理可恢复供电的或已恢复供电的，可用遥控复归。

第二节　运行管理的有关规程和制度

为加强城市轨道交通供电系统的运行管理工作，其管理部门除具备国家、行业颁发的有关规程、制度、标准、规定、导则、条例外，还必须根据具体情况制定实际可行、具操作性的管理制度，以便各级人员有章可循，并便于积累资料和进行事故分析，提高各级人员的技术管理水平。

一、变电所管理规程和制度

1.现场运行规程

根据供电生产的特点和长期的实践经验，供电部门科学地总结和制定了一套保证电力系统安全运行的规程和管理制度。但由于各供电单位设备配置不同，各变电所现场接线方式不同以及运行方式的不断变化，现场会出现各种不同的运行情况。对运行人员，要求不仅熟悉各种设备的构造、性能和工作原理，还应熟悉系统的连接方式和各种保护的配置情况，熟悉设备的操作和故障处理办法，能熟练处理各种异常情况。因此，还必须在各种生产场所分别制定适应本场所设备具体情况的运行规程——现场运行规程,例如《××变电所现场运行规程》等。以下重点介绍变电所《现场运行规程》的编制、修订和执行中的注意事项。

现场规程的编制应在新变电所投运前完成,投运满一年时定稿。运行中设备更换时,应及时修改规程。变电所扩建时,除应补充新装设备的内容,还应对涉及原运行部分的条文予以修改。

(1)现场运行规程的编制依据

现场运行规程的编制和修订的主要依据有以下几个方面:

①《电力工业技术管理法规》;

②供电行业中已成文的各种电气设备运行规程、安全工作规程和运行管理规程;

③本变电所一次主接线、保护配置等设计资料;

④本变电所各种设备技术性能、使用说明等制造厂家资料;

⑤调度部门制定的调度规程;

⑥本单位运行实践经验。

(2)现场运行规程的内容

现场运行规程一般应包括下列内容:

①各级运行人员及运行管理人员的岗位职责;

②主要设备的性能、特点、正常和极限运行参数;

③设备和建筑物在运行中检查巡视、维护、调整的要点及注意事项;

④设备的操作程序;

⑤设备异常及事故情况的判断、处理和注意事项;

⑥有关安全作业、消防方面的规定;

其中第①项有关人员的岗位责任也可与其他制度(如交接班制度、缺陷管理制度等)编在一起称为运行管理制度。第④项设备的操作程序,也可单独编为《××变电所的现场倒闸操作规程》,仍属于现场运行规程的一部分。

电气设备的正常运行巡视,倒闸操作和事故处理是运行工作的主要内容。变电所的现场运行规程不论采用什么编写形式,都必须突出这方面的内容。

(3)现场运行规程的修订

现场规程的修订过程是学习和深入体会规程精神实质的过程。除了扩建和更改工程完工后应组织对现场规程进行修改、补充外,正常运行的变电所也应定期组织对现场规程进行修订。修改、补充的根据,一般来自下列资料:

①运行分析报告中发现原规程的错漏或不足之处;

②反事故演习中发现的规程中不够明确的条款;

③事故分析中发现的错漏之处。

2. 变电所运行管理制度

规程制度是生产实践经验的总结,是有效组织生产和建立正常生产秩序的保证。运行规程是一种技术规程,技术规程是靠人员去贯彻实施的。因此,还必须建立相应的管理规程或管理制度,去制约人员在工作中的行为,以保证技术规程的正确执行。变电所运行岗位除了要认真执行现场规程外,必须遵守各项管理制度。

1)值班制度

虽然实现无人值班后,大部分设备具备"四遥"功能,但由于考虑经济的原因还有一部分设备,如大部分低压开关、部分站场隔离开关,还需就地操作和定期巡视,而且变电所还需安全保卫,因此,无人值班的管理模式之一是有人值守,无人值班。

(1)变电所值班人员应接受电力调度的统一指挥,保证安全、可靠、不间断地供电。

(2)变电所值班人员按规定的班制轮流值班,不得任意调换、替班、换班,值班人员应有独立工作及组织能力。

(3)值班人员当班时应做到:

①"五熟"、"三能"。

②正确执行电力调度命令,按规定进行倒闸、办理工作票并做好安全措施,参加有关的验收工作。

③按规定及时、正确地填写各种运行记录和表报。

④按规定巡视设备。当发现设备缺陷、异常现象,或发生事故时,应尽力妥善地处理,并按信息反馈渠道及时报告有关部门。

⑤严格执行有关规章、制度、细则、命令及指示。

⑥管好仪表、工具、安全用具、备品、钥匙及图纸、资料。

⑦保持所内清洁卫生,搞好文明生产。保养维护好消防用具和器材,做好变电所防火防盗工作。

(4)值班人员应坚守岗位,不得擅离职守,严禁从事与值班无关的活动。班前和班中不准饮酒,保持清醒头脑。

(5)控制室应保持安静。非当班人员及检修人员未经许可不准进入控制室、高压室和设备区。其他人员入所须按有关规定办理手续。

2)交、接班制度

(1)交、接班必须按照规定的时间严肃、认真地进行。接班人员未到,交班人员不得离岗,超过规定时间仍未到时,应报告所长或上级领导,直至作出安排。

(2)交、接班前,交班的值班负责人应组织交班人员进行本班工作小结,提前做好室内、外卫生及交班准备工作。

(3)交、接班内容由交班负责人介绍,交、接班人员共同巡视检查。其内容如下:

①设备在交班时的运行方式,前一班的倒闸情况。

②前一班发生的事故和所发现的设备异常以及处理情况。

③断路器跳闸情况,继电保护及自动、远动装置的运行及动作情况。

④设备变更和检修情况,尚未结束工作票的检修设备,尚未拆除的接地线的地点、数目,以及尚未恢复的熔断器等。

⑤各种记录是否齐全,所记内容是否符合实际情况及有关规定。

⑥仪表、工具、安全用具、备品、钥匙及图纸、资料等是否齐全、完好。

⑦上级布置的工作任务和其他交接事项。

(4)交、接班时应避免倒闸操作和办理工作票。如遇有重要或紧急倒闸操作以及处理事故等特殊情况,不得进行交、接班或暂停交、接班,只有倒闸完毕或处理事故一段落时,经电力调度和接班负责人同意后方可进行或恢复交、接班。在交、接班当中发生事故或设备出现异常时,虽暂停交、接班,但接班人员应主动协助处理。

(5)交、接班双方一致认为交、接无问题后方可办理交接手续。即由接班负责人签字并宣告交、接班工作结束,然后转由接班人员开始执行值班任务。

（6）接班后,新接班的值班负责人应向电力调度报告交、接班情况,并根据设备运行、检修以及气候变化等情况,向本班人员提出运行中的注意事项和事故预想等。

3）巡视制度

（1）变电所值班或巡检人员应对变电所全部电气设备及其附属设施按运行规程的规定,进行巡视检查。

（2）巡检周期:

①有人值班变电所除交接班检查外,每日上午、下午及收车后需进行巡视检查。

②无人值班变电所每日至少对变电所进行巡视检查一次。

③暗光检查按每周一次进行。

④对新投入及大修后的设备或遇异常气候时需对变电所进行特殊巡检。

（3）巡视内容:

①交接班、全面巡视:全部设备的全部项目。

②熄灯巡视:各种设备的绝缘件和电器连接部有无放电或发热。

③特殊巡视:异常气候时有无绝缘破损、裂纹和放电,重点设备的零部件及连接、油色、声响和气味。

（4）巡视应做到:

①巡检人员要精力集中,认真仔细,充分发挥眼、耳、鼻、手的作用,分析设备运行是否正常。

②巡检人员必须按指定内容和指定路线巡视,以防漏巡。

③巡检人员要认真做好巡检记录,发现设备缺陷要及时上报,巡检人员对所作记录负完全责任。

④允许单独巡视高压设备,但巡检人员不得进入常设遮栏或进行任何工作。

⑤巡检人员应做好变电所的卫生清洁工作。

⑥巡检结束,巡检人员需将设备运行情况向电调汇报。

4）缺陷管理制度

设备缺陷管理制度是要求全面掌握设备的健康状态,以便及时发现设备缺陷,认真分析产生的原因,并予于尽快消除。掌握设备的运行规律,保证设备处于良好的技术状态,努力做到防患于未然,是确保设备安全运行的重要环节,也是科学安排设备检修、校验和试验工作的重要依据。

按对供电安全构成的威胁程度,缺陷分为严重缺陷和一般缺陷。严重缺陷是指对人身和设备有严重威胁,若不及时处理有可能造成事故的缺陷。一般缺陷是指对运行虽有影响,但尚能安全运行的缺陷。有关人员发现缺陷后,无论消除与否运行值班人员均应在运行日志和缺陷记录簿中做好记录,并向有关领导汇报。

（1）发现设备严重缺陷,值班人员或巡检人员应立即向电调和供电中心汇报,供电中心应及时组织检修人员消除。

（2）发现一般设备缺陷,值班人员（或巡检人员）应及时向工班负责人汇报,由工班负责人记录在案,并组织处理或列入正常维修计划进行处理。

（3）值班人员（或巡检人员）应加强设备缺陷的监视,在交接班时应详细交代。

（4）工班负责人应经常查阅设备缺陷记录,了解设备缺陷内容和处理情况,对未消除者应尽快安排处理。

(5)对于消除严重设备缺陷有困难时,应及时与上级管理或供电部门联系,请求支援,以避免更大损失。

5)运行分析制度

定期地进行运行分析是提高供电质量、保证安全运行的重要技术组织措施。运行分析应包括下述内容。

(1)岗位分析:包括检查分析工作票、作业命令记录、倒闸操作记录及各项制度执行情况;统计倒闸操作正确率、办理工作票正确率、违章率;对发生违章的班组和个人找出原因并提出改进措施。此项分析一般每月或至少每季进行一次。

(2)计量分析:包括分析负荷情况;统计负荷率、最大小时功率、平均小时功率;统计受电量、供电量、自用电量、主变压器损耗、功率因数,并分析判断电能电量与实际负荷是否相符;核算主变压器是否经济运行,以决定单台或多台并联运行等。一般每日抄表后进行一次日分析,每周或至少每半月进行一次阶段分析。

(3)检修分析:包括分析检修计划完成情况,对未完成或延长检修期限的原因作出说明;统计每台(屏)设备定期检修消耗的材料和工时;统计每月维护检修所消耗的材料费用。

(4)设备运行分析:对电气设备、继电保护、自动、远动装置和仪表等的运行情况、事故、故障、缺陷、异常等进行的分析。具体作法是根据有关记录对投入运行以来,以及当时出现的现象、有关的操作、处理的措施、恢复的情况等进行统计、分析(评价),从中总结经验教训,以便有针对性地加强检修或进行技术改造。变电所进行的专项设备运行分析一般有下列几种。

①主变压器运行分析:内容包括主变压器每月的最高及最低油温、最大和最小温升、过负荷情况、投运时间、投切次数、承受穿越性短路电流次数等。

②主断路器运行分析:内容包括累计跳闸次数、解体修后跳闸次数、每次跳闸时的短路电流、电压值、气压或真空度变化情况,以及断器本身拒动、误动次数及原因等。

③电容补偿装置运行分析:内容包括投切次数、投运时间、投运效果等。

④继电保护、自动、远动装置运行分析:内容包括撤出运行的次数、时间和原因;动作的次数和原因;拒动、误动的次数及原因;核算动作正确率等。

设备完好是变电所安全运行的重要前提。在运行中除应搞好日常维护、检修外,还应于每年年底对电气设备进行设备鉴定。设备鉴定就是根据设备在鉴定当时的现状,以及在运行、检修中发现的缺陷处理情况,并结合本周期的预防性试验结果进行综合分析后,对设备质量进行的一次等级评定。本年度新建或大修的设备还可结合竣工验收时对质量评定的结果来评定。除已封存的或已列入年度大修计划但尚未检修的设备可不作鉴定外,其他所有设备(包括已安装的或替修用的备用设备)均应进行鉴定,一并统计。

设备鉴定是供电部门全面质量管理的重要组成部分,它采取边鉴定边整治的原则。通过鉴定可全面掌握设备质量,为拟定下一年度的设备检修计划和技术组织措施提供可靠的依据。

设备鉴定后的质量等级分为优良、合格、不合格三种。

(1)优良设备:要求技术状况全面良好,即预防性试验项目全部合格,可测量的技术数据均在标准范围之内,全部项目达到中修的质量标准,外观整洁,技术资料(铭牌、技术履历簿、历年试验报告、每年大、中、小修记录以及鉴定记录、历年事故、故障、缺陷和异常的记录)齐全。对于继电保护及自动、远动装置等二次设备还应有与现场设备相符的图纸。

(2)合格设备:要求预防性试验项目全部合格,主要技术数据在标准范围之内,主要项目达到中修的质量标准,次要项目达到小修的质量标准。

(3)不合格设备:是指预防性试验项目或主要技术数据有一项不合格,或者预防性试验超过规定周期10%仍未试验者,或其他项目有一项不符合小修质量标准者。

优良设备与合格设备统称为完好设备。设备完好率=完好设备数/参加鉴定设备数。

鉴定时发现的设备缺陷应填入设备缺陷分析表,并进行汇总分析,提出整修改善措施。对鉴定中发现的缺陷已在鉴定期间处理者,可按整修后的质量评定。

二、电力监控管理规程和制度

1. 安全及检查制度

针对全线的设备,SCADA(Supervisory Control And Data Acgaisition 电力监控设备的运行与巡视)工作人员的基本安全生产制度和作业纪律是必须认真执行"三不动"、"三不离"、"三不放过"、"三预想""三懂三会"和"三级检查制度"等安全措施,以及城市轨道交通运营部门的有关安全规章制度。

(1)"三不动"指未联系登记好不动;对设备性能、状态不清楚不动;未经授权的人员对正在使用中的设备不动。

(2)"三不离"指检查完不复查试验好不离;发现故障不排除不离;发现异状、异味、异声不查明原因不离。

(3)"三不放过"事故原因分析不清不放过;没有防范措施不放过;事故责任者和其他人员没有受到教育不放过。

(4)"三预想"指工作前,预想联系、登记、检修设备、预防措施是否妥当;工作中,预想有无漏检、漏修和只检不修造成妨害的可能;工作后,预想是否检修都彻底,复查试验、加封加锁、销点手续是否完备。

(5)"了解事故要三清"即时间清、地点清、原因清。

(6)"三懂三会"指懂设备结构、会使用;懂设备性能、会维修;懂设备原理、会排除故障。

(7)"三级检查制度"是部门每半年对管内主要设备检查一次;部门每季对管辖内的主要设备检查一次;SCADA专业人员每月对管辖内的主要设备检查一次,检查后,应有详细的设备运行记录。凡进行危险性较大、影响行车及安全的工作时,必须事先拟定技术安全措施,由专人负责执行。对维护工具及安全防护用品,在出工前必须进行检查;禁止使用不良工具和防护用品。未授权的任何人员严禁对本系统所有应用软件作任何改动。电调人员应严格按照有关操作程序进行操作和控制,并对自己的操作负责。SCADA专业维修人员应严格按照操作维修规程进行维修作业;同时要遵守运营部门有关保密制度和规定。

2. 设备的日常维护与巡视制度

按照规定的时间和项目,规定的周期和项目,对全线SCADA设备进行检查并记录。进行 SCADA 维护作业按下列规定执行：

1）凡有计划对设备进行拆卸、更换、移位、测试等工作，需中断设备使用时，应填写施工要点申请计划表报生产调度，施工前应按调度命令，在设备检查登记表中登记，经车站值班人员同意并签认后方可作业。但作业前应告知 SCADA 值班人员。

2）临时对 SCADA 设备进行拆卸、更换、移位、测试等工作，必须在设备检查登记表上登记，经车站值班员同意签认后方可作业，但作业前应告知 SCADA 值班人员。若作业影响到相关专业设备，必须取得相关专业人员认可后，在相关专业的监护下方可作业。

3）不松动电气节点，不拆断电气连线，不更换零配件和不分离机械设备的一般性检查，可不登记，但应加强与车站值班人员和 SCADA 值班人员的联系。

4）检修作业的联系、要点和登记的要求：

（1）联系、要点前，必须核对准确检修作业地点、需要检修的设备、检修内容及对其他设备的影响范围。

（2）联系、要点和登记工作，由 SCADA 检修人员负责办理。

（3）登记的时间、地点、和作业性质、设备编号和影响范围等内容，一经车站值班员同意签认后，任何人不得涂改。

（4）登记要点的维修作业，一般应在给定的时间内完成，遇有特殊情况需延长时间时，必须重新办理要点登记手续。

3．设备故障处理制度

（1）为迅速进行事故障碍的处理，同时便于 SCADA 设备故障的管理及考核，要建立完善的故障受理制度。

（2）SCADA 检修人员应从生产调度处受理 SCADA 故障：故障受理应按要求填写故障受理表格。

（3）SCADA 设备发生故障，有关维修人员应及时准确的作出判断（判明故障位置，故障原因等）积极组织修复，缩短故障时间，把故障时间、影响控制在最小范围内。若无法维修应及时上报。

（4）故障处理时限：应在接到故障报告时的当班内赶到现场，如果是仅需在线维修的设备，维修应在当班内完成，当班完成不了的应报维修中心生产调度，并做好现场保护措施和下一步的维修计划；对必须离线维修的设备，在设备离线前应做好设备更换，经复查、检验以及运行恢复正常后才离开现场，离线设备的维修应有计划和维修期限。

（5）SCADA 维修人员在处理完故障后，应对维修现场进行清理，恢复到原来状态并及时销点。

（6）SCADA 维修人员应及时填写故障处理台帐，记录故障情况及处理时间、结果，归档备查，对一时无法处理的故障要及时上报。

（7）严格事后检查制度，由 SCADA 班组对维修情况做核查，确保维修质量。

（8）故障处理时，不能影响接口专业的运作，涉及到接口的维修应先与其他专业协调，在其他专业监护下进行维修。

（9）故障处理要求：故障处理要按故障处理程序进行，处理要作到三清，即时间清、原因清、地点清。部门对 SCADA 维护班组按月考核"三清"率。

三、变电所工作应备的记录和技术资料

1. 各种记录簿及其填写的要求

(1) 运行值班日志

由值班人员填写当班期间变电所的运行情况,表格格式可视本段各所接线及设备的具体情况自行设计。日志应能反映系统运行方式及设备投运和停运情况的。如设备检修时安全措施的布置;运行中继电保护、自动装置及仪表的运行状态;设备发生事故或异常现象时,事故的处理经过、设备的异常现象及发现的设备缺陷。此外还应记录调度和上级关于运行的通知,受理工作票的情况;以及交接班的交班小结,与运行有关的其他事宜等。表 2-2 是某地铁主变电所的运行日志样表。

(2) 倒闸操作命令记录

用来记录电力调度员操作指令的发、受人姓名,操作命令编号,操作命令的内容和发布预令、动令时间及执行操作完成的时间和内容,样式参见表 2-3。

表 2-3 倒闸操作命令记录

发令日期	发令时间	受令处所	命令内容	发令人	受令人	命令编号	批准时间时分	完成时间时分	销令人

(3) 设备缺陷记录

由发现缺陷的人员、处理缺陷的负责人及缺陷处理后进行验收的当班值班员分别分项填写有关内容。发现缺陷的人员包括参加设备巡视的各类人员、当班值班员、检修人员。变电所所长(分段负责人)每天(或每班)都要查看一次该记录,以便督促负责检修设备的人员尽快处理。

缺陷内容包括日常运行中发现的缺陷和异常现象,检修过程中发现的但当时未能消除的缺陷,以及断路器故障跳闸超过规定次数等,样式参见表 2-4。

表 2-4 高压供电设备缺陷记录

发现缺陷日期	缺陷所处地点	发现缺陷人员	有缺陷的设备名称及运行编号	缺陷内容	缺陷记录人	处理措施及跟踪	处理缺陷负责人	清除缺陷日期	验收人

备注:1. 设备缺陷一次不能处理到位或需结合计划修及暂不需处理的,要记录跟踪情况;
　　　2. 设备缺陷消除后记录消除缺陷日期,验收人为工班长或专业工程师。

表2-2　110 kV变电所运行日志

日期：201___年___月___日

所_____　　　　　至：　　　　　时间：　　　　　　　　　　YYZL/GL-高压供电-001

高压开关柜运行记录（电流A/电压kV）

	701#	702#	301#	302#	310#	311#	312#	313#	314#	308#	321#	322#	323#	324#	309#	其它
8:00																
13:00																
18:00																
23:00																

1#主变压器温度（℃）记录				2#主变压器温度（℃）记录				电度表读数记录						
室温	油温1	绕温	油温2	室温	油温	绕温	油温2		1# 进线		2# 进线		1#进线+2#进线	
									有功	无功	有功	无功	总有功	总无功	cosφ
								每日						
8:00								电度统计（6:30～次日6:30）						
13:00														
18:00														
23:00														

巡视项目及细则及记录（根据设备状况在正常及异常格内打√）

控制室	巡视项目及细则	正常	异常	巡视项目及细则	正常	异常
	1. SCADA屏通信管理机、测控装置、交换机、谱波监测装置等运行情况			110 kV GIS：1. 外壳接地良好，进线电缆外观正常		
	2. 后台PC机运行情况			2. 各气室密度表指示在运行范围内		

交接班情况

内容	签名
所内卫生状况（室内卫生、设备表面卫生）：	交班人：
工器具状况（安全工具、检修工具、操作手柄等）：	
设备状况（设备运行情况、运行方式有无调整）：	值班人：
消防器具状况（数量、外观检查、压力）：	

值班记事

巡视细则及记录				高压开关柜运行记录（电流 A/电压 kV）（根据设备状况在正常及异常空格内打√）			交接班情况
	巡视项目及细则	正常	异常	巡视项目及细则	正常	异常	
控制室	3. 主变保护装置运行正常			110 kV GIS — 3. 就地控制柜运行正常无故障信号			
	4. 模拟图各元件位置与实际运行方式一致			4. 避雷器动作次数无变化、泄露电流无异常			
	5. 交流屏运行情况及馈线柜运行情况			5. 开关、刀闸机械和电气分合位指示正确			
	6. 蓄电池外壳无变形，无过热，干净无渗漏			6. 储能状态指示与储能弹簧实际状态相符			
	7. 计量屏、负控柜及 SF$_6$ 监控装置运行情况			7. 开关室内无异音异味，SF$_6$ 气体监测装置运行状况			
	8. 直流屏运行情况及绝缘监测			8. 开关室内通风装置运行情况			
主变压器	1. 外观及运行声音正常，无放电声			35 kV GIS — 1. 无异音异味，无过热变形，室内通风及照明装置运行			
	2. 桩头引线无松动，无过热变色			2. 保护装置、通信装置及故障录波装置运行状况			
	3. 油色、油位显示正常			3. 各柜内气室 SF$_6$ 压力指示情况			

43

第二章 变配电系统的运行及管理

交接班情况

巡视细则及记录

高压开关柜运行记录（电流 A/电压 kV）

（根据设备状况在正常及异常空格内打√）

	巡视项目及细则	正常	异常
35 kV GIS	4. 断路器三工位开关位置显示器与实际位置相符		
	5. 开关柜内各指示灯、加热器及柜内照明		
	6. 母联开关备自投准备情况		
	7. SF₆ 气体监测装置及电缆在线监测装置运行状况		
地下电缆层	1. 电缆头无油胶渗出，屏蔽接地良好		
	2. 电缆头无放电、无过热；电缆外皮完整、无破损腐蚀		
	3. 电缆层封堵良好、无小动物出入		

巡视细则及记录

	巡视项目及细则	正常	异常
主变压器	4. 各管道、法兰、蝶阀无渗漏油		
	5. 呼吸器正常，硅胶变色未超过半，油杯无渗油		
	6. 变压器温度正常，仪表检测无过热部位		
	7. 110 kV 中性点间隙无放电痕迹，刀闸正常		
	8. 有载调压装置操作正常，挡位指示与后台一致		

高压开关柜运行记录（电流 A/电压 kV）

巡视细则及记录

	巡视项目及细则	正常	异常
主变压器	9. 室内无异常气味、风机正常		
中性点电阻	1. 外壳接地良好		
	2. 进线接头及其套管正常		
	3. 各电阻无断落、放电烧伤痕迹		
站用变	1. 一二次侧引线连接牢固，无发热变色现象		
	2. 接地部分良好		
	3. 运行声音正常		
	4. 温控仪温度显示正常		

（根据设备状况在正常及异常空格内打√）

	巡视项目及细则	正常	异常
地下电缆层	4. 电缆头支架安装牢固，电缆固定无移位		
	5. 地面无积水、油池无积水		

备注

交接班情况

第二章 变配电系统的运行及管理

（4）保护装置动作和断路器自动跳闸记录

由值班人员填写各种继电保护装置的动作及断路器自动跳闸的有关情况。

在其中的重合和强送情况一栏中，为了区分各种情况，一般可按"重合成功"、"重合不成功"、"重合闸拒动"、"重合闸撤除"、"强送"、"手动合闸"等填入。

"强送"是指不管故障原因查明与否，凡跳闸后根据电力调度的命令合闸送电的，均称"强送"。"手动合闸"乃指正常停电后的送电。以上两种情况根据自动装置的原理，重合闸均不应动作。

在该记录中的信号显示一栏里，如音响、闪光、各种信号灯（包括信号继电器的信号）显示均正确时方可填写正常，否则应逐项填写未正常显示情况。

在跳闸原因一栏中应写明故障性质、地点（包括区间和接触网杆号或定位），如系列车引起的故障跳闸，还应注明列车编号、列车车次，样式参见表2-5。

表 2-5　保护装置动作和断路器自动跳闸记录

跳闸日期	跳闸时间	变电所在	断路器运行编号	保护动作名称	相别	重合闸情况	人工合闸情况	邻所联跳情况	复送时间	跳闸原因	处理情况	记录人

（5）保护装置整定记录

是原设计的保护整定值及其变更情况的记录。表中的整定值一栏即指设计值，应由变电所所长（分段负责人）统一填写。变更情况一栏则由变更整定值的工作领导人填写，当班值班员签认，样式参见表2-6。

表 2-6　保护装置整定变更记录

变 电 所 名		设备名称 运行编号		整定负责人	
保护装置名称	变更前整定值	变更后整定值	变更时间	整定变更后试验情况	
变更原因		批准单位			
		批准日期			

备注：整定变更记录需附上级技术管理部门或设计院相关变更通知或文件。

（6）设备检修记录

由检修工作领导人填写，当班值班员验收并签认。其中修前状况、修后结语栏均应记录有关的技术数据，例如对于隔离开关要记录分、合闸角度、止钉间隙、绝缘电阻、接地电阻等。修中措施栏除应注明是否按工艺检修外，尚应提出对修前不良状态的针对性处理措施。此外，修后结语栏还应记录存在的问题，并进行设备的质量评定，即给出"合格"或"不合格"的结论。

变电所维修记录总体情况表格样式见表 2-7；而具体设备检修记录内容应详见具体设备的检修记录相关表格，见表 2-8。

表 2-7　变电所维修记录

维 修 时 间		维修负责人	
维修人员			
维修项目			
维修内容			
验收人		记录人	

表 2-8　110 kV 组合电器小修记录样表

设 备 处 所		制 造 厂 家	
规格型号		出厂编号	
运行编号		制造年月	
检修日期		工作票号	
检修人员			

内容	标准	实况
1. 检查清扫柜顶、柜面、柜内各部	清洁、无灰尘，无油漆脱落，各部位标识及指示清晰	
2. 检查底座、支架、接地等	安装牢固，无倾斜，无锈蚀，接地良好	
3. 进出线电缆连接部分检查	连接牢固，电缆屏蔽层接地良好，无发热	
4. 检查紧固法兰，检查防爆装置，伸缩装置	受力均匀适当，防爆管密封良好，膜片完整不变形、无爆裂	

内容	标准	实况
5. 三工位刀闸、快速接地刀、断路器位置指示检查	位置指示正常、标示准确	
6. 检查开关室内照明、通风及SF$_6$监测装置	照明良好,通风正常,SF$_6$监测装置各数据正常,报警及联动通风功能试验正常	
7. 检查调整操作机构	机械转动灵活,储能性能完好;液压泵启动次数正常、液压油油位正常无泄漏(ABB);机械转动部分酌情加注润滑油,电动及储能机构完好,动作灵活可靠	
8. 检查各气室SF$_6$密度计指示	各气室气密性良好,压力符合规定	
必要时检测断路器室SF$_6$含水量	$<300\times10^{-6}$	
验证密度继电器动作情况	压力降低、报警及闭锁动作正常	
9. 三工位刀闸、快速接地刀、断路器分合闸试验	动作及位置指示正确、脱扣、防跳跃、闭锁功能完好,分合闸操作速度正常	
10. 检查电压、电流互感器	二次引线完好、连接牢固,计量部门专用铅封良好	
11. 检查清理就地控制柜	清洁各按钮、灯、空开、继电器等二次元件,柜内接线无松动脱落。面板各指示正常;全部空开分合闸操作一次;在联锁状态下对断路器及刀闸操作一次	
12. 检查避雷器及放电记录仪	运行中无异音,接地良好,泄漏电流值正常	
13. 对箱体及附属装置进行局部涂漆	色泽均匀,协调一致	此项目必要时进行
14. 本柜与后台监控情况	后台显示与现场状况一致	
备　　注		

质量评定:合格□　　　　不合格□　　　　　　　　验收人:

（7）事故处理记录

由工长（工班负责人）或指定的值班负责人填写所内发生的各种事故的有关情况（原因、处理情况及今后防止措施等），样式参见表2-9。

表 2-9　高压供电故障处理记录

年　　　月　　　日

故障发生时间		开始处理时间		处理结束时间	
故障地址		设备名称		处理人	
故障内容					
原因分析					
处理情况					
备　　注					

填表人　　　　　　　填表日期　　　　　　　年　　　月　　　日

（8）安全用具、绝缘工具记录

由工长（工班负责人）指定的专人（工具保管员或安全员）填写。应逐一记录所内安全用具及绝缘工具的名称、编号、试验日期和试验结果等有关情况。

以上各种记录所记载的内容是变电所运行中原始资料及数据的积累,极其重要。要求有关人员认真填写,妥善保管。填写时力求字迹工整、清晰,不得随意涂改、撕页。其中姓名应填写全名,时间应填月、日、时、分。对于工班管理中还需建立相关安全和业务培训的相关记录,如《事故应急演练记录簿》记录应急演练日期、参加人员姓名、应急演练的题目及内容,以及应急演练中发现的问题和今后宜采取的措施,并对应急演练做出评价;《安全活动记录簿》记录安全活动的日期、参加人员姓名、活动内容、发现的问题,以及为确保安全宜采取的措施;《培训记录簿》记录培训的项目、内容、时间,以及参加培训人员的姓名,对培训的评价和有关人员的签字。

2. 技术资料

（1）图纸。应备有主接线图、室内外设备平面布置图、配电装置断面图、保护装置及交、直流自用电系统图、二次接线展开图及安装图、各种屏、柜的背面接线图、电缆手册、防雷接地装置图。

（2）规程。应备有变电所安全工作规程、变电所运行检修规程、供电事故管理规则及其他有关细则、补充规定、标准等。

（3）资料。包括设备制造厂家及使用说明书;出厂试验记录;安装交接有关资料;设备改进、大中小修施工记录及竣工报告;历年大中修及定期预防性试验报告;设备事故、障碍及运行分析专题报告;设备发生的严重缺陷、移动情况及改造记录。

（4）变电所的指示图表。为清晰明了系统地反映该变电所的概貌、紧急情况的处理及变电所的管理,一般还就以下事项的内容在必要的场所靠墙悬挂。

①系统模拟图板（主控制室）;

②变电所紧急疏散图;

③事故处理紧急使用电话表;

④定期巡视路线图;

⑤变电所相关运行制度。

四、电力监控管理工作应备的记录和技术资料

1. 各种记录簿及其填写的要求

（1）SCADA 专业软件修改记录表

SCADA 专业软件修改记录表的目的是追踪记录专业软件的版本升级，数据库的修改等情况。

修改名称填写分解到能更换的最小设备，如 RTU 的 FSP 等；修改原因主要指发生故障的现象经过，如多次发生通道故障、PG 或 PC 显示颜色与实际开关位置不符合等；修改内容指故障处理过程的实际操作过程，如更换故障模块等；修改处理时间；修改处理人员为故障处理过程中的实际操作人员；备注记录故障处理过程中发生的其他一些相关现象，见表 2-10。

表 2-10　SCADA 软件修改记录样表

修　改　人		确　认　人	
修改日期			
修改名称			
修改地点			
修改原因			
修改内容			
修改后运行情况			
备注			

（2）SCADA 设备维修记录表

SCADA 设备维修记录表的目的是追踪记录设备故障原因、维修过程等情况。以便日后整理、分析，逐步找出各种设备故障的规律及维修方法，见表 2-11。

表 2-11　SCADA 设备维修记录样表

时　间	地　点	设备名称	检修试验内容	结果及存在问题	检修单位及负责人	验　收　人

（3）SCADA 设备更换记录表

SCADA 设备更换记录表目的是追踪记录设备更换情况，对设备更换情况进行统计与归类，有利于判断 SCADA 系统可能发生故障的重点部件，从而为维修、保养等工作提供参考与帮助。

序号用阿拉伯数字 1、2、3 等填写；部件名称填写分解到能更换的最小单位的备件，如模拟屏 PLC 的 CPU 的 EPROM 等；部件编号为备件管理中所有备件或在线设

备的部件编号,如 FSP-001 等;更换时间如 2000,6,20;更换前地点指部件发生故障的所在地,如烈士陵园 B 所;更换后地点指故障部件存放地点,一般为 OCC 备件房;新部件名称指代替故障部件的新部件名称,可以与故障部件相同,也可不同,如用 AC 220 VRTU 电源代替 DC 110 V RTU 电源,则该栏填 AC 220 V RTU 电源;新部件编号如 FSP-001;故障现象及原因如多次发生通道故障等;更换人员指具体操作人员;检查人员为更换操作时的具体操作人员之外的其他人员,当操作时只有一个 SCADA 人员在场,则检查人员为工班长;备注记录更换过程中发生的其他一些情况,如故障备件或新部件曾经在其他地点使用过等,见表 2-12。

表 2-12　SCADA 设备更换记录样表

序　号	部件名称	部件编号	更换时间	更换地点	新部件名称	新部件编号	故障现象及更换原因	更换人员	检查人员	备　注

(4)OCC(环调)值班记录

当需要在 OCC 值班,对设备日常巡检、保养及故障处理,所以在值班室设有交接班记录表。OCC 交接班记录的填写由交班人员和接班人员共同完成,在交接班前 15 min 内共同检查各设备、各记录以及各种表格等,并作好签名记录等。

各种硬件设备情况分为良好、一般、差三种。记录时在相应等级栏划√。其中设备各部件完全工作正常且清洁、整洁的则为良好;设备各部件完全工作正常且基本清洁、整洁的则为一般;设备各部件基本工作正常且清洁、整洁程度一般的则为差,见表 2-13。

表 2-13　SCADA 值班记录样表

时间:　　月　日　时　至　　月　日　时				时间:　　月　日　时　至　　月　日　时			
巡视内容		设备情况		巡视内容		设备情况	
控制中心调度系统	服务器柜	SUN 280R 系统服务器		控制中心调度系统	服务器柜	SUN 280R 系统服务器	
		磁盘阵列				磁盘阵列	
		HUB				HUB	
	前置机柜	主通信通道			前置机柜	主通信通道	
		备通信通道				备通信通道	
		通道切换				通道切换	
	前置工作站				前置工作站		
	维护员工作站				维护员工作站		
	操作员工作站				操作员工作站		
	复示转发工作站				复示转发工作站		
	外围设备	打印机			外围设备	打印机	
		UPS 电源				UPS 电源	

时间： 月 日 时 至		时间： 月 日 时 至	
月 日 时		月 日 时	
巡视内容	设备情况	巡视内容	设备情况
事件：		事件：	
交班人：＿＿＿＿＿＿＿＿＿ 接班人：＿＿＿＿＿＿＿＿＿		交班人：＿＿＿＿＿＿＿＿＿ 接班人：＿＿＿＿＿＿＿＿＿	

（5）设备巡检记录

当需对 SCADA 设备日常巡检、保养时，需要安排相关设备检查内容进行相关检查，所以在变配电室设有设备巡检记录表等，见表 2-14。

表 2-14　SCADA ＿＿＿＿＿＿＿站级设备巡检记录

巡检人员：＿＿＿＿＿＿　　　　　　　　　　　巡检日期：＿＿＿＿年＿＿＿＿月＿＿＿＿日

巡视内容			设备情况
控制信号盘	柜体状况	柜体表面干净，绝缘和接地良好	
		外部输入电压正常（DC110 V±15 V）	
		柜内各种缆线外表及发热状况良好	
	光纤 HAU	HUB	
		光纤模块/双绞线模块	
		与柜机架的连接稳固、无晃动	
	光纤以太网通信接口转换模块　NSC301	模块表面清洁	
	RS422 光纤转换器　HT101		
	人机接口单元 NSC221	屏幕表面清洁	
		LCD 画面显示清晰，画面和字体清楚，显示与实际状况一致	
		按键操作良好，均能实现功能	
	DISA700 测控单元 1	模块表面清洁	
		模块与机架连接稳固	
		模块各指示灯指示正常	
		模块的数据接口与数据线连接良好	
	DISA700 测控单元 2	模块表面整洁、干净	
		模块与机架连接稳固	
		模块各指示灯指示正常	
		模块的数据接口与数据线连接良好	

巡视内容			设备情况	
控制信号盘	T6 通信控制器	单元表面清洁		
		单元接口数据线连接良好		
		单元软膜式按键操作良好,均能实现功能		
		显示屏显示清晰,画面和字体清楚,显示与实际状况一致		
	继电器	表面整洁、干净		
		与面板连接牢固		
	加热器温湿控制器	加热器,温湿控制器表面清洁		
		加热器,温湿控制器连接稳固		
	变送器	表面清洁		
		连接稳固		
	站控机	NS2000 运行正常,能正确接收该变电站的所有信息		
交直流屏	柜体状况	柜体表面干净且绝缘良好	牵引降压所	跟随所
		柜内各种缆线外表及发热状况良好		
	高频模块 RSD3000	单元表面清洁		
		显示电压、电流正常		
		单元软膜式按键操作良好,均能实现功能		
		显示屏显示清晰,画面和字体清楚,显示与实际状况一致		
	微机监控装置 MC6000	单元表面清洁		
		能正确接受所有信息,正确反映设备状态		
		单元软膜式按键操作良好,均能实现功能		
		显示屏显示清晰,画面和字体清楚,显示与实际状况一致		
	双路进线切换装置表面整洁、干净			
	充放电控制器和熔断器			
	UPS 逆变装置和温湿控制器加热器			
备注				

第三节 变电设备的日常巡视

一、巡视的一般要求

变电所设备运行中的巡视检查是维护设备正常运行、保证安全可靠供电的有效措施。通过巡视检查可以监视变电所设备的运行状态,及时发现缺陷,并采取相应的措施进行维护和检修,防止事故的发生和扩大。各种巡视后,巡视人员均应在运行日志上做好记录,发现的设备缺陷和异常现象应填入设备缺陷记录,并及时作出判断,采取临时处置措施,确保安全运行。变电所设备的巡视检查是变电所运行必要的一项制度,也是运行人员的主要职责。对变电所设备的巡视检查的一般要求如下:

1. 巡视检查的基本要求

1)巡视检查要按规定的线路进行。合理的巡视路线是巡视作业程序化、标准化的必要条件之一,巡视路线是根据电气设备的布置状况确定的,路径应尽量短且避免交叉和重复,路径内应包括应巡检的全部设备。

2)值班员巡视高压设备时,必需严格遵守《变电所安全工作规程》的规定。不论设备带电与否,人与带电部位的距离不应小于表 2-15 所规定的安全距离。

表 2-15　人与带电部位的安全距离

电压等级	无防护栅	有防护栅
110 kV	1 500 mm	1 000 mm
35 kV	1 000 mm	600 mm
DC 1 500 V 及以下	700 mm	350 mm

3)巡视人员应做到人到、心到、位置到,看、听、嗅相结合。

4)遇有恶劣天气,如大风、暴雨、大雾、冰雹、雪、霜时,对户外设备应进行特殊巡视:

(1)重点检查绝缘件有无破损、裂纹和放电现象,基础、支柱、房屋有无下沉和倾斜,室外端子排、电缆沟和屋顶有无漏水和积水等状况。

(2)雷电后应立即巡视,重点检查绝缘件有无破损、裂纹和放电现象,避雷针尖有无熔化现象,避雷器动作记录器是否动作等。

(3)狂风后,需重点检查设备和母线上有无杂物悬挂及断线等情况。

(4)当气温发生剧烈变化(骤热、骤冷)时应加强巡视,重点检查充油设备油面有无渗、漏油;充气设备有无漏气,气压有无严重下降;各连接部有无松动、过热等情况。

5)设备新安装或大修后应进行特巡。特别是对变压器、断路器,在 24 h 内每 2 h 巡视 1 次。

6)断路器自动跳闸后应对有关设备进行全面巡视。

7)当出现较大的电压波动、接地信号、过负荷运行或设备异常时,均应增加班中巡视。

8)负荷高峰特别是超负荷和高温天气时,要特殊巡视。

2. 巡视检查的基本方法

电气设备在运行中运行人员是不太可能携带各种仪器仪表进行日常测量,因而,眼、耳、鼻和手等感官仍然是主要的检查手段。

(1)目测检查法。所谓目测检查法就是用眼睛来检查看得见的设备部位,通过设备的外观变化来发现异常情况。一般来说,破裂、变形(膨胀、收缩、弯曲)、松动、漏油、漏气、污秽、腐蚀、磨损、变色(接头发热、烧焦、硅胶变色、油变黑)、冒烟、产生火花、有杂质异物、不正常的动作等外观现象往往反映了设备的异常情况,因此,可通过目测观察作出初步分析判断。可以说,变电所的电气设备几乎均可采用目测法进行外观的巡视检查。所以,目测法是巡视检查中最常用的方法之一。

(2)耳听判断法。虽然变电所的设备相对来说大多都是静止的,但许多的设备都会由于交流电的作用产生振动并会发出各种声音。这些声音是运行设备所特有的,也可以说是一种表示设备运行状态的特征。如果我们仔细听这种声音,并熟练掌握声音特点,就能通过它的高低节奏、音色变化、音量的强弱来判断设备是否运行正常。为了能更准确地掌握设备发出的声音,有时要借助于器械,如听音棒等。

(3)鼻嗅判断法。人类嗅觉所能辨别的气味因人而异,千差万别,但电气设备的绝缘材料过热产生的气味大多数正常人都能嗅到并辨别。

气味是自然而然被感觉到的,如果值班员和其他人员进入变电所检查设备,嗅到设备过热或绝缘材料被烧焦产生的气味时,值班人员应着手进行深入检查,检查是否有冒烟的地方,有无变色的部位,听一听是否有放电的声音等,直到查找出原因为止。嗅气味是发现电气设备某些异常和缺陷的比较灵敏的一种方法。

(4)触试检查法。在巡视检查的整个过程中经常会用到手。用手触试检查是判断设备的部分缺陷和故障的一种必需的方法,但用手触试检查带电设备是绝对禁止的。运行中的变压器、消弧线圈的中性点接地装置,必须视为带电设备,在没有可靠的安全措施时,也禁止用手触试。对不带电且外壳接地良好的设备及其附件等,检查其温度或温差可用手触试,但应与带电设备保持安全距离。对于二次设备(如继电器等)发热、振动等也可用手触试检查。

(5)用仪器检测的方法。目前,检测技术发展较快,测试仪器种类较多,使用这些测试仪器时,应认真阅读说明书,掌握测试要领和安全注意事项。

在电气设备事故中,由于绝缘物受热老化而引起的事故较多。因此,准确地掌握运行中的电气设备各部位的温度变化是非常重要的。设备的过热大部分在停电时表现不出来,只有在带电运行时才会出现,况且有些设备发热初期,不伴随出现变色、变形,也不产生异常声音和气味等,在这种情况下,如果只依靠人的感觉来判断设备是否正常是比较困难的。为了尽早、尽快地发现设备的过热,应尽可能地使用仪器仪表定期或不定期地测量运行中的设备温度,尤其是高温天气、高峰负荷时是测温的重点。

常用的测温方法有:

①设备易发热的部位贴示温蜡片,黄、绿、红三种示温片的熔点分别为 60 ℃、70 ℃、80 ℃。

②设备上涂示温漆或涂料。

③用红外线测温仪。

前两种方法的优点是简便易行,但也存在一些缺点。它的主要缺点是不能和周围温度做比较;蜡片贴的时间长了易脱落;涂料和漆可长期使用,但受阳光照射会引起变色,变色后不易分辨清楚;不能发现设备发热初期的微热及温差等。

红外测温仪是一种高灵敏度的热敏感应辐射元件,检测由被测物发射出的红外线而进行测温的仪表。能正确地测出运行设备的发热部位及发热程度。利用红外测温技术检查电气设备的方法是近几年兴起的新技术,它能够快速、准确、方便和安全地测量带电设备的温度,能够在设备故障初期阶段就能检测和诊断问题,使维护检修人员在故障发生前能够采用补救措施,同时不需要停电导致生产停顿,而且红外测

第二章 变配电系统的运行及管理

温技术特别适合测量在大负载情况下测量设备温度,当设备是带轻电力负荷时反而不能准确测量设备的某些发热点。现在越来越多的供电管理部门利用红外测温技术作为预防性维护检修的一部分工作,因此,建议定期采用红外测温技术对电气设备进行检查。

实际上,测温的目的是在运行设备发热部位尚未达到见表 2-16 的最高允许温度之前,尽快发现发热的异常状态,以便采取相应的措施。为此当经过测温得到设备实际温度后,必须了解设备在测温时所带的负荷情况,与该设备历年的温度记录资料及同等条件下同类设备温度作比较,并与各类电气设备的最高允许温度比较,然后进行综合分析,作出见表 2-17 的判断,制定处理意见。

表 2-16 电气设备的最高允许温度参考值

被 测 部 位		最高允许温度(℃)	被 测 部 位		最高允许温度(℃)
油浸变压器	接线端子	75	隔离开关	接头处	65
	本体	90		接线端子	75
母线接头	硬铜线	75	互感器	接线端子	75
	硬铝线	70		本体	90
断路器	接线端子	75	电容器	接线端子	75
	机械结构部分	110		本体	90

表 2-17 设备经测温后的判断

设备发热程度	判 断
几乎没有温升,各相几乎没有温差	正常
有少许温升,且各相间有一定温差	注意
温度超过最高允许程度,或即使温度未超过最高允许温度,但各相温差极大	危险

注:经判断属于"注意"范围的设备应加强检查巡视,并在定期检修时安排处理,属于"危险"范围的设备,应立即报告调度和有关领导进行停电处理。

二、油浸式电力变压器的运行和巡视检查

1. 一般运行条件

1)无载调压变压器在额定值 $1\pm5\%$ 范围内改换分接头位置运行时,其额定容量不变。有载调压变压器各分接头位置的容量应按制造厂的规定运行。

2)为防止变压器绕组过热,油浸式变压器最高顶层油温一般不应超过表 2-18 的规定。为防止变压器油质加速劣化,自然循环冷却变压器顶层油温一般不宜经常超过 85 ℃。

3)两台变压器并列运行的条件:

(1)绕组接线组别相同。

(2)一、二次侧电压分别对应相等。

(3)阻抗电压值相等。对于一、二次侧电压比(其允许差不应超过 $\pm5\%$)和阻抗电压值(其允许相差不应超过 10%)稍有差别的变压器,在任何一台都满足"不同负载状态运行规定"都不会过负荷的情况下,可以并列运行。容量比超过 3:1 的变压

器,一般不予并列运行。经改进结构或改变冷却方式的变压器,必要时应通过温升试验确定其负载能力。

表 2-18   油浸式变压器顶层油温一般限值

冷 却 方 式	冷却介质最高温度(℃)	最高顶层油温(℃)
自然循环自冷、风冷	40	95
强迫油循环风冷	40	85
强迫油循环水冷	30	70

4)变压器的负载能力不是以铭牌额定值为限值,而是以热老化的观点作为指导原则。具体情况可参考 GB/T 1094.7—2008 中《油浸式电力变压器负载导则》部分。

2.冷却器的运行方式

(1)油浸风冷变压器在风扇停止工作时允许的负载和运行时间,应遵守制造厂规定,其中油浸风冷变压器,当上层油温不超过 65 ℃,允许不开风扇带额定负载运行。

(2)强迫循环变压器运行时,必须投入冷却器,并根据负载的情况确定冷却器投入的台数,在空载和轻载时不应投入过多冷却器。

(3)强迫油循环冷却器,必须有两路电源且可自动切换。为提高风冷自动切换。为提高风冷自动装置的运行可靠性,要求对风冷电源及冷却器的自动切换功能定期进行试验。

(4)强迫油循环风冷式变压器运行中,当冷却系统(指油泵、风扇、电源等)发生故障,冷却器全部停止工作,允许在额定负荷下运行 20 min。20 min 后顶层油温尚未达到 75 ℃,则允许继续运行到顶层油温上升至 75 ℃。但切除全部冷却装置后变压的最长运行时间在任何情况下不得超过 1 h。

3.温度监视

(1)油温监视

变压器在运行中产生的铜损和铁损都转换成热量,使变压器的铁芯、线圈发热,油温升高。这些热量通过变压器的冷却媒介(空气或油)由散热装置散发到变压器外面的空气中。在一定负荷时,当变压器内部单位时间内所产生的热量等于散发出去的热量时,达到热平衡稳定状态,变压器的温度就不再升高。变压器设计时,各部分的允许温度主要是根据变压器的容量和选用的绝缘材料,在一定温度限度内的使用寿命来确定的。变压器运行时的绕组和铁芯所产生的热量在向外传导过程中,各部分的温度差别很大。绕组的温度最高,其次是铁芯的温度,再次是绝缘油的温度,油的上部温度高于下部温度。变压器运行时允许温度是按上层油温来检查的。

例如采用 A 级绝缘材料的变压器,绝缘材料极限工作温度为 105 ℃。当变压器环境空气温度为+40 ℃时,一般绕组的平均温度比油温高 10 ℃,此时变压器的上层油温为 95 ℃,这就是变压油温的极限最高温度,而在正常情况下,为保护变压器油不致过度氧化,上层油温应不超过 85 ℃。

对于风冷却的变压器,正常运行中是否开风扇,可参照表 2-19 进行。

表 2-19　变压器的负荷、上层油温与是否应起动风扇的规定表

序	变压器上层油温	变压器额定容量的负荷百分比	是否在开风扇	备　　注
1	55 ℃以下	100%	不开	冬季应考虑温升在 55 ℃以下
2	55～85 ℃	70%及以下	不开	
3	55～85 ℃	70%～100%	开	

注:此表在周围空气温度为 40 ℃及以下时适用。

如出现表 2-10 中的第三种情况而不能开启风扇时,应视为变压器过负荷须向调度报告,并加强上层油温监视必要时应转移或控制负荷。

根据变压器设计和运行经验,变压器线圈若连续维持在 95 ℃时,可以保证变压器具有经济上的合理寿命大约为 20 年,影响这个寿命的主要原因就是温度。根据世界各国对变压器的运用情况和多次试验,当变压器的线圈温度每超过允许温度 8 ℃则变压器的寿命减少一半。变压器的油温 85 ℃时,油的氧化速度加快,试验表明,油温在 85 ℃基础上温度每增加 10 ℃,氧化过程增加一倍。油的氧化过程,实质上就是油的老化过程,油老化后就要变质,其绝缘性能和冷却效果都要降低,因此要严格控制油温。

(2)温升监视

监视变压器油温的同时还要监视其温升,温升用变压器温度与周围空气的差值表示。由于变压器的绕组和铁芯生产的热量要靠周围的介质(油或空气)进行传导而散发,它们的传导都有速度和时间问题,而且变压器内部传导的能力与周围空气变化并不是正比的关系。当变压外壳温度很低时,变压器外壳的散热能力大大增加而变压器内部的散热能力却提高很少。

变压运行时绕组的温度是通过上层油温间接测量的。如果上层油温和温升两项参数中任何一项超过了允许值,都说明变压器绕组的温度已经超过限度,这样不仅对绕组的绝缘强度和寿命产生很大影响,而且使绕组的电阻增加,使其损耗也逐级增大。因此我国对变压器的使用条件规定:最高气温为＋40 ℃,最高日平均温度为 30 ℃,最高年平均温度为 20 ℃,最低气温为－30 ℃,海拔高度不超过 1 000 m,并且规定了变压器的允许温升,即

允许温升＝允许温度－40 ℃(周围空气最高温度)

变压器额定负荷时的温升具体规定,见表 2-20。

表 2-20　变压器允许温升

变压器的部位	温升限值(℃)	测 量 方 法
线圈 A 级绝缘油浸自冷或循环(非导向)	65	电阻法
上层油	55	温度计法

因此,在监视变压器上层油温的同时还要监视其温升,只有上层油的油温和温升均不超过允许值时,才能保证变压器的安全运行。此外,负荷相同时,变压器的温升大致相同,值班员应注意积累各种环境温度下正常运行的油温和温升资料,以便判断变压器是否正常运行。

58

4. 油质监视

油浸式变压器其箱体内是用变压器油作为绝缘和散热介质。变压器油是从石油中制取的，是易流动的液体，它能够充满变压器内各部件之间的任何空隙，将空气排出，避免了部件因与空气接触受潮而引起的绝缘降低，另外由于变压器油的绝缘强度比空气大，从而增加了变压器内线圈与铁芯之间、绕组与绕组之间，线圈与油箱之间的绝缘强度。

变压器油在箱体内还可以使变压器的绕组和铁芯得到冷却，因为变压器运行中，靠近绕组与铁芯的油受热后，温度升高，体积膨胀，比重减小而上升至箱体上部，经冷却装置冷却后，再进入变压器油箱的底部，从而形成油的循环。这样，在油的循环过程中，将热量通过冷却装置散发到变压器以外，从而使绕组和铁芯得到冷却。另外，变压器油能对变压器内的绝缘材料、金属构件起浸渍和封闭作用，能保持它们原有的物理和化学性能以及防腐作用，再则变压器油也对电弧有熄灭作用。

综上所述变压器油对变压器经济、安全运行起着重要作用，但是在变压器的运行中由于外界原因往往使变压器油变质（劣化），降低或失去它应有的安全作用。使变压器油劣化的主要原因有受潮、氧化和杂质等几个方面。

变压器在运行中由于负荷和环境温度的变化，引起变压器油的膨胀和收缩，变压器的油枕上层的空气和外界空气通过呼吸器相互流通，从而造成有湿度的空气与变压器油接触，使油受潮造成油内含有水分，这不仅降低了油的绝缘强度，增加介质损失值，而且油内的水分还对变压器内的铜铁物体加速氧化使油中产生大量的沉淀物。就一般情况而言，受潮的油比干燥的油劣化速度要快 2～3 倍。因此，运行人员在监视变压运行时要特别注意呼吸器中硅胶是否失效（宝石蓝色变为粉红色），对失效的干燥剂应及时更换以防止变压器油受潮。

除空气中的潮气对油有很大影响外，空气中的氧气危害也很大。油被空气氧化后，生成各种酸性氧化物，该物质造成油的劣化，降低油的绝缘强度。

油的劣化速度主要决定于温度。试验证明，油氧化的起始温度是 60～70 ℃，在此温度下，油几乎很少发生变质；当温度达到 120 ℃ 时氧化强烈。当温度达到 160 ℃ 时，氧化最强烈。

因此，如何使变压器油经济、合理的运行，延长它的使用寿命，主要取决于变压器散热、防潮及防氧化 3 个因素，对运行中的变压器油和备用变压器油，要按规定进行监视，并采取一定的保护措施，定期对变压器油进行取样试验。这项工作的程序是由运行检修人员负责抽样，化验人员进行试验。按规程规定对电压等级为 35 kV 以上变压器每年至少作一次取样简化试验；对电压在 35 kV 以下变压器每两年至少取样作一次简化试验；对大修的变压器每次大修后均应作一次简化试验；对简化试验中的电气绝缘强度试验，则在每两次简化试验之间，至少应再做一次试验。除上述规定外，当变压器出现短路故障或加油后，亦需取样对变压器油进行化验分析。

5. 运行中的一般巡视检查项目

1）外部目测检查

（1）引线、桩头

检查变压器套管桩头、引线或结合处应无松动、松股和断股现象，铜铝过渡线卡应无过热而产生变色现象。

（2）套管

①外表应清洁、无明显污垢、无破损现象。

②法兰应无生锈、裂纹、无电场不均匀而发出的放电声。

（3）油位、油色检查

①注油套管内的油位应保持正常。

②变压器本体油位及有载调压开关油位应在标准油位线范围内，本体油枕油位、有载调压开关油枕油位要求在其结构、高度同样情况下，油位高度也应相同。

③气候突然变化气温相差比较大时，应加强注意油位检查，尤其是套管油位。

④不带密封隔膜的变压器，油标中的油和其本体的油是连通的，所以在油色检查时可观察油标中油色的变化。一般正常油色为透明微黄色，若油色变成红棕色，甚至发黑时，则应怀疑油质已经劣化，应对油进行简化分析。

（4）渗漏油检查

通常，渗漏油的部位主要有以下几个部位，在巡视检查中应特别注意，并要加以判断是确实渗漏还是检修遗漏的油迹。

①套管升高座、电流互感器小绝缘子引出的桩头处、及所有套管引线处桩头、法兰。

②瓦斯继电器及连接管道处。

③潜油泵接线盒、观察窗、连接法兰、连接螺纹紧固件、胶垫处。

④冷却器散热器。

⑤全部连接通路的蝶阀。

⑥净油器、冷却器的油通路连接处。

⑦全部放气塞处。

⑧全部密封部位胶垫处。

（5）防爆装置检查

①检查压力释放阀应密封良好，有信号装置的导线完整无损。

②安全气道（防爆管）装置玻璃应完好无破裂，有观察窗的无积水现象，防爆管菱形网完整。

（6）温度检查

①检查测温装置所指示的数值在规定允许的范围之内。

②检查周围环境温度，油温与表计、热电偶测温装置等应一致。

（7）呼吸器的检查

①呼吸器油封应通畅，呼吸应正常。

②呼吸器硅胶变色不应超过 2/3，如超过则应更换。

（8）瓦斯继电器检查

从观察窗检查内腔机构正常，器身及接线端子盒应严密无进水。

（9）冷却器检查

①油流继电器动作指示正常，玻璃腔内应密封，内无积水现象。

②风扇无反转、卡住，电机应无停转现象，电源线瓷接头包扎好并应叉开，无浸水、脏污、碰线等现象，潜油泵运行无异状。

③整个冷却器无异常振动、应平稳运行。

④冷却器分控制箱及电缆进线应密封无受潮现象及杂物。

(10)接地线检查

外壳接地线应无锈蚀现象,如有则应清除之,排油道畅通。

2)耳听法检查

变压器正常运行中应发出连续均匀的"嗡嗡"声,及附属设备发出的均匀振动声属于正常响声,一般均不大于 85 dB。若听到有不同于正常声音的异常响声,如:

(1)不连续、较大的"嗡嗡"声。

(2)油箱内油的特殊翻滚声或啪啪放电声。

(3)瓷件表面电晕或电场不均的外部放电声。

(4)转动电机轴承磨损或轴承钢球碎裂等尖锐声响。

(5)其他紧固件零部件的松动而发出的共鸣声。

应首先判别异声的部位,辨清是变压器外部引起的还是内部产生的,可以用听音金属棒仔细分辨。

3)嗅觉法的检查

变压器故障及各部如高压导电部位连接部分,低压电源接线端子,套管,冷却器系统包括电机、导线、瓷接头、控制箱内接触器、热继电器等由于松动或氧化引起接触不良,仔细分辨。

4)感觉触试法的检查

用手摸方法来比较设备外壳的温度,在相似情况下是否温度相差过大,振动是否过于剧烈。然后再与仪表对照分析。有时发热部位因发热严重,热量辐射使周围的空气温度升高,人靠近热源脸部就会有热的感觉,此时需要仔细查找发热部位。此法只限于安全部位的发热检查。

6. 运行中的变压器特殊巡视检查

(1)大风、大雾、大雪、雷雨后和气温突变的异常天气,应对变压器进行特殊巡视检查。注意引线的摆动情况,瓦斯继电器盖子防雨罩及端子盖应盖好。

(2)大雾、毛毛雨、小雪天时,检查套管、绝缘子应无严重电晕闪络和放电等现象。

(3)大雪天检查引线接头处的积雪,观察溶雪速度及有无冒气以判断是否过热。检查变压器顶盖、油位至套管连线间有无积雪、挂冰情况。油位计、温度计、瓦斯继电器应无积雪覆盖情况。

(4)雷雨后,检查变压器各侧避雷器记数器情况,检查套管应无破损、裂纹及放电痕迹。

(5)夜巡时,应注意引线接头处,线卡应无过热、发红及严重放电等。

(6)超额定值运行期间,加强检查负载电流、运行时间、顶层油温。

(7)当变压器瓦斯继电器发信号时,应对变压器外部及瓦斯继电器内的气体检查。

7. 运行中的变压器有载分接头开关的巡视检查

(1)操作记数器应正常,与动作记录一致。

(2)电压表指示应在变压器规定的调压范围内。

(3)调压挡位指示灯与机械指示器的的挡位应正确一致。

（4）操作箱应密封无受潮进水现象。

8．运行中的变压器巡视周期

（1）变压器在正常运行情况下的巡视检查按规定执行。

（2）在大风、大雾、大雪、雷雨后以及气候突变或特殊过负荷等异常情况的巡视次数应适当增加。

（3）新投运或大修后的变压器，在投运后一周内，每班巡视检查的次数也应适当增加，甚至试运行 24 h 内要经常巡视。

9．变压器的投运和停运

1）对新投运的变压器、长期停用或大修后的变压器，在投运前，需按《电气设备预防性试验规程》进行必要的试验。

2）值班人员应仔细检查，确认变压器及其保护装置在良好状态，具备带电运行条件。并注意外部有无异物，临时接地线是否已拆除，分接开关位置是否正确，各阀门开闭是否正确。变压器在低温投运时应防止呼吸器因结冰被堵。

3）运用中的备用变压器应随时可以投入运行，长期停运者应定期充电。

4）变压器投运和停运的操作程序应在现场规程中规定，并须遵守下列各项：

（1）强油循环变压器投运时应逐台投入冷却器，并按负载情况控制投入冷却器的台数；水冷却器应先启动油泵，再开启水系统；停电操作先停水后停油泵；冬季停运时将冷却器中的水放尽。

（2）变压器的充电应在有保护装置的电源侧用断路器操作，停运时应先停负载侧，后停电源侧。

（3）在无断路器时，可用隔离开关投切 110 kV 及以下且电流不超过 2 A 的空载变压器。

5）新投运的变压器必须在额定电压下做冲击合闸试验，冲击 5 次；大修或更换绕组后的变压器，其冲击合闸次数为 3 次。

6）对于 110 kV 及以下的变压器，在新装、大修、事故检修或换油后，在施加电压前静止时间不应少于 24 h。

装有储油柜的变压器，带电前应排尽套管升高座、散热器及净油器等上部的残留空气。对强油循环变压器应开启油泵，使油循环一定时间后将气排尽。开泵时变压器各侧绕组均应接地，防止油流静电危及操作人员的安全。

7）在 110 kV 及以上中性点有效接地系统中，投运或停运变压器的操作，中性点必须先接地。投入后可按系统需要决定中性点是否断开。

三、干式电力变压器的运行和巡视检查

由于干式变压器具有无油化的特点，对于一定电压等级和一定容量的变压器，特别是地下变电所等安全防火等级要求较高的场合，干式变压器得到了越来越广泛的应用。

干式变压器一般有浸渍式、气体绝缘式和包封绕组式。由于包封绕组干式变压器其线圈不易受潮，维护方便，体积较小，目前城市轨道交通变电所使用的干式变压器主要为包封绕组式。

1. 干式变压器的运行

1）使用条件

（1）环境温度不高于 40 ℃，海拔不超过 1 000 m，若环境温度高于 40 ℃或海拔超过 1 000 m 时，应按 GB 6450—1986 国标《平式电力变压器》的有关规定作适当的调整。

（2）对于防护等级为 IP00 的无外壳的变压器，应在变压器的周围安装隔离栏栅，以防止误碰变压器。在城市轨道交通变电所中使用的保护等级一般为 IP20，即外壳可防止大于 12 mm 的固体异物进入。

（3）冷却方式有空气自冷（AN）和强迫风冷（AF）两种。对空气自冷（AN）和强迫风冷（AF）的变压器，均需保证变压器有良好的通风能力，当变压器安装在地下室或其他通风能力较差的环境时，需增设散热通风装置，通风量按每 1 kW 损耗（$P_0 + P_K$）需选取 2～4 m³/min 风量。

2）温控、温显系统

温控系统示意图如图 2-1 所示。温控系统由温度控制和预埋在低压线圈上端部的 Pt 测温元件构成，可对变压器线圈的热点温度进行测量与控制。由于过载运行或故障引起的变压器线圈温度过高，温度控制器即发出报警信号。当温度进一步升高至严重程度，温度控制器即发出跳闸信号，强行断开变压器受电侧电源。当采用强迫风冷系统（AF）时，则由温度控制器控制冷却风机的投入和切除。

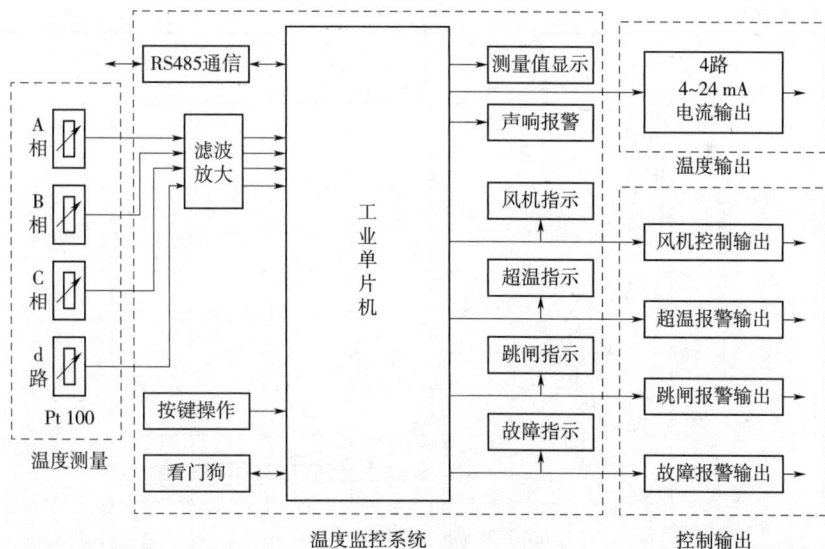

图 2-1 温控系统示意图

3）温升及过载能力

对于干式变压器的寿命，《干式电力变压器负载导则》指出干式变压器的寿命与绝缘因热老化引起的损坏有关，并对干式变压器的负载能力计算做出一定的规定：即正常预期寿命是额定负载电流和绕组绝缘额定热点温度的函数；把绕组热点温度的增加与绝缘损坏率的增加联系起来；对于因负载周期、负载电流及环境温度变化而引起的绕组热点温度变化应规定计算方法，以计算绕组热点温度变化对变压器绝缘热老化的影响；将在负载周期内各因素综合作用下的实际寿命损失与正常寿命加以对比，对负载周期内任何参数都可进行调整，以得到变压器的正常使用寿命。

对于不同绝缘耐热等级干式变压器在额定使用条件下的温升限值见表2-21。

表2-21 不同绝缘耐热等级干式变压器在额定使用条件下的温升限值

绝 缘 等 级	绝缘系统的温度等级(℃)	绕组热点温度(℃)		额定电流下绕组平均温升限值(K)
		额定值	最高允许值	
A	105	95	140	60
E	120	110	155	75
B	130	120	165	80
F	155	145	190	100
H	180	175	220	125
C	220	210	250	150

干式变压器事故过负荷的允许数值和时间应遵循制造厂的规定,若无制造厂的规定资料时,可参考表2-22。对于SC系列环氧树脂浇注绝缘干式电力变压器的过负荷能力曲线如图2-2所示。

表2-22 非气体绝缘的干式变压器在事故情况下允许的最大短时过载时间

过载(%)	20	30	40	50	60
允许时间(min)	60	45	32	18	5

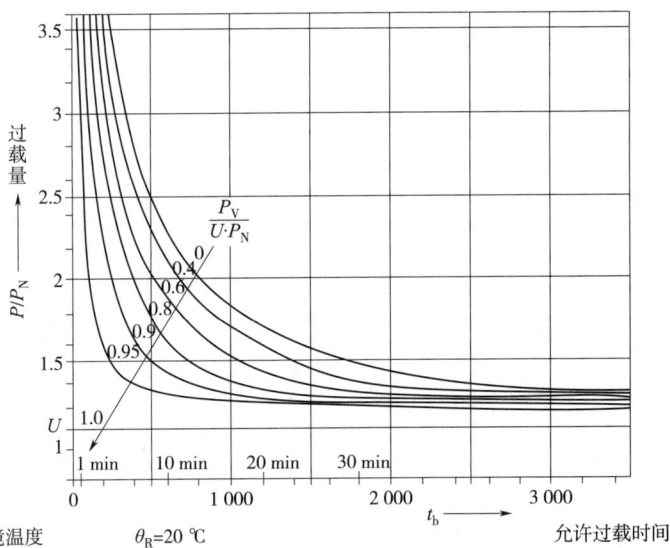

图2-2 SC系列环氧树脂浇注绝缘干式电力变压器的过负荷能力曲线

2. 巡视检查

(1)设备安装牢固,无倾斜、外壳无严重锈蚀、接地良好,基础、支架应无严重破损剥落;

(2)变压器本体清洁,是否放电,是否有凝露水珠;

(3)电气连接部份应连接牢固,接触良好;

(4)设备的音响正常,无异味;

(5)变压器室通风良好；

(6)通过温控箱检查变压器运行温度。

四、整流机组的运行和巡视检查

整流机组是牵引变电所的重要设备，它包括整流变压器和整流器组，每座牵引变电所中设置两套整流机组，通过整流机组获得机车牵引所需的直流电压。为了获得大功率的整流、减小谐波分量、减少工程占地面积，一般采用 24 脉波整流机组。整流机组原理图如图 2-3 所示。

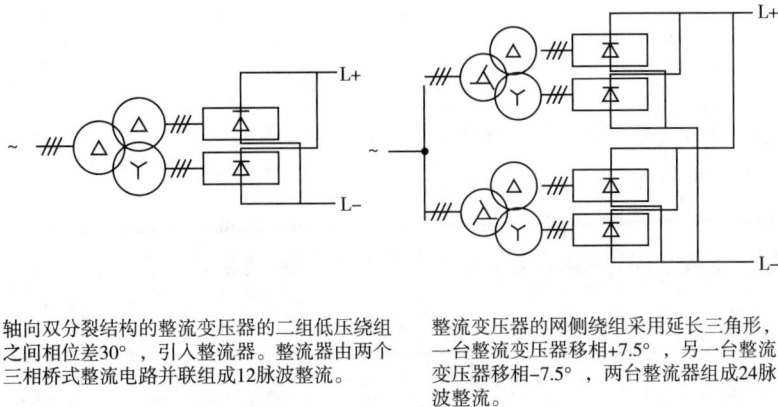

轴向双分裂结构的整流变压器的二组低压绕组之间相位差30°，引入整流器。整流器由两个三相桥式整流电路并联组成12脉波整流。

整流变压器的网侧绕组采用延长三角形，一台整流变压器移相+7.5°，另一台整流变压器移相-7.5°，两台整流器组成24脉波整流。

图 2-3　整流机组原理图

1. 整流机组的运行

整流变压器一般采用干式变压器，作为变压器的特性与一般的干式电力变压器的使用条件、温控温显系统及检查内容均相同，但作为轨道交通用的整流变压器与一般的干式电力变压器不同点在于：

(1)电流波形不是正弦波。由于整流器各臂在一个周期内轮流导通，流经整流臂的电流波形为断续的近似矩形波，所以整流变压器各相绕组中的电流波形也不是正弦波，其谐波分量较丰富。

(2)负载变化幅度大，存在经常性的短期过载，所以，额定负载下的温升限值取得低。

(3)阀侧由于接接触网，短路故障机会多，因此，要求抗短路能力强，阻抗大。

基于以上的特点，整流变压器绝缘耐热等级的温升，除遵循《干式电力变压器负载导则》外，对于整流机组的负载要求较高，国标 GB/T3859—2013 中规定：整流机组负载等级为 Ⅵ 级，即整流变压器和整流器均需满足：100% 额定负荷——连续；150% 额定负荷——2 h；300% 额定负荷——1 min；并且整流机组应满足规定的负荷曲线图，如图 2-4 所示。

2. 整流机组的巡视检查

对于整流变压器的巡视检查项目，除注意监视负载情况外，与一般的干式电力变压器相同。整流机组故障报警内容和故障位置见表 2-23。整流器组的巡视检查项目为：

(1)检查散热器散热是否正常；

(2)RC 回路工作正常，吸收装置的电阻、电容运行正常，无过热、膨胀、放电痕迹；

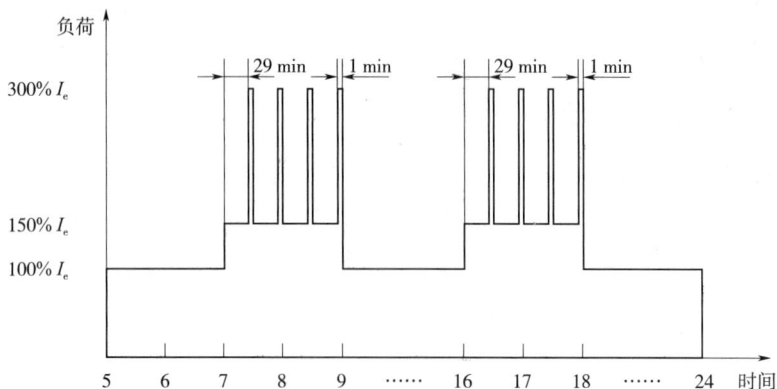

图 2-4　整流机组负荷曲线

（3）故障显示模块指示正常,熔断器指示有无熔断显示;

（4）绝缘子无积尘,无破损,无裂纹;

（5）外壳无严重锈蚀,绝缘安装的绝缘垫无破损、表面无脏污;

（6）电气连接紧固,接触良好,大电流母排无过热发黑现象。

表 2-23　ZQA—××/1500 型整流器组故障报警内容和位置

序号	面板故障显示	故障显示的意义	故障发生的位置
1	$1U_1 \sim 1U6$	快速熔断器熔断	$1U_1 \sim 1U_6$ 桥臂,具体位置需查看所在桥臂快速熔断器的红色翻牌显示。
	$2U_1 \sim 2U6$		$2U_1 \sim 2U_6$,具体位置需查看所在桥臂快速熔断器的红色翻牌显示。
2	W_1	桥臂条形散热器超温报警	$1U_1$、$2U_1$ 桥臂
	W_2		$1U_2$、$2U_2$ 桥臂
	W_3		$1U_3$、$2U_3$ 桥臂
	W_4		$1U_4$、$2U_4$ 桥臂
	W_5		$1U_5$、$2U_5$ 桥臂
	W_6		$1U_6$、$2U_6$ 桥臂
3	DL_1	整流桥逆流保护动作	对应 $L_1 \sim L_3$ 进线的 1# 整流桥故障
	DL_2		对应 $L_4 \sim L_6$ 进线的 2# 整流桥故障

五、交流高压开关柜的运行和巡视检查

根据不同的要求,城市轨道交通供电系统中,110 kV 及以上采用 GIS,而中压开关柜采用 AIS 或 GIS(断路器采用真空断路器)。由于变电所控制方式的发展,二次控制、保护设备逐渐均下放至间隔层,因此,对开关柜的运行、巡视检查均提出了不同的要求。

1. 开关柜运行的一般要求

（1）为了保证安全,开关柜一般均有完备的"五防"功能,即防止带负荷分、合隔离

开关和隔离插头;防止误分、误合断路器,负荷开关和接触器(允许提示性);防止接地开关在合闸位置时关合断路器、负荷开关等;防止带电时误合接地开关;防止误入带电间隔。正常运行时,需保证各联锁装置投入使用,电磁锁、机械锁、带电显示装置等防电气误操作的闭锁装置正常。

各地铁所用设备不同,在细节上会有所差别,图 2-5 所示的是 KYN61-40.5 金属铠装移开式开关柜的结构简图。

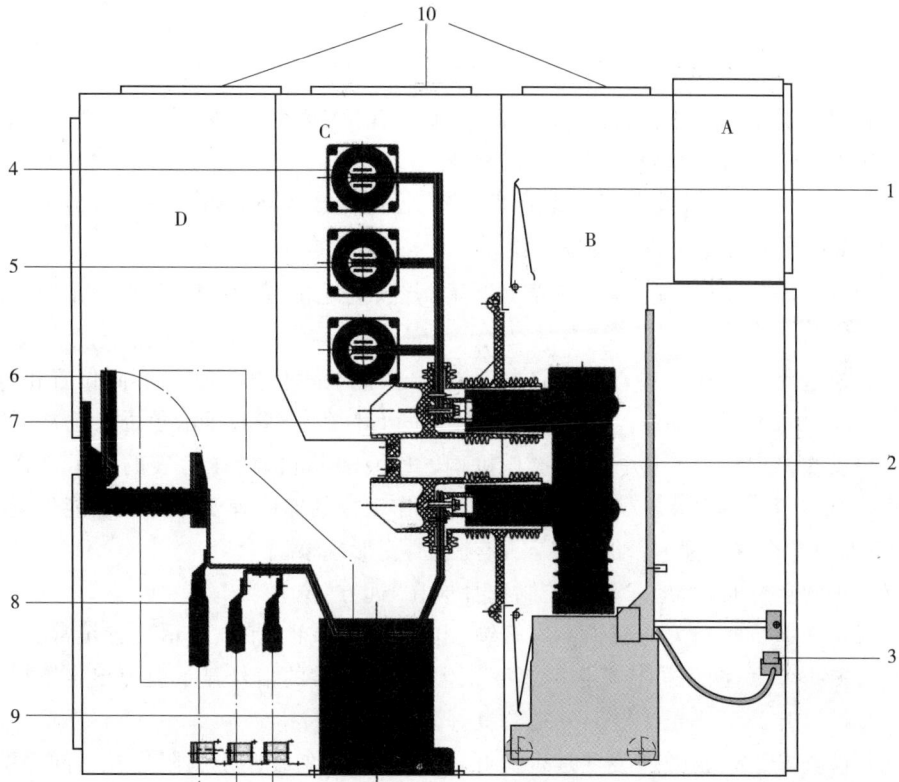

图 2-5　KYN61-40.5 开关柜结构简图

A—仪表室;B—手车室;C—母线室;D—电缆室;

1—活门;2—手车;3—二次插头;4—主母线;5—穿墙套管;

6—接地开关;7—触头盒;8—电缆进线;9—电流互感器;10—压力释放装置

KYN61-40.5 开关柜具有一系列联锁装置,从根本上防止出现危险局面和可能引起严重后果的操作,从而有效保证了操作运行人员以及开关柜本身的安全。开关柜在进行下列操作时,需满足有关联锁条件,否则操作将被阻止。

把手车部分从试验位置推进到工作位置:断路器在“分”位置,接地开关在“分”位置;把手车部分从工作位置退出到试验位置:断路器在“分”位置;操作断路器:手车被锁定在试验位置或工作位置;操作接地开关:手车部分锁定在试验位置,电缆室门关闭。

(2)对移开式开关柜的运行操作需注意:只有当断路器、负荷开关或接触器处于分闸位置时,隔离插头方可抽出或插入;只有当装有断路器的小车位置处于确切位置时,断路器、负荷开关或接触器才能进行分合操作;只有当接地开关处于分闸位置时,装有断路器的小车方可推入工作位置;只有当装有断路器的小车向外拉到试验位置或随后的其他位置即隔离触头间形成足够大的绝缘间隙后,接地开关方允许合闸。

(3)对于 GIS 需对 SF_6 的压力、品质给予足够的重视。SF_6 气体的水分允许含量最高允许值见表 2-24。为了防止凝露，充入 GIS 的新气在额定密度下其露点不应超过-5 ℃。

表 2-24　GIS 中 SF_6 气体含水量允许值(20 ℃时)

隔　　室	有电弧分解物的隔室	无电弧分解物的隔室
交接验收值	$\leqslant 150\times 10^{-6}$	$\leqslant 250\times 10^{-6}$
运行值	$\leqslant 300\times 10^{-6}$	$\leqslant 500\times 10^{-6}$

(4)对开关柜内各主元件,如断路器、负荷开关、熔断器、隔离开关、接地开关、避雷器、互感器等仍需按各自特性进行巡视检查。

(5)各测控、保护装置除各自运行良好外,还需保证与 SCADA 系统通信正常。

2. 高压开关柜巡视的一般检查项目

(1)设备安装牢固,无倾斜、外壳无严重锈蚀、接地良好,基础、支架应无严重破损剥落。

(2)位置状态检查。检查各断路器、隔离开关的显示位置是否与实际位置相符。

(3)SF_6 气体压力检查。检查各间隔气室的 SF_6 气压表的显示是否在正常范围。

(4)操作机构检查。检查液压操作机构、气动操作机构的压力表的显示是否在正常范围,以判断是否有漏油、漏气现象;弹簧操作机构的储能弹簧是否在储能位置。检查操作机构是否有锈蚀,传动装置是否有脱位、变形现象。

(5)正常运行时"当地/远方"控制选择应在"远方"位。

(6)正常运行时相关的联锁不应解锁,电磁锁、机械锁、带电显示装置正常。

(7)检查各测控、保护装置运行是否正常,有无异常的信号显示或弹出告警栏。

(8)检查开关柜外壳接地部分是否良好。

(9)检查 SF_6 气压防爆装置是否良好,正常巡视时勿在防爆膜附近长时间停留。

(10)检查各类中间继电器、接触器运行是否正常。

(11)检查用于防潮、防凝露的加热器工作是否正常。

六、直流开关柜的运行和巡视检查

这里描述的直流开关柜是指牵引供电系统中的进线柜、馈线柜、负极柜、钢轨电位限制装置。

直流开关柜一般要求为户内型开关柜,具有标准防护等级的金属封闭式结构。对于带断路器小车的进线柜和馈线柜的结构形式,有的将控制、保护、测量部件均安装在断路器小车上;而另外一种是将控制、保护、测量部件与断路器小车完全分开,控制、保护、测量部件安装在低压小室中。

测控部件安装于断路器小车的开关柜如图 2-6 所示,测控部件与断路器小车分开安装的开关柜如图 2-7 所示。

在直流牵引供电系统中,为了减少杂散电流对金属管线的腐蚀,进线柜、馈线柜、负极柜、整流器柜采用绝缘安装,其外壳不是单独直接接地,其外壳通过电缆集中后与接地母排连接实现单点接地。

图 2-6 测控部件安装于断路器小车的开关柜

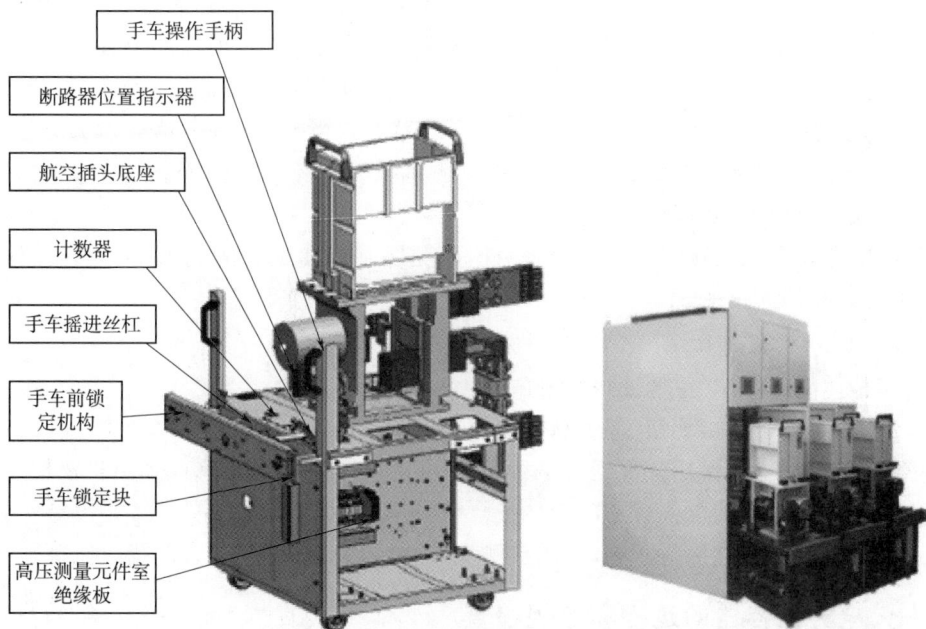

手车操作手柄

断路器位置指示器

航空插头底座

计数器

手车摇进丝杠

手车前锁
定机构

手车锁定块

高压测量元件室
绝缘板

图 2-7 测控部件与断路器小车分开安装的开关柜

1. 运行和操作要求

1)联锁、联动

为了运行安全,开关柜的不同元件之间设联锁。对主回路来说,必须遵守下列规定:

(1)断路器小车可按一般正常人的正常操作力操动。在工作位置时,辅助回路若未接通,断路器不能合闸。

(2)只有断路器处于分闸位置时,隔离插头才能打开或闭合,断路器小车才能拉出或推入。断路器在运行、试验位置时才能分合闸;断路器处于合闸位置时,不能将断路器小车从其所在的运行、试验位置抽出。

(3)当断路器小车在运行位置时,控制电缆插头不能拔出;当控制电缆插头在断开位置时,断路器小车不能推到运行位置;在控制电缆插头未拔出前断路器小车不能从开关柜内抽出。

(4)绝缘活门用以防止误操作,隔离主回路带电部分,保证检修人员工作安全。

(5)负极柜中手动隔离开关与对应的直流进线柜中的断路器和交流中压断路器之间实行联锁,只有当对应直流进线柜中的断路器和交流中压断路器同时处于分闸位置时,负极柜手动隔离开关才能操作,只有当负极柜手动隔离开关处于合闸位置时,直流进线断路器才能合闸。

(6)只有当主回路隔室的元件不带电的情况下,断路器小车室的门和后背板才允许开启,门背板可使用挂锁锁定。

(7)直流进线断路器与对应的交流中压断路器之间设有联动功能。

2)直流开关柜操作要求

(1)直流断路器小车的三个位置"运行位"、"试验位"、"拉出位",每次操作均需在明确的位置。拉出或推入须平稳无冲击。

(2)当需拉出断路器小车时,须先逆时针转动连锁杆45°,然后进行拉出操作至"试验位",再拉出约10 cm后解开小车上的控制线,最后拉出至所需的位置。

(3)需推入断路器小车时,须先重新逆时针转动连锁杆45°,方能推入小车,重新接上控制线,听到"喀"声后,推入小车使开关处于工作状态。当推入时感觉有异常大的阻力,此时,不可盲目大力推,须查明原因,以免撞坏测试触头孔座和绝缘挡板等部件。

(4)操作负极刀闸时,须使用绝缘操作杆。

(5)断路器合闸运行时,禁止碰连锁杆,以免跳闸。在紧急情况下,机械连锁杆可作为紧急脱扣用。

2. 巡视和检查项目

(1)柜体完好,无严重锈蚀,门锁好;

(2)表计指示正常,旋钮于"远动"位;

(3)检查各测控、保护装置运行是否正常,有无异常的信号显示或弹出告警栏;

(4)二次端子连接紧固,整齐;

(5)负极柜内电缆接头紧固,刀闸接触良好,分合完全到位;分合闸指示正确。

七、电力电容器的运行和巡视检查

电力电容器的主要作用是为系统提供无功功率、减少线路损耗、改善电压质量、提高设备利用率。实践运行经验证明,除电容器本身缺陷引起的事故外,外界因素,如过电压、高次谐波侵入、环境温度等使用条件的变化也会引起事故的发生。因此,对电容器装置的巡视是不容忽视的。

电容器的运行温度是保证电容器安全运行和使用年限的重要条件。温度过高可能导致介质击穿即强度降低,或介质的损耗迅速增加。若温度继续上升,将会破坏热平衡造成热击穿,损坏电容器。

另外,电容器对运行电压也很敏感,由于介质损耗引起的有功功率损耗和发热与电压值的平方成正比,因此,运行电压升高也会使电容器的发热和温升大大增加。那么电压过高时就会导致热不平衡,最后造成电容器损坏。

在运行中应注意,电容器不可带残留电荷合闸,如在运行中发生跳闸或合闸一次不成功,必须经过充分放电后方可合闸。对有放电电压互感器的电容器,可在断开3 min后再合闸操作。

1. 电力电容器的巡视检查

(1)电容器必须在额定电压和额定电流下运行,三相电容器的容量应相等,三相电容量相差不得超过 5%。

(2)电容器保护熔断器完好。

(3)套管完整清结、无裂纹或放电现象。

(4)各连接线端子应紧密不松动及无发热现象。

(5)电容器外壳均无变形及膨胀、渗漏油现象。

(6)电容器内部无异声。

(7)电容器外部无闪络,示温片应完整不熔化脱落。

(8)外壳接地是否完好。

(9)放电电压互感器及三相值应正常。

2. 停止运行

发生下列情况之一时,应立即停运电容器装置:

(1)电容器箱壳鼓肚或爆裂。

(2)电容器着火。

(3)接头严重过热或熔化。

(4)套管放电闪络。

(5)电容器内部有异常声响。

八、电力电缆的运行和巡视检查

1. 电力电缆的正常运行

电缆在额定电压、气温等条件下,长期、连续地通过额定电流而热稳定不被坏的工作状态为电缆的正常工作状态。

电缆在正常状态时,相间及相对地间的绝缘应完好,高压电缆头绝缘应完好无损,电缆发热不超过规定温度。各型号规定的电力电缆最高工作温度见表 2-25。

表 2-25　各型号电力电缆规定的最高工作温度

绝缘类型	电缆名称	电压等级(kV)	最高工作温度(℃)	代表产品型号
塑料绝缘电缆	聚氯乙烯电缆	1～10	65	VLV,VV
	聚乙烯电缆	6～220	70	VLV,VV
	交联聚乙烯电缆	6～220	10 kV 及以下:90 20 kV 及以上:80	YJLV,YJV
橡皮绝缘电缆	天然丁苯橡皮电缆	0.5～6	65	XLQ,XQ,XLV
	乙丙橡皮电缆	1～35	80～85	XV,XLF,XLHF
	丁基橡皮电缆	1～35	80	

1)外观检查

(1)检查电缆头是否有油胶渗出。

(2)检查电缆接头是否有发热变色、放电、烧熔等现象。

(3)检查电线外皮是否完整,有无破损腐蚀;外皮接地是否良好。

2)负载检查

电力电缆通电运行时,应监视电压、电流的数值,不许超过规定值。

九、控制、保护及自动装置的运行和巡视检查

1. 控制、保护及自动装置的运行

1)运行中,继电保护及自动装置不能任意投入、退出和变更原来的整定,应遵照电力调度员的命令执行,在投入前必须对其回路进行周密的检查:

(1)该回路无人工作,工作票已结束、收回;

(2)继电器外壳盖好;

(3)保护定值符合规定数值;

(4)二次回路拆开的线头已恢复。

若需投入继电保护和自动装置时,应先投入交流电源(如电压或电流回路等),后送上直流电源。此后应检查保护装置工作是否正常,信号灯及表计是否正确,然后加入信号连接片;若需将保护投入跳闸位置或将自动装置投入运行位,需用高内阻直流电压表或万用表测定连接片两端无电压后,方能投入连接片。继电保护和自动装置退出时的操作顺序与上述相反。

2)继电保护装置的运行过程中,发现异常现象时,应加强监视并立即向主管部门报告。

3)断路器自动跳闸后,应检查保护动作情况并查明原因,若是继电器动作或临时性故障可进行试送电。试送电前,应将保护装置所有信号全部复归。

4)运行人员对保护装置的操作,一般只允许接通或断开压板,切换转换开关,及卸装保险等工作。不得对接线端子排上接点做改换连接工作。

5)在二次回路上做的一切工作,都必须应遵守《变电所安全工作规程》的有关规定,并持有与现场设备相符的图纸作检修依据。

6)值班员带电清扫二次回路时,使用的清洁工具应干燥,金属部分应包好绝缘,工作时应将手表摘下(特别是金属表带的手表),应穿长袖工作服,带线手套,工作时必须小心谨慎,不应用力抽打,以免损坏设备元件或弄断线头及防止元件振动而误动。不得用压缩空气吹尘的方法,以免灰尘吹入仪器仪表或其他设备内部。

2. 控制、保护及自动装置的巡视检查

(1)各保护模块显示数据正常,各断路器位置信号显示与断路器实际位置一致。

(2)远方/当地开关在指定位置。

(3)检查各类指示仪表是否正确、无误。

(4)通信管理、GPS同步时钟等装置运行正常。

(5)检查压板及转换开关的位置是否与运行状态和要求一致。

(6)熔断器、端子排二次线等无松动。

(7)各标识标记清晰正确。

十、变电所直流自用电系统的运行和巡视检查

变电所的直流自用电系统包括蓄电池、充电机装置(下称"充电机")两大部分。由于阀控式密封铅酸蓄电池(下称"阀控蓄电池")具有无需添加蒸馏水、调整酸液比重等

维护工作及无酸雾等优点,具有"免维护"功能,近年来应用越来越广泛。由于高频开关电源型充电机结合脉宽调制(PWM)技术的应用,使其纹波系数小、稳流和稳压精度高,近年来广泛地与充放电要求高的阀控蓄电池综合使用。为满足综合自动化系统的要求,充电机中通常还配置有微机监控装置和微机绝缘监测仪。

1. 充电机的运行监视

(1)输入的三相交流电压不应超过额定值的±10%,运行中需检查三相交流输入的切换装置正常。

(2)直流母线电压不应超过额定值的±10%,否则需调整硅链的降压值。

(3)检查充电机音响是否正常,无异味,外壳、绝缘件应清洁、无发热。

(4)检查各保护信号是否正常,绝缘状态是否良好。

(5)微机监控器是根据直流电源装置中蓄电池组的端电压值,充电装置的交流输入电压值,直流输出电流值和电压值等数据来进行控制的。运行人员可通过微机的键盘或按钮来整定和修改运行参数。

(6)微机监控器直流电源装置一旦投入运行,只有通过显示按钮来检查各项参数,若均正常,就不能随意动改整定参数。

(7)微机监控器若在运行中控制不灵,可重新修改程序和重新整定,若都达不到需要的运行方式,就启动手动操作,调整到需要的运行方式,并将微机监控器退出运行,交专业人员检查修复后再投入运行。

(8)微机监控器对蓄电池有自动充电功能,即微机监控器能控制充电机自动进行恒流限压充电→恒压充电→浮充电→进入正常运行状态。

(9)微机监控器对蓄电池还有自动定期充电功能,即根据整定时间,微机监控器控制充电机定期自动地对蓄电池组进行均衡充电,确保蓄电池组随时具有额定的容量。对阀控蓄电池而言,一般设置为3个月进行一次自动定期充电。

(10)由于充电机中的整流元件的过载、过热能力差,运行中应注意充电机内各元件的温升,保持通风及散热良好。充电机中各元件的极限温升值见表 2-26。

表 2-26 充电装置各元件极限温升值

部 件 或 器 件	极限温长升值(℃)	部 件 或 器 件	极限温长升值(℃)
整流管外壳	70	半导体器件连接处的塑料绝缘线	25
晶闸管外壳	55	整流变压器、电抗器的 B 级绝缘绕组	80
降压硅堆外壳	85	铁芯表面温升	不损伤相接触的绝缘零件
电阻发热元件	25(距外表 30 mm 处)	铜与铜接头	50
半导体器件的连接处	55	铜搪锡与铜搪锡接头	60

(11)充电机的精度、纹波因数、效率、噪声和均流不平衡度、运行控制值见表 2-27。

表 2-27　充电装置的精度、纹波因数、效率、噪声和均流不平衡度、运行控制值

充电装置名称	稳流精度 %	稳压因数 %	纹波因数 %	效率 %	噪声 dB(A)	均流不平衡度 %
放磁大型充电装置	≤±5	≤±2	≤2	≥70	≤60	—
相控型充电装置	≤±2	≤±1	≤1	≥80	≤55	—
高频开关型充电装置	≤±1	≤±0.5	≤0.5	≥90	≤55	≤±5

　　(12)当直流输出电流超出整定的限流值时,充电机具有限流功能,限流值整定范围为直流输出额定值的50%～105%。当母线或出线支路上发生短路时,应具有短路保护功能,短路电流整定值为额定电流的115%。

　　(13)充电装置具有过流、过压、欠压、绝缘监察、交流失压、交流缺相等保护及声光报警的功能。继电保护整定值在没有特殊说明时一般按表2-28执行。

表 2-28　继电保护整定值

名　　称	整　定　值	
	额定直流电压110 V系统	额定直流电压220 V系统
过电压继电器	不大于121 V	不大于242 V
欠电压继电器	不小于99 V	不小于198 V
直流绝缘监察继电器	不小于7 kΩ	不小于25 kΩ

2. 绝缘监视

　　直流自用电系统发生一点接地时,虽不会引起危害,但必须及时消除,否则再发生另一点接地时可能会使控制、信号、保护装置误动作,因此,运行中应经常检查绝缘监察装置的绝缘指示和信号显示情况。直流用电各部分的绝缘电阻要求见表2-28。

　　电气回路及小母线绝缘电阻一般随装置试验时一起测量,只有在查找绝缘电阻降低或接地故障时才分别测量,并根据表2-29的标准判断故障点,蓄电池组每半年应单独测量一次。

表 2-29　直流自用电系统的绝缘电阻值

序　号	名　　称	绝缘电阻(MΩ)
1	单一电气回路	1.0
2	全部电气回路	0.5
3	直流小母线	10
4	110 V蓄电池组	0.1
5	220 V蓄电池组	0.2

3. 蓄电池的运行和巡视检查

　　为保证蓄电池有足够的容量,变电所通常采用浮充电运行方式。正常运行时,蓄电池组与充电机并联工作,由充电机向经常性的直流负荷供电,并向蓄电池组浮充电,以补充蓄电池组自放电和因短时大负荷及事故时直流负荷所损失的容量。

1)直流负荷电流及其测量

经常性的直流负荷电流包括运行时必须接入的信号、继电保护和自动装置所用的负荷；短时负荷包括直流操作回路继跳、合闸线圈所用的负荷；事故时的直流负荷包括交流失电时的事故照明和信号、继电保护和自动装置所用的负荷。

正常运行时经常性直流负荷基本是不变的，只有在改变运行方式或因检修需要停用某些电气设备，其信号、继电保护和自动装置退出运行时才会发生变化。所以在运行中，经常性直流负荷一经测定后，不必再经常监视，而只在其有可能发生变化时才进行测量，以便调整充电机的工作电流。

2)蓄电池的浮充电

不恰当的电池浮充电压将影响电池寿命及容量。如果浮充电压过高，浮充电流将随之上升，导致电池栅板反应（腐蚀）加速，电池寿命缩短；浮充电压过低，电池工作在欠充状态，导致硫酸铅的堆积，电池容量下降，电池寿命缩短。正常运行时，充电机的工作电流为经常性直流负荷电流与蓄电池组浮充电流之和。由于前者基本不变，故调整充电机的工作电流即调整了蓄电池组的浮充电流。

蓄电池浮充电时的浮充电压和浮充电流应按厂家要求调整。无厂家资料时，一般可按以下要求操作使用。

（1）对于阀控蓄电池组，浮充电压值宜控制为$(2.23\sim2.28)V\times N$，均衡充电电压值宜控制为$(2.30\sim2.35)V\times N$。在正常的浮充操作中，不需要限制充电电流。当蓄电池上的充电电压恒定时，充电电流是由蓄电池的充电状态（内阻）确定的。蓄电池在满充之前，充电电流一直随其内阻在变化，直到蓄电池满充后，充电电流才稳定在一个数值上。稳压充电状态下，当蓄电池的浮充电流不再减小且连续 3 h 稳定时，可认为该蓄电池已经满充。

（2）阀控蓄电池组的浮充电压温度补偿。阀控蓄电池组在浮充电时不能忽视蓄电池温度的因素，蓄电池在 25 ℃时浮充电压为 2.25～2.30 V/单体，阀控蓄电池温度偏离 25 ℃时，电池的自放电率、内阻、容量、电解液黏度都会变化，所以必须对阀控蓄电池浮充电压进行温度补偿。对浮充电压进行温度补偿时，应该考虑下面因素：如果阀控蓄电池的环境温度保持恒定，可按照温度补偿系数来修正充电机输出的浮充电压；如果阀控蓄电池的环境温度未知或不定时（如：日/夜、冬/夏），则要求充电装置能够自动按照补偿系数进行修正。温度补偿以 25 ℃为准，温度每升高 1 ℃，降低浮充电压 0.005 V；温度每降低 1 ℃，升高浮充电压 0.005 V。

3)环境温度对阀控蓄电池的影响

阀控蓄电池的额定容量和寿命都是对于25 ℃而言的，环境温度低于 25 ℃时，蓄电池容量减小，寿命延长；环境温度高于 25 ℃时，蓄电池容量增加，寿命减短。阀控蓄电池长期在高温下使用时，其内部会产生多余的气体，蓄电池内部气压升高，引起排气阀开启，造成电解液损失。在使用过程中需注意以下两点：

（1）阀控蓄电池充足电时，电解液冰点为－70 ℃，而放完电后，电解液冰点仅为－5 ℃，所以在低温下使用或存储电池，一定要注意。

（2）当使用环境温度高于 25 ℃时，阀控蓄电池栅板反应（腐蚀）加速，会引起蓄电池寿命缩短，使用环境温度每升高 10 ℃，蓄电池寿命减半，故蓄电池使用温度不应过高。高于 40 ℃时，有热失控的危险。

4)阀控蓄电池组的巡视检查

(1)监视端电压值,浮充电压、电流值。

(2)每周测量1次电池的电压值。

(3)检查蓄电池组的绝缘是否良好。

(4)检查蓄电池的外壳是否有变形,是否过热。

(5)检查是否有漏液和腐蚀现象,极柱与安全阀周围是否有酸雾溢出。

(6)检查蓄电池的运行环境温度,当长时间超过 35 ℃时,需尽快采取降温措施。

4. 蓄电池使用维护注意事项

(1)清除蓄电池表面的灰尘时忌用干布,尤其是合成纤维织物海绵或鸡毛掸,以防止静电引起爆炸。

(2)不允许在蓄电池上部放置金属工具。拧紧螺母时,注意不得将金属工具同时接触蓄电池的正、负极柱,以免短路烧伤。

(3)不允许借助于极柱吊起电池。

(4)在使用中,若有漏液和"爬碱"现象,会引起绝缘不良,或碳酸盐引起导电不良。因此应经常保持蓄电池清洁。

(5)蓄电池的塑料外壳,严禁用汽油、苯、丙酮等有机溶剂擦拭。可使用清水进行擦拭。为防锈,可在金属极柱处涂薄薄的一层防锈油或中性凡士林。

十一、电力监控设备的运行与巡视

SCADA(Supervisory Control And Data Acquisition)即监视控制和数据采集,运用在电力系统中又称为电力监控系统。电力监控系统是以计算机为基础的生产过程控制与调度自动化系统,它可以对现场的运行设备进行监视和控制,以实现数据采集、设备控制、测量、参数调节以及各类信号报警等各项功能。

地铁电力监控系统由设置在控制中心的主站监控系统、设置在各种变电所内的子站系统(变电所综合自动化系统)以及联系二者的通信通道构成。

主站监控系统由局域网络、主备服务器、前置通信服务器、操作员工作站、维护计算机、数据文档计算机、打印机等设备构成。主站监控系统网络典型结构如图 2-8 所示。

变电所综合自动化实现变电所各种设备的控制、监视、联动、联锁、闭锁、电流、电压、功率、电度的采集等功能。变电所间开关联跳等功能通过综合自动化主控单元与控制中心监控主站的信息传递、交换共同来实现。重要设备之间除考虑二次回路硬线联动、联锁、闭锁外,由综合自动化软件实现逻辑判断、计算、继电器等功能,并通过下位监控单元执行操作。利用下位监控单元实现对进线开关、母联开关、三级负荷总开关等设备的控制。如南京地铁一号线采用南京南瑞集团公司 DISA 型变电站综合自动化系统,采用分层分布式结构的牵引降压混合变电所,其综合自动化结构如图 2-9 所示。

1. 电力监控中央设备巡视要求和内容

1)SCADA 中央设备日巡视的要求

(1)OCC 设备日巡视时必须依照各项相关的维修手册或操作手册的规定,对《SCADA 控制中心电力监控系统巡视记录表》中的各项要求进行认真检查。

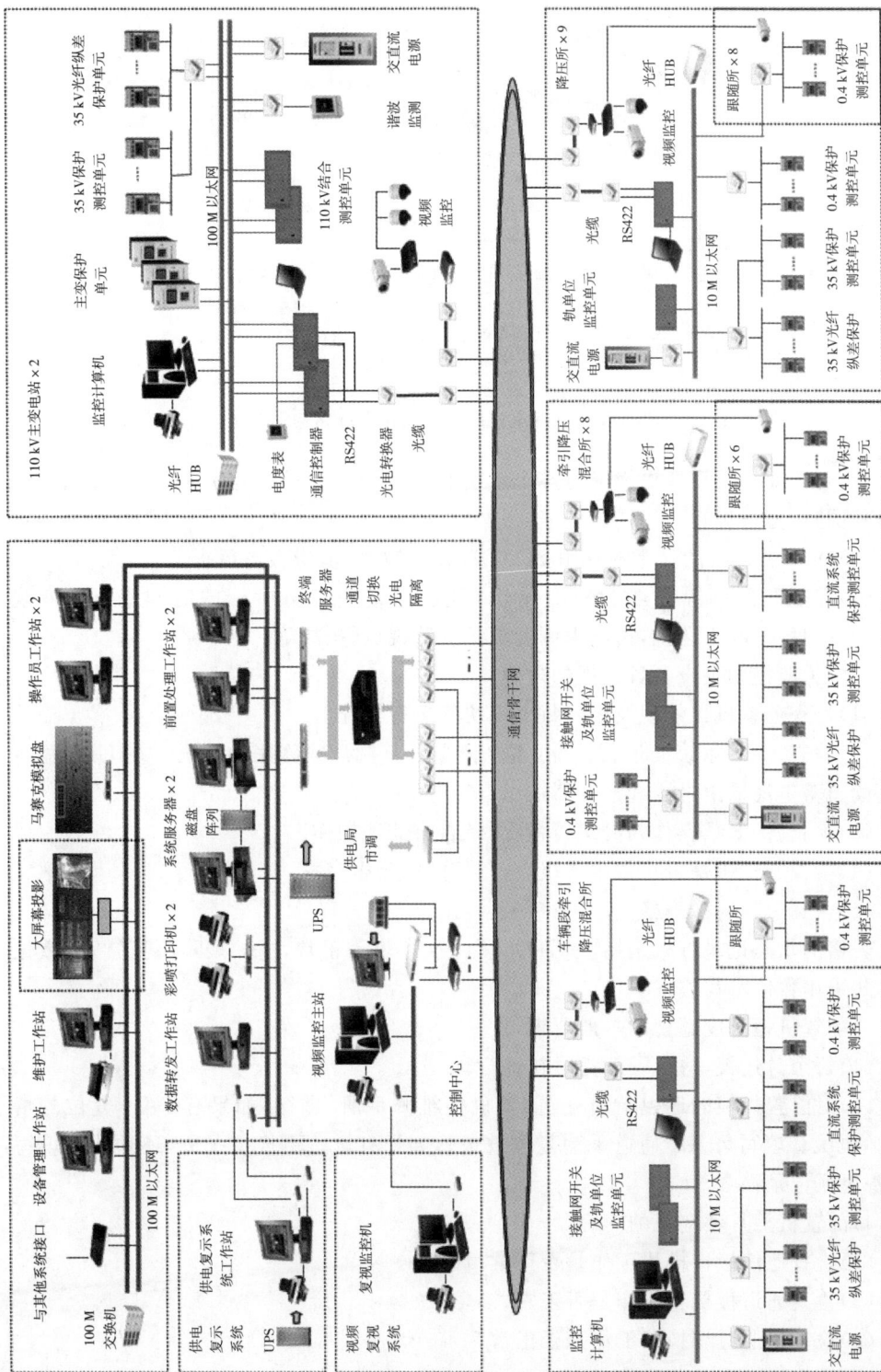

图2-8 控制中心SCADA主站监控系统网络结构示意图

第二章 变配电系统的运行及管理

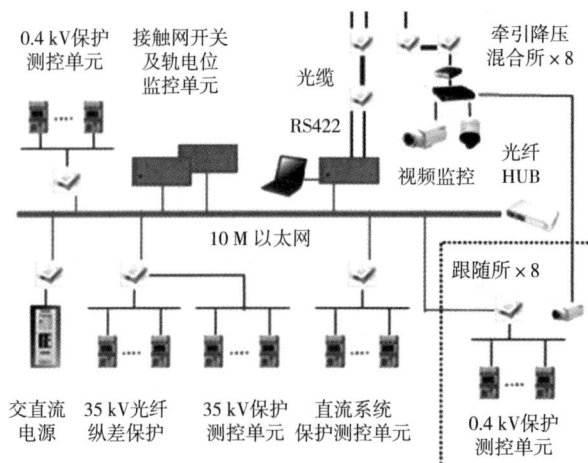

图 2-9　DISA 型变电站综合自动化系统结构示意图

（2）对于要进行设备更换或对整个系统有影响的巡检操作，必须事前知会电调并征得其同意，方可进行。

（3）OCC 各设备的日常巡视由 SCADA 在 OCC 的值班人员负责。

（4）巡视时间间隔一般为每 2 h/次，其余严格按表格所标的时间进行。夜晚 23:00～次日 7:00 不巡视，由电力调度员负责监视，通报故障。

2）电力监控中央设备日巡视的内容

（1）检查前置机柜外观及柜内每个模块的运行情况。

（2）检查 UPS 系统的运行情况，蓄电池是否有漏液或膨胀的情况。在 UPS 显示屏上读出蓄电池输出电压和逆变器输出电压等。

（3）检查各 OCC 操作站的运行情况，是否有非法操作。

（4）检查归档机是否正常生成报表，归档数据是否完整。

（5）认真填写巡检表格。

表格的状态记录方式采用"√"和"×"。"√"表示正常，"×"表示不正常；参数记录方式采用数值填写方式。

3）前置机柜月度巡视的一般要求

（1）每个月巡视一次，一般为月初进行。

（2）对前置机柜的巡视请遵守《前置机柜维修手册》进行，如果有 PAK 复位的情况，必须认真填写《PAK 通道手动复位记录》，如果有设备更换情况的，还须认真填写《设备更换记录》。

4）前置机柜月度巡视的内容

（1）检查通信接口模块工作是否正常。

（2）检查通道板机箱工作是否正常。

（3）检查双通道切换箱工作是否正常。

（4）检查终端服务器工作是否正常。

（5）检查电源模块各指示灯的工作情况，并测量输入电压和输出电压。

（6）检查前置机柜外观及前置机柜接地是否正常。

5）UPS系统、操作员工作站及其他设备月度巡视的一般要求

（1）每个月巡视一次，一般为月初进行。

（2）对于UPS的巡视须遵守《UPS维修手册》的规定认真进行，巡检时特别要注意UPS柜体及整个UPS房的清洁，对电流、电压等值进行记录。如果有设备更换情况的，还须认真填写《设备更换记录》。

（3）对于操作站巡视请遵守《操作站维修手册》的规定认真进行。

6）UPS系统、操作员工作站及其他设备月度巡视的内容

（1）检查UPS系统运行情况是否正常。

（2）检查UPS系统蓄电池输出电压是否正常，蓄电池是否有漏液或膨胀的情况。

（3）检查UPS系统逆变器输出电压是否正常。

（4）检查各操作员工作站的外观，清洁显示屏、键盘和鼠标等设备。

（5）检查各操作员工作站的运行情况，是否有垃圾碎片，是否有非法操作等。

（6）检查归档PC运行情况，数据传输是否正常。

（7）认真整理归档PC并清除无关文件及其碎片。

（8）整理原始数据，并按照原始数据类型不同做相应的压缩保存。

（9）检查以太网以及时钟网工作是否正常。

（10）检查外围设备，包括打印机、打印纸、墨盒和色带等情况。

2．电力监控站级设备巡视的要求和内容

1）电力监控站级设备巡视的要求

（1）在进行设备巡视前，应认真准备巡视所必须的各种工器具、各种消耗用品，作业进行之前，必须持作业令向作业辖区管理单位请点，同时知会电调和电力监控在OCC的值班人员，方能进行巡视作业。

（2）RTU（远控终端）设备巡视应达到的技术要求、功能及标准，一般以《电力监控系统远程控制终端柜维修手册》为准。

（3）对于普通的降压变电所，巡视时按照《电力监控系统设备检修周期与工作内容》RTU部分的各项要求进行即可，作业完成后认真填写《电力监控站级设备巡视记录表》并妥善保存。

（4）对于牵引变电所和主变电所，除了按照各项要求进行巡视外，还应按照站控计算机（通信控制器）中的记录对该所出现的各种记录进行分析，用以及时发现各种故障并作出相应措施。

（5）RTU的巡视，除了各种技术上的检查外，还应该进行各种设备清洁工作，保持整个柜体外观整洁、干净；柜内各设备及各种电缆、电线布置有序。

（6）对于RTU可能出现的手动复位情况，除了在OCC值班室进行集中统计外，电力监控专业还要求在每个变电所实行当地记录。

2）电力监控站级设备巡视内容

（1）巡视时间间隔一般为每个月两次，其余时间由变电所巡视人员负责监视，通报故障。

（2）检查RTU柜外观及RTU柜接地是否正常等，整个母板架与柜体固定良好，无晃动，柜体绝缘良好（绝缘电压>2 500 V），柜体接地良好（接地电阻小于4Ω）。

（3）检查交换机的运行情况，对进行复位或冷启动均能导致电力监控系统对该所

信息重新接收。

(4)检查通信控制器主通信处理模块工作是否正常,通信控制器的指示灯能否正确指示。

(5)电源模块(SV)的输入电压范围正常 DC(110+25)V,输出电压等级及范围为 DC5(1±5%)V、DC15(1±5%)V、24(1±5%)V。

(6)检查站控计算机是否有垃圾碎片,是否有非法操作,运行是否正常等。

(7)认真填写巡检表格。

第四节　供电设备的倒闸操作

一、倒闸操作的概念及一般规定

1. 倒闸操作的概念

电气设备有多种不同的运行状态,要将电气设备由一种运行状态转变到另一种运行状态,就需要进行一系列的倒闸操作。所谓改变运行状态,就是拉开或合上某些断路器和隔离开关,包括断开或投入相应的直流回路;改变继电保护和自动装置的定值或运行状态,临时接地线等。倒闸操作主要是指为适应供电系统运行方式改变的需要,而必须进行的拉、合断路器、隔离开关、高压熔断器等(以下简称为一次设备)的操作。为适应一次设备运行状态的改变,继电保护及自动装置(以下简称二次设备)运行状态亦应作相应的改变,如继电器保护装置的投入或退出、保护定值的调整等。为了保证上述操作正确无误地进行,要求在操作过程中进行必要的检查。

2. 倒闸操作的一般规定

(1)倒闸操作须有值班负责人的命令(工作票或口头命令)。属电力调度管辖的设备,倒闸操作则须有电力调度的命令。电力调度的命令应由值班员受令,在复诵无误后电力调度给出命令编号和批准时间,上述命令授受双方均要认真记录并复诵,如有疑问须问清后才可执行。

非电力调度管辖的设备,受令人倒闸完毕后应将倒闸时间、原因和操作人、监护人姓名记入单独的倒闸操作命令记录簿中。

(2)一次设备的倒闸操作以及单独进行继电保护及自动装置的投切操作,一般应分记于两个倒闸操作命令记录簿中。

(3)倒闸作业要按操作卡或倒闸表进行。

(4)一个变电所一次只能下达一个命令,一个命令只有一个倒闸操作(即一张操作卡或一张倒闸表上的倒闸操作)。

(5)倒闸操作人、监护人均应穿绝缘靴、戴安全帽、操作人还应戴绝缘手套。在拆装高压熔断器时操作人还应戴防护镜。操作人在倒闸操作时要做到坚定、迅速。

(6)倒闸操作期间严禁做与操作无关的其他事,以便精力集中,确保安全。

(7)遇有危及人身或设备安全的紧急情况,值班人员可先行断开有关的断路器和隔离开关,然后再报告电力调度,但合闸时必须有电力调度或值班负责人的命令才能进行。

(8)雷电天气时禁止进行室外高压设备的就地倒闸操作。

二、电气设备的运用状态

运行中的电气设备,系指全部带电或一部分带电以及一经操作即带有电压的电气设备。所谓一经操作即带有电压的电气设备,是指现场停用或备用的电气设备,它们的电气连接部分和带电部分之间只用断路器或隔离开关断开,并无拆除部分,一经合闸即带有电压。因此运行中的电气设备具体指的是现场运行、备用和停电的设备。如电气设备某一部分已从电气连接部分拆下,并已拆离原来的安装位置而远离带电部分,则就不属于运行中的电气设备。现场中全部带有电压的设备即处于运行状态,而其中一部分带有电压或一经操作才带有电压的设备是处于备用状态或停用状态以及检修状态。

电气设备的运用状态有运行状态、热备用状态、冷备用状态和检修状态。

1. 运行状态

电气设备的运行状态,是指断路器和隔离开关都在合闸位置,将电源至受电端间的电路接通(包括辅助设备如仪表、变压器、避雷器等)。

2. 热备用状态

电气设备的热备用状态,是指断路器在断开位置,而隔离开关仍在合闸位置,其特点是断路器一经操作即接通电源。

3. 冷备用状态

电气设备的冷备用状态,是指设备的断路器及隔离开关均在断开位置。其显著特点是该设备(如断路器)与其他带电部分之间有明显的断开点。设备的冷备用根据工作性质分为断路器冷备用与线路冷备用等。现分别叙述如下:

(1)"断路器冷备用"时,接在断路器上的电压互感器及所用变压器的高低压熔断器应取下,高压侧隔离开关应拉开,如高压侧无法断开,则拉开低压侧隔离开关。线路上的电压互感器、所用变压器、高压隔离开关不拉开和低压熔断器不取下。

(2)"线路冷备用"时,接在线路上的电压互感器、所用变压器高低压熔断器一律取下,高压侧隔离开关应拉开,如高压侧无法断开,则应断开低压侧。

(3)"电压互感器与避雷器"的冷备用,当其与高压隔离开关及低压熔断器隔离后,即处于冷备用状态,无高压隔离开关的电压互感器,当低压侧熔断器取下后即可处于冷备用状态。

(4)母线从运行或检修转为冷备用应包括母线电压互感器。

4. 检修状态

电气设备的检修状态,是指设备的断路器和隔离开关均已断开,检修设备(如断路器)两侧装设了保护接地线(或合上接地隔离开关),并悬挂了工作标示牌,安装了临时遮栏,该设备即处于检修状态。装设临时遮栏的目的是将工作场所与带电设备区域隔离,限制工作人员的活动范围,以防在工作中因疏忽而误碰带电部分。检修应根据工作性质分为断路器检修和线路检修等。

(1)断路器检修是指设备的断路器与两侧隔离开关均拉开,断路器的操作电源及合闸电源断开,在断路器两侧装设了保护接地线或合上接地隔离开关,并做好安全措施。检修的断路器若与两侧隔离开关之间接有仪表变压器(或变压器),则该仪表变压器的隔离开关拉开或取下高低压熔丝,高压侧无法断开时则取下低压熔丝,如有母差保护、母差电流互感器回路应拆开并短路接地(二次回路应作相应的调整)。

(2)"线路检修"是指线路断路器及其两侧隔离开关拉开,并在线路出线端挂好接地线(或合上线路接地隔离开关)。如有线路仪表变压器(或变压器),应将其隔离开关拉开或取下高低熔断器。

(3)变压器检修亦可分为断路器或变压器检修。挂接地线或合上接地隔离开关的地点应分别在断路器两侧或变压器各侧。

(4)母线检修状态是指该母线从冷备用转为检修,即在冷备用母线上挂好接地线(合上母线接地隔离开关)。

①母线由检修转为冷备用,是指拆除该母线的接地线(或拉开母线接地隔离开关),应包括母线电压互感器也转为冷备用。

②母线从冷备用转为运行,是指有任一路电源断路器处于热备用状态,一经合闸,该母线即可带电,包括母线电压互感器转为运行状态。

凡不符合上述状态的操作,调度员在发布操作命令时必须明确提出要求,以便正确执行倒闸操作。

三、倒闸操作的基本规律

倒闸操作的基本规律见表 2-30。

表 2-30 倒闸操作的基本规律

设备倒闸前状态	设备倒闸后状态			
	运行	热备用	冷备用	检修
运行		1. 拉开必须切断的断路器 2. 检查所切断的断路器是否处在断开位置	1. 拉开必须切断的断路器 2. 检查所切断的断路器是否处在断开位置 3. 拉开必须断开的全部隔离开关 4. 检查所拉开的隔离开关是否处在断开位置	1. 拉开必须切断的断路器 2. 检查所切断的断路器是否处在断开位置 3. 拉开必须断开的全部隔离开关 4. 检查所拉开的隔离开关是否处在断开位置 5. 挂上保护用临时接地线或合上接地隔离开关 6. 检查合上的接地隔离开关是否处在接通位置

设备倒闸前状态	设备倒闸后状态			
	运行	热备用	冷备用	检修
热备用	1. 合上必须合上的断路器 2. 检查所合上的断路器是否处在接通位置		1. 检查所拉开的断路器处在断开位置 2. 拉开必须断开的全部隔离开关 3. 检查所拉开的隔离开关处在断开位置	1. 检查所拉开的断路器处在断开位置 2. 拉开必须断开的全部隔离开关 3. 检查所拉开的隔离开关处在断开位置 4. 挂上保护用临时接地线或合上接地隔离开关 5. 检查所合上的接地隔离开关处在接通位置
冷备用	1. 检查全部接线 2. 检查断路器处在断开位置 3. 合上必须合上的全部隔离开关 4. 检查所合上的隔离开关在接通位置,合上必须合上的断路器 5. 检查所合上的断路处在接通位置	1. 检查全部接线 2. 检查所断开的断路器处在拉开位置 3. 合上必须合上的全部隔离开关 4. 检查所合上的全部隔离开关在接通位置		1. 检查所断开的断路器处在断开位置 2. 检查必须断开的全部隔离开关处在断开位置 3. 挂上保护用临时接地线合上接地隔离开关 4. 检查所合上的接地隔离开关处在接通位置
检修	1. 拆除全部保护用临时接地线或拉开接地隔离开关 2. 检查所拉开的接地隔离开关处在断开位置 3. 检查断路器处在断开位置 4. 合上必须合上的全部隔离开关 5. 检查所合上的隔离开关在接通位置 6. 合上必须合上的断路器 7. 检查所合上的断路器处在接通位置	1. 拆除全部保护用临时接地线或拉开接地隔离开关 2. 检查所拉开的接地隔离开关在断开位置 3. 检查断路器处在断开位置 4. 合上必须合上的全部隔离开关 5. 检查所合上的隔离开关在接通位置	1. 拆除全部保护用临时接地线或拉开接地隔离开关 2. 检查所拉开的接地隔离开关在断开位置 3. 检查断路器处在断开位置 4. 检查所拉开的隔离开关在断开位置	

注:设备转入"检修状态"时挂上标示牌、装设临时遮栏、断开操作电源及退出二次压板安全措施虽未列在表内,但仍须按照全工作规程及现场规程的规定执行,投入时亦然。

83

第二章 变配电系统的运行及管理

四、倒闸操作的要求、要领和注意事项

1. 倒闸操作的要求

1)对变电运行操作人员的要求

(1)值班人员必须经过安全教育、技术培训,熟悉业务和有关的规章、规程规范制度,经考试合格、相关部门批准、公布值班资格(正、副值)名单后方可承担一般操作和复杂操作,接受调度命令,进行实际操作或监护工作。每年值班人员要进行一次考试复查,不符合值班资格者要降职使用。

(2)值班人员如调到其他主接线、保护配置变化较大的变电所工作时,也必须履行考试及批准手读。

(3)新进值班人员必须经过安全教育、技术培训,考试合格,方可担任实习值班员,如要进行操作,必须在监护人、操作人双重监护下才能进行操作。

(4)值班人员若因故离岗三个月后,必须复习规章、规程规范制度,经考试、考问合格后,方可担任原来的工作。

(5)倒闸操作时,不能单凭记忆,而应在仔细地检查了应操作设备的名称编号后,才能进行操作。

(6)倒闸操作时,不要仅依赖监护,而应对操作内容做到心中有数,否则,操作中会出问题。

(7)在进行操作期间,不要做与操作无关的交谈或工作。

(8)处理事故时,不要惊慌失措,否则,会扩大事故或发生人身伤亡事故。

(9)装设接地线之前,必须认真检查该设备是否确已无电。在验明设备确无电压后,应立即装设接地线(或合上接地隔离开关)。

2)对电气设备要求

(1)现场一次、二次设备要有明显的标志,包括名称、编号、铭牌、转动方向、切换位置指示及区别电气相别的颜色。

(2)要有合格的工具、安全用具和设施(包括放置接地线的专用装置)等。

3)对管理方面的要求

(1)要有与现场设备标示和方式相符合的一次系统模拟图、二次回路的的原理图和展开图。

(2)除事故处理外,操作时应有确切的调度命令和合格的操作票。

(3)要求使用统一的、确切的操作术语。

2. 倒闸操作的技术要领

为防止误操作事故,《变电所安全工作规程》作了具体规定:停电拉闸操作必须按照断路器、负荷侧隔离开关、母线侧隔离开关顺序依次操作,送电合闸顺序与此相反。严防带负荷拉开隔离开关,这是倒闸操作最重要的基本原则。

实际上整个倒闸操作的技术原则也是围绕着"不能带负荷拉隔离开关"及保证人身设备安全、缩小事故范围而制定的。在了解倒闸操作的基本规律与技术原则的基础上,应掌握好电气设备的操作技术要领。

1)隔离开关操作技术要领

(1)在手动合隔离开关时必须迅速果断,以求操作正确性为主,但在合到底时不能

用力过猛，以防合过头及损坏支持绝缘子。在合隔离开关时如发生弧光或误合时，则应将隔离开关迅速合上。隔离开关一经合上，不得再行拉开，因为带负荷拉开隔离开关会使弧光扩大，使设备损坏更加严重，这时只能用断路器切断该回路后，才允许将误合的隔离开关拉开。旁路母联隔离开关的操作只能在旁路断路器断开的情况下进行。

（2）隔离开关经操作后，必须检查其开、合的位置；合时查三相刀片接触良好，拉开时三相断开角度符合要求。因为有时由于操动机构发生故障或调整得不当，可能出现操作后未全拉开和未全合上的不一致现象。

2）断路器操作技术要领

（1）一般情况下，凡电动合闸的断路器，不应手动合闸。

（2）电动操作断路器时，扳动控制开关（按钮）不要用力过猛，以防损坏控制开关，也不要返回太快，以防时间短，断路器来不及合闸。

（3）断路器操作后，应检查与其有关的信号及测量仪表的指示，从而判别断路器动作的正确性。但不能仅从信号灯及测量仪表的指示来判断断路器实际的分、合闸位置。

①断路器合闸前，应确认继电保护已按规定投入。

②断路器合闸后应检查：相关合闸指示灯亮，机械指示应在合闸位置；此回路的电流表、功率表及计量表是否启动，如不启动应查明原因；弹簧操作机构，在合闸的后应检查弹簧是否压紧。

③断路器分闸后的检查：相关分合闸指示灯亮，机械指示应在分闸位置；计量表应停走，电流表、功率表指针回到零位。

④当断路器切断故障电流次数达到现场规程规定时，应停用其重合闸；断路器因有缺陷而不能跳闸时，应改为非自动；若断路器有明显故障，应尽快停用。

（4）设备停电操作前，终端线路应先检查负荷是否到零。并列运行的线路在一条线路停电前应考虑有关定值的调整，并注意在一条线路断开后另一条线是否过负荷，如有疑问，应向调度员问清后再行操作。

（5）设备停电时应先拉断路器再拉隔离开关。

（6）设备送电应先合隔离开关再合断路器。断路器合闸前继电保护必须已按规定投入。有重合闸的线路，应检查重合闸装置是否良好。

（7）操作变压器断路器时，停电操作应先拉开负荷侧断路器，后拉电源侧断路器。送电时操作顺序相反。三绕组变压器：送电时先送高压侧、次送中压侧、后送低压侧，停电操作顺序相反。

（8）断路器检修前必须拉开操作熔断器和合闸熔断器，并拉开弹簧储能电源开关或熔断器。

3）装、拆接地线操作

（1）装接地线应先接地端，装设接地线前必须在停电设备上验明确已无电压，然后挂上接地线。挂接地线时，应戴绝缘手套。在设备上挂接地线时应先接靠近人身的那一相，然后再接其他两相。拆除接地线时顺序相反。

（2）验电前必须检查验电器本身是否良好。对电容器、双回路架空线路、电缆线路接地前必须先充分放电后再验电接地。

（3）接地线应有编号，并存放在固定的地点，存放的位置也应编号以便对号入座。

使用时应注明接地设备的名称。

①操作票上应填写接地线编号,在模拟图板上亦应有相应的接地线标志和编号。

②拆除接地线后必须放回固定地点、做好记录,更正模拟图板。交接班时必须交待清楚接地线的使用情况。

4)倒闸操作的有关要求

(1)倒闸操作前,必须了解系统的运行方式、继电保护及自动装置等情况,并应考虑电源及负荷的合理分布以及系统运行的情况。

(2)在电气设备送电前必须检查有关工作票、安全措施拆除情况,如:拉开接地隔离开关或拆除接地线及警告牌和临时遮栏,恢复常设遮栏,对必要的设备测量绝缘电阻。在测量绝缘电阻时必须隔离电源、进行放电。此外还应检查断路器、隔离开关均在断开位置。工作票全部收回,办理好工作票终结手续,汇报调度,等待送电。

(3)倒闸操作前应考虑继电保护及自动装置整定值的调整,以适应新的运行方式的需要,防止因继电保护及自动装置误动作或拒动而造成事故。

①电压互感器二次负载的切换。

②所用变压器电源的切换。

③直流电源的切换。

④交流电源、电压回路和直流回路的切换。

⑤根据一次接线,调整二次跳闸回路(例如继电保护及自动装置改接和联跳断路器的调整等)。

⑥断路器停役,二次回路工作需将电流互感器短接退出,以及断路器停役时根据现场规程决定断路器失灵保护停用。

⑦现场规程规定的二次回路需作调整的其他有关内容。

(4)备用电源自动投入装置、重合闸装置必须在所属设备停运前退出运行,在所属主设备送电后投入运行。

(5)在倒闸操作过程中应注意分析表计指示。如倒母线时应注意电源分布的功率平衡,并尽量减少母联断路器电流,使其不超过限额,以防止过负荷而跳闸。

(6)在下列情况下,应将断路器的操作电源切断。

①检修断路器。

②在二次回路及保护装置上工作。

③在倒母线操作过程中拉合母线隔离开关,必须先断开母线断路器的操作电源熔断器,以防止在拉合隔离开关时母联断路器跳闸而造成带负荷拉、合隔离开关。

④操作隔离开关前应先检查断路器确在分闸位置,以防止在操作隔离开关时断路器在合闸位置而造成带负荷拉、合隔离开关。

⑤在继电保护故障情况下,应取下直流操作回路熔断器或断开空气开关,以防止因断路器误合、误跳而造成停电事故。

(7)操作中应用合格的安全工具,以防止因安全工具不合格,在操作时造成人身和设备事故。

5)高压熔断器操作技术要领

高压熔断器通常安装在隔离开关附近,采用绝缘杆单相操作高压熔断器与操作隔离开关一样,不允许带负荷拉、合。若发生误操作产生的电弧会威胁人身及设备的安全。

在误拉开第一相时,大多数情况与断开并联回中路或环路差不多,其上仍保持有电压,因此不会发生强烈电弧,而在带负荷断开第二相时,就会发生强烈电弧,导致相邻各相发生弧光短路。所以要根据与第一相断开时的弧光情况的比较,慎重地判断是否误操作,然后再决定是操作还是停止操作。

为防止发生事故,水平和三角形排列的高压熔断器操作顺序为:先中间,后两边;有风时,先中间,再下风,后上风。

6)倒闸操作的注意事项

倒闸操作是将电气设备从一种状态转变到另一种状态的过程。新的状态出现后,势必会出现负荷的重新分配和潮流方向的重新调整,因此倒闸操作前必须了解系统的运行是否合理,继电保护及自动装置是否与一次运行方式相适应,继电保护定值是否要调整等。在倒闸操作中,应注意监护表计,分析其指示是否正常,同时还需注意下列几点:

倒闸操作必须有两人进行,其中对设备较为熟悉者作监护人(单人值班的变电所,倒闸操作由一人执行)。特别重要和复杂的倒闸操作由熟练的值班员操作,值班负责人监护,操作中执行监护制度,可及时纠正操作人在操作中可能出现的错误操作。同时在操作中万一发生意外时,监护人可及时对其进行救护。

用绝缘棒拉、合隔离开关或经传动机构拉、合隔离开关和断路器,均应戴绝缘手套,雨天操作绝缘棒应加装防雨罩,还应穿绝缘靴,雷电时,禁止进行倒闸操作。

装有闭锁装置(电气闭锁或机械闭锁)的隔离开关,应按闭锁装置要求进行操作,不得擅自解除闭锁。

五、倒闸操作的标准化程序

正确地进行倒闸操作是保障人身和设备安全的一项重要措施,要求值班人员和电力调度均应严格进行标准化操作。标准化倒闸操作包括操作术语标准化和操作程序标准化两项内容。

1. 操作术语标准化

变电所常用的标准操作术语见表 2-31。

表 2-31　变电所常用的标准操作术语

序	操 作 术 语	含 义
1	报告数字时:幺、两、三、四、五、六、拐、八、九、洞、幺洞、幺幺	相应为:1、2、3、4、5、6、7、8、9、0、10、11…
2	设备试运行	设备新安装,大修或事故,故障处理后投入系统运行一段时间,用以进行必要的试验或检查,视具体情况可随时停止运行
3	设备停用	运行中的设备停止运行
4	设备投入	停用设备恢复运行
5	准备倒闸	从宣布时起即算进入倒闸操作期间,并应执行有关要求和规定

城市轨道交通变配电检修工

序	操 作 术 语	含 义
6	开始模拟操作	开始在模拟图上按操作卡片或倒闸表的顺序逐项读票、复诵,并操作
7	开始操作	开始在实际设备上按操作卡片或倒闸表的顺序逐项读票,复诵,确认并操作
8	倒闸结束	倒闸命令完成并消令,转入正常值班
9	发令时间	电力调度开始下达命令的时间
10	批准时间	值班员(接令人)复诵发令时间、命令内容、发令人、受令人姓名、操作卡片编号后,电力调度发布命令号及批准时间(即准许倒闸开始操作的时间)
11	完成时间	倒闸操作全部结束后,值班员汇报××号命令完成的时间
12	××时(读成点,下同)××分×××跳闸、××动作	此系断路器自动跳闸时,××时××分×××断路器(该断路器的运行编号)跳闸,同时××(保护名称)动作
13	××时××分×××跳闸,××动作,重合成功(重合不成功,重合闸撤除,重合闸拒动)	馈电线断路器跳闸时,××时××分×××断路器跳闸,××保护动作,重合闸动作使断路器合闸成功(或不成功,或该装置未投入运行,或发生拒绝动作)
14	××时××分×××强送第×次成功	××时××分×××断路器由操作强行合闸送电第×次成功
15	××时××分×××强送×次不成功,××动作	××时××分×××断路器由操作强行合闸挞电第×次不成功,××保护动作
16	断(拉)开或合上×××(××××)	断(拉)开或合上×××断路器(××××隔离开关)
17	拉出或推上×××手车	将运行编号为×××的手车式断路器拉出至试验位置,使隔离动、静触指分开;或推上手车至运行位置,使隔离动、静触指合上
18	验明无电或有电	指线路或设备停电时检查验证隔离开关一侧或断路器两侧已无电;送电时则检查验证隔离开关或断路器负荷侧应有电

2. 操作程序标准化

倒闸操作一般按以下程序进行。

(1)了解倒闸计划。值班人员在交、接班后,接班的值班负责人随即向电力调度了解当天计划停电或送电的倒闸项目及预计倒闸时间。

(2)做好准备工作。电力调度在确定某项倒闸后,应于倒闸操作前(至少提前10 min)通知变电所值班员。

在倒闸前10 min,由值班负责人宣布"准备倒闸",这时值班员准备倒闸操作命令记录簿,并审查操作卡片(无操作卡片者审查倒闸表);助理值班员则准备需用的安全用具及钥匙。操作前必须先准备必要的安全用具、工具、钥匙,操作高压设备应戴的绝缘手套,使用前应检查有无破损和漏气,需要装设接地线时应检查接地线是否完好,接线桩头有无松动,核对所取钥匙编号是否与操作票所要操作的电气设备名称编号相符。

雨天操作还应准备好绝缘靴、雨衣。做安全措施时,应准备相应电压等级且合格的验电器、接地线、活动扳手等。如执行二次设备的倒闸操作任务时,必须准备电压表、螺丝刀、短接地线等。

(3)模拟图操作。值班负责人宣布"开始模拟操作",而后按操作顺序在模拟图上进行核对性操作。

(4)发布倒闸命令。当电力调度员宣布"××变电所接令"后,接着发布命令时间、命令内容、操作卡片编号及发令人姓名。值班员复诵全部内容,并告之受令人姓名。在上述授受令过程中,助理值班员始终监护值班员的受令,并校核其复诵内容与记录是否相符。经发、受令双方核对无误后,电力调度发布命令号及批准时间。

(5)正式进行操作。值班负责人宣布"开始操作"后,值班员及助理值班员前往现场,到达位置即核对设备名称、编号。在相互确认正确无误后,值班员宣读操作卡片(或倒闸表),并站在助理值班员左侧稍后处进行监护;助理值班员站在设备前用右手进行操作。操作过程中应逐项呼换应答,即每进行一步操作监护人均须用右手指点应操作的设备,操作人则予以复诵,籍以达到双方共同确认、保证无误的目的。

(6)检查和确认。为了确保按操作票的顺序进行操作,在每操作完一项后,监护人应在该项上做一个记号"√"。同时两人一齐检查被操作的设备的状态,应达到操作项目的要求。如设备的机械指示、信号指示灯、表计等情况,以确定实际位置。操作结束,还应对票上的所有操作项目作全面检查,以防漏项。

(7)消令。前述程序完成并经确认达到操作目的后,值班员即向电力调度报告:"××变电所××号命令完成",并报出自己的姓名。电力调度员则应答复出命令完成时间及本人姓名,即"××号命令××时××分完成,×××(姓名)"。至此,值班员即可宣布"倒闸结束"。

(8)复查。倒闸结束后,由值班员对设备的技术状况进行检查。例如检查手车断路器的闭锁杆、导簧管(或跳闸弹簧)、凸轮位置是否正确,隔离触指接触是否良好等。

六、操作卡片及倒闸表

为了保证电气设备倒闸操作的正确与安全,变电所运行伊始即将常见的倒闸操作编成固定的操作卡片,值班员进行倒闸操作时即按该卡片进行。遇有临时改变运行方式的操作而无操作卡片者,应由值班员编写倒闸表。倒闸表经值班负责人和电力调度审查同意后记入值班日志中,操作完成后倒闸表还应附在操作记录上。单一的操作,如拉开接地闸刀或拆除一组接线等可直接以命令内容的方式授受,而不必编写倒闸表。

操作卡片可分为单项操作卡片和综合操作卡片两种。前者系指仅按本卡片内容逐步执行即可达到操作目的的卡片;后者则指该卡片中某一步骤实际是单项操作卡片的全部内容,只有在逐项(含某一单项卡片的各步)执行后方可达到操作目的的卡片。

1. 编写操作卡片或倒闸表时应遵守以下原则。

(1)停电时,先断开负荷侧,后断开电源侧;先断开断路器,后断开隔离开关。送电时与上述操作程序相反。

(2)隔离开关分闸时,先断开主闸刀,后合上接地闸刀;合闸时程序相反。

(3)禁止带负荷进行隔离开关的倒闸操作和在接地闸刀处于闭合状态下强行闭合主闸刀。

(4)回路中未装设断路器时可用隔离开关进下列操作:

①开、合电压互感器和避雷器,以及表 2-32 所示范围内的空载变压器。

表 2-32 用隔离开关开、合空载变压器的容量表

序 号	电压等级(kV)	容量(kV·A)
1	3	180 及以下
2	6、10	320 及以下
3	35	560 及以下

②开、合母线和直接接在母线上的设备的电容电流。

③开、合变压器中性点的接地线。

④用室外三联隔离开关开、合 10 kV 及以下、电流不超过 15 A 的负荷。

⑤开、合 10 kV 及以下、电流不超过 70 A 的环路均衡电流。

2. 操作卡片或倒闸表填写的有关说明

(1)下列各项应作为单独的项目填入操作卡片或倒闸表内:

①应拉合的断路器和隔离开关。

②断路器操作后,检查其分、合闸位置。

③隔离开关操作后,检查其已拉开,或合闸接触良好。

④断路器由冷备用转运行或热备用,操作隔离开关前,检查断路器确在分闸位置。

⑤投入、切除转换断路器。

⑥拉、合二次电源隔离开关。

⑦取下、投入控制回路、电压互感器的二次熔断器。同时取放同一设备多组二次熔断器可以并项填写,操作时分项打勾。

⑧为防止误操作,在操作前必须对其所要操作的设备进行项目检查,并应做到检修后立即进行该项操作。操作后检查操作情况是否良好,除有规定外,可不作为单独的项目填写,而只要在该项操作项目的后面说明即可。

⑨验电及装、拆接地线的明确地点及接地线(拉、合接地隔离开关)编号,其中每项验电及装接地线(合接地隔离开关)应作为一个操作项目填写。

⑩设备(线路)检修结束,由冷备用或检修转运行(热备用)前,应检查送电范围内确无遗留接地线(接地隔离开关)。

⑪两个并列运行的回路,当需停下其中一回路而负荷移到另一回路时,操作前对另一回路所带负荷情况是否正常应进行检查。

⑫退投保护回路连接片,在测量连接片两端确无电压后投入保护回路连接片(包括重合闸出口连接片),同时投入或退出多块保护连接片可作为一个操作项目填写,但

每操作完一块连接片应分别打勾。

⑬保护定值更改,电流、电压、时间等应分项填写。同一定值同一套保护三相可以合为一项填写,但执行时应分别打勾。

(2)设备名称的填写。在操作任务栏内应写双重名称,在操作项目栏中只要填写设备编号即可(隔离开关只要写编号),同一保护的连接片编号不应相同。

(3)断路器在运行状态时改保护定值应退出相应的保护连接片,如需改串、并联还要先将电流互感器二次回路的适当地点短接。

(4)母线由检修(或冷备用)转运行,应在将电压互感改为运行状态后,对母线进行充电。检查母线充电情况包括母线电压互感器,故对电压互感器充电情况检查可不另列一项。

(5)倒闸表中下列四项不得涂改。

①设备名称编号;

②有关参数和时间;

③设备状态;

④操作时间。

其他如有个别错、漏字允许进行修改,但应做到被改的字和改后的字均要保持字迹清楚,原字迹用"\"符号划去,不得将其涂、擦、划掉。

3. 操作卡片或倒闸表填写的有关规定和注意事项

1)线路倒闸操作票的填写及有关规定

线路倒闸分为两类:一类是断路器检修;另一类是线路检修。

(1)断路器检修倒闸表的填写。根据线路停电的原则,停电时断开断路器后要先拉负荷侧隔离开关,后拉母线隔离开关,送电时则先合母线侧隔离开关,后合负荷侧隔离开关,最后合断路器。填票时必须遵循这一原则。这样规定的目的是因为以往的事故经验告诉我们,停电时可能会有两种误操作:一是断路器没断开或经操作实际未断开,拉应停电线路的隔离开关;二是断路器虽已断开,但拉隔离开关时走错位置,错拉不应停电线路的隔离开关,两种情况均会造成带负荷拉隔离开关。

另一方面考虑,即使由于误操作发生的事故,是发生在负荷侧隔离开关还是发生在母线侧隔离开关,后果也是不一样的。

在断路器未断开的情况下误拉隔离开关,如果拉的是负荷侧隔离开关,弧光短路发生在断路器保护范围内,断路器跳闸可缩小事故范围;如果先拉母线侧隔离开关,弧光短路发生在线路断路器保护范围以外,线路断路器不会跳闸,将造成上一级断路器跳闸,扩大事故范围。

送电时,如果误合断路器后再合隔离开关,最后合上的隔离开关是带负荷操作,如果先合负荷侧隔离开关,后合母线侧隔离开关,一旦发生弧光短路便会造成母线故障,扩大了事故范围。

(2)线路检修倒闸表的填写及其他有关操作事项。电气设备的运行状态中已提到线路冷备用时,接在线路上的电压互感器、所用变压器的高低压熔断器一律取下,高压隔离开关拉开,如高压侧无法断开,则应断开低压侧。

因为是直接从运行状态改为检修状态,所以拉开线路断路器与隔离开关后应在其操作把手上面挂上"禁止合闸,线路有人工作"的标示牌,以提示操作人员。

总结上述倒闸表的要点是设备停电检修必须把此设备各方面电源完全断开,禁止在只经断路器断开的电气设备上工作,且被检修设备与带电部分之间应有明显的断开点;安排操作项目时要符合倒闸操作的基本规律和技术原则,各操作项目不允许出现带负荷拉隔离开关的可能;装设接地线前必须先在装设地点验电,确无电压后,应立即装设接地线。装设时应先接地端,后接导体端,且在可能送电到停电检修设备的各端均必须装设接地线。

(3)新线路送电应注意的问题。除应遵守倒闸操作的基本要求外,还应注意:

①双电源线路或双回路,在并列或合环前应经过定相。

②分别来自两母线电压互感器的二次电压回路(经母线隔离开关辅助触点接入),也应定相。

③配合专业人员,对继电保护自动装置进行检查和试验。特别是用工作电压、负荷电流检查保护特性(如检查零序电流保护的方向)时,要防止二次电压回路短路及电流回路开路。

④线路第一次送电应进行全电压冲击合闸,其目的是利用操作过电压来检验线路的绝缘水平。

2)变压器倒闸操作票的填写

(1)变压器投入运行时,应选择励磁涌流影响较小的一侧送电,一般先从电源侧充电,后合上负荷侧断路器。

(2)向空载变压器充电,应注意:

①充电断路器应有完备的继电保护,并保证有足够的灵敏度。同时应考虑励磁涌流对系统继电保护的影响。

②大电流直接接地系统的中性点接地隔离开关应合上(对中性点为半绝缘的变压器,则中性点更应接地)。

③检查电源电压,使充电变压器各侧电压不超过其相应分接头电压的5%。

(3)新投产或大修后的变压器在投入运行时应进行定相,有条件者应尽可能采用零起升压。对可能构成环路运行者应进行核相。

(4)变压器新投或大修后投入,操作送电前除应遵守倒闸操作的基本要求外,还应注意以下问题:

①用摇表测量绝缘电阻。若绝缘电阻下降到前次(新投入或大修后)测量结果的$1/5\sim1/3$,或吸收比$R60/R15<1.3$,应查明原因并加以消除。

②对变压器外部进行检查。呼吸器、散热器、热虹吸装置以及储油柜与本体之间的阀门均应打开;套管、储油柜油位正常;分接开关位置符合有关规定,且三相一致;防爆阀完整;压力释放阀不漏油;外壳接地良好;导体连接紧固。

③对冷却系统进行检查及试验。两路通风冷却电源定相正确,联动试验正常;起动风扇,检查电动机转动方向正确,无剧烈振动。油系统运行方式符合要求,阀门在正确位置。在瓦斯继电器、套管、升高座等处放气,直到排尽为止。

④对有载调压装置进行传动试验。增、减分接头动作应灵活;切换可靠,无连续调整现象。调压装置的重瓦斯保护连接片应接跳闸位。

⑤仪表应齐全。继电保护应正确,定值无误,传动良好,连接片在规定位置。

⑥对变压器进行全电压冲击合闸$3\sim5$次,若无异常即可投入运行。

（5）现代大型变压器为了防止误动,重瓦斯保护在下列情况下应由跳闸改为信号:

①变压器停电或处于备用,其重瓦其斯动作,可能使运行中的设备跳闸。

②变压器运行中带电加油、滤油或换硅胶时。

③需要打开呼吸系统的放气门或放油塞子,或清理吸湿器。

④有载调压开关油路上有人工作。

⑤瓦斯继电器或其连接电缆有缺陷时,或保护回路有人工作。

3)电压互感器倒闸表的填写

进行该项操作前,有时要考虑继电保护的配置问题,如退出低电压等保护装置,以防因其失压而误动,另外还有计量问题等,有的变电所在操作前即对电压互感器进行人工切换,倒出电压互感器的负荷,对于两台电压互感器能自动切换的变电所不考虑上述问题,可直接进行电压互感器的停电。

因变电所的每个电压等级均设置了电压互感器,为明确区分不致混淆,故在电压互感器名称前增写相应的电压等级及母线名称。

4)更改二次保护定值操作的有关规定

随着一次设备运行方式的改变,与之相对应的二次继电保护定值也要随之调整,改变定值时除上面提及的几点注意事项外,还需注意以下几点:

当值运行人员接到定值通知单或调度命令,需改变保护定值时应首先核对继电器的规范是否相符。在设备不停电情况下更改保护定值,为防止误动,误碰致使人为造成事故,故在操作继电器前应先断开相应的跳闸连接片。运行中调整保护定值的操作顺序规定如下:

（1）事故时反映数值上升的保护（如低电流保护）定值由大改小时,一般在方式改变后调整,顺序从动作时间最小值开始逐级调整。由小改大时,一般在方式改变前调整,顺序从动作时间最大值开始逐级调整。

（2）事故时反映数值下降保护（如低电压保护）定值的改变顺序与上述相反。

（3）对电压闭锁电流保护,按电流保护原则考虑。

（4）时限由大改小时,一般在方式改变前调整,顺序从动作时间最小侧开始;由小改大时则相反。

5)考虑各种联锁关系

在填写操作卡片或倒闸表时应注意各设备间的联锁关系,在实际应用中除考虑一般的断路器与隔离开关、负荷侧与电源侧等的关系外,还应结合城市轨道交通供电系统,特别是直流牵引供电子系统中的各种联锁关系。以下联锁关系应予以注意:

（1）负极柜中手动隔离开关与对应的直流进线柜中的断路器和交流中压断路器之间的闭锁关系。

（2）由于对正线接触网配置双边联跳保护,相邻两牵引变电所间两馈线断路器间可能存在的相互闭锁关系。如框架保护动作后,需就地复归动作的牵引变电所的框架保护后,方可对相邻牵引变电所的有关馈线断路器送电。

3. 操作票举例

（1）某地铁供电系统中,某一正线整流机组及直流开关柜停电检修操作票。牵引供电示意图如图 2-10 所示。

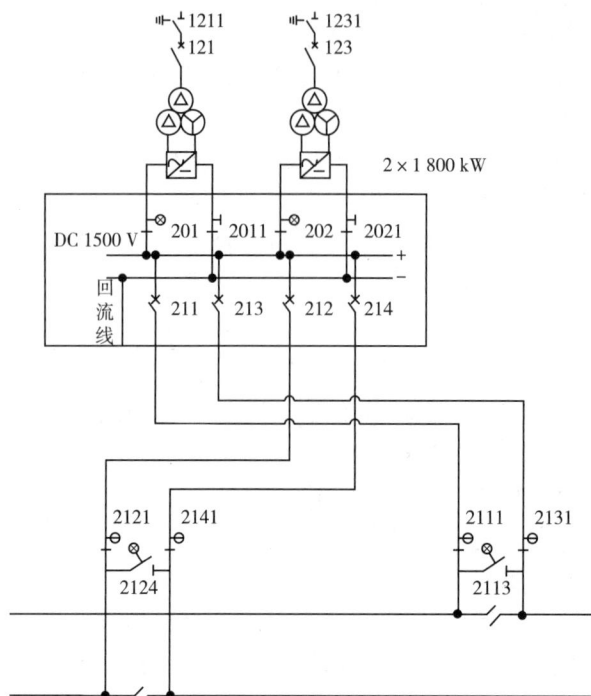

图 2-10 牵混所牵引供电示意图

操 作 票

×××牵混所

操作任务		整流机组及直流开关柜停电检修		
√	顺序	操作项目	时	分
	1	将 211、212、213、214 开关联跳信号打至切除位		
	2	拉开 211 开关,检查确已拉开		
	3	拉开 2111 开关刀闸,检查确已拉开		
	4	拉开 213 开关,检查确已拉开		
	5	拉开 2131 开关刀闸,检查确已拉开		
	6	拉开 212 开关,检查确已拉开		
	7	拉开 2121 开关刀闸,检查确已拉开		
	8	拉开 214 开关,检查确已拉开		
	9	拉开 2141 开关刀闸,检查确已拉开		
	10	拉开 121(或 122)开关,检查确已拉开		
	11	拉开 1211(或 1221)刀闸,检查确已拉开		
	12	拉开 123(或 124)开关,检查确已拉开		
	13	拉开 1231(或 1241)刀闸,检查确已拉开		
	14	拉开 201 开关,检查确已拉开		
	15	拉开 202 开关,检查确已拉开		

操作任务	整流机组及直流开关柜停电检修		
16	拉开 2011 负极刀闸,检查确已拉开		
17	拉开 2021 负极刀闸,检查确已拉开		
18	将 211、212、213、214、201 及 202 开关手车拉至隔离位置		
19	合上 1211E(或 1221E)接地刀闸并合上 121(或 122)开关,检查确已合上		
20	合上 1231E(或 1241E)接地刀闸并合上 123(或 124)开关,检查确已合上		
21	在 211、213、212、214 开关电缆出线端经验电确证无电后挂 1-4♯接地线计 4 组		
22	在整流机组及直流开关柜检修工作地点挂"在此工作"标识牌		

(2)某地铁供电分区第一级变电所 35 kV Ⅰ 段 GIS 开关柜停电检修操作票。

如图 2-11 所示,A 站所为供电分区第一级变电所,Ⅰ 段母线上设进线开关 101、出线开关 103、馈线开关 111、113,压变柜设刀闸。A 站所停电检修期间,下级变电所 B 站所开通母联 100 开关供电。

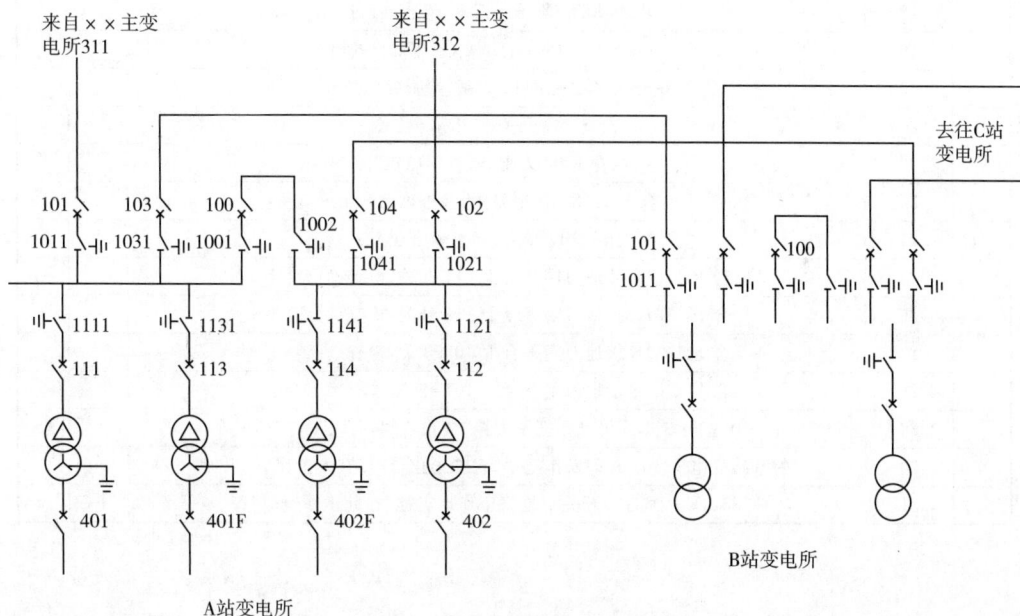

图 2-11 变电所供电示意图

操 作 票

___A 站___ 变电所

操作任务	35 kV Ⅰ 段 GIS 开关柜停电检修		
√	顺序	操作项目	时	分
	1	拉开 B 站变电所 101 开关,检查确已拉开		
	2	拉开 B 站变电所 1011 刀闸,检查确已拉开		
	3	合上 B 站变电所 100 开关,检查确已合上		
	4	检查 B 站及下级各变电所自投自复正常		

操作任务		35 kV Ⅰ 段 GIS 开关柜停电检修		
√	顺序	操作项目	时	分
	5	复位 B 站及下级各变电所 PLC 自投自复功能		
	6	拉开 103 开关,检查确已拉开		
	7	拉开 1031 刀闸,检查确已拉开		
	8	拉开 111 开关,检查确已拉开		
	9	拉开 1111 刀闸,检查确已拉开		
	10	检查 401 开关失压跳闸后确在断开位置		
	11	将 401 开关拉至隔离位置		
	12	拉开 113 开关,检查确已拉开		
	13	拉开 1131 刀闸,检查确已拉开		
	14	检查 401F 开关失压跳闸后确在断开位置		
	15	将 401F 开关拉至隔离位置		
	16	拉开 101 开关,检查确已拉开		
	17	拉开 1011 刀闸,检查确已拉开		
	18	拉开 35 kV Ⅰ 段压互刀闸,检查确已拉开		
	19	拉开 ×× 主所 311 开关,检查确已拉开		
	20	拉开 ×× 主所 3111 刀闸,检查确已拉开		
	21	检查 100 开关确在断开位置		
	22	拉开 1002 刀闸,检查确已拉开		
	23	合上 1002E 接地刀闸,检查确已合上		
	24	合上 100 开关,检查确已合上		
	25	合上 1111E 接地刀闸并合上 111 开关,检查确已合上		
	26	合上 1131E 接地刀闸并合上 113 开关,检查确已合上		
	27	合上 1031E 接地刀闸并合上 103 开关,检查确已合上		
	28	合上 1011E 接地刀闸并合上 101 开关,检查确已合上		
	29	在 ×× 主所 311 开关操作把手上挂"禁止合闸,有人工作"标识牌		
	30	在 B 站变电所 101 开关操作把手上挂"禁止合闸,有人工作"标识牌		
	31	在 35 kV Ⅰ 段 GIS 开关柜检修工作地点挂"在此工作"标识牌		

第五节　城市轨道交通供电事故处理

一、事故处理的原则

供电系统中,凡由于工作失误、设备状态不良或自然灾害引起供电设备破损、中断供电,以及严重威胁供电安全的,均列为供电事故。供电系统的事故可分为电气设备事故和系统事故两大类。电气设备事故可能发展为系统事故,影响整个系统的稳定性;而系统事故又能使某些电气设备损坏。因此,运行人员的主要任务是保证设备正常运行,尽量减少和避免事故的发生。而一旦发生事故,应以最快的速度处理,尽可能地保留送电范围。

二、处理的原则

在事故处理中必须牢固树立"安全第一"的思想,遵循"以人为本、安全第一,统一指挥,逐级负责,快速反应、协同应对,先通后复"的原则,杜绝"多头指挥"和"无人指挥"。当值电力调度员是供电系统事故(故障)的初期指挥人,值班员或事故发现人应及时将事故表征和处理情况向其汇报,并迅速而无争辩地执行调度命令,采取应急措施,尽快恢复对用户的供电,特别是牵引供电。在事故处理后,应将事故发生及处理经过详尽如实地记录下来,并及时组织相关人员分析事故原因,讨论处理措施是否得当,同时制定出预防措施等。

1. 当发现供电设备故障时,现场值班员或事故发现人除按照规定进行现场防护外,在力所能及的范围内采取措施,防止事故蔓延和扩大,减少事故损失,同时尽快地报告电调。

2. 供电设备事故的抢修要遵循"先通后复"和"先通一线"的原则。

"先通后复",就是以最快的速度设法先行恢复供电,疏通线路,必要时采取迂回供电、越区供电等措施,尽量缩短停电、中断运营时间,随后则要尽快安排时间处理遗留工作,使供电设备及早恢复正常运行状态。

"先通一线",就是在双线区段,除按上述"先通后复"的原则确定抢修方案外,要集中力量以最快的速度设法使一条线路先开通,尽快疏通列车。

事故范围较小,抢修时间不长,无需分层作业时,应抓紧时间一次抢修完毕,恢复供电和行车。

3. 在事故抢修中电调须与行调、环调密切配合,严格掌握供电和行车、环控的基本标准条件,根据设备的技术条件和现场具体情况,采取有效措施,适当调整运行方式,尽可能减少对行车的影响,及时安排抢修和处理时间,尽快恢复对接触网的供电和正常行车秩序,在允许的条件下保证环控设备的运行,保证城市轨道交通的服务质量。

4. 事故抢修可以不要工作票,但必须要有电调的命令,并按规定办理作业手续,以及作好安全措施。

5. 事故抢修工作的领导人即是现场抢修工作的指挥者。当有几个作业组同时进行抢修作业时,必须指定一人担当总指挥,负责各作业组之间的协调配合,同时必须指定专人与电调时刻保持联系,及时汇报抢修工作进度、情况等,并将电调和上级指示、命令迅速传达给事故抢修的指挥者。

6. 对于事故停电的电气设备,在未断开有关断路器和隔离开关并按规定做好安全措施前,不得进入相关的设备区,且不得触摸该设备,以防突然来电。对于无人值班变电所,电力调度员应注意,在已派出人员到现场查巡后,在未与现场人员取得联系前,无论何种理由,都不得对停电设备重新送电。

7. 在下列情况下,当值人员可不经电力调度员许可自行操作,结束后再向电调汇报。

(1)对威胁人身和设备安全的设备停电。

(2)对已损坏的设备隔离。

(3)恢复所用电。

三、事故抢修的组织指挥和事故分析

1. 事故抢修的组织指挥

1)事故的处理程序和信息反馈

城市轨道交通的员工,无论任何时候发现接触网事故和异状,均应立即设法报告控制中心电力调度或行车调度(若行车调度接到报告,应立即通知电力调度),并应尽可能详细说明范围和破坏情况,必要时在事故地点设置防护措施。

控制中心电力调度得知发生的事故信息后,要通过各种方式、渠道,迅速判明事故地点和情况,尽可能详细地掌握设备损坏程度,并立即通知维修调度,维修调度应立即启动事故处理程序,组织对事故点的定位查找和抢修工作,以最快的速度修复设备,保证运营。供电设备故障(事故)处理流程如图 2-12 所示。

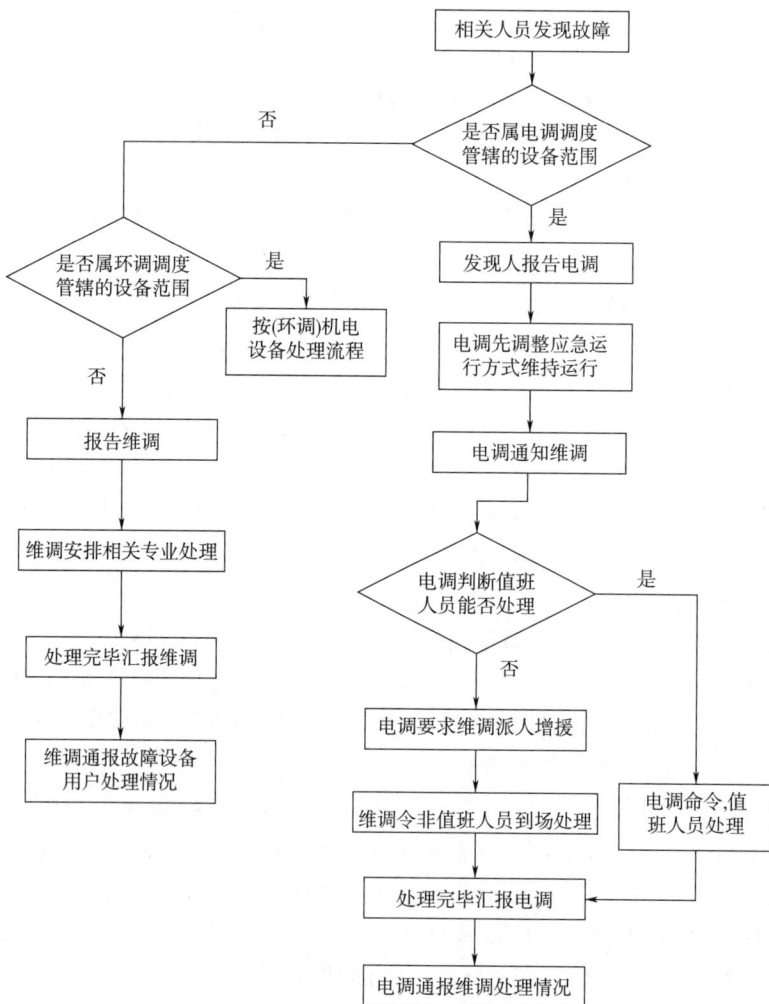

图 2-12　供电设备故障(事故)处理流程

2)事故抢修的组织

(1)抢修人员的组织。抢修人员接到抢修命令后,立即紧急集合当班的所有人员,组成抢修组,并按内部分工,分头带好、带足机具(夜间出动时必需携带照明发电装置

及灯具)和材料等,在规定的时间内迅速赶到事故现场。

如果事故范围较大,设备损坏较严重,需技术和人力支援时,应及时调动相关技术人员赶赴现场。事故现场要有相关领导组织指挥抢修,及时解决存在的问题。对需要连续作业较长的事故,抢修时需调动足够的人员进行替换作业。

(2)现场抢修前的准备工作。抢修人员到达事故现场,工作领导人(或事故抢修总指挥)要组织人员全面了解事故范围和设备损坏情况,按照"先通后复"和"先通一线"的抢修原则,果断、快速确定抢修方案,并尽快报告电力调度。同时,根据掌握的事故范围和设备损坏情况,做好以下几方面的工作:

①确定抢修人员的分工、作业项目与次序、相互配合的环节等。

②预制、预配部分零部件。

③检查有关抢修作业机具和材料的技术状态,并清点数量。

④如果事故范围较大,则根据设备损坏情况及人员、机具情况,将事故范围划分几个作业区并分派人员。抢修人员到达事故现场后,要充分利用电力调度员下达准许作业命令并验电接地前的这段时间,做好抢修作业的有关准备工作。待电力调度员下达准许作业命令后,验电接地并设好行车防护即可全部展开抢修作业。

3)现场指挥

供电设备事故抢修速度的快慢,特别是接触网事故抢修,很大程度上决定于事故抢修的指挥是否得力,即取决于指挥人员的判断、决策、对人员的分工安排及调配、作业次序的安排、各作业环节配合时机的掌握等。事故抢修的指挥者(即工作领导人或事故抢修总指挥)要根据事故情况,沉着冷静、稳而不乱,抓住整个抢修工作的主要矛盾,机智果断,争取主动。对于大型事故的抢修能够两个或几个组同时进行的作业,一定要安排同时展开,以争取时间。

为了尽快恢复运营,在事故抢修中,根据事故情况及抢修作业进展情况,在确保供电及行车安全的情况下,往往采取一些必要的临时开通技术措施,以达到"先通后复"之目的。如接触网抢修中可将吊弦间距增大一倍、一些损坏的零部件可暂不更换、接触悬挂的某些部分可暂不固定、绝缘锚段关节可暂按非绝缘锚段关节调整等,这些均需根据事故情况及抢修情况灵活运用。

所有参加现场抢修的人员都必须服从抢修工作领导人(或事故抢修总指挥)的指挥,任何人不得干扰。各级领导的指示也应通过电力调度下达,由抢修工作领导人(或事故抢修总指挥)集中组织实施。

遇到大型综合性事故,如同时伴随线路、信号、电缆及机电设备等的综合性事故,在事故处理时要有大局观念,服从事故处理领导小组的统一指挥,同时与其他专业抢修组加强联系,密切配合。

2. 事故分析

(1)原始资料的收集保存

在事故抢修过程中,工作领导人(或事故抢修总指挥)除了组织抢修,尽快恢复运行外,要指定专人记录实时事故及其修复的情况,包括必要的照片,有条件时可进行录像。收集并妥善保管事故破坏的物证,以便进行事故分析。特别是对于因事故拉断或烧断的线头、损坏的零部件等,应尽量保持原样不得任意改动。对典型事故的照片、报告、损坏的线头、零部件应作为档案长期保存。

（2）事故的调查分析

事故发生后要及时分析，对每一件供电事故都要按照"三不放过"、"四查"（即"事故原因分析不清不放过；事故责任者和群众没有受到教育不放过；没有防范措施不放过"；"查思想、查纪律、查制度、查领导"）的要求，认真组织调查，弄清原因，确定责任者，制定出有效的防范措施。

在进行事故调查分析时，除弄清事故原因、查明责任、制定防止措施、按规定填写事故（故障）报告向有关部门上报外，同时还要总结抢修工作的经验教训。对抢修中采用的先进方法、机具等应及时推广。对存在的问题要认真研究制定改进措施，不断完善抢修的组织和方法，提高抢修工作效率。

四、建立健全事故的应急机制

1. 建立健全抢修组织

为了加强供电设备事故抢修工作的领导，做到指挥得当、有条不紊，同时做好事故的预防、分析及抢修队伍的培训教育，必须建立健全的各级责任制。各级事故抢修领导必须贯彻执行有关规章制度，并按规定检查管内有关各项工作，不断提高素质和技术业务水平。

1）事故抢修工作的领导

（1）供电设备主管部门成立设备事故领导小组，由指定的负责人任组长，组员包括技术、安全、材料及部门调度。

（2）各工班建立抢修组，抢修组应由熟练的技工骨干组成，组长由工长担任。组内应明确分工，有准备材料、工具的人员、防护人员、座台联系人、网上作业人员和地面作业人员等。抢修时各成员应佩戴明显的标志，各司其职、各负其责。

2）事故抢修的实施

事故抢修的具体工作由工班（抢修组）承担。

2. 抢修机具、材料的配备和管理

为了保证事故发生后抢修人员能够迅速出动，供电管理部门必须做好以下事项：

（1）抢修车辆（含接触网轨道作业车和抢修汽车）必须保证状态良好，随时能出动。对于接触网的抢修，最好能配备专用的接触网抢修车辆，并做到专车专用。相应各级调度必须随时掌握抢修车辆（含接触网轨道作业车和抢修汽车）的停放地点和车辆状况。

（2）供电部门的维修基地、轨道交通沿线各值班或监察点、接触网轨道作业车上，均应按规定配齐抢修用料、作业工具、备品和安全防护用品等，并随时注意补充。

（3）城市轨道交通沿线各站应配备应急抢险用的接触网梯车、作业车、地线及验电器，特别是对于线路在地下隧道的系统。

（4）抢修用料、用具应尽量组装成套，并与日常维修用料分开造册登记、分库存放，做到专料专用，由专人管理，定期对抢修用具进行维护保养，交接班时交接清楚。值班室应有材料库的钥匙，以便随时取出抢修用料、用具。抢修工作结束后，工作领导人

（或材料员）负责将工具和剩余材料及时放回原处，并将消耗的材料和零部件列出清单并及时补充。

（5）供电管理部门的主管、专业工程师及安全员、工班长，要按规定对抢修用料和机具进行检查和抽查，发现问题及时解决并处理。

3. 人员培训

供电设备的事故处理要做到"两齐"、"两快"和"应对自如"，即人员齐、工具材料齐；出动快、修复快；事故发生时沉着冷静、应对自如。为了达到上述要求和提高各级人员在发生设备事故时的应变能力，使每个人都掌握在抢修各类事故中自己的职责和作业方法，就要做好事故抢修的日常演练工作，并开展事故预想。各工班要充分利用工余时间，发挥老工人传、帮、带的作用，经常进行各类事故抢修方法的训练，供电管理部门应不定期举行事故的模拟演练，以检验供电各级人员事故抢险和应变能力的效果，并针对模拟演练中发现的问题进行整改和培训，共同提高实战能力及应变能力。

事故抢修指挥人员是抢修作业中的核心人物，要定期组织各级抢修领导小组成员、工班抢修组组长（即抢修工作领导人）进行轮训，讲解事故抢修知识，学习有关规章和命令，分析典型案例，总结经验教训，研究制定改进措施，不断提高组织、指挥事故抢修的能力。

4. 事故的预防

实践证明，为了减少事故的发生，必须重视事故的预防工作。从事供电工作的广大员工必须树立为运营服务的思想，贯彻执行"修养并重，预防为主"的方针，不断提高检修质量；建立健全群众性的安全生产组织，定期进行安全检查，尽快消除事故隐患。

为了防止和杜绝事故的发生，需做好以下几方面的工作：

（1）贯彻落实"三定、四化、记名检修"，抓好各项基础工作。要科学地组织设备运行和检修的各个环节，建立严密而协调的生产秩序，不断提高供电工作质量。

（2）牢固树立"安全是生命线"和"安全生产一票否决权"的思想，严格执行各项规章制度，遵守安全操作规程，一丝不苟地按照检修工艺和技术标准检修设备，质量良好地完成设备检修任务。

（3）积极采用新技术和新材料，提高设备性能，改进不合理的设备结构。充分利用先进的检修和检测设备，不断完善检修手段和技术。

（4）完善并落实各项安全技术教育和考核制度，充分利用现代化教学手段和设施，不断提高职工素质和技术业务水平。经常组织和开展技术比武、事故预想和演练，提高员工的实作能力和应变能力。

（5）重视其他部门（如车务、信号、线路、车辆等）的意见和反馈来的信息，加强与相关部门密切协作，共同做好供电设备事故的预防。

（6）加强关键地区（如隧道口附近、岔群区、坡度变化较大的区段等）的接触网和重要设备（如隔离开关、分段绝缘器、避雷器等）的监控工作。注意季节变换给供电设备带来的变化（如防洪、防雷及防高温等）；重视日常维护检修工作中发现的问题，无论问题大小都要及时处理，消除隐患。

五、典型事故案例分析

案例 1　直流馈线柜联跳故障的处置

1. 故障描述

联跳保护是直流牵引系统的一项重要保护措施。它是指双边供电的开关柜,当一台开关接收到故障跳闸指令后同时发出联跳信号使双边供电的另一台开关柜同时跳闸,将接触网从供电系统中瞬时切除,从而最大限度的限制短路电流,达到保护接触网及变电所供电设备的目的。例如:2007 年 7 月 8 日 8:31,因雷击造成接触网短路,中胜牵引所 214 开关大电流脱扣跳闸,同时向安德门 212 开关发出联跳信号,使安德门 212 开关联跳跳闸,将故障线路及时切除。

联跳回路故障就是双边联跳保护由于误动带来的故障。南京地铁 1 号线牵引变电所自投运以来,直流馈线开关发生多次因联跳误动作造成开关跳闸的故障。据统计,2006 年共发生 7 次,其中两次在运营时间内;2007 年发生 8 次,其中一次在运营时间内;2008 年至 9 月底发生三次,其中一次在运营时间内。例如:2006 年 5 月 3 日 11:23,珠江路 211 开关被联跳,重合闸成功;2007 年 11 月 27 日 4:28,珠江路 212 开关被联跳跳闸三次,在三山街牵引所切除三山街 214 开关联跳保护功能后,才正常送电;2008 年 3 月 23 日 3:35,新模范 212 开关联跳跳闸,将珠江路 212 开关联跳保护功能切除后,正常送电。以上故障虽未对运营造成直接影响,但降低了接触网供电的可靠性、安全性。

联跳回路是由双边供电的两台开关柜的联跳接收和输出回路、区间联跳电缆及联跳出口继电器等组成。电路原理如图 2-13 所示。联跳接收和输出回路通过联跳电缆连接,正常时它是一个闭合回路,联跳继电器 K006 处于吸合状态。当闭合回路中有任一点开路时,联跳继电器释放使开关跳闸,完成联跳功能。通过对这几年联跳故障的总结及研究,联跳故障多是因为闭合回路中某一继电器接点接触电阻过大造成,少数因 SEPCOS 保护模块内部联跳输出接点接触不良造成。我们经过对联跳继电器内部电路分析并模拟试验,发现当联跳继电器 K006 的 1、6 输入端输入电阻达到 4.5 kΩ,该继电器释放使开关跳闸。也就是说只要这一闭合回路有任何一个继电器接点电阻大于 4.5 kΩ,则开关必定跳闸。而且,由于闭合回路中的继电器本身状态并未变,所以本所不上传任何信号,只是相邻所收到"邻所联跳本所断路器"信号。

2. 故障影响

在非运营时间段发生联跳故障,采取积极措施后对运营无影响,在运营时间段发生该故障,将造成邻所馈线开关跳闸,若故障持续存在,造成邻所开关不能合闸,原双边供电变为单边供电。单边供电时,由于接触网分段绝缘器两端存在电位差,列车受电弓经过时会造成轻度打火,降低了供电可靠性。若要恢复双边供电必须切除联跳功能,但取消了该保护功能,一旦接触网发生故障时,则双边供电的两台开关只能依靠自身的保护来作用于跳闸,保护装置的灵敏性降低,不能在最短的时间内切除故障,降低了设备的安全性。

3. 原因分析

(1)联跳回路中各继电器常开及常闭接点氧化造成接触电阻变大是造成联跳误动

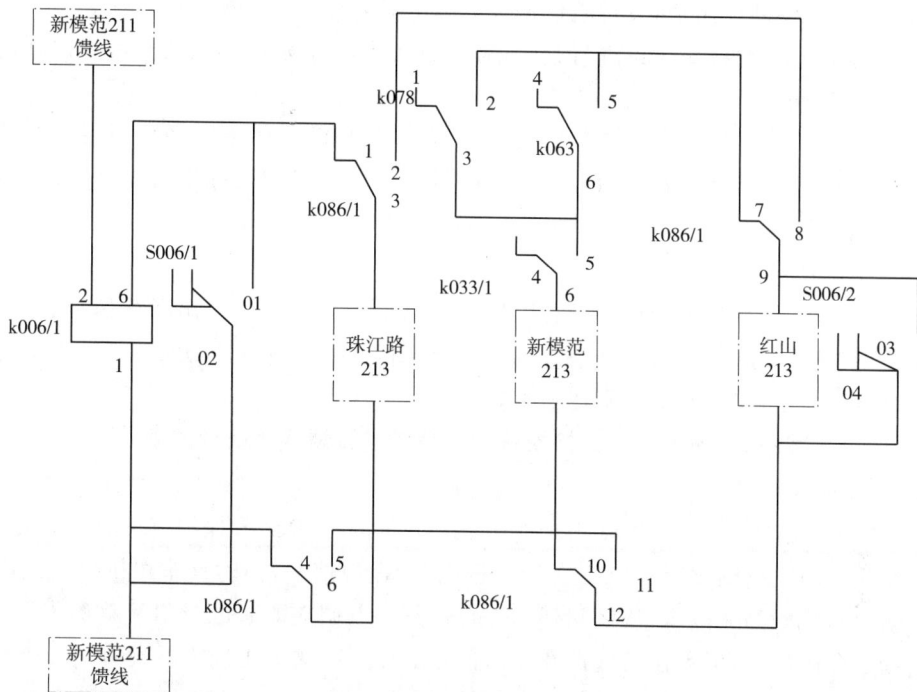

图 2-13　联跳电路原理图

作的主要原因。尤其是越区供电时联跳回路转换继电器 K086、K089 的常开接点,当进行越区供电时该继电器吸合,原常开点闭合后接触电阻值往往偏大。究其原因,主要是联跳出口继电器的输入端的开路电压只有 1 V 左右,这么低的电压不可能击穿继电器接点上的氧化层,所以接点一旦氧化只能进行更换。

（2）环境的影响。由于大多数牵混所靠近轨行区,列车运行带来的振动会造成开关柜内部接线端子及继电器接点松动。一旦各接点电阻达到上述 4.5 kΩ 的临界值,必然造成联跳动作,导致开关跳闸。如 06 年 12 月 18 日 14:40,安德门 211 开关联跳动作跳闸,就是因为安德门牵混所端子柜内的 X006 端子排的 9 号端子松动造成。此外,联跳回路继电器与继电器座之间接触不良造成回路阻值变大也会造成联跳回路误动作。

4. 处理过程

发生联跳故障时,我们要分别检查本所的联跳接收回路和邻所的联跳输出回路。因为联跳输出回路接点多,所以我们应把重点放在邻所对应开关的联跳输出回路上。在非运营时间内,我们可以对输入输出回路的电阻值进行测量。一般的联跳输出回路的主值应在几欧以下,联跳接受回路因含有区间联跳电缆的阻值,所以根据两变电所的距离长短一般为 150～200 Ω。当联跳输出回路阻值达 10 Ω 以上即可判断该回路存在问题。再逐步查出哪一点阻值过大,对其进行紧固或更换相应继电器。在运营时间内发生联跳故障,应首先赶至联跳故障跳闸的变电所或其对应的邻所,切除联跳功能,待运营结束后再查找处理。以免查找处理时造成其他开关柜跳闸。

5. 预防措施

（1）检修中要加强对联跳回路的测试。既要保证在直流牵引系统故障状态下,联跳回路能及时向邻所发出联跳信号,也要保证在正常运行时,联跳回路不会误动。要定期测量联跳回路的阻值,发现阻值偏大的继电器或继电器座要及时更换。

(2)检修时要对各端子排进行紧固,对于振动较大的场所,所有接点都要认真检查紧固,不能遗漏。

(3)定期进行越区供电方式的切换试验,及时发现越区供电时联跳回路转换继电器 K086、K089 的缺陷并及时处理。防止在紧急状况下启用越区供电时,联跳回路故障造成故障扩大。

6. 类似故障处理对策

发生联跳时,首先要确认邻所有无发出联跳信号。若邻所发出联跳信号,说明联跳回路正常;若邻所未发出联跳信号,但本所收到联跳信号且对应开关跳闸,说明是联跳回路故障造成,应按照上文所述及时处理。

案例 2 SEPCOS 保护模块故障造成直流馈线柜跳闸的处置

1. 故障描述

2007 年 11 月 2 日 6:07,红山牵混所 214 开关因 SEPCOS 保护模块故障造成 214 开关跳闸。值班电调收到"214 开关工况退出"的报警信号,同时列车司机反映红山至迈皋桥上行接触网无电压,该区间列车停止运行。电调立即通过 CCTV 观察发现 214 开关处于分闸位置,但无任何保护及分闸信号上传。试送 214 开关不成功。6:15 电调准备通过红山 2124 越区开关进行送电,但新模范牵混所 214 开关合闸时线路测试不通过,开关闭锁无法合闸,也就无法对红山至迈皋桥上行接触网进行越区供电。6:18 电调合上红山 212 开关,再由高压供电抢修人员在新模范牵混所就地合上 214 开关,恢复新模范至红山上行接触网正常供电。6:35,红山 214 开关 SEPCOS 模块自动恢复正常,电调立即合上 214 开关,恢复了正常供电。但 6:50,214 开关 SEPCOS 保护模块又发生故障造成 214 开关跳闸,再次影响红山至迈皋桥上行接触网供电。7:06,电调第二次进行越区送电,仍因新模范 214 开关线路测试不通过造成无法越区送电。红山至迈皋桥上行接触网停电。7:21,高压供电抢修人员现场检查发现 214 开关 SEPCOS 模块电源板故障,无法修复,遂将 212 开关手车临时代替 214 手车进行送电,恢复了红山至迈皋桥上行区间的接触网供电。新模范至红山上行接触网暂由新模范 214 开关单边供电。11:30,抢修人员更换了故障电源模块,新模范至红山上行接触网恢复双边供电。

新模范—迈皋桥区间接触网供电系统图如图 2-14 所示。

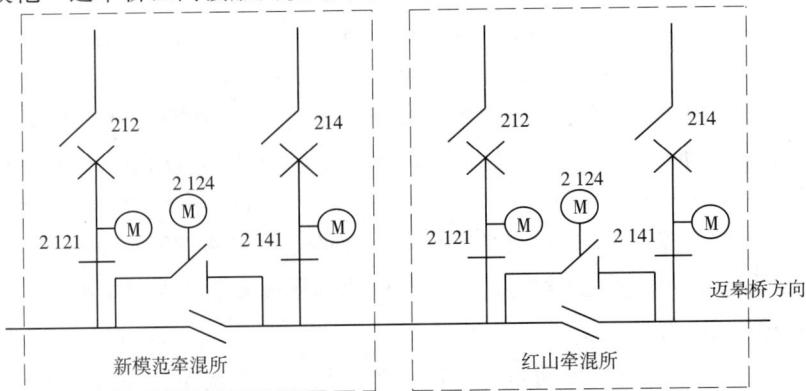

图 2-14 新模范-迈皋桥区间接触网供电系统图

2. 故障影响

此次故障发生在出行早高峰时段,由于红山至迈皋桥上行区间的接触网失电,给全线列车正常运行带来了影响,部分车站列车等候时间过长造成乘客积压,给地铁运营带来了一定的负面影响。

3. 原因分析

(1)单边供电的运行方式下,一端开关故障是造成接触网失电影响行车的最主要原因。南京地铁一号线一期工程的北终点是迈皋桥站,而牵混所在红山动物园站。这就造成红山至迈皋桥区间必然只能是单边供电。在这种模式下,当馈线开关故障不能合闸时,只能通过越区供电,即使越区供电成功,也会或多或少给运营服务带来一些影响。

(2)SEPCOS保护模块的突发故障造成214开关无法控制。可能是模块中的电源板故障将造成开关因控制电源失电而跳闸;或是模块中的主板故障,该开关虽然可能保持原状态不跳闸,但开关将失去保护功能和控制功能。保护模块结构图如图2-15所示。

(3)新模范214开关线路测试装置回路中的K382继电器损坏,造成线路测试不通过,但由于上传的信号是"线路测试故障",该报文给值班电

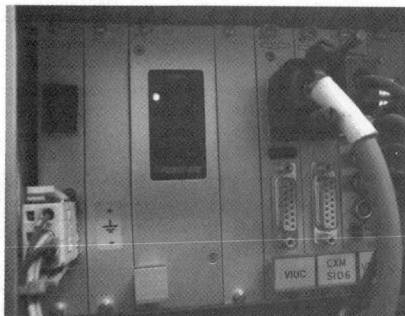

图2-15　SEPCOS保护模块安装图

调造成了误判断,认为是接触网线路故障,所以未采取旁路线路测试即进行送电。只有当邻所送电后该开关才能不经过线路测试直接合闸。由于该故障的存在扩大了影响范围和处理时间。

4. 处理过程

当日运营结束后,运营公司会同赛雪龙公司厂方人员对红山214开关的SEPCOS保护模块和新模范214开关线路测试模块进行了系统的检查,确定本次故障的发生,是由于红山牵混所214开关SEPCOS保护模块的电源板和新模范214开关线路测试回路中启动继电器同时故障造成的。更换了红山牵混所214开关的电源板及主板,损坏电路板交由厂家分析处理。新模范214开关线路测试故障是由于线路测试回路中的K382启动继电器线圈开路,造成测试回路未启动,更换了该继电器后设备恢复正常。

5. 预防措施

(1)加强检修质量保证,对直接影响运营的重要元器件建立周期更换制度。特别是长期带电运行的继电器若损坏频率较高的要结合检修更换,对本专业无法检测的且价值较高的电子元器件,如主板、电源板等,要结合检修交厂家测试。本专业检修时要全面地对设备各项功能进行测试,确保重要设备零缺陷运行。

(2)加强与电调的沟通协调,特别是紧急故障时,电调应将操作过程及报文情况及时告知本专业抢修人员,以便双方将各自的观点结合起来共同分析,抓住事物的主要矛盾,先通后复。

(3)要坚持做好设备定期切换试验制度。定期切换试验是保证设备的完好性和备用设备在故障时能真正起到作用的重要措施。本次新模范214线路测试装置故障,若

在停送电过程中,分别从新模范或红山送电便可发现该装置的缺陷,有利于及时处理或给分析故障带来依据。

(4)重要设备的备件要准备充足,并就近放置。本次故障发生后,针对红山牵混所单边供电的特点,我们在变电所内放置了一整套馈线开关柜小车,并将所有软件调试好。这样,一旦发生开关柜类似故障,抢修人员更换开关柜后便可直接送电,从而缩短故障查找时间。

6. 类似故障处理对策

(1)直流馈线柜的 SEPCOS 保护模块自运行以来已发生多次故障,发生故障时上传的报文都是"×××开关工况退出"。我们把该故障现象分为两类,一类是 SEPCOS 保护模块由于通信线缆等原因造成的通信中断;另一类是由于 SEPCOS 保护模块自身故障造成的通讯中断。第一类故障会造成电调远方无法监控,但该开关各项保护功能均正常工作;第二类故障不但会造成远方无法监控,还会造成开关跳闸或死机。遇到"×××开关工况退出"这类故障时,电调应首先通过 CCTV 检查该开关状态。若开关仍在合闸位,则保持现有状态,通知本专业抢修人员立即赶至现场检查。若该开关 SEPCOS 保护模块能够与笔记本电脑建立数据连接则属于第一类故障,否则属于第二类故障。第一类故障一般是由于 SEPCOS 主板数据线接口和开关手车航空插头接触不良造成,在不影响运行的情况下可以进行处理,若运行时处理不了,必须安排人员在该变电所值班,待运营结束后停电处理。第二类故障一般是由于 SEPCOS 电源板电源输出限制或主板故障造成。前文已提到,此时开关将跳闸或失去保护功能,若跳闸,电调应及时采用越区供电,若开关未跳闸但失去保护功能,应建议电调改变运行方式,停用该开关,以免接触网故障后该开关拒动从而扩大故障范围。

(2)对于因线路测试装置故障造成开关不能合闸的情况,应根据当时接触网的运行状况合理判断、合理启用旁路测试功能,以保证接触网供电。在旁路线路测试时,操作人员应采取必要的安全防护,防止接触网在确有故障时开关分合闸产生电弧造成人员伤害。

关 键 名 称 与 概 念

1. 三懂三会

懂设备结构、会使用;懂设备性能、会维修;懂设备原理、会排除故障。

2. 变电所运行日志

该日志应能反映系统运行方式及设备投运和停运情况的。如设备检修时安全措施的布置;运行中继电保护、自动装置及仪表的运行状态;设备发生事故或异常现象时,事故的处理经过,设备的异常现象及发现的设备缺陷。此外还应记录调度和上级关于运行的通知,受理工作票的情况;以及交接班的交班小结,与运行有关的其他事宜等。

3. 变电所设备巡视

变电所设备运行中的巡视检查是维护设备正常运行、保证安全可靠供电的有效措施。通过巡视检查可以监视变电所设备的运行状态,及时发现缺陷,并采取相应的措施进行维护和检修,防止事故的发生和扩大。

4. 开关柜的五防

开关柜一般均有完备的"五防"功能,即防止带负荷分、合隔离开关和隔离插头;防止误分、误合断路器,负荷开关和接触器(允许提示性);防止接地开关在合闸位置时关合断路器、负荷开关等;防止带电时误合接地开关;防止误入带电间隔。

5. 倒闸操作

主要是指为适应供电系统运行方式改变的需要,而必须进行的拉、合断路器、隔离开关、高压熔断器等一次设备的操作。

复 习 题

1. 变电所值班人员有哪些职责?(适合【初级工】)

2. 变电所交接班时,交、接班人员需共同巡视检查哪些内容?(适合【初级工】)

3. 设备缺陷记录如何填写?(适合【初级工】)

4. 倒闸操作有哪些一般性的规定?(适合【中级工】)

5. 干式变压器的巡视检查有哪些项目?(适合【中级工】)

6. 直流开关柜的巡视检查项目有哪些?(适合【中级工】)

7. 以某一具体变电所为例说明倒闸的过程。(适合【高级工】)

8. 供电设备事故处理的原则有哪些?(适合【高级工】)

第三章 变配电设备检修组织

熟悉变电设备检修的原则，了解电气设备试验的基本项目和仪器，掌握电气作业保证安全的组织措施和技术措施。

第一节 变电检修原则及要求

设备的维护和检修（以下简称"检修"）是确保设备安全、可靠和经济运行的重要措施。目前设备的检修已实现按计划定期检修，使检修工作制度化、规范化和标准化，做到精检细修，确保设备的维修质量。随着检测技术水平的提高，在线运行监测应用、计算机、通信技术的发展，在设备的检修中应不断积累经验，积极探索最佳的检修模式，逐步向状态检修过渡。

目前，普遍采用的还是定期检修制度，即为了防止设备性能及精度劣化或降低，根据设备运转的周期和季节性等特点，按预先制定的设备检修周期与工作内容、技术要求和计划进行检修作业。对于计划性检修，必须制定相应的年度检修计划及月度检修计划，并根据计划进行安排和落实。

一、设备检修的原则

（1）计划检修与维修保养并重。以预防为主的计划检修与维护保养是相辅相成的。设备维护保养、操作使用得当，就会延长检修周期或减少检修工作量。计划检修好，维护保养也就容易搞好。因此，两者都不能忽视。

（2）检修是为变电所安全、可靠运行提供服务，安全、可靠地供电是供电部门的主要生产活动。因此，检修班组必须在保证检修质量的前提下，尽量缩短设备停运时间。

（3）以现代化管理手段和方法，实行"三定四化记名检修"。实践证明，在设备的检修工作中实行"三定四化记名检修"，是一种确保设备检修质量的有效方法。

（4）引进状态修技术，提高供电设备完好运转率。状态维修技术（condition based maintenance）包含了以可靠性为中心的维修技术和预测维修技术。这两项技术最初应用于航天航空系统，后来应用于核电站的维修，并正在用于输变电设备的检修。以可靠性为中心的维修（Reliability Centered Maintenance，简称 RCM）是在对元件的可能故障对整个系统可靠性影响评估的基础上决定维修计划的一种维修策略；根据元件故障后果的严重程度确定维修计划的 RCM 收到了良好效果，提高了供电系统的可靠性。

状态修是预知维修发展的高级阶段，它是一种以设备技术状态为基础的预防维修方式。它根据设备的日常点检、定期检修、连续监测和故障诊断提供的信息,经过分析和数据处理,来判断设备的劣化程度,或由维修人员根据参数变化趋势或者幅值变化做出判断,并在故障之前有计划地进行适当的修理。

二、制定检修计划的原则

检修计划是设备检修的依据,其主要内容是确定计划期内设备检修的类别、时间、劳动量及停运时间等。在检修计划中,应明确规定应修设备的名称、数量、修理日期和修理工时等内容。必要时,还可规定所需的主要材料及备件等。

1. 年度检修计划

每年在规定的月份,供电部门的专业工程师参照各专业的维修规程,制定本专业下一年的年度检修计划初稿,并发送给各相应工班征求意见。之后,报请上级主管部门审批,于每年 12 月发布。

在年度计划正式发布执行后,当设备情况或工作情况出现变化,需要对年度检修计划进行修改时,由专业工程师统一向主管部门提交修改建议,经审批后发布执行。

2. 月度检修计划

一般在每月规定日期前,各车间或班组参照各专业的年度检修计划及设备运行情况,制定本车间或班组下月的月度检修计划初稿,并送相关专业工程师审核后上报。月度检修计划的编制要把年度检修计划中该月的工作全部落实,并视具体情况有所增加,但原则上不得出现年度计划的工作在月度计划中不作安排的情况。

在月度计划正式发布执行后,当设备情况或工作情况出现变化,需要对月度检修计划进行修改时,由生产部门统一向主管部门提交修改建议,经审批后发布执行。

三、检修周期的确定原则

1. 大修周期

设备检修分为大修、中修、小修、定期保养等,但有的企业也称之为综合维修、专项维修等,名称不同但内容差别不大,本书还是以大、中、小修来说明。

设备使用到一定年限后需要进行大修。国产设备一般在投入运行后的 5 年内,以后间隔 10 年大修一次,进口设备在 10 年到 20 年后进行大修。如果开关设备操作次数达到一定值,即开断短路电流次数达到厂家规定的额定次数;设备试验不符合运行规程的要求,经中、小修仍不能满足运行要求的;设备磨耗超过运行规程的规定值;设备损坏、破损不能满足运行要求的,均需进行大修。但对低值的电子设备、没有大修价值的、技术经济不合理的设备不进行大修,而是直接更换。主要设备大修周期的确定依据如下:

(1)油变压器若经过试验与检查并结合运行情况,判定有内部故障或本体严重渗漏油时,或达到设计寿命时才进行大修。主所的主变压器经受出口短路后,经综合诊断分析,可考虑提前大修。运行中有载调压开关累计动作次数达到所规定的变换次数限额后,应进行大修;如无明确规定,一般每分接变换 1~2 万次,8~10 年也应吊芯检查进行大修。

干式变压器寿命为 30 年,一般无需大修,当出现变压器绕组故障发生损坏时需进行大修,建议回厂返修。

(2)GIS 设备一般运行 20 年后进行大修,解体、更换零部件。若断路器、隔离开关设备连续运行操作机械寿命和电寿命达到厂家规定次数需进行大修。

(3)直流开关一般运行 20 年后进行大修,解体、更换零部件。若断路器设备连续运行操作,机械寿命和电寿命达到厂家规定次数需进行大修。具体可参照厂家技术规定。

(4)微机继电保护综合控制单元、继电器、低压开关柜、电子元件、整流二极管和蓄电类产品一般使用运行 10~15 年后进行更新,可不列入大修改造项目。

2. 中修周期

中修周期介于大修与小修周期之间,一般在运行 5 年后进行,对微机继电保护综合控制单元、继电器、低压开关柜、电子元件、整流二极管和蓄电类产品出现运行参数达不到规程要求或有故障隐患时进行更换,同时更换设备外壳、接地母排等工作够不上大修,可列为中修内容。

3. 小修周期

由于受机械力、电动力、振动、温度变化、环境污染、电流季节性变化等的影响,设备可能会出现一些故障,及时消除和预防故障的发生,定期进行恢复性的小修是必要的。供电设备的小修一般每年一次,安装在 2~3 级污秽地区的设备应考虑环境影响;在户外安装运行的设备应考虑紫外线、空气、雨水的影响,其小修周期应在现场规程中予以规定;附属装置的检修周期,保护装置和测温装置的校验,应根据有关规程的规定进行。例如,油变压器操作机构的电机、油泵的解体检修,2~3 年进行一次;冷却风扇的解体检修,1~2 年进行一次;净油器中吸附剂的更换,应根据油质化验结果而定;自动装置及控制回路的检验,一般每年进行一次。设备全面清扫、螺栓紧固、除锈涂漆和蓄电池充放电等每年进行一次,对污染大的地面段设备清扫每年进行两次。

GIS 设备每年进行气体的检漏分析以确定是否需要补气,对运行中的变压器油按规程的规定进行检测化验。

4. 定期保养

定期保养是维持性修理,主要对变配电设备进行检测、清扫、调整和涂油;对磨耗、锈蚀到限的设备进行整修和更换(或局部更换);对损坏的零部件进行换修,以保持设备正常的技术状态。

设备的定期保养周期一般不定时间,视设备状态进行。但是有部分设备需要根据实际运行状况,增加保养力度。例如:整流器、整流变,由于静电吸附作用比较大,运行过程中灰尘较多,设备元器件需要三个月左右进行定期保养。

四、变电设备检修标准的一般规定

(1)所有电气设备的外壳(动力变压器保护罩)均应清洁无油垢,工作接地及保护接地良好。小修后其锈蚀面积不得超过总面积的 5%,中修和大修后应无锈蚀和脱漆,大修后的设备镀层应完好。

(2)所有充油设备的油位、油色均要符合规定,油管路畅通,油位计清洁透明,检修后应不渗油。充气设备的气压、防爆膜、气体成分组成应符合规定。

（3）金属构架、支撑装置应紧固，漆层完好，基础不得有破损、下沉。

（4）紧固件要固定牢靠，不得松动，并有防松措施，螺纹部分要涂油。

（5）绝缘件应无脏污、裂纹、破损和放电痕迹，瓷釉剥落面积不得超过 300 mm^2。

（6）各种引线不得松股、断股、搭接不良，连接要牢固，接触良好，张力适当，相间和对地距离均要符合规定。各种硬母线连接牢固无变形，无过热。

（7）电气设备带电部分距接地部分及相间的距离要符合规定。

（8）中修、大修中所有更新的零部件要达到出厂的标准，所有新换设备的质量及安装质量均要达到新建项目的标准。

第二节　电气设备试验

电力设备预防性试验是指对已投入运行的设备按规定的试验条件（如规定的试验设备、环境条件、试验方法和试验电压等）、试验项目、试验周期所进行的定期检查或试验，以发现运行中电力设备的隐患，预防事故发生及电力设备损坏。它是判断电力设备能否继续投入运行并保证安全的重要措施。

目前，我国电力设备预防性试验规程的内容实际上超出了预防性试验的范围，它不仅包括定期试验，还包括大修、小修后的试验以及新设备投运前的试验。

一、电气预防性试验目的

预防性试验和绝缘诊断是电力设备运行和维护工作中的一个重要环节，是保证电力设备安全运行的有效手段之一。多年来，电力部门和大型工矿企业的高压电力设备基本上都是按原电力部颁发的《电力设备预防性试验规程》的要求进行试验的，对及时发现和诊断设备缺陷起到了重要作用。

电气设备的使用寿命主要取决于设备内部绝缘材料的性能，对于高压电气设备，绝缘性能的衡量指标有电气性能、机械性能、热稳定性与化学稳定性等。绝缘材料的电气性能主要是指在电场作用下的导电性能、介电性能和绝缘强度，经常用电导率、相对介电常数、介质损耗角正切以及击穿强度 4 个参数来描述。在电气设备的长期运行过程中，需要用各种技术手段进行电气性能的定期监测，并结合局部放电测量、老化试验等其他项目，对电气设备的绝缘性能作出客观的综合评价。

设备绝缘强度的下降取决于各种因素的综合作用，其过程是随机的。因此，有计划地进行预防性监测，是保证电气设备可靠运行的重要手段。而绝缘试验的目的是采用多种试验法，检测出被试设备的各种缺陷以及引起电气性能参数的改变量，从而判断被试设备的绝缘情况，安排消除缺陷性的维修，以保证电气设备的安全运行。

二、电气设备预防性试验分类

1. 按试验范围

（1）定期试验。这是为了及时发现设备潜在的缺陷或隐患，每隔一定时间对设备定期进行的试验。例如油中溶解气体色谱分析、绕组直流电阻、绝缘电阻、介质损耗因数、直流泄露、直流耐压、交流耐压和绝缘油等试验。

(2)大修试验。指大修时或大修后进行的检查试验项目。除定期试验项目外,还需进行穿芯螺栓绝缘电阻、局部放电、油箱密封、断路器分合闸时间和速度、电动机定、转子间隙测量等试验,其中有些是机械方面的检查项目。

(3)查明故障试验。指定期试验或大修试验时,发现试验结果有疑问或异常,需要进一步查明故障性质、确定故障位置时进行的一些试验,也称诊断试验。例如空载电流、短路阻抗、绕组频率响应、振动、绝缘油含水量和油介损、压力释放器和氧化锌避雷器工频参考电压等试验。

(4)预知性试验。这是为了鉴定设备绝缘的寿命,检查被试设备的绝缘是否还能继续使用一段时间,是否需要在近期安排更换而进行的试验,例如变压器绝缘纸(板)聚合度和油中糠醛含量等试验。

2. 按试验性质

(1)非破坏性试验。也称绝缘特性试验,使用较低的试验电压或用不会对被试设备绝缘产生累积损伤效应的方法,根据绝缘介质中发生的各种物理过程(极化、吸收、电导等),测量绝缘的各种参数(绝缘电阻、吸收比或极化指数、泄漏电流、介质损耗角正切等),以及与极化吸收过程有关的特性(主要表现为电阻-时间的变化规律)和绝缘冷却媒质的一系列其他特性(化学成分、油中水分及气体含量等),从而判断设备的绝缘能力,及时发现可能的劣化现象。另外,可以通过历次试验积累的数据,综合分析绝缘特性随时间的变化趋势,从而对被试设备内部绝缘缺陷进行判断,但此类方法不容易作出准确的判断。

(2)破坏性试验。也称绝缘耐压试验,是在被试设备上施加高于设备工作电压的试验电压,以求揭示危险性较大的集中性缺陷,并直接检验被试设备的绝缘耐压水平或裕度。耐压试验时,对被试设备绝缘可靠性的考验直接、严格,缺点是试验可能给被试设备的绝缘造成一定的损伤,并会导致被试设备的绝缘能力下降,可恢复的缺陷在试验过程中可能发展为不可逆转的击穿。

三、电气设备预防性试验诊断方法

1. 测量绝缘电阻

它是一种常用而又简单的试验方法,通常用兆欧表进行测量。根据测得的试品在 1 min 内的绝缘电阻大小,可以检测出绝缘是否有贯通的集中性缺陷、整体受潮或贯通性受潮,但不能检测出绝缘的局部缺陷。

2. 测量泄漏电流

它与测量绝缘电阻的原理基本上是相同的,而且检测出缺陷的性质也大致相同。但由于泄漏电流测量中所用的电源一般由高压整流设备提供,并用微安表直接读取泄漏电流,因此,与测量绝缘电阻相比又有自己的特点:第一,试验电压高,并且可随意调节;第二,泄漏电流可由微安表随时监视,灵敏度高,测量重复性也较好;第三,根据泄漏电流测量值可以换算出绝缘电阻值,而用兆欧表测出的绝缘电阻值则不能换算出泄漏电流值;第四,可以用 $i = f(t)$ 的关系曲线测量吸收比来判断绝缘缺陷。

3. 测量介质损失角

它是一项灵敏度很高的试验项目,可以发现电气设备绝缘整体受潮、劣化、变质以及小体积被试设备贯通或未贯通的局部缺陷。例如,对绝缘油而言,一般在耐压试验时,好油的击穿场强可达 250 kV/cm,坏油为 25 kV/cm,好油和坏油的击穿场强在数值上的差别是 10∶1。但是在测量其介质损失角时,好油的很小,其 $\tan\delta = 0.0001$,而坏油则大到 $\tan\delta = 0.1$,二者之间的差别是 1∶1 000,也就是说,后一试验的灵敏度较前者提高 100 倍。

由于介质损失角测量具有很高的灵敏度,所以在电工制造、电气设备交接和预防性试验中都得到了广泛的应用。但是,当被试品体积较大,而缺陷所占的体积又较小时,用这种方法则难以发现缺陷。

4. 交流耐压试验

它是破坏性试验中的一种,能进一步诊断出电气设备的绝缘缺陷。交流耐压试验是鉴定电气设备绝缘强度最严格、最有效和最直接的试验方法,它对判断电气设备能否继续投入运行具有决定性的作用,也是保证设备绝缘水平和避免发生绝缘事故的重要手段。

5. 直流耐压试验

它除能发现设备绝缘受潮、劣化外,对发现绝缘的某些局部缺陷具有特殊的作用,往往这些局部缺陷在交流耐压试验中不易发现。但交流耐压试验对绝缘的作用更近于运行状况,因而能检出绝缘在正常运行时的弱点。因此这两种试验不能互相代替,必须同时应用于预防性试验中。

四、电气预防性试验常用的试验设备

1. 高压兆欧表

用于测量被试设备的绝缘电阻,一般情况下是用普通摇表来测量,虽然简单,但是其工作强度大、速度慢,测量范围也有一定的局限性。现在常用的测试仪表,不用手摇,可像手机一样充电备用,操作简单,输出稳定,读数直观,劳动强度小,是普通摇表的理想替代品。

2. 直流电阻测试仪

用以测量被试品的直流电阻。以前用电桥来测量直阻,现在用直流电阻测试仪就简单多了,而且速度快,读数直观方便,有自备电源,适用于无源的现场。其基本原理就是运用欧姆定理,该仪器输出恒定的直流电流(目前有 1 A、2 A、5 A、10 A、20 A、40 A 等),通过取样负载两端的压降来获得负载的直流电阻。

3. 高压试验变压器

主要运用于高压运行设备的泄漏试验和交直流耐压试验,也可对常用的绝缘工具进行耐压试验,如绝缘垫、绝缘鞋、绝缘手套、绝缘杆等。常用的电压等级有 50 kV、100 kV、150 kV、200 kV、250 kV、300 kV 等,常用的容量等级有 3kV·A、5kV·A、10 kV·A、15 kV·A、20 kV·A、25 kV·A、30 kV·A、40 kV·A、50 kV·A、100 kV·A 等,也可根据被试品所需的电压等级和容量大小进行定制。目前常用的是干式变压器,干式试验变压器的特点是防潮性能更好、质量更轻,但其散热性较差,维修成本较高。不管什么变压器都需要一个与其配套的控制设备来控制它,通常都有相应的配套控制台或控制箱,这些控制设备一般都有调压输出功能、过流保护功能和耐压计时功能。当然,这些功能如果是电动控制,还可以实现自动升降压、自动耐压计时、过流自动降压和耐压计时的报警等功能。

4. 升流器

升流器实质上是一种特殊的变压器。短时间工作制主要运用于电流互感器的校验,断路器的动作形式试验等;长时间工作制主要用于大电流电气元件、电缆等的发热温升试验。

5. 高压开关机械特性测试仪

主要用于高压开关的动态特性参数的测试。例如高压开关的同期性、分合闸时间、弹跳、合分闸速度、动触头行程及超程等参数的测定。

6. 全自动变比测试仪

用于变压器绕组的变比、极性和组别的测试。以前通过变比电桥来测试,使用不方便,功能也受到诸多限制,利用自动变比测试仪则可以很好地解决这一问题。

7. 便携式直流高压发生器

本仪器利用高压硅堆和高压滤波电容的倍压整流技术输出直流高压,主要用于变压器、发电机组、氧化锌避雷器、高压电缆等的直流泄漏和直流耐压试验。

8. 全自动试油器

主要用于变压器油的介电强度的测定。

9. 氧化锌避雷器测试仪

专门用于氧化锌避雷器的相关参数的测定。

10. 回路电阻测试仪

主要用于回路接触电阻的测试,基本原理与直流电阻测试仪相似。该仪器输出100 A 或 200 A 恒定直流电流,比直流电阻的输出电流要大得多。

11. 介质损耗测试仪

主要用于鉴别电气绝缘设备的污染、破裂、穿孔、老化和受潮等缺陷。

12. 接地电阻测量仪

广泛运用于测量各种电气装置的接地电阻以及低电阻的导体电阻,还可以测量土壤的电阻率和地电压。

13. 变压器损耗参数测试仪

主要用于测试变压器的空载损耗、负载损耗、空载电流和阻抗电压等参数。

14. 超低频高压发生器

它实质上是工频交流耐压系统的新型替代品。对于某些较大的容性负载如电力电缆等,如果用普通的工频交流耐压试验设备,不仅设备笨重,而且现场试验电源也难以满足试验要求,而运用超低频试验设备就能很好地解决这一矛盾。在同等负载条件下,其所需的试验容量只有工频耐压的五百分之一,因此可以大大缩小试验设备的体积和质量,使用起来更方便灵活。

另外,还有用于测量地网电阻的大型地网电阻测量仪,测量变压器有载分接开关系列参数的有载分接开关测试仪,以及专门用于测试各种互感器相关参数的全功能互感器综合校验仪等。

五、绝缘诊断

传统的基本绝缘试验项目包括绝缘电阻、直流泄漏电流、介损、直流耐压和交流耐压试验。通过绝缘性能试验,可定期检测电气设备绝缘性能,预测绝缘状况,推断绝缘老化进程、绝缘油劣化等内部薄弱环节,发现现役设备的隐患,安排消除缺陷的维修计划等,以保证设备的安全运行。

(1)绝缘电阻试验项目中,发现变压器吸收比试验不够完善,不少新出厂或检修烘干后容量较大的变压器,绝缘电阻绝对值较高,但吸收比($R60''/R15''$)偏小,疑为不合格。若采用极化指数试验($R600''/R60''$)后,就易于作出明确判断。从介质理论来分析,吸收比试验时间短(仅 60 s),复合介质中的极化过程刚处于开始阶段,尚不能全面反映绝缘的真实面貌,极化指数试验时间为 600 s,介质极化过程虽未完成,但已初步接近基本格局,故能较准确地反映绝缘受潮情况。

(2)改进在电场干扰下测量设备介损时的抗干扰方法。如采用电子移相抵消法和异频法等新方法,操作方便,提高了工作效率。但另一种采用电源导向和自动计算的方法,在干扰较大时,误差仍较大。

(3)6~35 kV 中压橡塑绝缘电力电缆(指聚氯乙烯绝缘、交联聚乙烯绝缘和乙丙橡胶绝缘电缆),取消了投运后的直流耐压试验项目,代之以测量外护套和内衬层的绝缘电阻。这是因为高幅值直流电压在宏观上会降低橡塑电缆绝缘寿命,不少直流耐压试验合格的橡塑电缆在运行中发生击穿事故,这些已在理论上和国内外的运行实践中证实。但对于 35 kV 及以下纸绝缘电缆,多年经验表明,直流耐压试验仍是行之有效的预防性试验项目,能发现许多潜在缺陷,故还应继续执行。

(4)交流耐压试验中,对大容量试品(如 SF_6 组合电器、大型发电机等)采用工频串联谐振方法的日渐增多。

(5)电力变压器的定期试验项目首先应是油中溶解气体的色谱分析。绝大部分的变压器缺陷都是从色谱分析中发现的。

(6)35 kV 固体环氧树脂绝缘的电流互感器增做局部放电试验。

(7)在需要时做变压器油中含水量、油中含糠醛量和绝缘纸板聚合度试验,后两项试验的目的在于决定是否需要更换绝缘。

(8)如果氧化锌避雷器直流电压试验或交流阻性电流测试不合格,应做交流工频参考电压试验,以作出进一步判断。

六、电气设备绝缘寿命预测

高压电气设备寿命预测主要是绝缘寿命预测,一是针对各种绝缘材料,二是针对实际设备的绝缘系统。单纯绝缘材料的寿命模型不能直接运用于实际设备,但对实际绝缘系统的结构布置、材料选择及老化评估有重要的参考价值。

超过设计年限继续运行的重要设备如发电机、变压器等的绝缘寿命预测技术有着显著的经济意义。"超寿命"设备继续运行的前提是必须可靠地估计其残余寿命。如变压器寿命不决定于已运行的年数,而应由其绝缘实际状况决定是否能继续使用,并提出了"绝缘年龄"的概念,以油中 CO、CO_2、糠醛并结合纸绝缘的抗拉强度和聚合度测量来估算。随着"绝缘年龄"增加,设备运行的可靠性降低;当可靠性低于某一预定值时,认为绝缘寿命已尽,设备即退出运行或进行相应的处理。一般认为电缆纸的抗拉强度下降到 50% 时,绝缘寿命已尽。总的来说,目前这方面的研究并不完善,需要继续开展大量的工作。

第三节 保证电气安全工作的措施

电作为生产和生活的重要能源,在给人们带来方便的同时,也具有很大的危险性和破坏性,如果操作和使用不当,就会危及人的生命、财产甚至电力系统的安全,造成巨大的损失。因此,变配电设备检修作业必须严格遵守规程规范,掌握电气安全技术,熟悉保证电气安全的各项措施,防止事故发生。

一、人身触电

人身触电是经常发生的一种电气事故,发生触电事故后,如果再加上不懂或不会正确救护,那就可能导致人员伤亡,给社会和家庭造成不幸。所以必须要做好人身触电预防并懂得触电救护知识。

1. 电流对人体的危害

电流通过人体,它的热效应、化学效应会造成人体电灼伤、电烙印和皮肤金属化;它产生的电磁场能量对人体的影响,会导致人头晕、乏力和神经衰弱。电流通过人体头部会使人立即昏迷,甚至醒不过来;通过人体脊髓会使人肢体瘫痪;通过中枢神经或有关部位会导致中枢神经系统失调而死亡;通过心脏会引起心室颤动,致使心脏停止跳动而死亡。由上看出,电流通过人体非常危险,尤其是通过心脏、中枢神经和呼吸系统危险性更大。

1)感知电流

人体能感觉到的最小电流称为感知电流。比这个电流小,人就感觉不到了。

2)摆脱电流

触电人能自主摆脱电源的最大电流称为摆脱电流。比这电流大,人就无法自主摆脱了,比这电流小,人就能自主摆脱。

3)致命电流

在较短时间内,危及人生命的最小电流称为致命电流。一般情况下,通过人体的工频电流超过 30~50 mA 时,人的心脏就可能停止跳动,发生昏迷和出现致命的电灼伤。不同电流强度对人体的影响,见表 3-1。

表 3-1 不同电流强度对人体的影响

电流(mA)	对人体的影响	
	交流电	直流电
0.6~1.5	开始感觉,手指刺麻	无感觉
2~3	手指强烈刺麻、颤抖	无感觉
5~7	手部痉挛	热感

电流（mA）	对人体的影响	
	交流电	直流电
8～10	手部剧痛，勉强可以摆脱电源	热感增强
20～25	手迅速麻痹、不能自立、呼吸困难	手部轻微痉挛
50～80	呼吸麻痹，心室开始颤动	手部痉挛、呼吸困难
90～100	呼吸麻痹、心室经 3 s 及以上颤动即发生麻痹停止跳动	呼吸麻痹

4）电流通过人体的持续时间对人体触电的影响

电流通过人体的时间越长，对人体组织的破坏越厉害，触电后果越严重。人体心脏每收缩和扩张一次，中间有一时间间隙，在这时间间隙内触电，心脏对电流特别敏感，即使电流很小，也会引起心室颤动。

5）作用于人体的电压对人体触电的影响

当人体电阻一定时，作用于人体的电压越高，流过人体的电流就越大，这样就越危险。而且，随着作用于人体的电压升高，人体电阻还会下降，致使电流更大，对人体的伤害更严重。

6）电源频率对人体触电的影响

人触电碰到的电源频率越高或越低，对人体触电的危险性不一定就越大。对人体伤害最严重的交流电频率是 50～60 Hz。

7）人体电阻对人体触电的影响

人体触电时，当接触的电压一定，流过人体的电流大小就决定于人体电阻的大小。人体电阻越小，流过人体的电流就越大，也就越危险。

人体电阻主要由两部分组成，即人体内部电阻和皮肤表面电阻。前者与接触电压和外界条件无关；而后者随皮肤表面的干湿程度、有无破伤，以及接触的电压大小等而变化。不同情况的人，皮肤表面的电阻差异很大，因而使人体电阻的差异也很大。但一般情况人体电阻可按 1 000～2 000 Ω 考虑。

8）电流通过人体不同的途径对人体触电的影响

电流总是从电阻最小的途径通过，所以触电情况不同，电流通过人体的主要途径也不同。很明显，电流从左手到脚是最危险的途径。

9）人体健康状况对人体触电的影响

身体健康，精神饱满，思想就集中，工作中就不容易发生触电，万一发生触电时，其摆脱电流的几率相对也大。反之、若有慢性疾病，身体不好或醉酒，则精力就不易集中，就容易发生触电事故；而且触电后，由于体力差，摆脱电流相对也小，加上自身抵抗力差，容易诱发疾病，后果更为严重。

2. 电流对人体的伤害分类

电流对人体的伤害可分为电击和电伤两大类。

1）电击

电击就是我们通常所说的触电，是电流通过人体对人体内部器官的一种伤害，绝大部分的触电死亡事故都是电击造成的。当人体在触及带电导体、漏电设备的金属外壳或距离高压电太近以及遭遇雷击、电容器放电等情况下,都可以导致电击。

2)电伤

电伤是指触电时电流的热效应、化学效应以及电刺击引起的生物效应对人体造成的伤害。电伤多见于肌肉外部,而且在肌体上往往留下难以愈合的伤痕。常见的电伤有电弧烧伤、电烙印和皮肤金属化等。

①电灼伤。电弧烧伤是最常见也是极严重的电伤。在低压系统中,带负荷(特别是感性负荷)拉合裸露的闸刀时,产生的电弧可能会烧伤人的手部和面部;线路短路,跌落式熔断器的熔丝熔断时,炽热的金属微粒飞溅出来也可能造成灼伤;在高压系统中由于误操作,如带负荷拉合隔离开关、带电挂接地线等,会产生强烈的电弧,将人严重灼伤。另外,人体过分接近带电体,其间距小于放电距离时,会直接产生强烈的电弧对人放电,造成人触电死亡或大面积烧伤而死亡。强烈电弧的照射还会使眼睛受伤。

②电烙印。电烙印也是电伤的一种,当通过电流的导体长时间接触人体时,由于电流的热效应和化学效应,使接触部位的人体肌肤发生变质,形成肿块,颜色呈灰黄色,有明显的边缘,如同烙印一般,称之为电烙印。电烙印一般不发炎、不化脓、不出血,受伤皮肤硬化,造成局部麻木和失去知觉。

③皮肤金属化。在电弧电流的作用下,使一些熔化和蒸发的金属微粒渗入人体皮肤表层,使皮肤变得粗糙而坚硬,导致皮肤金属化,给身体健康造成很大的危害。

3. 人体触电类型

人体触电可分为直接接触触电和间接接触触电两大类。间接接触触电包括跨步电压触电和接触电压触电两种类型。

1)直接接触触电

人体直接碰到带电导体造成的触电或离高压带电体距离太近,造成对人体放电这两种情况的触电称之为直接接触触电。

设备不停电时的安全距离,见表 3-2。

表 3-2 设备不停电时的安全距离

电压(kV)	安全距离(m)	电压(kV)	安全距离(m)
DC 10 及以下	0.70	DC 750	7.20
DC 20、DC 35	1.00	DC 1000	8.70
DC 66、DC 110	1.50	AC 50 及以下	1.50
DC 220	3.00	AC 500	6.00
DC 330	4.00	AC 660	8.40
DC 500	5.00	AC 800	9.30

2)间接接触触电

电气设备的金属外壳,不应该带电,但由于设备使用时间长久,内部绝缘老化,造成击穿外壳;或由于安装不良,造成设备的带电部分碰到金属外壳;或其他原因造成电气设备金属外壳带电。人若碰到带电外壳,就会发生触电事故,这种触电称为接触电压触电。接触电压是指人站在带电外壳旁(水平方向 0.8 m 处),人手触及带电外壳时,其手、脚之间承受的电位差。

当电气设备或线路发生接地故障时,接地电流从接地点向大地四周流散,这时在地面上形成分布电位。在 20 m 以外大地电位可认为等于零,离接地点越近,大地电位越高。人假如在接地点周围(20 m 以内)行走,其两脚之间就有电位差,这就是跨步电压。由跨步电压引起的人体触电,称为跨步电压触电,如图 3-1 所示。《电力安全工作规程》(GB 26860—2011)中规定:高压设备发生接地故障时,室内人员进入接地点 4 m 以内,室外人员进入接地点 8 m 以内,均应穿绝缘靴。接触设备的外壳和构架时,还应戴绝缘手套。《电力安全工作规程》(GB 26860—2011)中又规定:雷雨天气巡视室外高压设备时,应穿绝缘靴,不应使用伞具,不应靠近避雷器和避雷针。这些规定都是为了防止跨步电压触电和接触电压触电,保护人身安全。

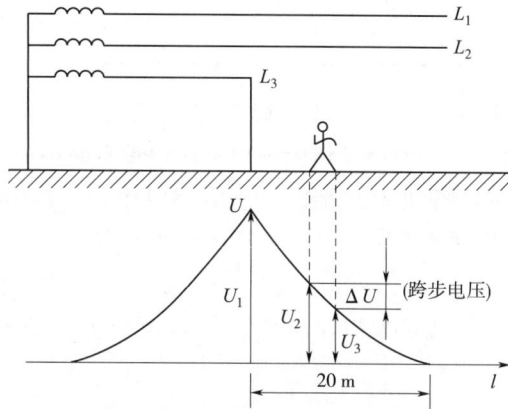

图 3-1　跨步电压触电示意图

二、电气安全用具

电气安全用具是用来防止电气工作人员在工作中发生触电、电弧灼伤、高空坠落等事故的重要工具。电气安全用具分绝缘安全用具和一般防护安全用具两大类。绝缘安全用具又分为基础安全用具和辅助安全用具。常用的基本安全用具有绝缘棒、绝缘夹钳、验电器等。常用的辅助安全用具有绝缘手套、绝缘鞋、绝缘垫、绝缘站台等。基本安全用具的绝缘强度能长期承受工作电压并能在该电压等级内产生过电压时保证工作人员的人身安全。辅助安全用具的绝缘强度不能承受电气设备或线路的工作电压,只能起加强基本安全用具的保护作用,主要用来防止接触电压、跨步电压对工作人员的危害,接触高压电气设备的带电部分,一般防护安全用具有携带型接地线、临时遮栏、标示牌、警告牌、安全带、防护目镜等。这些安全用具是用来防止操作人员触电、电弧灼伤及高空摔跌。下面介绍几种常用的绝缘安全用具的结构及使用方法。

1. 绝缘棒

绝缘棒又称绝缘杆、操作棒。其结构如图 3-2 所示。

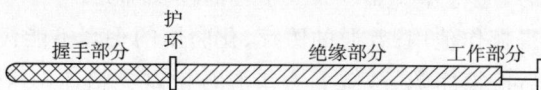

图 3-2　绝缘棒

绝缘棒主要用来断开或闭合高压隔离开关、跌落式熔断器、安装和拆除携带型接地线,以及进行带电测量和试验等工作。

绝缘棒由工作部分、绝缘部分以及握手部分组成。工作部分一般用金属制成,其长度一般较短(5～8 cm 左右),过长的话在操作中容易引起相间或接地短路。绝缘部分与握手部分之间用护环隔开,是用浸过绝缘漆的木材、硬塑料、胶木制成,其长度的最小尺寸可根据电压等级和使用场所的不同而确定,一般见表 3-3。

表 3-3　绝缘棒的最小长度(m)

额定电压(kV)	户 内 使 用		户 外 使 用	
	绝缘部分长度	握手部分长度	绝缘部分长度	握手部分长度
10 及以下	0.70	0.35	1.10	0.40
35 及以下	1.10	0.40	1.40	0.60

绝缘棒使用时,操作人员的手应放在握手部分,不能超过护环,同时要戴绝缘手套、穿绝缘靴(鞋)。雨天室外倒闸操作应按规定使用带有防雨罩的绝缘棒。

使用绝缘棒时,绝缘棒禁止装接地线。绝缘棒使用完后,应垂直悬挂在专用的架上,以防绝缘棒弯曲。绝缘棒的定期试验周期为每年一次。

2. 绝缘夹钳

绝缘夹钳主要用于 35 kV 及以下的电气设备上装拆熔断器等工作。其结构如图 3-3所示。

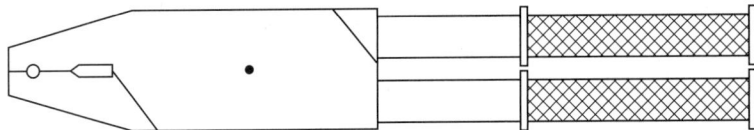

图 3-3　绝缘夹钳

绝缘夹钳由工作钳口、绝缘部分和握手部分组成。各部分所用材料与绝缘棒相同。

使用绝缘夹钳的安全注意事项如下:

(1)夹熔断器时,操作人的头部不可超过握手部分,并应戴护目镜、绝缘手套、穿绝缘靴(鞋)或站在绝缘台上。

(2)操作人员手握绝缘夹钳时,要保持平衡和精神集中。

(3)绝缘夹钳的定期试验周期为每年一次。

3. 绝缘手套

绝缘手套是用特种橡胶制成的,具有较高的绝缘强度。它是辅助安全用具,不能直接接触高压电。使用绝缘手套的安全注意事项如下:

(1)使用前应检查有无漏气或裂口等缺陷。

(2)戴绝缘手套时,应将外衣袖口放人手套的伸长部分。

(3)绝缘手套不得挪作他用;普通的医疗、化验用的手套不能代替绝缘手套。

(4)绝缘手套用后应擦净晾干,撒上一些滑石粉以免粘连,并应放在通风、阴凉的柜子里。

（5）绝缘手套的定期试验周期为半年。

4. 绝缘靴（鞋）

绝缘靴（鞋）是在任何电压等级的电气设备上工作时，用来与地保持绝缘的辅助安全用具，也是防护跨步电压的基本安全用具。它用特种橡胶制成，使用绝缘靴（鞋）的安全注意事项如下：

（1）绝缘靴（鞋）要放在柜子内，并应与其他工具分开放置。

（2）绝缘靴（鞋）每半年定期试验一次，以保证其安全可靠。

5. 绝缘站台、绝缘垫和绝缘毯

绝缘站台用干燥的木板或木条制成，站台四角用绝缘瓷瓶做台脚，是辅助安全用具。

绝缘垫和绝缘毯都是用特种橡胶制成，表面有防滑槽纹，其厚度不应小于5 mm。绝缘垫（毯）一般铺设在高、低压开关柜前，作为固定的辅助安全用具。绝缘胶垫每一年定期试验一次，以保证其安全可靠。

6. 验电器

验电器分为高压和低压两种。低压验电器又称验电笔，主要用来检查低压电气设备或线路是否带有电压。高压验电器用于测量高压电气设备或线路上是否带有电压（包括感应电压）。高压验电器型式较多，使用时应按产品使用说明书的要求正确使用。以前用的氖光灯式验电器的氖光灯是通过电容电流而发光，这种验电器使用时要逐渐靠近带电部分，直到灯泡发亮，禁止直接触及带电部分。用高压验电器验电时应戴绝缘手套，并使用被测设备相应电压等级的验电器。验电前后应在有电的设备上或线路上进行试验，以检验所使用的验电器是否良好。

7. 电气安全用具的使用要求

所有电气安全用具都要按规定进行定期试验和检查，对不符合要求的安全用具应及时停用并更换，以保证使用时安全可靠。安全用具的技术性能必须符合规定，选用安全用具必须符合工作电压，必须符合电气安全工作制度、电力安全工作规程的规定。电气安全用具要妥善保管，放置做到整齐清楚，拿用方便。电气安全用具不准作其他用具使用。

三、保证安全的制度措施

《电力安全工作规程》（GB 26860—2011）规定：在电气设备上工作应有保证安全的制度措施。电气作业的安全措施一般包括保证安全的组织措施和技术措施，主要是为了保证电气作业人员的人身安全，防止触电伤害。本节主要介绍组织措施的工作票制度，工作许可制度，工作监护制度，工作间断、转移和终结制度，技术措施的停电、验电、装设接地线，悬挂标示牌和遮栏。

1. 保证安全的组织措施

保证安全的组织措施是指在进行电气作业时，将检修、试验和运行有关的部门组织起来，加强联系、密切配合，在统一指挥下，共同保证电气作业的安全。

电气作业人员和电气运行人员都必须严格遵守、认真执行组织措施，以保证人身安全和电气系统及设备的安全运行。

1)工作票制度

工作票是指在已经投入运行的电气设备上或电气场所工作时,明确工作人员,交代工作任务和工作内容,实施安全技术措施,履行工作许可、工作监护、工作间断、转移和终结的书面依据。所谓工作票制度,是指在电气设备上进行任何电气作业,都必须填写工作票,并依据工作票布置安全措施和办理开工、终结手续。

根据作业性质不同,工作票分为两种。第一种工作票用于高压设备停电作业及低压380V电源主母线的停电作业;第二种工作票用于高压设备不停电的作业、低压设备上的停电与不停电作业以及在二次回路上进行的不需高压设备停电的作业。

(1)工作票的填写与签发

①工作票由签发人填写,也可以由工作负责人填写。工作票应使用钢笔或圆珠笔填写与签发,一式两份,填写应正确、清楚,不得用铅笔书写,不得任意涂改,如有个别错、漏字需要修改时,应使用规范符号,字迹清楚,并由签发人签字确认。

填写工作票时,应查阅电气一次系统图,了解系统运行方式,对照系统图填写工作地点、作业内容、作业时间、作业成员、安全措施和注意事项。

②工作票应由工作票签发人签发。工作票签发人和工作负责人由管理部门指定有资格的人员担任并书面公布,第一、二种工作票有资格的签发人及工作负责人名单须报控制中心电调备案,110 kV线路工作票签发人及工作负责人名单须向供电局报批。一张工作票中,工作票签发人、工作负责人和工作许可人三者不得互相兼任,工作负责人只可以填写工作票。

(2)工作票的使用

工作票一式两份,一份应保存在工作地点,由工作负责人收执,作为进行工作的依据;另一份由工作许可人收执,按值移交,工作许可人据此工作票办理准许作业手续,做好安全措施。

发票人在工作前要尽早将工作票交给工作负责人和值班员(工作许可人),使之有足够的时间熟悉工作票的内容及做好准备工作。一般第一种工作票应在工作前一天送达值班员,第二种工作票应在工作当天交给工作许可人。

工作负责人和值班员对工作票内容有不同意见时,要及时向发票人提出,经认真分析,确认无误后方准作业。

工作票中规定的作业组成员,一般不应更换,若必须更换时,应经发票人同意,若发票人不在,可经工作负责人同意,在对新工作人员进行安全交底手续后,方可进行工作。非特殊情况下不得变更工作负责人,如确需变更工作负责人,必须经发票人同意(作业过程中不允许更换负责人),各人在工作票上签字后,报电力调度备案。工作负责人仅允许变更一次,原、现工作负责人应对工作任务和安全措施进行交接。一个作业组的工作负责人同时只能接受一张工作票,一张工作票只能发给一个作业组。

事故抢修、情况紧急时可不开工作票,但应向电力调度报告事故概况,听从电力调度的指挥,在作业前必须按规定做好安全措施,并将作业时间、地点、内容及批准人的姓名记入值班日志中。若一个电气连接部分作业需相邻变电所停电时,开工前,相关变电所的全部安全措施应一次做完。

作业组成员要服从工作负责人的指挥和调动,遵章守纪,对不安全和有疑问的事项要及时提出意见,坚持安全作业。

（3）工作票的有效期与延期

①第一种工作票的有效时间，一般不超过一周（168 h），遇抢修、大中修时，不超过30天，若在规定的工作时间内作业不能完成，工作负责人应提前半小时向电力调度办理准许延时手续。第一种工作票只能延期一次。

②第二种工作票有效时间最长为24 h，不得办理延期手续，到期尚未完成工作应重新办理工作票。工作中工作票破损、污损影响继续使用时，应重新填写工作票。

（4）工作票中有关人员的安全责任

工作票的有关人员有工作票签发人、工作负责人、工作人员（值班员）、作业组成员，他们在工作票中的职责如下：

①工作票签发人。负责审查该作业项目的必要性和可行性；工作地点、时间是否可行，作业区是否安全可靠；安全措施是否正确和完备；所派工作负责人和作业组成员是否适当，人数是否足够，精神状态是否良好。

②工作负责人（监护人）。根据工作任务正确安全地组织工作；复查工作票必须采取的安全措施是否正确完备，符合规定要求；结合实际进行安全思想教育；复查值班员所做的安全措施是否符合规定要求；时刻在场监督作业组成员的作业安全。

③值班员。负责审查工作票必须采取的安全措施是否正确完备，符合规定要求；工作现场布置的安全措施是否完善；负责向电力调度申请停电，进行停电倒闸作业；按照有关规定和工作票要求做好安全措施，办理准许作业手续；负责检查停电设备有无突然来电的危险。

④作业组成员。明确工作内容、工作流程、安全措施、工作中的危险点，并履行确认手续；严格遵守安全规章制度、技术规程和劳动纪律，正确使用安全工具和劳动防护用品；相互关心工作安全，并监督安全工作规程的执行和现场安全措施的实施。

2）工作许可制度

工作许可制度是指凡是在电气设备上进行停电或不停电的工作，事先都必须得到工作许可人的许可，并履行许可手续后方可工作的制度。未经许可人许可，一律不准擅自进行工作，工作许可时应完成以下工作：

（1）审查工作票。工作许可人接到工作票后，要认真、细致地全面审查工作票的安全措施是否正确完备，是否符合现场条件。对工作票有疑问或不同意见的，必须向工作票签发人提出，经认真分析、确认无误后方许可工作，必要时应要求做详细补充或重新填写。

（2）申请停电和倒闸操作。工作许可人负责向电力调度申请停电，按电力调度命令进行停电倒闸作业（第二种工作票除外）。

（3）布置安全措施。停电完毕后，工作许可人根据工作票所列的安全措施到现场逐一布置，并确认安全措施布置无误。若工作票需相邻变电所做安全措施，必须由值班员及工作负责人到相应变电所办理，可在需检修的电缆两端任一变电所办理作业手续。电力电缆停电检修时，必须将需检修的电缆两端可靠接地。每次开工前，工作负责人要在作业地点向作业组全体成员宣读工作票，布置安全措施。

（4）检查安全措施。工作许可人在完成施工现场安全措施的布置后，会同工作负责人按工作票的要求共同检查作业地点的安全措施，按对具体设备的要求指明实际的隔离措施,以手触试,证明检修设备确无电压;向工作负责人指明准许作业范围,指明附近有电(停电作业)设备的位置和工作过程中的注意事项。

(5)签发许可工作。工作许可人会同工作负责人检查工作现场安全措施,确认符合要求后,双方在两份工作票上签字,一份交工作负责人,一份值班员(工作许可人)留存,方可开始工作。应该指出的是,工作许可手续是逐级许可的,即工作负责人从工作许可人那里得到工作许可后,工作组的工作人员需得到工作负责人许可命令后方可开始工作。

3)工作监护制度

工作监护制度是指工作人员在工作过程中,工作负责人(监护人)必须始终在工作现场,对工作人员的安全认真监护,及时纠正违反安全的行为和动作的制度。

变电站工作必须严格执行工作监护制度,这是由其工作性质和工作条件决定的。在变电站的电气设备上进行作业时,除检修设备无电外,其余都是带电或运用中的设备,稍有大意,就会错走带电间隔、接近带电设备或误碰、误操作。因此,执行工作监护制度的意义重大,工作监护制度的落实可使工作人员在工作过程中受到监护人的监督和指导,及时纠正不安全的动作和其他错误做法,避免事故的发生。特别是工作人员在靠近有电部位及工作转移时,工作监护就更为重要。

工作负责人办完工作许可手续之后,在工作班开工之前应向工作班人员交代现场安全措施,指明带电部位和其他注意事项。工作开始以后,工作负责人必须始终在工作现场,对工作人员的安全认真监护。

(1)监护工作要点。根据工作现场的具体情况和工作性质(如设备防护装置和标志是否齐全;室内还是室外工作;停电工作还是带电工作;在设备上工作还是在设备附近工作;进行电气工作还是非电气工作;参加工作的人员是熟练电工还是非熟练电工,或是一般的工作人员等)进行工作监护。

①监护人应有高度责任感,并履行监护职责。从工作开始,工作监护人就要对全体工作人员的安全进行认真监护,发现危及安全的动作立即提出警告和制止,必要时可暂停工作。

②监护人因故离开工作现场,应指定一名技术水平高且能执行监护工作的人代替监护。监护人离开前,应将工作现场向代替监护人交代清楚,并告知全体工作人员。原监护人返回工作地点时,也应履行同样的交接手续。若工作监护人长时间离开工作现场,应由原工作票签发人变更新的工作监护人,新老工作监护人应做好必要的交接工作。

③监护人一般只做监护工作,不兼做其他工作。在全部停电时,工作监护人可以参加工作;在部分停电时,只要安全措施可靠,工作人员集中在一个工作地点,不会误碰导电部分,则工作监护人可一边工作,一边进行监护。

④专人监护和被监护人数。对有触电危险、施工复杂、容易发生事故的工作,工作票签发人或工作负责人,应根据现场的安全条件、施工范围、工作情况,增设专人监护并批准被监护的人数。专人监护只对专一的地点、专一的工作和专门的人员进行特殊的监护,专责监护人员不得兼做其他工作。例如:建筑工、油漆工、通信工和杂工等在高压室或变电站工作时,应指派专人负责监护。其所需要的材料、工具仪器等应在开工前,在施工负责人的监督下运到工作地点。对这些工程的工作,一般在部分停电的

情况下，一个专责监护人可监护三人。在室外变电站同一地点的配电装置上一个专责监护人可监护 6 人。如设备全部停电，一个专责监护人能监护的人数根据具体情况可增多。若在室内工作，且所有通电设备或隔离室全部未装设可靠的遮栏，一个专责监护人监护人数不超过两人。当工作人员接近设备带电部分工作，有触电危险的可能时，一个专责监护人只能监护一个人。

⑤单人在高压室内工作时监护人的职责。为了防止独自行动引起触电事故，一般不允许工作人员（包括工作负责人）单独留在高压室内和室外变电站高压设备区内。若工作需要，且现场设备具体情况允许时，可以准许工作班中有实际经验的一人或几人同时在其他隔室进行工作，但工作负责人应在事前将有关安全注意事项予以详尽的指示。

(2)监护内容

①部分停电时，监护所有工作人员的活动范围，使其与带电部分之间保持不小于规定的安全距离。

②带电作业时，监护所有工作人员的活动范围，使其与接地部分之间保持不小于规定的安全距离。

③监护所有工作人员工具使用是否正确，工作位置是否安全，操作方法是否得当。

4)工作间断、转移和终结制度

变电站及供电线路的电气工作，在工作过程中，一般都要经历工作间断、工作转移和工作终结三个环节。因此，所有的电气工作都必须严格遵守"工作间断、转移和终结"的有关规定。

(1)工作间断制度。变电站的电气工作当日内出现工作间断时，工作班人员应从工作现场撤出，保持所有安全措施不动，工作票仍由工作负责人执存。间断后继续工作，无需经过工作许可人许可；隔日出现工作间断时，当日内工作收工，清扫工作现场，开放已封闭的通路，并将工作票交回值班员。次日复工时，应得到值班员许可后，取回工作票。工作负责人必须事前重新认真检查安全措施，合乎要求后方可工作。若无工作负责人或监护人带领，工作人员不得进入工作地点。

接触网线路上的电气工作当日内出现工作间断时，工作地点的全部接地线仍保留不动。如果工作班暂时离开工作地点，则必须采取安全措施和派人看守，不得让人、畜接近挖好的基坑或未竖立稳固的杆塔以及负载的起重和牵引机械装置等。恢复工作前，工作负责人应检查接地线等各项安全措施的完整性；若在工作中遇雷、雨、大风或其他情况威胁到工作人员的安全时，工作负责人或监护人可根据情况，临时停止工作；每日收工时，如果要将工作地点所装的接地线拆除或次日重新验电装接地线恢复工作，均须得到工作许可人许可后方可进行；如果经调度允许连续停电，夜间不送电的线路，工作地点的接地线可以不拆除，但次日恢复工作前应派人检查。

(2)工作转移制度。在同一电气连接部分用同一工作票依次在几个工作地点转移工作时，由值班员在开工前一次做完全部安全措施，转移工作时，不需再办理转移手续，但工作负责人在转移工作地点时，应向工作人员交代带电范围、安全措施和注意事项，尤其应该强调新工作条件下的特殊注意事项。

(3)工作终结制度。变电站的电气作业全部结束后，工作班应清扫、整理现场，消除工作中的各种遗留物件。工作负责人经过周密检查，待全体工作人员撤离工作现场后,再向值班人员讲解检修项目、发现的问题、试验结果和存在的问题等,并在值班处的检修记录簿上记载检修情况,然后与值班人员共同检查检修设备状况,如有无遗留物件、是否清洁等,必要时进行无电压下的操作试验。最后,在工作票(一式两份)上填明工作终结时间,经双方签字后即认为工作终结。工作终结并不是工作票终结,只有工作地点的全部接地线由值班人员全部拆除,并经值班负责人在工作票上签字后,工作票方可终结。

接触网线路工作完工后,工作负责人(包括小组负责人)必须检查线路检修地段的状况及在杆塔上、导线上、绝缘子上有无遗留的工具、材料等,查明全部工作人员确由杆塔上撤下后,再命令拆除接地线(线路上工作地点的接地线由工作班组装拆)。

由于停电线路随时都有突然来电的可能,所以,接地线一经拆除,即应认为线路已带电,此时,对工作人员来说已无任何安全保障,任何人不得再登杆作业。

当接地线已经拆除,而尚未向工作许可人进行工作终结报告前,又发现新的缺陷或有遗留问题,必须登杆处理时,可以重新验电装设接地线,做好安全措施,由工作负责人指定人员处理,其他人员均不能再登杆,工作完毕后,要立即拆除接地线。

当工作全部结束,工作负责人已向工作许可人报告工作终结,工作许可人在工作票上记载了终结报告的时间,则认为该工作负责人办理了工作终结手续。之后若需再登杆处理缺陷,则应向工作许可人重新申请办理许可手续。

检修后的线路必须履行下述手续才能恢复送电。

①线路工作结束后,工作负责人应向工作许可人报告,报告的方式为当面亲自报告或用电话报告且经复诵无误。

②报告的内容为:工作负责人姓名,某线路上某处(说明起止杆号、分支线名称等)工作已经完工,设备改动情况,工作地点所在的接地线已全部拆除,线路上已无本班组工作人员,可以送电。

③工作许可人在接到所有工作负责人(包括用户)的完工报告后,并确知工作已经完毕,所有工作人员已由线路上撤离,接地线已经拆除,并与记录簿核对无误后,拆除变电站线路侧的安全措施。

2. 保证安全的技术措施

所谓保证安全的技术措施,是指工作人员在电气设备上工作时,为防止人身触电而采取的技术措施。为了防止停电检修设备突然来电,工作人员由于身体或使用的工具接近邻近设备的带电部分而超过允许的安全距离,人员误走带电间隔和带电设备而造成触电事故,对于全部或部分停电的设备上的作业,必须采取下列保证安全的技术措施:停电、验电、装设接地线、挂标示牌和装设遮栏。上述技术措施由值班员(或工作许可人)执行。

1)停电

(1)工作地点必须停电的设备。停电作业的电气设备和电力线路,除了本身应停电外,影响停电作业的其他带电设备和带电线路也应停电。

(2)接触网线路停电作业应采取的停电措施:

①断开变电站线路断路器和隔离开关。

②断开工作班需要操作的线路各端断路器、隔离开关和熔断器。

③断开危及该线路停电作业,且不能采取相应安全措施的交叉跨线、平行和同杆

架设线路的断路器、隔离开关和熔断器。

④断开有可能返送电的断路器、隔离开关和熔断器。

（3）电气设备停电检修应切断的电源。电气设备停电检修时，必须把可能来电的所有电源完全断开。

①断开检修设备各侧的电源断路器和隔离开关。为了防止突然来电的可能，必须切断停电检修的设备各侧的电源。除了断开各侧的断路器外，还要求拉开各侧的隔离开关，使各个可能来电的方面至少有一个明显的断开点，以防检修设备在检修过程中，由于断路器误动作而突然来电，同时也便于工作人员检查和识别停电检修的设备。

②应将与停电检修设备有关的变压器和电压互感器的设备各侧（高、中、低压侧）完全断开，以防止向停电检修设备反送电。

③断路器和隔离开关断开后，应采取防误合措施。为了防止断路器和隔离开关在工作中由于控制回路发生故障（如直流系统接地，机械传动装置失灵或由于运行人员的误操作造成误送电），必须断开检修设备和可能来电侧的断路器、隔离开关的控制电源，隔离开关的操作把手应锁住，确保不会误送电。

④断开停电设备的中性点接地刀闸。运行中的星形接线设备的中性点，可能由于线路三相不平衡，使中性点产生偏移电压，所以中性点被视为带电设备。若检修设备与运行设备中性点连接在一起，偏移电压将加到检修设备上，尤其当系统中发生单相接地故障时，中性点对地电压可达到相电压数值，显然这是非常危险的。因此，检修设备停电时，应将检修设备的中性点接地刀闸拉开，并采取防止误合的措施。

（4）停电命令的办理。对变电站（所）有权停电的设备，值班员可按规定办理准许作业手续、自行停电；对变电所无权自行停电的设备，要按下列要求办理。

①属电力调度管辖的设备，作业前由值班员向电力调度提出停电申请，电力调度审查无误后发布停电倒闸命令。

②电力调度发布停电倒闸命令后，再发布停电作业命令。电力调度在发布停电作业命令后，受令人认真复诵，经确认无误后，方可给命令编号，批准时间。发令人和受令人同时填写作业命令记录，并由值班员（工作许可人）将命令编号和批准时间填入工作票中。

③对不属于电力调度管辖的设备停电时，按有关规定办理手续。

④在同一个停电范围内有几个作业组同时作业时，对每一个作业组，值班员必须分别办理停电申请。

2）验电

（1）验电的目的是验证停电作业的电气设备和线路确无电压，防止带电装设接地线或带电合接地刀闸等恶性事故的发生。

（2）验电的方法

①验电时，应先将验电器在有电的设备上试验，确认验电器状态良好，声光指示正确。

②验证验电器合格、指示正常后，在被试设备的进出线各侧按相分别验电。验电时将验电器慢慢靠近被试设备的带电部分（直流设备验电时将验电器直接接触到带电部分），若验电器无声光指示，则设备已停电，反之为有电。

GIS组合电器必须用专用的验电氖灯插入电容式感应设备插座进行测试。

③最后在有电的设备上复验一次,确认验电器状态良好。

④对于无法直接验电的设备,可以进行间接验电,即检查隔离开关(刀闸)的机械指示位置、电气指示、仪表及带电显示装置指示的变化,但至少应有两个及以上的指示或信号发生对应变化;若进行遥控操作,则应同时对隔离开关(刀闸)的状态指示、遥测、遥控信号及带电显示装置的指示进行间接验电。

3)验电的注意事项

①高压设备验电及装设、拆除接地线时,必须两人同时进行作业,操作人和监护人必须穿绝缘靴和戴安全帽,操作人还要戴绝缘手套。

②必须用电压等级合适而且合格的验电器,严禁使用低于被试设备额定电压的验电器进行验电,以防造成人身触电,严禁用高于被试设备额定电压的验电器验电,否则可能会引起误判断。

③应拉足验电器的伸缩式绝缘棒长度,验电时手应握在手柄处,不得超过护环,人体应与验电设备保持足够的安全距离,雨雪天气时不得进行室外直接验电。

④验电时,必须在被试设备的进出线两侧各相上分别验电,对处于断开位置的断路器或隔离开关的两侧也要同时按相验电,不允许只验一相无电就认为三相均无电。

⑤线路的验电应逐相进行。对同杆塔架设的多层电力线路进行验电时,先验低压,后验高压;先验下层,后验上层。对停电的电缆线路验电时,因电缆线路电容较大,储存剩余电荷量较多,又不易释放,因此刚停电时验电,验电器灯泡仍会发亮,要每隔几分钟重复验电,直到验电器灯泡不亮时,才确认该电缆线路已停电。

⑥如果在木杆、木梯或木架上验电,可在验电器绝缘杆尾部接上接地线,但应得到值班员或工作负责人许可。

⑦使用直流验电器验电时要接好接地线,还要定期用万用表检查限流电阻,防止断路。

⑧表示断路器、开关分闸的信号以及常设的测量仪表显示无电时,仍应通过验电器检验设备是否已停电,否则禁止在该设备上作业。110 kV进线用万用表测量进线单相PT电压的方式间接验电。

4)装设接地线

当验明设备(线路)确已无电压后,应立即将检修设备(线路)用接地线(或接地刀闸)三相短路并接地。

(1)接地线(接地刀闸)由三相短路部分和接地部分组成,它的作用是:

①当工作地点突然来电时,能防止工作人员受到触电伤害。在检修设备的进出线各侧或检修线路工作地段两端装设三相短路的接地线,使检修设备或检修线路工作地段上的电位始终与地电位相同,形成一个等地电位的作业保护区域,防止突然来电时停电设备或检修线路工作地段的导线对地电位升高,从而避免该工作地点工作人员因突然来电而受到触电伤害。

②当停电设备(或线路)突然来电时,造成接地线突然来电的三相短路,促成保护装置动作,迅速断开电源,消除突然来电。

③泄放停电设备或停电线路由于各种原因产生的电荷。如感应电、雷电等都可通过接地线入地,对工作人员起保护作用。

（2）装设接地线的原则。

①凡可能送电至停电设备的各侧，或可能产生感应电压的停电设备均应装设接地线；当有可能产生危险感应电压时，应适当增设接地线。

②停电线路工作地段的两侧应装设接地线；凡有可能送电到停电线路的分支线也要装设接地线；若有感应电压反映在停电线路上时，应增设接地线；停电线路在发电厂、变电站的出线路隔离开关线路侧也要装设接地线。

③发电厂、变电站母线检修时，若母线长度在 10 m 以内，母线上只装设一组接地线；在门型架构的线路侧进行停电检修时，如果工作地点与所装接地线的距离小于 10 m，工作地点虽在接地线外侧，也可不另装接地线；当母线长度大于 10 m 时，应视母线上电源进线的多少和分布情况以及感应电压的大小，适当增设接地线。

④抢修分段母线（分段母线以隔离开关或断路器分段）第一分段不连接，且每分段都连接有电源进线时，则各分段母线均应分别验电接地短路；若每一分段上无电源进线，则可不装设接地线。

（3）装、拆接地线的方法及安全注意事项。

①装、拆接地线必须由两人进行。若为单人值班，只允许使用接地刀闸，或使用绝缘棒合接地刀闸接地。这是因为单人装接地线时，若发生带电装设接地线，则会出现无人救护的严重后果。故规程规定必须由两人进行。同样，为保证人身安全，拆除接地线也必须由两人进行。单人值班合、拉接地刀闸不会出现上述严重情况。

②装设接地线时，应先将接地端可靠接地，验明停电设备无电压后，立即将接地线的另一端接在设备的导体部分上。这样做可以防止装设接地线人员因设备突然来电或感应电压而发生触电危险。

③拆除接地线时，应先拆除设备的导体端，后拆除接地端。按这种顺序拆除接地线，可防止突然来电或感应电压对拆除接地线人员的触电伤害。

④装、拆接地线时，应使用绝缘棒和戴绝缘手套，人体不得触碰接地线，以免感应电压或突然来电时的触电。

⑤装设接地线时，接地线与导体、接地桩必须接触良好。为使接地线与导体、接地桩接触良好，必须使用线夹将接地线固定在导体上，严禁用缠绕的导线接地或短路；在室内配电装置上，接地线应装在该装置已刮去油漆的导电部分（这些地点是室内装接地线的规定地点，且标有黑色记号）。如果不按上述要求装设接地线，则接地线与导体、接地桩可能接触不良，当接地线流过短路电流时，在接触电阻上产生的电压降将施加于停电设备上，使停电设备带电，这是不允许的。

⑥接地线的接地点与检修设备之间不得连接有断路器、隔离开关或熔断器。若接地线的接地点与检修设备之间连接有断路器、隔离开关或熔断器，则在设备检修过程中，如果有断路器、隔离开关或熔断器断开，会使检修设备处于无接地保护状态。倘若布置的安全措施中存在切断电源操作不彻底的情况，在检修过程中有可能造成电压反馈，使检修设备带电而发生触电事故。故装设接地线时应避免上述情况发生。

⑦对带有电容的设备或电缆线路，在装设接地线之前应放电，以防工作人员遭电击。

⑧同杆塔架设的多层电力线路装设接地线时，应先装低压，后装高压；先装下层，后装上层。

⑨接地线与带电部分要符合安全距离的规定。

5)挂标示牌和装设遮栏

电源切断后应立即在有关部位、工作地点悬挂标示牌和装设临时遮栏。

(1)标示牌可提醒有关人员及时纠正要发生的错误操作和行为,防止由于误操作向有人工作的设备(线路)合闸送电,并且防止工作人员错走带电间隔和误碰带电设备。遮栏可限制工作人员的活动范围。实践证明,悬挂标示牌和装设遮栏是防止事故发生的有效措施。

(2)下列部位和地点应悬挂标示牌和装设遮栏:

①在一经合闸即可送电到工作地点的断路器和隔离开关的操作把手上,均应悬挂"禁止合闸,有人工作"的标示牌。

②凡远方操作的断路器和隔离开关,在控制盘的操作把手上应悬挂"禁止合闸,有人工作"的标示牌。

③线路上有人工作时,应在线路断路器和隔离开关的操作把手上悬挂"禁止合闸,有人工作"的标示牌。

④当安全距离小于"设备不停电时的安全距离"时,即该距离以内的未停电设备,部分停电的工作设备应装设临时遮栏。临时遮栏与带电部分的距离不得小于"工作人员工作中正常活动范围与带电设备的安全距离",并在临时遮栏上悬挂"止步,高压危险!"的标示牌。

⑤在室内高压设备上工作时,应在工作地点两旁间隔的遮栏上、工作地点对面间隔的遮栏上和禁止通行的过道(通道应装临时遮栏)上悬挂"止步,高压危险!"的标示牌。

⑥在室外地面高压设备上工作时,应在工作地点四周用绳子做好围栏,围栏上悬挂适当数量的"止步,高压危险!"的标示牌,标示牌有标志的一面必须朝向围栏里面(使工作人员随时可以看见)。

⑦在工作地点悬挂"在此工作"的标示牌。

⑧在室外架构上工作时,应在工作地点邻近带电部分的横梁上悬挂"止步,高压危险!"的标示牌;在工作人员上下的铁架和梯子上应悬挂"从此上下!"的标示牌;在邻近其他可能误登的带电架构上,应悬挂"禁止攀登,高压危险!"的标示牌。

上面提到的接地线、标示牌、临时遮栏、绳索围栏等,都是保证工作人员人身安全和设备安全运行的措施,工作人员不得随意移动和拆除。

关键名称与概念

1. 检修计划

检修计划是设备检修的依据,其主要内容是确定计划期内设备检修的类别、时间、劳动量及停运时间等。在检修计划中,应明确规定应修设备的名称、数量、修理日期和修理工时等内容。必要时,还可规定所需的主要材料及备件等。

2. 电力设备预防性试验

电力设备的预防试验是指对已投入运行的设备按规定的试验条件、试验项目、试验周期所进行的定期检查或试验,以发现运行中电力设备的隐患,预防事故发生及电力设备损坏。它是判断电力设备能否继续投入运行并保证安全的重要措施。

3. 保证安全的组织措施

保证安全的组织措施是指在进行电气作业时,将与检修、试验和运行有关的部门组织起来,加强联系、密切配合,在统一指挥下,共同保证电气作业的安全。包括工作票制度,工作许可制度,工作监护制度,工作间断、转移和终结制度等。

4. 保证安全的技术措施

保证安全的技术措施是指工作人员在电气设备上工作时,为防止人身触电而采取的技术措施。包括停电、验电、装设接地线、挂标示牌和装设遮栏。

复 习 题

1. 变电设备检修的原则有哪些?(适合【初级工】)

2. 什么是变电设备的定期保养?(适合【初级工】)

3. 按试验范围划分电气设备预防性试验有哪些?(适合【中级工】)

4. 保证安全的组织措施有哪些?(适合【中级工】)

5. 保证安全的技术措施有哪些?(适合【中级工】)

6. 工作票的填写和签发有何规定?(适合【高级工】)

7. 工作票中各有关人员都有哪些安全责任?(适合【高级工】)

第四章 变配电设备检修

培训目标 ◀◀◀

　　掌握变压器、GIS 设备、高压开关设备、直流开关设备、整流器、低压开关设备、高压电缆的检修项目和基本方法,熟悉避雷器和接地装置的检修项目和基本方法,了解电力监控设备的检修项目和基本方法。

第一节　变　压　器

　　变压器是一种静止的电气设备,它利用电磁感应原理,将某一等级的交流电压和电流转变成同频率的另一等级的电压和电流。

　　变压器的分类方法很多,比如按相数可分为单相变压器和三相变压器,按绕组数及耦合方式可分为双绕组变压器、三绕组变压器和自耦变压器,按变压器内部绝缘介质可分为油浸式变压器和干式变压器。

一、油浸式变压器的结构

　　油浸式变压器主要由铁芯,高、低压绕组,变压器油、油箱、油枕,高、低压套管,分接开关,冷却装置以及其他附件构成。

1. 变压器铁芯

　　变压器铁芯是用 0.5 mm 的硅钢片叠成,片间涂刷绝缘漆。变压器铁芯具有较高的磁导率,是构成变压器磁路系统的主体。

　　变压器铁芯分为心式和壳式两种结构,目前变压器一般采用心式铁芯结构。心式铁芯由铁芯柱和铁轭组成。油浸式变压器的铁芯内部有冷却铁芯的油道,便于变压器油循环,也加强了设备的散热效果,如图 4-1 所示。

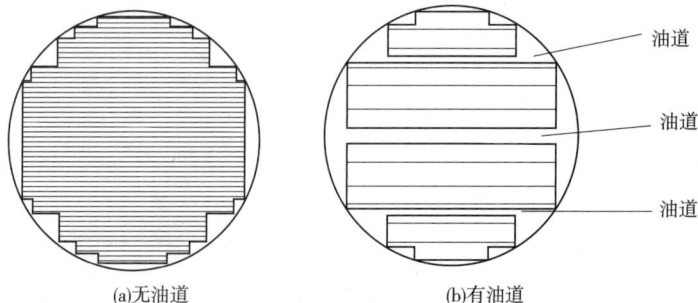

(a)无油道　　　　　　　　(b)有油道

图 4-1　心式铁芯结构

铁芯叠好后,要用槽钢夹件将上下铁轭夹紧,铁芯柱用环氧纤维带扎紧。夹件与铁轭之间用绝缘纸板绝缘,减少通过夹件而形成涡流过热。铁芯必须有一点接地,以防止铁芯对地产生悬浮电压导致放电。接地铜片一般放在低压引出线侧。夹件、绝缘纸板和接地铜片的布置如图4-2所示。油浸变压器的夹件螺栓要穿过铁轭,因此穿心螺栓对铁芯必须有良好的绝缘。

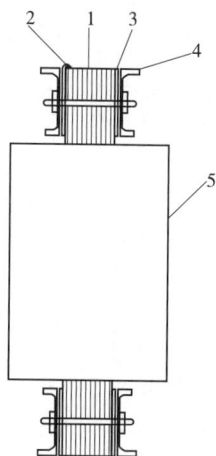

图 4-2　夹件、绝缘纸板和
接地铜片的布置
1—铁轭;2—接地铜片;3—绝缘纸板;
4—夹件;5—绕组

2. 变压器绕组

变压器绕组多采用铜线绕制,铜线表面是绝缘材料。高压绕组一般用高强度绝缘漆包线和纱包线,低压绕组则采用高强度绝缘导线。通常,高压和低压绕组都绕成圆筒形状,同心套在铁芯柱上;低压绕组套在里面靠近铁芯柱,高压绕组套在低压绕组外面;低压绕组与铁芯柱之间和高压绕组与低压绕组之间均用绝缘材料隔开;高、低压绕组间留有冷却油道,用于绝缘和散热。

3. 变压器套管

变压器套管是变压器引出线的绝缘支架,是引出线对地绝缘,固定引出线的设备。因此,变压器的套管必须具有较高的电气强度以及良好的热稳定性。

变压器低压套管一般采用瓷质绝缘套管,高压套管除了使用瓷质套管外,还采用复杂的内部绝缘。高压套管采用充油式套管,充油式套管内绝缘油是独立注入,并不与变压器油箱连通。

4. 变压器油冷却装置

油式变压器冷却方式通常分为自然油循环冷却和强迫油循环冷却两种。对于自冷式变压器,目前采用的油箱主要有以下几种形式:平板式油箱,管式油箱,散热器式油箱,波纹式油箱和冷却器别置式油箱。

5. 变压器油枕

变压器油是绝缘和冷却的介质,变压器绕组置于充满油箱的变压器绝缘油中。变压器油箱中的油体积随温度热胀冷缩,此种变化通过油枕及其附件进行调节。变压器油枕及其附件如图4-3所示。

6. 分接开关

分接开关分为有载分接开关和无载分接开关,这里主要介绍有载分接开关。

有载分接开关调压方式为有载调压。有载分接开关的工作原理是在变压器绕组中引出若干分接头后,在不中断负载电流的情况下,通过有载分接开关由某一分接头切换到另一分接头,以改变绕组有效匝数,即改变其变压器的电压比,从而实现调压的目的。

有载分接开关的电路由过渡电路、选择电路和调压电路三部分组成:

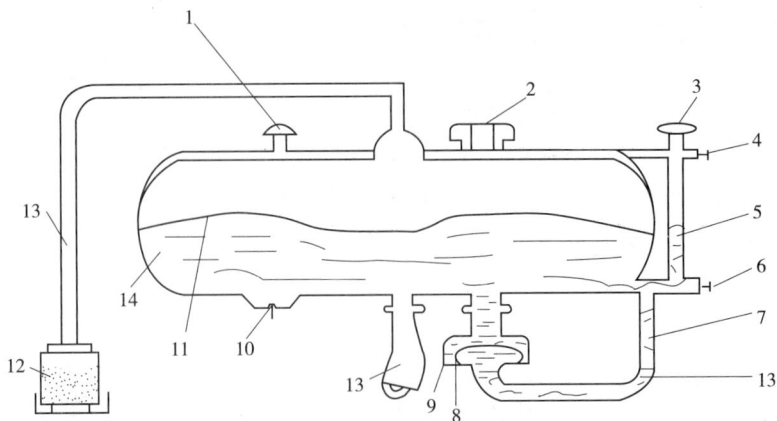

图 4-3 变压器油枕及其附件

1—排气塞;2—手孔;3—油表注油及呼吸塞;4—油表排气螺钉;5—浮球;6—油表放油螺钉;
7—油表玻璃管;8—压油袋;9—压油袋器壳;10—沉积器;11—隔膜袋;12—吸湿器;13—连管;14—油室

（1）过渡电路。过渡电路是跨接于分接间串接电阻的电路,与其对应的结构为切换开关或选择开关。它是在带电状态下变换变压器绕组的分接头。

（2）选择电路。选择电路是为选择分接绕组分接头所设计的一套电路,所对应的机构为分接选择器、转换选择器或选择开关。复合式分接开关用于电流不大、电压等级不高的情况;组合式分接开关适用于大容量、高电压调压的情况。

（3）调压电路。调压电路是变压器绕组调压时所形成的电路。有载调压电路分为基本调压电路、自耦调压电路、三相调压电路和工业调压电路等。其中,基本调压电路分为线性调、正反调和粗细调三种,线性调为基本绕组上加上线性调压绕组,调压范围一般为 15%。

有载分接开关有两种大的结构类型,一种是由分接选择器和切换开关相结合的有载分接开关;另一种是将分接选择器的功能和切换开关的功能复合在一个装置中的选择开关(即复合式)。由分接选择器和切换开关组合的有载分接开关适合于额定容量较大的变压器上,目前应用最为普遍。

由分接选择器和切换开关组合的有载分接开关,其变换过程分两个步骤。第一步是分接选择器在无电流下预选一个与工作分接相邻的分接;第二步是切换开关将电流从工作分接转移到预选分接。整个顺序由电动机构驱动,包括驱动电机、减速机构和控制及保护装置等。上述机构通过星形槽轮驱动分接选择器,与此同时上紧弹簧储能机构。当储能弹簧上紧动作完成后,驱动切换开关快速地操作循环。它的转换时间取决于开关形式和机构,一般为 40~60 ms。一旦弹簧释放,不管电动机构是否驱动,切换开关的操作循环即告完成。过渡电阻接入电路后承受负载的时间随开关形式和结构而不同,为 20~30 ms。从电动机构启动到分接切换结束,分接变换一次需用的总时间,随分接开关的型式和结构而不同,大致为 3~10 s。

有载选择开关从工作分接位置变换到相邻分接位置是一步完成的。电动机构首先上紧储能弹簧,然后弹簧释放能量,快速转动选择开关的动触头系统,从一个分接变换到下一分接。实际变换时间随开关型式和结构而不同,在 20~180 ms 之间。

二、油浸式变压器检修

在现在的地铁供电系统中,油浸式变压器主要在主变电所 110 kV 系统主变压器中使用,种类主要为三相双绕组有载调压降压电力变压器。

1. 油浸变压器的检修周期与内容

1)变压器小修

(1)检修周期:一年。

(2)检修项目:

①处理已发现的缺陷。

②放出储油柜积污器中的污油。

③检修油位计,调整油位。

④检修安全保护装置:包括储油柜、压力释放阀(安全气道)和气体继电器等。

⑤检修测温装置:包括压力式温度计、电阻温度计(绕组温度计)和棒形温度计等。

⑥检修调压装置、测量装置及控制箱,并进行调试。

⑦检查接地系统。

⑧检修全部阀门和密封圈,全面检查密封状态,处理渗漏油。

⑨清扫油箱和附件,必要时进行补漆。

⑩清扫外绝缘和检查导电接头(包括套管将军帽)。

⑪按有关规程的规定进行测量和试验。

2)油浸变压器的大修

(1)变压器的大修周期:

①变压器一般在投入运行后 5 年内大修,以后每间隔 10 年再大修一次。

②箱沿焊接的全密封变压器或制造厂另有规定者,若经过试验与检查并结合运行情况,判定有内部故障或本体严重渗漏时才进行大修。

③在电力系统中运行的主变压器,当承受出口短路后,经综合诊断分析可考虑提前大修。

④运行中的变压器,当发现异常状况或经试验判明有内部故障时,应提前进行大修;运行正常的变压器经综合诊断分析良好,经领导批准,可适当延长大修周期。

(2)变压器的大修项目:

①吊开钟罩检修器身或吊出器身检修。

②线圈、引线及磁(电)屏蔽装置的检修。

③铁芯、铁芯紧固件(穿芯螺杆、夹件、拉带、绑带等)、压钉、连接片及接地片的检修。

④油箱及附件的检修,包括套管、吸湿器等。

⑤冷却装置的检修。

⑥安全保护装置的检修。

⑦油保护装置的检修。

⑧测温装置的校验,瓦斯继电器的校验。

⑨操作控制箱的检修和试验。

⑩无励磁分接开关和有载分接开关的检修。

⑪全部密封胶垫的更换和组件试漏。

⑫必要时对器身绝缘进行干燥处理。

⑬变压器油处理或换油。

⑭清扫油箱并进行喷涂油漆。

⑮大修后的试验和试运行。

2. 油浸变压器的常见问题

1）变压器渗油

可能原因包括：①材质、材料本身的原因，部件本身制造质量或材料有气孔夹层；②密封件老化、开裂和材质不好；③工艺装配不到位，如焊接质量问题、紧固力不均匀、密封表面不清洁平整、套管有水平方向受力情况等。

2）直流电阻有异常

直流电阻异常在预防性试验和平时多有发生，需要引起我们的注意并分情况处理。①各连接部分存在接触不可靠或有氧化现象；②压接或焊接不到位；③检查开关引线及各线圈的引线连接状态。测试时尽量排除引线和接头等外部的影响，确认变压器内部（绕组、开关等）是否有异常。

3）变压器的保护和监视装置误发信号

可能误发信号的元件是油位表、压力释放阀、瓦斯继电器和温度表等，差动保护装置也可能误发信。判断是否误发信的主要依据是：油枕内是否有油，压力释放阀是否有油溢出或有油喷出，瓦斯继电器内是否有气体，温度计的指针显示与控制室内数字显示是否符合、一致。

4）运行后变压器本体油色谱异常

油中氢气含量超标，产生的原因可能是：潮气或水分的影响，或是不锈钢、绝缘漆等与变压器油起反应产生的结果。如果氢气增加的同时，有其他特征气体增长应认真分析，不排除变压器内存在故障的可能性。

变压器油中乙炔或总烃含量超标，那么应首先排除外界情况的干扰，如有载开关是否存在泄漏，变压器上是否有过焊接作业等。如果气体含量虽未达到警示值，但特征气体的增量较快也必须认真对待，结合电气试验进行综合分析作出判断。首先明确是电气回路的故障，还是磁回路的问题，针对不同情况采取不同的处理办法。

5）分接开关故障

变压器分接开关的常见故障和可能原因：

①连动。可能是交流接触器失电后延时返回，或者顺序开关故障，或交流接触器动作配合不当。

②手动操作正常，电动操作拒动。可能是无操作电源或电动机控制回路故障。

③电动操作机构动作过程中空气开关跳闸。原因是凸轮开关安装移位。

④电动机构仅能一个方向分接变换。原因是限位机构复位。

⑤分接开关与电动机构分接位置不一致。原因是分接开关与电动机构连接错误。

⑥分接开关储油柜油位异常。如果调整分接开关储油柜油位后仍继续有问题，应判断为油室密封缺陷，造成油室与变压器本体互相渗油。

⑦运行中分接开关频繁发信号动作。可能是油室内存在局部放电，造成气体的不断积累。

6）变压器运行时声音异常

正常运行的变压器发生的"嗡嗡"声是连续的、均匀的。如果电网发生过电压、电网有单相接地或产生谐振过电压，会使变压器输入电压高而存在过励磁现象，这时电磁声较大。变压器过负载，会使变压器发出沉重的"嗡嗡"声。如果声音时大时小，时有时无，没有规律，一般是高次谐波影响产生的。机械杂声，一般是部件松动和部件碰撞引起，这时首先应判断是变压器内部的还是外部的，如果是变压器内部产生，一般是紧固件松动或内部有异物引起。

7）变压器运行时的短路故障

可分为变压器内部短路变压器外部短路两种情况。变压器内部短路：变压器线圈的匝间、层间、相间，变压器的引线，有载分接开关的引线及内部都有可能会发生短路。另外有异物搭桥，变压器受潮等也会使变压器内部发生短路。变压器内部线圈短路，压力释放阀、重瓦斯等均有动作。

变压器外部短路的主要原因可能有：检修投运前接地棒没有拆除，电缆短路，中、低压开关短路，异物搭接引起短路，雷电袭击线路引起短路。

3. 油浸式变压器检修项目及方法

1）油浸式变压器芯部检修

（1）检修前的工作

①技术准备。从技术上做好准备工作，主要是对待修理变压器芯部的技术状况进行摸底，然后确定检修项目和内容。其中的重点是对投运以来的历次试验报告、检修记录进行系统、全面的分析比较，并综合各种有效的试验方法及设备的历史情况，对其技术状况做出合理的结论。

基本方法是将最近一次的试验报告、检修记录与颁布标准中规定的数值相比较；与本台变压器出厂及历年试验结果相比较，尤其是与前一次的试验结果相比较；与同类设备的试验结果相比较，同时应注意从前一次检修记录中发现遗留的质量问题。此外，还应调查了解变压器运行的情况，例如音响、油温、油位是否正常，套管有无放电现象，变压器的保护动作情况，冷却系统工作是否正常。

②工具、材料备件准备。工具、材料的准备视检修项目和内容的不同而不同。在变电所内对主变压器进行吊芯检修所需要的设备、备品、工具、材料如下。

设备包括：起重吊车、真空滤油机、压力滤油机、油耐压试验器、电热烘箱、油罐。

备品包括：方油箱、油盘（盆）、篷布、钢棚架、油管、灭火器。

工具包括：套管架（座）、配电箱、干湿温度计、钢丝绳套、套筒扳手、电焊机、槽钢、小撬棍、呆扳手、活动扳手、管接头、电烙铁、手锤、空心冲子、铁皮剪刀、剪刀、电动喷液枪、专用套筒扳手、绳索、钢直尺、管钳、喷灯、锉刀、小滑轮、毛刷、小油桶。

材料包括：滤油纸、塑料薄膜、硅胶、耐油橡胶板、变压器油、电工绝缘纸板、绝缘清漆、虫胶片、酒精、绝缘橡胶圆条、石棉盘根、白绸布、白市布、棉丝、泡沫塑料、白布带、电缆纸、金属洗清精、调和漆、黄蜡绸、砂布、橡胶管、电焊条、钢丝刷、黑胶布、橡套电缆。

对变压器进行吊芯检修前，除对所需设备、备品、工具、材料等进行准备外，常用检修配件也是不可缺少的物资部分。常用检修配件包括：油表玻璃管、信号温度计、高压套管、低压套管、气体继电器、蝶阀、闸阀、耐油尼龙橡胶隔膜袋、隔膜压油袋，各种螺栓、垫圈，蝶阀、油孔、套管等孔的盖板。注意：工具、材料的规格可根据待修变压器的实际需要来确定,材料数量除应根据实际需要准备外,还要考虑检修的内容,对不需要的可不准备,在做准备工作时应充分考虑。

③人员设置。人员的数量和所具备的技术水平作为定员标准,同时应考虑一定的预备人员。

④其他。除上述准备工作外,还应做好以下各项准备工作:

a. 落实运输设备、工具、材料等的车辆。

b. 清点设备、工具、材料等是否足够和完好,并装车启运到变电所。

c. 调查气象情况,确定开工日期。吊芯检修时,选择相对湿度不超过75%的天气进行。

d. 接好工作电源和照明设备。

e. 为了确保吊芯检修时的安全,在做准备工作时,切记要调查变压器箱罩的重量和吊车的性能。

为了防止变压器芯部受潮,进行芯部检查应在晴朗的气候条件下进行。绝缘受潮的可能性和受潮的程度与大气的湿度、温度、变压器芯部的温度及芯部在大气中暴露时间的长短等因素有关。为避免发生水分的凝聚现象,应在变压器芯部的温度高于或等于环境温度时进行。

变压器芯部绝缘物裸露在大气中吸潮的过程是逐渐发展的,受潮的程度与芯部在大气中暴露的时间长短有关,因此在对变压器芯部进行检查时,应对延续时间加以控制。变压器运行规定中规定:芯子在空气中停留的时间,从其与外部接触的时刻算起不应超过下列规定:干燥天气(空气的相对湿度不超过65%)16 h;潮湿天气(空气的相对湿度不超过75%)12 h。注油时间不包括在上述时间之内。

(2)变压器芯部检修方法

①线圈的轴向压力检修。用压钉和压环压紧线圈的变压器,在检查时应拧动压钉,使压环向下移动,即增加线圈的轴向压力。在拧紧压钉时,应注意同一压环上的几个压钉受力应均匀,保持各侧的压紧程度一致。

②引线及其支持装置检修。检修重点为引线端部与接线柱的焊接要牢固,接触要良好,导线无折痕和局部断裂现象。对接触不良和有断裂的要进行补焊或重新焊接。焊接的方法通常有银铜焊、铜焊、锡焊和熔焊4种,其中多采用铜焊。铜焊一般都为钎焊,钎焊的焊料有软、硬两种。焊接变压器引线的铜磷焊料1号(LCuP-1)和铜磷焊料2号(LCuP-2)是比较理想的焊料。如果引线接头是铜皮,可选用铜磷焊料3号(LCuP-3)。

焊料加热使用的工具可根据情况选用火焰喷灯或焊接变压器。焊接时应注意清除焊接物表面的绝缘漆膜和杂物,使焊接点的电阻尽量小。

对于引线外包扎绝缘损坏者,可按原包扎形式,使用原包扎材料重新包好,也可对损坏的局部用电缆纸包扎后,在表面涂刷醇酸清漆进行绝缘处理。

固定引线的支架应坚固完好,对损坏的部位要修理,同时检查连接支架的螺栓是否齐全以及是否有防止滑落的措施。对木质支架材料的要求较严格,一般采用水曲柳等杂木。现场进行木材干燥时,可采用将加工好的木支架放到80%左右的变压器油中进行热煮的方法。

③穿心螺杆绝缘及铁芯绝缘检修。在正常情况下,穿心螺杆对地的绝缘应在

10 MΩ以上。检修时，用2 500 V兆欧表，将其"L"端接于螺杆端头上，"E"端接于紧固夹件上即可测得对地的绝缘。检查铁芯绝缘的目的是判断其有无多点接地现象。检查时，先把铁芯接地片在接地一端拆开，然后再用2 500 V兆欧表，将其"L"端接于铁芯接地片上，"E"端接于紧固夹件上测出铁芯绝缘电阻。正常情况下，绝缘电阻应在5 000 MΩ以上。与初始值相比较，若小于初始值的50％，亦可判断为绝缘破坏或有多点接地现象。

④有载调压分接开关检修。检修时，应先托起分接开关的外绝缘筒，从检查孔处观察它的接触部分，要求触头表面不应有灼痕与疤痕，表面粗糙度 Ra 值一般为 6.3 μm。用手按压动触环并使其旋转，一是检查各动触环弹簧压力是否均匀，二是观察触环表面有无缺陷。对在运行中长期不调压使用的分接开关，其动触环和定触柱上常覆有氧化膜和污垢，较轻者可将触头在各位置往返切换多次，将污垢清除；较重者可用干燥的白绸布将其擦拭干净。最后再将分接开关往复操作几次，看其活动是否灵活，手柄的指示位置与触头的接触是否一致。

上述检查完毕后，用双臂电桥测量每一个分接位置的直流电阻，要求不超过 500 $\mu\Omega$。此方法只能在拆开检查分接开关时进行。有条件时，可用压力计测量动触环与定触柱的接触压力．如果发现分接开关接触不好、定触柱或动触环有踏损或疤痕、引线焊接不牢等，应将其拆下进行修理。

⑤芯部外表和紧固件检修。检查线圈及其他绝缘物有无老化发脆，外包绝缘是否完整等。对局部绝缘损坏者，可用电缆纸或黄蜡布带包扎，然后在表面涂刷醇酸清漆。

检查芯部表面的脏污情况，如果面积小且污物较少时，可用干燥白布或泡沫塑料擦拭干净；如果面积大且污物较多时，可用合格的绝缘油自上而下进行冲洗。冲洗时油压力要保持在 196～245 kPa 范围内。

检查各部紧固螺钉是否紧固，有无防滑落措施。

(3)变压器芯部常见故障及处理

①线圈轴向压力常见故障处理。运行实践表明，变压器机械方面的故障，很多与线圈的轴向力有关，特别是在短路电流的冲击下，有可能造成线圈和附件的移动，这种移动常导致线圈绝缘层的损坏，进而发展为事故。用压钉和压环压紧线圈的变压器，在拧紧压钉时，应注意同一压环上的几个压钉受力应均匀，保持各侧的压紧程度一致，否则一侧压紧，另一侧就会出现间隙，反而可能使线圈产生轴向变形造成事故。由于压钉与铁轭夹件腹板间是依靠背螺母紧固的，所以在拧动压钉时，要注意先松开背螺母，待该线圈轴向压紧后，再拧紧背螺母，以防压钉松动。

②引线检修常见故障处理。在引线检修中，端部与接线柱的焊接要牢固，接触要良好，导线无折痕和局部断裂现象。对接触不良和有断裂的要进行补焊或重新焊接。近些年铝线圈的变压器用得不少，时常也会遇到铜引线与铝导线焊接点出现故障的问题。因此，当发现测量线圈直流电阻问题时，根据情况拆开引线外包绝缘进行检查，若判断准确，确属焊头问题，应用氩弧焊法重新施焊。

③穿心螺杆绝缘及铁芯绝缘检修常见故障处理。检查铁芯绝缘是为判断其有无多点接地现象，若检测值小于初始值的 50％，可判断为绝缘破坏或有多点接地，应取下穿心螺杆，检查绝缘纸管是否损坏。如发现已断裂或烧毁，则必须更换。如果没有合适的绝缘纸管．也可以用 0.12 mm 厚的电缆纸涂以酚醛酒精溶液包缠螺杆，每边

包的厚度为 2～3 mm 包好后置于 95 ℃以下的烘箱中烘干,然后按原有的绝缘纸管尺寸修整,避免因尺寸不合适导致安装时再次损坏。

(4)变压器芯部检修作业中的安全注意事项

①人员安全

a. 防止触电。芯部检修时一般要用较多的电气工具,首先要求它们的布置和安装应符合油柜安全规定。例如在变压器油箱或罩内作业时,应使用电压为 36 V 及以下的行灯;要使用绝缘好的橡套电缆胶布进行可靠的包扎;电气配电箱中各开关应有明显的标志,并指派专人负责管理;明确冷却装置和变压器继电保护电源断开的位置,并悬挂"禁止合闸"标示牌等。

b. 防止高空坠落。变压器的油箱高度,一般在高空作业的标准 3 m 以上。作业人员常要攀登到油箱顶部。由于油箱顶部工作面积不大,加之靴底有油污或油箱顶部残留有油迹或雨水、冰雪等,很容易造成滑倒坠落。因此,一般要求油箱顶部同时作业人员不超过三人为宜,且应有地面人员加以监护。

c. 防止物体打击。由于芯部检修时使用的机具较多,作业人员多,作业范围也比较大,若不注意容易会引起物体打击人员导致伤亡事故。为此,要求高空作业人员不得在高空落物。零件、工具应使用吊绳取送;上部附件、零件安装应牢固并认真检查;人员离开油箱顶部时,不能有遗留物;地面作业人员戴好安全帽;吊车下不能站人;起落箱罩或附件时,不能用手直接去调整线圈。

②设备安全

a. 防止杂物落入油箱。在检查变压器芯部时,由于作业人员容易粗心将螺丝、垫圈、棉纱、扳手和销子等物遗落于油箱内,此外,还常有作业人员衣袋内的钢笔、打火机、香烟等杂物或衣服纽扣落于油箱内。为防止落物,必须规定进入变压器芯部的作业人员和在变压器油箱上部安装附件的作业人员,衣袋内不准携带任何物品,并且检查纽扣是否牢靠,特别是那些金属纽扣,绝不能丢失于油箱内。使用扳手工作时,应在扳手上拴一白布带套在手腕上以防脱落,并且事先检查活动扳手的销子是否牢靠。一旦发生杂物落人油箱内的情况,作业人员应立即报告作业负责人,并设法取出来。尤其是金属落入油箱内,即使花费再大的代价也应设法取出,免留后患。

b. 防止附件损坏。附件拆除和安装时,最易在起吊过程中造成损坏。其原因通常是绳索的绑扎不恰当或起吊、下落旋转太快,发生附件与油箱、杆塔撞击以及地面的冲击。特别需要注意的是瓷件、玻璃件更容易发生损坏。一般在安装附件时,遵循先里后外,先上后下,先金属件、后瓷件的原则。

起吊箱罩时,为了避免损坏芯部线圈和其他绝缘件,起吊前应找好箱罩重心,并通过试吊,确认有足够把握时再缓慢起吊。起吊过程中,不得使箱罩旋转。

③除上述人身和设备安全外,还需注意以下问题:

a. 各导电部分的连接应可靠。

b. 各附件与油箱连接部位应密封良好,不渗、漏油。

c. 注油前应检查各阀门、油塞及气塞开关位置,保持正确。

d. 芯部及其他绝缘部件不能受潮。

2)油浸式变压器散热器的检修

(1)检修前的工作

①技术准备。技术上做好准备工作,主要是对待修理变压器散热器的技术状况进行摸底,然后确定检修项目和内容。其中的重点是对投运以来的历次试验报告、检修记录进行系统、全面的分析比较,并综合各种有效的试验方法及设备的历史情况,对其技术状况做出恰如其分的结论。

基本方法是将散热器最近一次的试验报告、检修记录与颁布标准中规定的数值相比较;与本台变压器出厂及历年试验结果相比较,尤其是与前一次的试验结果相比较;与同类设备的试验结果相比较,同时应注意从前一次检修记录中发现遗留的质量问题,此外,还应调查了解变压器运行的情况,例如声响、油温、油位是否正常,套管有无放电现象,变压器的保护动作情况,冷却系统工作是否正常。

②工器具、材料备件准备。工具、材料的准备视检修项目和内容的不同而不同。在变电所内检修主变压器的散热器所需要的工具和材料包括:套管架(座)、配电箱、干湿温度计、钢丝绳套、套筒扳手、电焊机、槽钢、小撬棍、呆扳手、活动扳手、管接头、电烙铁、手锤、空心冲子、铁皮剪刀、剪刀、电动喷液枪、专用套筒扳手、绳索、钢直尺、管钳、喷灯、80蝶阀、各种螺栓、垫圈,设备和材料应根据实际情况而定。

③人员设置。人员的数量和所具备的技术水平作为定员标准,同时应考虑一定的预备人员。

④其他。除上述准备工作外,还应做好以下各项准备工作。

落实运输设备、工具、材料等的车辆。清点设备、工具、材料等是否足够和完好,并装车启运到变电所。接好工作电源和照明设备。

(2)散热器检修方法

变压器在运行期间,其线圈和铁芯损耗转化的热量,通过变压器油传递给油箱,然后利用散热器向外界环境散发。

由于主变电所中应用的各种变压器,其散热器多为扁管式,故重点介绍扁管散热器的检修。

①散热器渗漏检修。为了便于观察渗漏点,事先应把散热器外部的油全部擦拭干净。把30 ℃左右的变压器油注入散热器内,在147～245 kPa(约1.5～2.5 kgf/m²)压力下保持30 min以上,方法如图4-4所示,发现的渗漏点经确认后做好标记。

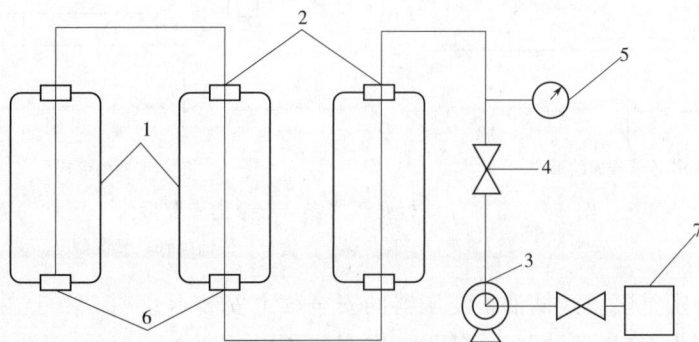

图4-4 散热器渗漏检修
1—散热器;2—油管;3—油泵;4—阀门;5—压力表;6—集油盒;7—移动式油箱

相关经验表明,易于渗漏的部位是扁管与集油箱的结合处和焊缝处。扁管的厚度一般在1.8 mm左右,在处理渗漏进行焊接时应特别注意勿将管壁烧穿。发

141

第四章 变配电设备检修

生油、气塞渗漏时,应首先检查胶垫圈是否完好,其次检查塞件是否损坏,发现损坏时应予以更换。

②冷却风扇检修。对于风冷式变压器已安装了一年的风扇,修理时应将扇叶取下,然后取出电动机转子,用汽油或金属清洗剂将轴承中的油污清洗干净,然后重新加注润滑油。此外还应检查电动机接线盒。对于熔丝损坏或电源电缆老化的应予以更换。风扇安装完毕以后,先通电试验一下风扇转向,正确的风向应自下而上(强迫油循环风冷散热器风扇的风向应朝向散热器)。转向不正确的电动机,只需在接线盒内任意调换一根电源引线即可。

上述检修完毕后,应用 500 V 或 1 000 V 的欧姆表检测电动机绝缘电阻,要求不低于 0.5 MΩ,如果小于此值,应拆下进行干燥处理。

③安全气道检修。安全气道亦称防爆筒,安装在变压器油箱顶部。当变压器内部发生故障时,油箱内压力上升,达到设定值时,油和气体冲破防爆膜片向外喷出,从而防止压力过大导致油箱本体受到破坏或发生爆炸。

安全气道膜片通常是由平板玻璃或酚醛纸板制成。普通储油柜变压器的安全气道膜片破坏压力约为 49 kPa(约 0.5 kgf/m^2),隔膜式储油柜变压器的安全气道膜片破坏压力为 74～83 kPa。

普通储油柜变压器的安全气道的安装有两种形式,如图 4-5 所示。在图 4-5(a)中,连管 4 将安全气道与储油柜 5 上端连通,其目的是防止油箱内产生的剩余压力导致膜的破裂,以及对气体继电器动作的影响。检查时,如果连管堵塞应及时疏通,使安全气道中的剩余气体经储油柜与大气相通。图 4-5(b)的连接方式就可不必用连管将储油柜和安全气道连通,因为安全气道中的剩余气体可以通过吸湿器与大气连通。

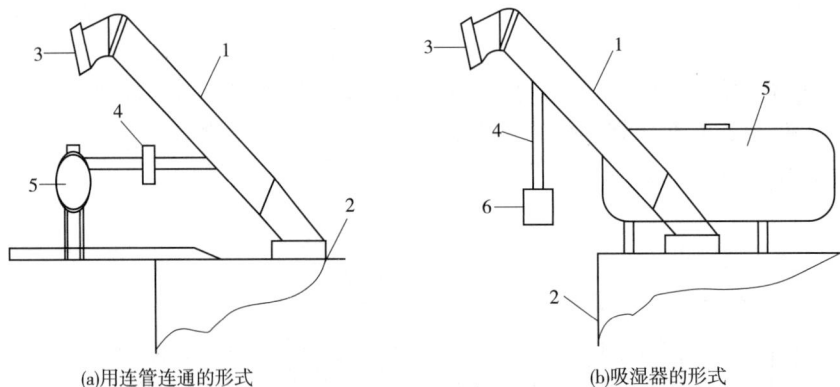

(a)用连管连通的形式   (b)吸湿器的形式

图 4-5 普通储油柜变压器安全气道的安装形式
1—安全气道;2—油箱;3—膜片;4—连管;5—储油柜;6—吸湿器

图 4-6 所示是隔膜式储油柜变压器的安全气道安装示意图。由于在这种隔膜式储油柜变压器中,变压器油与大气隔绝,安全气道中的油亦不例外,因此,膜片的安装位置应低于储油柜最低油位。在停运检查时,应先打开放水塞 6 放出积存在膜片上部的水,如果发现有油流不止的现象,则说明膜片破裂应及时更换。图 4-6 所示的安全气道,存在不易观察膜片是否完好的缺点,为此在膜片上部打开一个观察窗,并装上透明玻璃。这样在运行中若发现观察窗内有变压器油,则说明应更换膜片了。

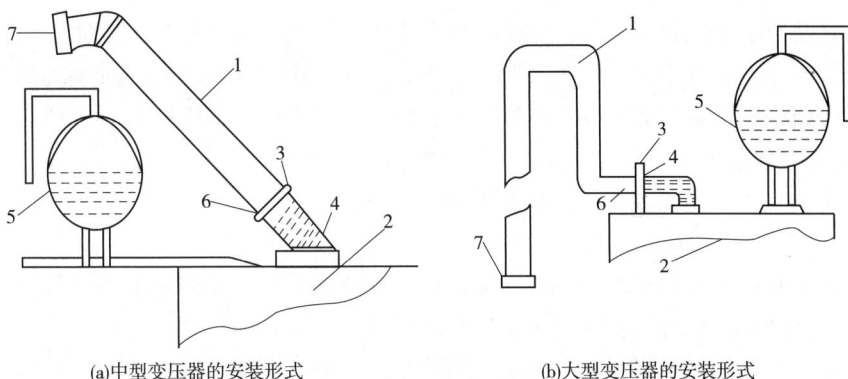

(a)中型变压器的安装形式　　　　　　(b)大型变压器的安装形式

图 4-6　隔膜式储油柜变压器的安全气道安装示意图
1—安全气道;2—油箱;3—膜片;4—放电塞;5—储油柜;6—防水塞;7—防护网

(3)散热器检修的安全注意事项

①作业注意事项:

a. 冷却装置安装前应按照使用说明书中规定的压力值,用气压或油压进行密封试验,散热器、强迫油循环风冷却器应持续 30 min 无渗透,强迫油循环水冷却器应持续 1 h 无渗透,水油系统分别检查。

b. 片式散热器安装前应用合格的绝缘油经滤油机循环冲洗干净,并将残油排尽。

c. 强油循环的变压器,首先把框架与本体导油管连接固定好,然后按编号安装冷却器,同时安装油流继电器和拉螺杆。

d. 冷却系统安装完后,应随主体同时真空注油。

e. 风扇电动机及叶片应安装牢固,并且转动灵活,试转时应无振动、过热现象,叶片应无扭曲变形,转向正确,电动机的电源配线应采用具有耐油性的绝缘导线。

f. 管路中的阀门应操作灵活,按规定方向开闭,开闭位置正确,阀门连接处应密封良好。

g. 水冷却器的外接油管路在安装前应彻底除锈并清洗干净。

h. 油泵转向正确,转动时应无异常噪声、振动或过热现象,密封良好,无渗漏油或进气现象。

i. 油流继电器应校验合格,且密封良好,动作可靠。

②安全注意事项和人身安全:

a. 防止触电。散热器检修时用较多的电气工具,注意作业过程中的绝缘,有必要时,对扳手等工具缠绕绝缘带,以防电击。明确冷却装置和变压器继电保护电源断开的位置,并悬挂"禁止合闸"标示牌等。

b. 防止高空坠落。主变压器的油箱大部分在 3 m 以上。作业人员可能需要攀登到油箱顶部。由于油箱顶部工作面积不大,加之靴底有油污或油箱顶部残留有油迹,很容易造成滑倒坠落。

c. 防止物体打击。由于散热器检修时使用的工具较多,作业人员多,作业范围也比较大,容易引起物体打击人员,导致伤亡事故。为此,要求作业人员不得在高空落物。

(4)常见故障处理

扁管散热器的故障,大多是渗漏。检查的方法是把 30 ℃ 的变压器油打入散热器内,在 147～245 kPa(约 1.5～2.5 kgf/m²)压力下保持 30 min 以上,对发现的渗漏点经确认后做好标记以便检修,试验方法参见图 4-1 散热器渗漏检修。为了便于观察漏点,事先应把散热器外部的油全部擦拭干净。

3)油浸式变压器储油柜(油枕)的检修

(1)检修前的工作

准备工作做的是否充分,直接影响到油枕的检修质量以及作业能否顺利进行。因此,在进行检修工作之前,应从技术、工具、材料和人员等方面做好准备。

①技术准备。从技术上做好准备工作,主要是对待修理变压器油枕以前出现过的故障情况和目前状况进行摸底,然后确定检修的重点。同时应注意从前一次检修记录中发现遗留的问题等。

②工具、材料备件准备。工具、材料包括:真空注油设备、专用套筒扳手、活动扳手、清洁用品用具、油枕备品备件等,具体材料视重点检修的部件和内容的不同而不同。

③人员设置。人员的准备,同样要视检修的内容而定,一般有 4～8 人即可,同时应考虑一定的预备人员。

(2)油枕的检修方法

变压器储油柜通常有两种形式:普通式和隔膜式。后者不同于前者的是在储油柜内装设了一个隔膜胶囊,从而使变压器油与空气隔离。储油柜的容积一般为变压器油总容积的 10% 左右。由于近年来在大型变压器上隔膜式储油柜用得越来越普遍,故在此重点介绍储油柜的修理。

储油柜主要由吸湿器、隔膜袋、油表、压油袋和储油柜本体等组成。隔膜袋是隔膜式储油柜的主要部件,它用 0.6 mm 厚的耐曲尼龙橡胶制成,其形状和体积与储油柜内腔相似,在隔膜袋内充入最大为 2 kPa 试漏气压时应无漏气现象。压油袋用与隔膜袋相同的材料制成,其形状和体积与压油袋器壳内腔相似,压油袋口与连管相连接。

油表主要由玻璃管、注油及呼吸塞、排气螺钉、放油螺钉和浮球等组成。

为了便于观察油位的变化,通常在油表玻璃管上装设指示牌。给变压器注油时,应根据当时的油温,使油位处于合适的位置。

①油枕的一般检查(按变压器小修周期进行)

a. 油枕各部分不应有渗漏现象。

b. 油表玻璃完好、清洁透明,油位指示正确。

c. 每年检查两次油枕下部的沉积器,将其螺钉拧松,放少量油检查是否有水分或杂质。

d. 检查油枕与瓦斯继电器之间的蝶阀是否有渗漏现象。

②油枕的一般检修

a. 油枕的内外壁应清洁干净,内壁应涂防锈漆,外部表面漆层无爆层脱落现象。

b. 油枕的内部无油垢及铁锈、沉积杂物。如内部不干净时,小容积的油枕可用合格的变压器油冲洗,较大容积的油枕应打开端盖进入清扫,然后可用合格的变压器油冲洗。

c. 每年检查两次油枕下部的沉积器,将其螺钉拧松,放少量油检查是否有水分或杂质。

d. 检查隔膜袋是否渗漏和破裂,隔膜袋检漏气压为 1.96 kPa。

e. 大修中拆卸油枕或油枕连管时应及时密封,如长时间不能装回,应用临时盖板密封。

③隔膜式油枕的注油和隔膜袋的更换

a. 拆卸呼吸器的连接管道和油枕上部的连接罩。卸下压紧螺母、制动垫圈,用细尼龙绳压板管丝将压板松下,打开油枕端盖,取出隔膜袋即可。装配时按相反顺序进行。

b. 安装隔膜袋时需注意隔膜袋的长度方向与油枕的长度方向保持一致,不得有扭动折叠现象。

c. 变压器真空注油时,应将隔膜式油枕的连接管拆掉,加装临时盖板密封,在变压器真空注油完毕后,接通与油枕的连接管,向油枕注油。

d. 向油枕注油前须将油枕内空气排出,否则会出现假油位。应采用注油排气法注油,方法如下:首先打开油枕上部排气塞和隔膜袋上部压紧法兰的放气塞,以连管处连接法兰向油枕中注油,随着油位的升高,隔膜袋中的气体从上部压紧法兰的放气塞排出,油枕中的气体从油枕上部排气塞排出。在注油过程中,当油面达到油表最高位置时应放慢注油速度,以免油从排气塞大量溢出。当油枕已注满油时,油枕上部排气塞会有油溢出,此时应立即停止注油,并马上拧紧排气塞防止空气重新进入,最后将油放至正常油位。

e. 隔膜式油枕不得从油枕上部注油或补充油,以防止损坏隔膜袋。

f. 油表玻璃应清洁无损,油表浮子无变形损伤和进油,浮子机构应灵活可靠,油位指示正确。

(3)油枕的常见故障及处理

①压油袋壳与其连管处渗油。一般都是由于压油袋口与连管的连接密封不好,导致从储油柜内向外渗油。处理方法是:先把储油柜及压油袋内的油放光,然后拆下连管。常用的连管接头是紫铜接头,可以在定螺母与螺丝扣间涂覆一层锡,注意锡的涂覆厚度要均匀,再使之与压油袋器壳之间压紧,最后在缝隙处均匀涂覆液状橡胶,待液状橡胶干涸后,通常就不会再渗漏了。

②油表内无油。如果油表中是注过油的,则应检查一下玻璃管是否破裂或连管接头处密封是否损坏将油漏光,玻璃管损坏应予以更换。但往往在检查或一般维修时不大可能准备好合适的玻璃管,这时可采取一些临时处置措施。例如可采用塑料粘胶带或玻璃丝布带沿裂缝处粘贴,然后在粘贴物表面涂覆环氧树脂。要注意留出观察油位的位置。如果处理得好,这种方法可以在气温不急剧变化的情况下维持一月之久。

③油表出现假油位。在安装储油柜以后,往往因为油室在注油时留存有空气,当油温上升时,柜内空气膨胀,造成油表压油袋压力加大,油位突然上升。这时油表显示的油位并不是实际储油柜的油位情况,这种现象通常称为假油位。处理的措施是重新对油室进行排气或对储油柜的密封进行检查及处理。

④油质老化。隔膜式储油柜油表内显示的油色,并不表明储油柜内的油色,因为它不与变压器储油柜和油箱内的油直接相通。如果变压器运行一段时间后,取油样发现油质老化加快,一般来说,如果不是储油柜密封不好就是隔膜袋破裂所致。修补隔膜袋的方法是用丁腈橡胶黏补。如果隔膜袋渗漏较严重已无法修补或暂时无合适隔膜袋更换时,可以把隔膜袋取掉,暂作为普通储油柜继续运行。

（4）油枕检修的安全注意事项

①储油柜的安装要符合下列要求：

a. 储油柜安装前应清洗干净。

b. 隔膜式储油柜的隔膜应完整无破损，经 20 kPa 气压试验应无漏气现象。

c. 隔膜沿长度方向应与储油柜长轴保持平行，不应有扭曲。

d. 油位表应动作灵活，不应出现假油位现象。

②给油表注油时，先把储油柜的排气塞、油表注油堵及呼吸塞、油表排气螺钉及压油袋器壳盖板全部打开，用漏斗从油表注油及呼吸塞处缓慢加油，并在压油袋器壳处用手不断按动压油袋，以便将袋内空气排出，待玻璃管内的浮球稳定上浮后，再把油表放油螺钉打开。当放掉玻璃管内多余的油量后，应把油表排气螺钉和油表放油螺钉及压油袋器壳盖板上紧。之后，重新拧上油表注油堵及呼吸塞，但不必拧紧，以保证油表内空气自由流通。

③注油排气时的注意事项：

a. 由于隔膜袋与储油柜底的管口会有压住的情况，所以严禁从储油柜顶注油，以免受管口吸力拉坏隔膜袋。

b. 变压器本体和储油柜最好不用真空注油法，否则容易造成隔膜袋受连管口切割而损坏。

c. 如需对变压器本体油箱真空注油时，应先拆除气体继电器，并在管口上盖上盖板。在油箱油位升高到距箱盖一定距离时，应停止真空注油，经脱气后将气体继电器装上，再对储油柜注油排气。

d. 正常使用时，油表放油螺钉应拧紧。

4）高压套管检修

（1）检修前的工作

①技术准备。从技术上做好准备工作，主要是对待修理套管以前出现过的故障情况和目前状况进行摸底，然后确定检修的重点。同时应注意从前一次检修记录中发现遗留的问题等。

②工具、材料备件准备。工具、材料包括：起重吊车、专用套筒扳手、活动扳手、绳索、清洁用品用具等，具体材料视重点检修的部件和内容的不同而不同。

③人员设置。人员的准备应视具体的情况而定，一般需要 5～10 人，同时应考虑一定的预备人员。

（2）套管检修方法

高压套管是变压器引线内、外部连接的绝缘支持和固定部分，它必须具有规定的绝缘强度、机械强度和良好的热稳定性。我国在 35 kV 级多采用附加绝缘式充油套管，其高压套管结构如图 4-7（a）所示。在 110 kV 级多采用电容式套管，其套管结构如图 4-7（b）所示。

充油套管内的油一般都是与变压器油箱中的油相连通的，充油套管分为穿缆式和穿杆式（导杆式）两种。电容式套管分为胶纸电容式和油纸电容式两种。

对于新购入的变压器高压套管，除进行工频耐压试验、介质损耗角正切值（简称介损）的测量、油的耐压试验外，还应在 196 kPa 压力下进行持续 30 min 无渗漏的密封检查。

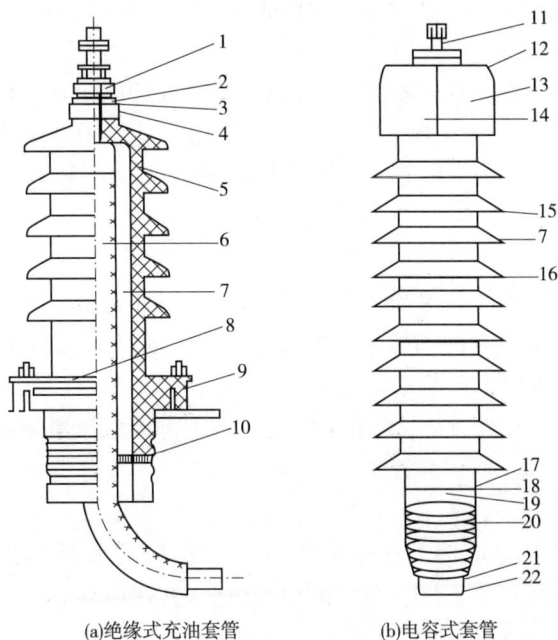

(a)绝缘式充油套管 (b)电容式套管

图 4-7 套管结构

1—瓷盖；2—封环；3—罩；4—放气室；5—瓷套；6—电缆；7—变压器油；8—卡圈；9—夹件；
10—绝缘圈；11—引线接头；12—弹性板；13—储油柜；14—弹簧；15—上瓷套；16—电容芯子；
17—连接套筒；18—取油装置；19—测量端子；20—下瓷套；21—底座；22—均压球

①充油套管检修具体步骤

a. 更换套管油

（a）放出套管中的油。

（b）用热油（温度 60～70 ℃）循环冲洗后放出，至少循环三遍。

（c）抽真空后注入合格的变压器油。

b. 套管解体

（a）放出内部的油。

（b）拆卸上部接线端子。

（c）拆卸油位计上部压盖螺栓，取下油位计。

（d）拆卸上瓷套与法兰连接螺栓，轻轻晃动后，取下上瓷套。

（e）取出内部绝缘筒。

（f）拆卸下瓷套与导电杆连接螺栓，取下导电杆和下瓷套，防止导电杆晃动损坏瓷套。

②110 kV 电容型套管检修步骤

电容芯轻度受潮时，可用热油循环，将送油管接到套管顶部的油塞孔上，回油管接到套管尾端的放油孔上，通过不高于 80 ℃ 的热油循环，使套管的 $\tan\delta$ 值达到正常数值。

变压器在大修过程中，油纸电容型套管一般不进行解体检修，只有在套管 $\tan\delta$ 值不合格，需要进行干燥或套管本身存在严重缺陷，不解体无法消除时才分解检修，其检修步骤如下。

a. 准备工作

（a）检修前先进行套管本体及油的绝缘试验，以判断绝缘状态。

（b）套管垂直置于专用的作业架上，中部法兰与作业架用螺栓固定 4 点，使之成为整体。

（c）放出套管内的油，将下瓷套用双头螺栓或紧线钩固定在工作台上，以防解体时下瓷套脱落。

（d）拆下尾端均压罩，用千斤顶将套管顶紧，使之成为一体，将套管从上至下各结合处做上标记。

b. 解体检修

（a）拆下中部法兰处的接地和末屏小套管，并将引线头推入套管孔内。

（b）测量套管下部导管的端部至防松螺母间的尺寸，作为组装时参考。

（c）用专用工具卸掉上部将军帽，拆下储油柜。

（d）测量压缩弹簧的距离，作为组装依据。将上部 4 根压紧弹簧螺母拧紧后，再松导管弹簧上面的大螺母，拆下弹簧架。

（e）吊出上瓷套。

（f）吊住导管后，拆下底部千斤顶和下部套管底座、橡胶封环及大螺母，吊住套管时不准转动，并使电容芯处于法兰套内的中心位置，勿碰电容芯。

（g）拆下下瓷套，然后吊出电容芯。

c. 清扫和检查

（a）用干净毛刷刷洗电容芯表面的油垢和杂质，再用合格的变压器油冲洗干净后，用皱纹纸或塑料布包好。

（b）擦拭上、下瓷套的内外表面。

（c）拆下油位计的玻璃油标，更换内外胶垫，油位计除垢后进行加热干燥，然后在内部刷绝缘漆，外部刷红漆，同时应更换放气塞胶垫。

（d）清扫中部法兰套筒内部和外部，并涂刷油漆，更换放油塞，更换接地小套管的胶垫。

（e）测量各法兰处的胶垫尺寸，以便配制。

d. 套管的干燥

当套管的 tanδ 值超标时，需进行干燥处理，其步骤及注意事项如下。

（a）将干燥罐内部清扫干净，放入电容芯，使电容芯与罐壁距离不小于 200 mm，并设置测温装置。

（b）测量绝缘电阻的引线时，应防止触碰金属部件。

（c）干燥罐密封后先试抽真空，检查有无渗漏。

（d）将电容芯装入干燥罐后，进行密封加温，使电容芯保持在 75%～80%。

（e）当电容芯温度达到要求后保持 6 h，再关闭各部阀门，进行抽真空。

（f）每 6 h 解除真空一次，并通入干燥热风，10～15 min 后重新建立真空度。

（g）每 6 h 放一次冷凝水，干燥后期可改为 12 h 放再一次。

（h）每 2 h 做一次测量记录（绝缘电阻、温度、电压、电流、真空度、凝结水等）。

（i）干燥终结后降温至 40～50 ℃，进行真空注油。

e. 组装

（a）组装前应先将上、下瓷套及中部法兰预热至 80～90 ℃，并保持 3～4 h 以排除潮气。

（b）按解体的相反顺序组装。

（c）进行真空注油。

③高压套管的常规性检查及检修工作

a. 进行外观检查前，应用浸透汽油或酒精的布清除瓷套表面的污垢。若瓷套表面有局部掉瓷（超过 300 mm），可用环氧树脂等粘合剂把裂片重新粘起来。

b. 测量介损的小瓷套（端子）是外露的，且在测量时经常使用，因而常发生折断的情况。一般这种折断都不会损坏测量引线，只需用粘合剂把小瓷套粘合起来就行了。如果测量引线折断，则需经焊接后，再将其粘合。

c. 若发生瓷套与法兰的连接处渗油，可以用扁铲将浇合填料轻轻铲除并清洗干净，然后用硅酸盐浇合剂填充。用浇合剂填充浇注后应捣实，并在相对湿度为 90%～100%，温度为 25 ℃ 条件下养护 3～5 日，以防收缩干裂。直至填充的浇合剂完全干涸后，再在表面涂刷两道防潮封口胶。

d. 如电容芯受潮需要处理时，应先放出套管内的油，然后选用以下的方法进行干燥。

（a）用 90 ℃ 的热油循环干燥。这种方法适用于在现场对受潮较轻的套管的处理。如果处理效果不明显时，应改用其他方法。

（b）连同瓷套一起进行普通远红外加热干燥。这种方法是将套管连同芯子一起放在远红外干燥箱内，以温度不超过 10 ℃/h 的速度升至 100 ℃，保持 36 h，然后以 10 ℃/h 的速度降至常温。

（c）用真空远红外加热干燥。这种处理方法对受潮较严重的电容式芯子效果比较好。具体做法是卸掉套管两端的压紧装置和测量引线，取出电容芯子放在真空远红外干燥箱内，并抽真空使干燥箱压力为 93 kPa（约为 700 mmHg）时干燥 20 h。撤除真空后，以 10℃/h 的速度降至常温。对于胶纸电容芯子，在干燥前应刮去表面漆，经干燥后再重新涂刷绝缘漆。

（3）高压套管故障处理。平时维护管理时要及时发现套管的裂纹、渗油、漏油等情况，同时做好清扫工作，套管表面集结导电粉尘及其他有害物质或积有棉麻等可燃物，这些都可造成套管表面短路，可能引起套管与油箱上盖间发生闪络或电弧，使变压器油燃烧。充油套管的油质变坏或进水受潮，充油套管或其他型式套管内的绝缘纸、绝缘胶等绝缘不良，均有可能引起套管爆裂，使变压器油箱外部的变压器油燃烧或套管在油箱内的部分破损，与油箱之间发生绝缘击穿产生电弧。

油纸电容式高压套管在运行中除严防渗漏油与受潮外，要密切注意末屏故障的发生，因其末屏引出接地回路中，不管是出现接触不良、放电还是烧断、烧穿电容芯，在套管外表均无任何异常运行现象，即无法监视（未采用在线监测时），通常只依赖预防性试验或定期油色谱分析来发现，当发现绝缘介质损耗因数和电容值发生较明显变化时，应加大测试密度，当变化量大于 10% 时，必须更换套管。

（4）高压套管检修的安全注意事项

①套管安装应符合下列要求：

a. 套管安装前应检查瓷套表面无裂缝、伤痕；套管、法兰颈部及均压球内壁应清洗干净；套管安装前应试验合格；充油套管应无渗漏现象，油位指示正常。

b. 套管引出线和接线柱不得硬拉、扭曲、打折，引出线的外包绝缘应完好。

c. 套管顶部结构的密封垫应安装正确，密封良好，连接引出线时，不应使顶部结构松扣。

②套管拆装要注意的事项。在拆、装套管时要注意防止高空坠落，因作业人员要

攀登到油箱顶部。由于油箱顶部工作面积不大,加之靴底可能有油污或油箱顶部残留有油迹或雨水、冰雪等,很容易造成滑倒坠落。因此,一般要求油箱顶部同时作业人员不超过三人为宜,且应有地面人员加以监护。

如果必须在套管上拆装引线时,应特别注意梯子的坚固性和母线绝缘子连接的可靠性,且应按高空作业的有关安全规定做好安全措施,还要防止物体打击。由于拆除和安装套管时使用的机具较多,作业人员多,作业范围也比较大,因此若不注意,容易引起物体打击人员,导致伤亡事故。为此,要求高空作业人员不得在高空落物。人员离开油箱顶部时,不能有遗留物。地面作业人员戴好安全帽,吊车下不能站人。

注意防止套管损坏。附件拆除和安装时,容易在起吊过程中造成损坏,其原因通常是绳索的绑扎不恰当,或是起吊、下落旋转太快,发生套管附件与油箱撞击。特别需要注意的是瓷套更容易发生损坏。起吊套管要遵守起重操作规程,防止损坏瓷套。套管起吊时的倾斜度应根据变压器套管升高座的角度而定。拉引线的细绳要结实并挂在合适的位置,随着套管的装入,逐渐拉出引线头。注意引线不得有扭曲和打结。引线拉不出时应查明原因,不可用力猛拉或用吊具硬拉。套管落实后,引线和接线端子要有足够的接触面积和接触压力。接线端要可靠密封,防止进水。

4. 有载分接开关的检修

1)有载分接开关的检修周期

(1)随变压器检修进行相应大、小修。

(2)运行中切换开关或选择开关,每6个月至1年或分接变换2 000～4 000次,至少采样一次。

(3)分接开关新投运1～2年或分接变换5 000次,切换开关或选择开关应做一次吊芯检查。

(4)运行中的分接开关,累计分接变换次数达到所规定的检修周期分接变换次数限额后,应进行大修。一般分接变换1～2万次或3～5年也应做吊芯检查。

(5)运行中的分接开关,每年结合变压器小修,操作三个循环分接变换。

2)有载分接开关的安装及检修中的检查

(1)检查分接开关各部件,包括切换开关或选择开关、分接选择器、转换选择器等有无损坏或变形。

(2)检查分接开关各绝缘件有无开裂、爬电及受潮现象。

(3)检查分接开关各部位紧固件是否良好紧固。

(4)检查分接开关的触头及其连线是否完整无损、接触良好、连接牢固,必要时测量接触电阻及触头的接触压力、行程。检查铜编织线有无断股现象。

(5)检查过渡电阻有无断裂、松脱现象,并测量过渡电阻值,其值应符合要求。

(6)检查分接开关引线各部位的绝缘距离。

(7)分接引线长度应适宜,以使分接开关不受拉力。

(8)检查分接开关与其储油柜之间的阀门是否开启。

(9)分接开关密封检查。在变压器本体及其储油柜注油的情况下,将分接开关油室中的绝缘油抽尽,检查油室内是否有渗漏油现象,最后进行整体密封检查,包括附件和所有管道,均应无渗漏油现象。

（10）清洁分接开关油室与芯体，注入符合标准的绝缘油，储油柜油位应与环境温度相适应。

（11）在变压器抽真空时，应将分接开关油室与变压器本体联通，分接开关进行真空注油时，必须将变压器本体与分接开关油室同时抽真空。

（12）检查电动机构，包括驱动机构、电动机传动齿轮、控制机构等是否固定牢固，操作灵活，连接位置正确，无卡塞现象。转动部分应该注入符合制造厂规定的润滑脂。刹车皮上无油迹，刹车可靠。电动机构箱内清洁，无脏污，密封性能符合防潮、防尘、防小动物的要求。

（13）分接开关和电动机构的联结必须做联结校验。切换开关动作切换瞬间到电动机构动作结束之间的圈数，要求两个旋转方向的动作圈数符合产品说明书要求。联结校验合格后，必须先手摇操作一个循环，然后电动操作。

（14）检查分接开关本体工作位置和电动机构指示位置应一致。

（15）油流控制继电器或气体继电器动作的油流速度应符合制造厂要求，并应校验合格，其跳闸触点应接变压器跳闸回路。

（16）手摇操作检查。手摇操作一个循环，检查传动机构是否灵活，电动机构箱中的联锁开关、极限开关、顺序开关等动作是否正确；极限位置的机械制动及手摇与电动闭锁是否可靠；水平轴与垂直轴安装是否正确；检查分接开关和电动机构联结的正确性；正向操作和反向操作时，两者转动角度与手摇转动圈数是否符合产品说明书要求，电动机构和分接开关的每个分接变换位置与分接变换指示灯的显示是否一致，计数器动作是否正确。

（17）电动操作检查。先将分接开关手摇操作置于中间分接位置，接入操作电源，然后进行电动操作，判别电源相序及电动机构转向。若电动机构转向与分接开关规定的转向不相符合，应及时纠正，然后逐级分接变换一个循环，检查启动按钮、紧急停车按钮、电气极限闭锁动作、手摇操作电动闭锁、远方控制操作是否准确可靠。每个分接变换的远方位置指示、电动机构分接位置显示与分接开关分接位置指示均应一致，计数器动作应正确。

3）有载分接开关大修项目

（1）分接开关芯体的吊芯检查、维修、调试。

（2）分接开关油室的清洗、检漏与维修。

（3）驱动机构的检查、清扫、加油与维修。

（4）储油柜及其附件的检查与维修。

（5）瓦斯继电器、压力释放装置的检查。

（6）自动控制箱的检查。

（7）储油柜及油室中绝缘油的处理。

（8）电动机构及其他器件的检查、维修与调试。

（9）各部位密封检查，渗漏油处理。

（10）电气控制回路的检查、维修与调试。

（11）分接开关与电动机构的联结校验与调试。

4）有载分接开关的故障处理

（1）问题一：切换开关内触头发热。

①故障分析。频繁的调压会使触头之间的机械磨损、电腐蚀和触头污染严重，尤

其是负荷电流较大的变压器,电流的热效应会使弹簧的弹性变弱,动、静触头之间的接触压力降低,接触电阻增大,使触头之间的发热量增大。发热加速了触头表面的氧化腐蚀和机械变形,并形成恶性循环,从而导致切换开关损坏。

②防范措施。在检修投运前要分别测试开关各分接位置的直流电阻,吊罩检修时应测量触头的接触电阻,检查触头镀层和接触是否良好。每年结合检修或试验对分接开关各挡位置多转动几次,除去氧化膜或油污的影响使其接触良好。

（2）问题二:过渡电阻断开和松动。

①故障分析。过渡电阻断开和松动,会造成整台变压器烧毁。如果过渡电阻在已烧断的情况下带负荷切换,不但会使负载电流间断,而且会在过渡电阻的断口上以及动、静触头开口间出现全部相电压。该电压不仅会击穿电阻的断口,也会在动、静触头断开时产生强大的电弧,从而导致变换的两分接头间短路,造成高压绕组分接线段烧毁。同时,电弧将开关油室的油迅速分解,产生大量气体,如果安全保护装置不能立即排出这些气体,就会使开关破损。电弧的能量也可使开关绝缘筒烧坏,致使开关无法修复。

②防范措施。加强过渡电阻的检查,具体如下。

a. 在变压器出厂运行前和大修后,必须检查过渡电阻紧固是否松动,电阻丝线材是否有机械破损,以免切换时产生局部过热而烧断。

b. 切换次数达到 20 000 次以上或运行在 2 年以上的有载开关,必须检查过渡电阻的材质是否变脆,电阻值是否变值,紧固是否松动。

c. 运行中遇到变压器额定电流两倍以上的大电流切换的情况,必须检查过渡电阻是否烧毁。

d. 发生过有载开关不切换的情况,即快速机构主弹簧疲劳或断裂不工作、传动系统损坏、紧固件松动、机械卡死、限位失灵等使开关不能切换或切换中途失败以及切换程序时间延长超过规定值时,必须检查过渡电阻是否烧毁。

（3）问题三:切换开关的油室渗漏油。

①故障分析。切换开关油室是独立的油箱。运行中,切换开关油室中的油是绝对不允许进入变压器本体的,这是因为切换开关运行时产生一定的电弧,致使油室中的油质变差,这种油只能在切换开关油室中使用,而不能进入变压器本体。一旦进入会严重影响变压器内部油的色谱分析,即变压器内部故障判断。引起切换开关油室渗漏油的原因有以下三点:

a. 有载分接开关油箱底部放油阀门未紧固,致使变压器本体油箱中的油与有载分接开关油箱中的油混合。

b. 两油箱间密封胶垫材料不良或装配工艺不佳。现场处理时发现多数胶垫尺寸选择不当,压缩后无余量,胶垫不起作用。另外,有载分接开关油箱上沿与本体油箱预留孔错位,导致密封更加困难。有的有载分接开关油箱绝缘筒上边沿被压裂,出现缺口,导致渗漏油。

c. 中心传动轴油封不严。

②防范措施。运行中应密切关注分接开关储油柜油位,当异常升高或降低直至变压器储油柜油位时,则应检查切换开关油室是否渗漏油。对变压器定期取油样,若发现主变的色谱分析氢、乙炔和总氢含量异常超标,也应检查切换开关油室是否渗漏油,以便及时处理。

（4）问题四：有载分接开关的油质劣化。

①故障分析。由于电弧引起油质劣化，开关每操作一次，其绝缘水平会下降。变压器油是分接开关最基本的绝缘材料，它作为绝缘和灭弧介质，还具有冷却、润滑和防腐蚀作用。在分接开关中，由于电弧的作用，开关油室中的绝缘油被分解，并析出游离碳、氢、乙炔等气体及油垢，气体一般会从绝缘油中排出，但游离碳微粒和油垢的一部分混在绝缘油中，另一部分沉积在开关的绝缘件表面。此外，还有少量触头材料融化后溅射出来的金属微粒也留在了绝缘件表面。这些沉积物的增多会增加泄漏电流，降低绝缘电阻，最终导致油沿绝缘表面放电使开关损坏。

②防范措施。对有载分接开关运行 6～12 个月或切换 2 000～4 000 次后，应取切换开关箱中的油样做试验。对切换 5 000～10 000 次后或绝缘油的击穿电压低于25 kV时，应更换开关箱的绝缘油，并对绝缘件表面做清洁处理。

三、油浸式变压器预防性试验

由于变压器内部的绝缘结构复杂，电场、热场分布不均匀，使得事故率相对较高，因此，要对电力变压器定期进行绝缘预防性试验，一般每 1～3 年进行一次停电试验。不同电压等级、不同容量、不同结构的变压器试验项目略有不同，DL/T 596—2005《电力设备预防性试验规程》（以下简称《规程》）规定的变压器绝缘预防性试验项目主要内容见表 4-1。

表 4-1 变压器绝缘预防性试验项目

试 验 项 目	运行中	大修后	必要时
油中溶解气体谱分析	☆○	△	○
绝缘油耐压试验	☆	△	○
油中含水量 *	☆	△	○
油中含气量 *	☆	△	○
绕组直流电阻	☆	△	○
绕组绝缘电阻、吸收比和极化指数	☆	△	○
绕组 tanδ * *	☆	△	○
绕组泄漏电流	☆	△	○
电容型套管的 tanδ 和电容值 * *	☆	△	○
交流耐压试验	☆	△	○
铁芯（有外引接地线的）绝缘电阻	☆	△	○
金属固定件、铁芯、线圈压环、屏屏蔽等的绝缘电阻	☆	△	○
绕组所有分接的电压比		△	○
空载电流和空载损耗		△	○
短路阻抗和负载损耗		△	○
局部放电测量		△	○
套管中的电流互感器绝缘试验		△	○
阻抗测量		△	○
油箱表面温度分布		△	○

注：* 适用于 1.6 MV·A 以上的 330 kV 及以上的油浸变压器。

    * * 适用于 1.6 MV·A 以下的 35 kV 及以上变电所用变压器。

变压器绝缘电阻、泄漏电流和介质损耗等性能主要与绝缘材料和工艺质量有关，它们的变化反映了绝缘工艺质量或受潮情况，但是一般而言，其检测意义比电容器、电力电缆或电容套管要小得多，不作硬性指标要求。变压器绝缘主要是油和纸绝缘，最主要的是耐电强度。

对于电压等级为 220 kV 及以下的变压器，要进行 1 min 工频耐压试验和冲击电压试验以考核其绝缘强度；对于更高电压等级的变压器，还要进行冲击试验。由于冲击试验比较复杂，所以 220 kV 以下变压器的冲击试验在型式试验中进行；220 kV 及以上电压等级的变压器的出厂试验也规定要进行全波冲击耐压试验。出厂试验中，常采用 2 倍以上额定电压进行耐压试验，这样可以同时考验主绝缘和纵绝缘（纵绝缘是线圈两端和线圈匝间的绝缘）。

1. 油中溶解气体色谱分析

变压器发生故障前，在电、热效应的作用下，其内部会析出多种气体。气相色谱法通过定性、定量分析溶于变压器油中的气体，分析变压器的潜伏性故障。

变压器油中气体的来源，一方面是由于变压器中出现故障点，另一方面是由于变压器的维修或变压器内部材料的老化。这些变压器运行中的异常现象都会引起变压器油和固体绝缘的裂解，从而产生气体，主要有氢、烃类气体（甲烷、乙烯、乙炔、丙烷、丙烯）、一氧化碳、二氧化碳等。

2. 绝缘电阻、吸收比和极化指数测量

测量绕组连同套管一起的绝缘电阻、吸收比和极化指数，对检查变压器整体的绝缘状况具有较高的灵敏度，能有效地检查出变压器绝缘整体受潮、部件表面受潮或脏污以及贯穿性的集中缺陷，例如，各种贯穿性短路、瓷件破裂、引线接壳、器身内有铜线搭桥等现象引起的半贯通性或金属性短路等。经验表明，变压器绝缘在干燥前后绝缘电阻的变化倍数比介质损失角正切值变化倍数大得多。

测量绕组绝缘电阻时，应依次测量各绕组对地和其他绕组间的绝缘电阻值。被测绕组各引线端应短路，其余非被测绕组都短路接地。将空闲绕组接地的方式可以测出被测部分对接地部分和不同电压部分间的绝缘状态，测量的顺序和具体部位见表 4-2。

表 4-2 绝缘电阻测量顺序和部位

顺序	双绕组变压器		三绕组变压器	
	被测绕组	接地部位	被测绕组	接地部位
1	低压	外壳及高压	低压	外壳、高压及中压
2	高压	外壳及低压	中压	外壳、高压及低压
3	—	—	高压	外壳、中压及低压
4	高压及低压	外壳	高压及中压	外壳及低压
5	—	—	高压、中压及低压	外壳

注：1. 如果表头指示超过量程，应记录为（量程）*，例如 10 000 *，而不应记为∞。

2. 序号 4 和 5 的项目，只对 15 000 kV·A 及以上的变压器进行测定。

测量绝缘电阻时，对额定电压为 1 000 V 以上的绕组，用 2 500 V 兆欧表测量，其量程一般不低于 10 000 MΩ；对额定电压为 1 000 V 以下的绕组，用 1 000 V 或 2 500 V 兆

欧表测量。《规程》中对变压器绕组的绝缘电阻没有规定具体值,而是采用比较的方法,换算至同一温度时与前一次测量结果相比。若采用绝对值判别时,通常采用预防性试验绝缘电阻值不低于安装或大修后投入运行前的测量值的 50%,对于 500 kV 变压器,在相同温度下,其绝缘电阻不得小于出厂值的 70%,20℃时最低阻值不得小于 2 000 MΩ。

《规程》规定对于电压为 35 kV 及以上变压器应测量吸收比,吸收比在常温下不低于 1.3;吸收比偏低时可测量极化指数,应不低于 1.5。实际测量时,受潮或绝缘内部有局部缺陷的变压器的吸收比接近于 1.0。变压器绕组绝缘电阻应尽量在 50 ℃时测量,不同温度(t_1,t_2)下的绝缘电阻值(R_1,R_2)可按工程简化公式 $R_2=R_1\times 1.5^{(t_1-t_2)/10}$ 进行计算。

为避免绕组上残余电荷导致测量值偏大,测量前应将被测绕组与油箱短路接地,其放电时间应不小于 2 min。测量刚停止运行的变压器,需将变压器自电网断开后静置 30 min,使油温与绕组温度趋于相同,再进行绝缘电阻等的测定,并以变压器上层油温作为绝缘温度。对于新投入或大修后的变压器,应在充满合格油后静止一定时间,待气泡消除后方可进行试验。通常,对于 8 000 kV·A 及以上的较大型电力变压器,需静置 20 h 以上;对于 3~10 kV·A 的小容量电力变压器,需静置 5 h 以上。

在实际测量过程中,会出现绝缘电阻高、吸收比反而低的不合理情况,其中原因比较复杂,这时可采用极化指数 PI 来进行判断,极化指数定义为加压 10 min 时的绝缘电阻与加压 1 min 时的绝缘电阻之比,即 $PI=R_{10}/R_1$。现场试验时,通常规定 PI 不小于 1.5。

3. 泄漏电流测量

测量泄漏电流比测量绝缘电阻具有更高的灵敏度。运行检测经验表明,测量泄漏电流能有效地发现其他试验项目所不能发现的变压器局部缺陷。

双绕组和三绕组变压器测量泄漏电流的顺序与部位见表 4-3。测量泄漏电流时,绕组上所加的电压与绕组的额定电压有关,表 4-4 列出了试验电压的标准。

表 4-3 变压器泄漏电流测量顺序和部位

顺序	双绕组变压器		三绕组变压器	
	加压绕组	接地部位	加压绕组	接地部位
1	高压	低压、外壳	高压	中、低压、外壳
2	低压	高压、外壳	中压	高、低压、外壳
3			低压	高、中压、外壳

表 4-4 泄漏电流试验电压标准(kV)

绕组额定电压	3	6~10	20~35	66~330	500
直流试验电压	5	10	20	40	60

测量时,加压至试验电压,待 1 min 后读取的电流值即为所测得的泄漏电流值,为了使读数准确应将微安表接在高电位处。

因为泄漏电流值与变压器的绝缘结构、温度等因素有关,所以在《规程》中对泄漏电流值不作规定。在判断时强调与历年的测量结果比较,一般情况下,当年测量值不应大于上一年测量值的 150%,同时还应与同类型变压器的泄漏电流比较。对 500 kV 变压器的泄漏电流不作规定,但一般不大于 $30~\mu A$。

4. 介质损耗角正切测量

测量变压器的介质损耗角正切值 $\tan\delta$ 主要用来检查变压器整体受潮、油质劣化、绕组上附着油泥及严重的局部缺陷等,是判断 31.5 MV·A 以下变压器绝缘状态的一种较有效的手段。测量变压器的介质损耗角正切值是连同套管一起测量的,但是为了提高测量的准确性和检出缺陷的灵敏度,必要时可进行分解试验,以判明缺陷所在位置。

《规程》规定的 $\tan\delta$ 测量值见表 4-5。测量结果要求与历年的数值进行比较,变化应不大于 30%。当采用电桥法测量时,对于工作电压为 10 kV 以上的绕组,试验电压为 10 kV;对于工作电压为 10 kV 及以下的绕组,试验电压为额定电压。当采用 M 型试验器时,试验电压通常采用 2 500 V。

表 4-5　介质损耗角正切规定值

变压器电压等级	330~500 kV	66~220 kV	35 kV 及以下
$\tan\delta$	0.6%	0.8%	1.5%

测量温度以顶层油温为准,尽量使每次测量的温度相近。测温应尽量在低于 50 ℃ 下进行,不同温度下 (t_1, t_2) 的 $\tan\delta$ 值 $(\tan\delta_1, \tan\delta_2)$ 可按如下工程简化公式进行换算。

$$\tan\delta_2 = \tan\delta_1 \times 1.3^{(t_1, t_2)/10}$$

5. 交流耐压试验

交流耐压试验是鉴定绝缘强度最有效的方法,特别对考核主绝缘的局部缺陷,如绕组主绝缘受潮、开裂、绕组松动、绝缘表面污染等,具有决定性作用。

对于 10 kV 及以下的电力变压器,每 1~5 年进行一次交流耐压试验;对于 66 kV 及以下的电力变压器仅在大修后进行试验,如现场条件不具备,可只进行外施工频耐压试验;对于其他的电力变压器,只在更换绕组后或必要时才进行交流耐压试验。

1)试验标准

电力变压器更换绕组后的交流耐压试验标准见表 4-6。

表 4-6　交流耐压试验标准(kV)

额定电压	<1	3	6	10	15	20	35	66	110	220	330	500
最高工作电压	≤	3.5	6.9	11.5	17.5	23.0	40.5	72.5	126	252	363	550
全部更换绕组	3	18	25	35	45	55	85	140	200	360 395	460 510	630 680
部分更换绕组	2.5	15	21	30	38	47	72	20	170 (195)	306 336	391 434	536 578

在变压器注油后进行试验时,需要静置一定的时间。通常 500 kV 变压器静置时间大于 72 h,220 kV 变压器静置时间大于 48 h,110 kV 变压器静置时间大于 24 h。

绕组连同套管的交流耐压试验的出厂试验标准同全部更换绕组的试验标准,而大修后的试验标准同部分更换绕组后的试验标准。

2)试验方法

进行交流耐压试验时,被试变压器的正确连接方式是被试绕组所有套管应短路连接(短接)并接高压,非被试绕组也要短接并可靠接地。

当进行交流耐压试验时,变压器的连接方式不正确,可能损坏被试变压器的绝缘。如被试绕组和非被试绕组均不短接,由于分布电容的影响,在被试绕组的电流不相等,越靠近 A 端电流越大,因而所有线匝间均存在不同的电位差。由于绕组中所流过的是电容电流,故靠近 x 端的电位比所加的电压高。又因为非被试绕组处于开路状态,被试绕组的电抗很大,故将导致 x 端的电位升高,显然这种接线方式是不允许的,在试验中必须避免。

被试绕组和非被试绕组均短接时,由于这种接法对被试绕组来说,始、末端电容电流 I_c 的方向是相反的,回路电抗很小,整个绕组对地的电位基本相等,符合试验要求。但是,对非被试低压绕组来说,由于没有接地而处于悬浮状态,低压绕组对地具有一定的电压。低压绕组对地的电压取决于高、低压间电容和低压对地电容的大小,这时可能出现低压绕组上的电压高于其耐受电压水平,发生对地放电现象。

3)判断方法

在变压器交流耐压试验时,除了通过发生击穿可以判断变压器存在绝缘故障外,还可以根据试验过程中的一些异常现象来判断是否存在隐含的绝缘缺陷。

(1)在升压阶段或持续时间阶段,发生清脆响亮的"当当"放电声,很像金属物撞击油箱的声音,电流表指示值产生突变。当重复进行试验时,放电电压下降并不明显。这往往是由于油隙距离不够或者电场畸变等所造成的油隙一类绝缘结构击穿所致。

(2)试验中,若发生较小的"当当"放电声,且仪表摆动不大,在重复试验时放电现象却消失了。这往往是由于变压器油中有气泡,在电场力的作用下,可能形成一条一定长度的狭窄气隙通道,由于气泡的耐电强度比油低,当气隙通道发展到一定长度时,可能导致气隙通道击穿,最后导致变压器油击穿。如果变压器油中气泡不多,气隙通道放电后缩短了,这时气泡被击穿后,变压器油可能不再击穿。这种局部击穿所出现的放电声音,可能是轻微、断续的,电流表的指示值也不会变动。由气泡所引起的不论是贯穿性的还是局部性的放电,在重复试验中可能会消失,因为在放电之后,气泡容易从上部逸走。

(3)在加压过程中,变压器内部有炒豆般的放电声,而电流表的指示值还很稳定,这可能是由于悬浮的金属件对地放电所致。在制造过程中,铁芯和夹件可能没有与金属片材连接,使铁芯在电场中悬浮,在一定的电压下,由于静电感应的作用,铁芯对接地的夹件就开始放电。

6. 变压器直流电阻测量

测量变压器的直流电阻,可以检查绕组的焊接质量、分接开关各个位置的接触是否良好、绕组或引出线有无折断处、并联支路有无断线、层匝间有无短路等现象。

《规程》规定,对于 16 000 kV·A 以上的变压器,各相绕组电阻相互间的差别应不大于三相平均值的 2%,无中性点引出的绕组,线间差别应不大于三相平均值的 1%;对于 16 000 kV·A 及以下的变压器,相间差别一般不大于三相平均值的 4%,线间差别一般不大于三相平均值的 2%;同时与以前的相同部位测量值比较,其变化应不大于 2%。

7. 变压器极性组别和电压比试验

变压器线圈的一次侧和二次侧之间存在极性关系,若有多个线圈或多个变压器进行组合,都需要知道其极性,才可以正确运用。对于两线圈的变压器来说,若任意瞬间在其内感应的电动势都具有同方向,则称它为同极性或减极性,否则为加极性。变压器联结组是变压器的重要参数之一,是变压器并联运行的重要条件,在很多情况下都需要进行测量。

在变压器空载运行的条件下,高压绕组的电压 U_1 和低压绕组的电压 U_2 之比称为变压器的变压比:

$$K = \frac{U_1}{U_2}$$

变压比一般按线电压计算,它是变压器的一个重要的性能指标。测量变压器变压比的目的是保证绕组各个分接的变压比在技术允许的范围之内;检查绕组匝数的正确性;判定绕组各分接的引线和分接开关连接是否正确。

1)变压器极性组别和电压比试验方法

(1)直流法确定变压器的极性。测量变压器绕组极性的方法有直流法和交流法,这里介绍简单适用的直流法,如图 4-8 所示。把一节干电池接在变压器的高压端子上,在变压器的二次侧接上一个毫安表或微安表,实验时观察开关合上时表针的摆动方向,即可确定极性。

在图 4-8 中,将干电池的正极接在变压器一次侧 A 端子上,负极接到 x 端子上,电流表的正极接在二次侧 a 端子上,负极接到 x 端子上,当合上电源的瞬间,若电流表的指针向零刻度的右方摆动,而拉开的瞬间指针向左方摆动,说明变压器是减极性的。

若同样按照上面接线,当电源合上或拉开的瞬间,电流表指针的摆动方向与上面相反,则说明变压器是加极性的。

(2)直流法确定变压器的组别。直流法是最为简单适用的测量变压器绕组接线组别的方法,图 4-9 所示是对 Y/Y 接法的三绕组变压器采用直流法确定组别的接线,对于其他形式的变压器接线方法相同。用一低压直流电源(若干电池)加入变压器高压侧 AB、BC、AC。轮流确定接在低压侧 ab、bc、ac 上的电压表指针的偏转方向,从而可得到 9 个测量结果。这 9 个测量结果的表示方法为:用正号"+"表示当高压侧电源合上的瞬间,低压侧表针摆动的某一个方向,而用负号"-"表示与其相反的方向。如果用断开电源的瞬间来作为结果,则正好相反。另外还有一种情况,就是当测量△/Y 或 Y/△接法的变压器时,若出现表针为零,则用"0"作为结果。

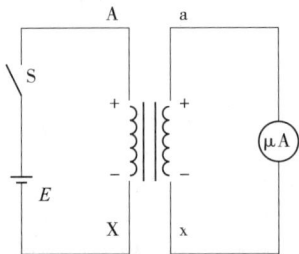

图 4-8　用直流法测量极性　　　　图 4-9　用直流法确定接线组别

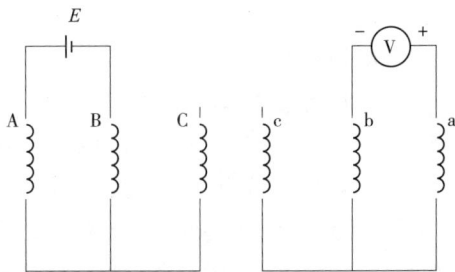

将所测得的结果与表 4-7 所列对照，即可知道该变压器的接线组别。

表 4-7　变压器组别与极性对照表

接线组别	高压通电 + −	低压测量值 a b	b c	a c	接线组别	高压通电 + −	低压测量值 a b	b c	a c
1	A B	+	−	0	7	A B	−	+	0
	B C	0	+	+		B C	0	−	−
	A C	+	0	−		A C	−	0	+
2	A B	+	−	−	8	A B	−	+	+
	B C	+	+	+		B C	−	−	−
	A C	+	−	+		A C	−	+	−
3	A B	0	−	−	9	A B	0	+	+
	B C	+	0	−		B C	−	0	+
	A C	+	−	0		A C	−	+	0
4	A B	−	−	−	10	A B	+	+	+
	B C	+	−	+		B C	−	+	+
	A C	+	−	−		A C	−	+	+
5	A B	0	−	0	11	A B	0	+	+
	B C	+	−	0		B C	−	+	0
	A C	0	−	−		A C	0	+	+
6	A B	−	+	−	12	A B	+	−	+
	B C	+	−	−		B C	−	+	+
	A C	−	−	−		A C	+	+	+

2）用 QJ35 型变比电桥测量变比

QJ35 型变比电桥是最常用的测量变压器变比的仪器，下面介绍用 QJ35 型变比电桥测量变比的步骤。

①使用之前首先要知道变压器绕组的极性或接线组别。

②把试品的额定 K 值根据铭牌表示计算出来，并取 4 位有效值。各种接法的绕组类型可按下列各式计算。

对于 Y/Y、△/△接法

$$K_L = \frac{U_1}{U_2},\ K_\phi = K_L$$

对于 Y/△接法

$$K_L = \frac{U_1\frac{2}{\sqrt{3}}}{U_2},\ K_\phi = \frac{U_1\frac{1}{\sqrt{3}}}{U_2}$$

对于△/Y接法

$$K_L = \frac{U_1}{U_2\frac{2}{\sqrt{3}}},\ K_\phi = \frac{U}{U_2\frac{1}{\sqrt{3}}}$$

式中　K_L——线电压比；

　　　K_ϕ——相电压比；

　　　U_1、U_2——高压侧和低压侧电压。

③将电桥上的 A、B、C、a、b、c 分别和变压器的 A、B、C、a、b、c 连接起来。对于三绕组的变压器，还有 Am、Bm、Cm；对于单相变压器，B、b 与 X 连接，x 和 C 空接。

④将电桥上的 K 值按计算出来的结果设置。

⑤三相变压器应先放置在 AB/ab 位上。如果是 Y/Y 或 △/△ 接法的变压器，短接开关放在"0"上，如果是 Y/△-11 或 △/Y-11 接法的变压器，则按表 4-8 放置。

表 4-8　不同拉接线形式下变比一时短接开关的位置

对 Y/△接法			对 △/Y 接法		
测量	AB/ab	BC/bc	CA/ca	测量	AB/ab	BC/bc	CA/ca
短接	bc	ac	ab	短接	CA	AB	BC

⑥极性开关放在变压器的已知接法单相"一"或"＋"。三相变压器 1～6 组为"＋"极性，7～12 组为"一"极性，其他开关都放在"关"或"0"上。

⑦插上电源，注意核对相线与中性线的正确性。闭合放大器电源开关 S_1，然后把灵敏度旋至最大，调节零位使指针指向中心，闭合电压表开关 S_3 和试验电压开关 S_2，调整调压器使电压表指示 5 V 位置，同时必须注意微安表指针不超过满度。如果超过可降低灵敏度；若再超过，则应关闭电源，复核额定 K 值和变压器的极性接线等。

⑧调整误差盘时，将放大器灵敏度旋至最大，使微安表指零后再关闭电压表开关 S_3 作精调，此时误差盘上的指示就是变比的误差，将其记录下来。

⑨降低电压，关闭试验电压进行三相变换，注意不能带电进行，然后继续按第⑦步进行。

⑩测试完毕，将所有开关放在"关"或"零"位，待下次使用。

四、干式变压器结构

1. 干式变压器的型号（图 4-10）

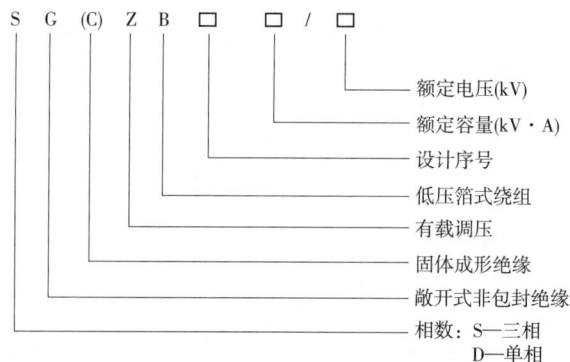

图 4-10　干式变压器型号含义

例如型为 SCZ（B）10 对应为：三相树脂绝缘、有载调压、低压箔式绕组、设计序号为 10 的干式变压器。

2. 干式变压器的分类

国内干式变压器的种类按型号可分为 SC 和 SG，即包封线圈和非包封线圈两大类。包封线圈分为纯树脂浇注式、带填料树脂浇注式和缠绕式；非包封线圈的分为普通浸渍式和包封浸渍式。

按绝缘介质和制造工艺分类，目前我国生产的干式变压器主要有 4 类，包括浸渍式、Nomex 纸型、环氧树脂型（分为浇注型和绕包型两类）和 SF₆ 气体绝缘型。

3. 干式电力变压器的性能特点

(1)环氧浇注干式电力变压器

①整体机械强度好，耐受短路能力强；②耐受冲击过电压的性能好，基准冲击水平（BIL）值高；③防潮耐腐性能好，适合恶劣环境下工作；④可制造大容量的干式变压器；⑤局部放电小，运行寿命长；⑥可从备用状态立即投入运行，无需预热去潮处理；⑦损耗低，过负荷能力强；⑧制造经验丰富，运行管理规范。

(2)真空浇注工艺类干式电力变压器

①绝缘薄；②质量稳定；③绝缘性能好。

(3)SF₆ 气体绝缘干式变压器

①防水性能优秀；②电压等级和容量更高；③变压器本体噪声小；④价格相对较高。

4. 干式变电压器铁芯

(1)铁芯材料

目前我国干式变压器的铁芯都是采用冷轧硅钢片制成。

铁芯采用的硅钢片由于在炼钢过程中加入了 3‰～5‰ 的硅，从而提高了硅钢片的导磁率和电阻率，减少了硅钢片中磁滞损耗和涡流损耗。但若加入硅过多，则硅钢片会变脆，使加工困难。

硅钢片按轧制方法可分为热轧硅钢片和冷轧硅钢片两种。热轧硅钢片是将含硅的钢材经热轧机和相应的热处理后制成的。采用热轧硅钢片叠装的铁心，当磁通密度大于 1.45 T 时，其空载损耗和空载电流明显增加。冷轧硅钢片由冷轧机制成，具有较小的励磁容量和较高的磁通密度，允许设计的磁通密度高达 1.89 T。

(2)铁芯结构

变压器按铁芯结构形式分为心式结构和壳式结构。心式铁芯是垂直放置的，铁芯的截面多为分级圆柱形，绕组包围芯柱，称为心式结构。心式铁芯的叠片规格较多，绑扎和夹紧要求较高，但是圆形绕组制造方便，短路时稳定性好，且硅钢片的用量也较少，因此我国变压器(油式变压器和干式变压器)的铁芯基本都是采用心式铁芯结构。

从铁芯固定方式角度，环氧浇注式变压器的常用心式铁芯结构有拉螺杆结构和拉板结构两种形式，如图 4-11 所示。

5. 干式变压器绕组

绕组是干式变压器最重要的组成部分，也是区别于其他形式变压器最大的特点。

(1)干式变压器绕组的绝缘及强度

浇注干式变压器的绕组主要由导线（一般为铜线）和绝缘结构（主要为树脂体系）构成。浸透在绕组绝缘中的树脂是干式变压器绕组的基本绝缘结构，除了起绝缘作用之外，还能保证绕组经受电磁力的稳态作用和冲击下不受损坏。

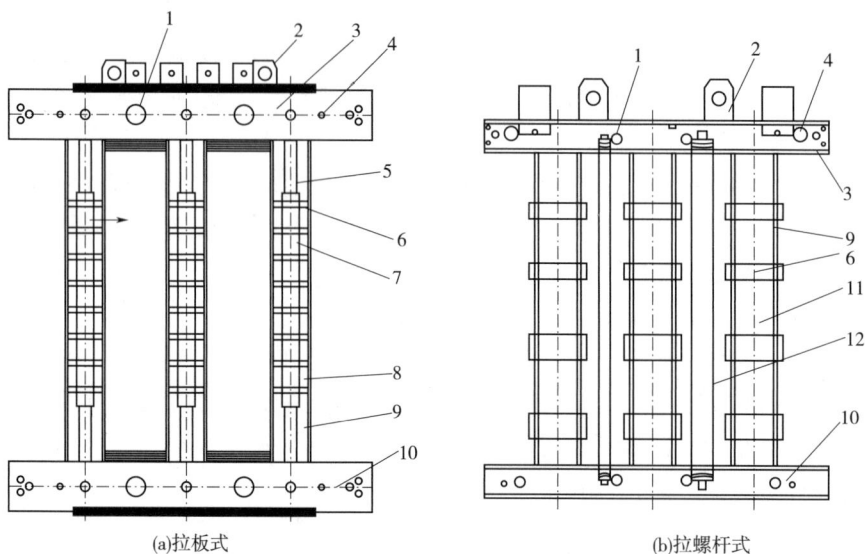

(a)拉板式　　　　　　　　　　　　(b)拉螺杆式

图 4-11　环氧浇注式变压器铁芯的典型结构

1—铁轭夹紧螺杆;2—吊板;3—上夹件;4—旁螺杆;5—拉板;6—绑扎带
7—拉板绝缘;8—硅胶条;9—硅钢片;10—下夹件;11—铁芯封片;12—拉螺杆

干式变压器的主绝缘结构为树脂—空气的复合绝缘,由于绝缘匹配的问题,干式变压器的额定电压一般最大为 36 kV。而其容量因受绝缘成本和散热条件的限制,目前国际上公认的最大容量为 20 MV·A。

绕组根据形式和耐热等级不同,可分别选用 F、H 级的圆漆包线、扁漆包线、玻璃丝包线、双玻璃丝包线、涤纶玻璃丝包线和纳米云母线等导线。

绕组设计和计算应满足以下要求:

①电气强度。绕组绝缘必须满足国家标准 GB 1094.11—2007《电力变压器第 11 部分:干式变压器》规定或者用户要求的工频、雷电冲击试验电压要求,并留有一定的裕度。

②耐热强度。在负载运行条件下,绕组温升不允许超过绝缘材料耐热等级所规定的温升限值。

③机械强度。干式变压器绕组在短路电流作用下产生的电动力将使绕组位移以及短路阻抗变化,二者应满足国家标准 GB 1094.5—2008《电力变压器第 5 部分:承受短路的能力》的要求。

(2)干式变压器绕组结构形式

干式变压器绕组的结构由干式变压器的额定容量、额定电压和使用条件等决定。

①层式绕组。其特点为导体叠层绕制而成,根据设计需要又分为单层圆筒式、双层圆筒式、多层圆筒式及分段圆筒式等。其中单层圆筒式及双层圆筒式绕组多用做浇注式干式变压器的低压(二次)绕组。

a. 单层圆筒式绕组采用扁导体按螺旋线绕制而成,即取消横向气道的单螺旋式结构,虽然该绕组绕制简单,但对浇注式干式变压器而言,两头出线会造成浇注时封堵树脂困难,因此设计时尽量避免使用。该绕组一般适用于容量 500 kV·A 及以下、电压 3 kV 以下的低压绕组。

b. 双层圆筒式绕组采用扁导体按螺旋线绕制而成,两层线匝之间放置层间绝缘或通风道。绕制工艺较好,但对大电流低压绕组要注意螺旋角处的处理,其结构如图 4-12 所示。双层圆筒式绕组一般适用于容量 630 kV·A 及以下、电压 1 kV 及以下的低压绕组。

c. 分段圆筒式绕组用作浇注式干式变压器高压绕组。浇注式干式变压器的层式绕组与油浸式变压器层式绕组结构基本相同,只是采用的绝缘材料和制造工艺有较大差别,当高压绕组采用多层圆筒式结构时,若层数一定则各层的匝数增多,层间的电压提高,这样就造成层间绝缘和绕组的横向尺寸增大。为了改善这种情况,可采用分段圆筒式结构,其结构如图 4-13 所示。分段圆筒式绕组的段间绝缘尺寸可按段间电压选为梯形结构。分段圆筒式绕组要求分段分层合理,既要保证段间、层间和匝间电压与绝缘的配合,又要求有良好的浇注性能和散热性能。多层圆筒式绕组采用圆导体或扁导体按螺旋线绕制而成,可以绕成若干个线层,每层线匝之间放置层间绝缘或通风道。绕制工艺较好,但绕组内侧的第一层对地电容较大,使雷击冲击电压的起始分布不均匀,应采取相应的措施以改善冲击电压的起始分布。

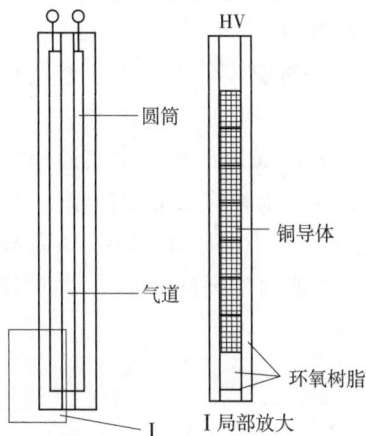

图 4-12 双层圆筒式绕组结构图　　图 4-13 分段圆筒式绕组结构图

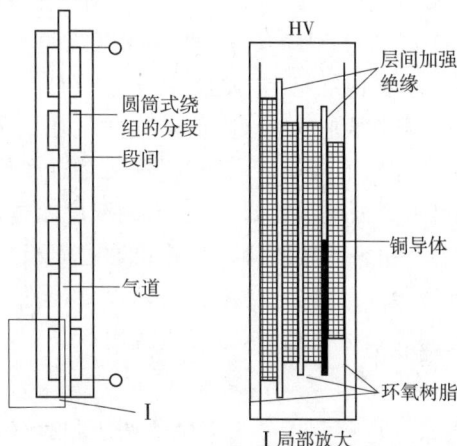

②箔式绕组。由薄而宽的导体叠层绕制而成。箔式绕组采用铜箔(也有干式变压器采用铝箔)在专用的箔绕机上绕制而成的,多用于浇注式干式变压器的低压绕组。箔式绕组也可以说是层式绕组中的多层圆筒式绕组,其特殊之处为每层一匝,层间绝缘同时是匝绝缘。绕组制作时,层间绝缘和端绝缘同时绕入,绕组的首末端出线端子在绕制前后用氩弧焊固定在铜箔上。箔式绕组一般采用轴向气道,绕制时将相应绝缘等级的引拔条在相应的匝数位置一同绕入。

6. 干式变压器附件

(1)干式变压器风冷系统

①冷却方式及其标志。干式变压器的冷却方式有自然风冷式和强迫风冷式两种,分别以 AN、AF 表示(A——空气;N——自然循环;F——强迫循环)。带风冷系统产品冷却方式可表示为 AN/AF。

②强迫风冷干式变压器过载能力。自然空气冷却(AN)时,正常使用条件下干式变压器可连续输出 100% 的额定容量。强迫风冷(AF)时,允许不同程度地过负载运

行,其过负载容量的经验数据见表 4-9。干式变压器铭牌上所标的容量为自然风冷时的容量。

表 4-9　强迫风冷干式变压器过负荷容量的经验数据表

变压器容量范围(kV·A)	过负载容量	变压器容量范围(kV·A)	过负载容量
≤1 600	50%	3 150～5 000	30%或按用户要求
2 000～2 500	40%	≥6 300	20%或按用户要求

强迫风冷时,由于损耗和短路阻抗增幅较大,必然导致温升增大,变压器过热,加速绝缘材料的老化和失效,所以不推荐强迫风冷过负载运行。

(2)干式变压器温度控制系统

目前干式变压器常采用的单片机或 PLC 作为主控制器制作温控装置,集温度显示、控制、远程输出等功能于一体,能有效监控变压器的温度。

温控系统的工作原理:变压器绕组(A、B、C)及铁芯(D)的温度是通过铂电阻 Pt100 和热敏电阻 PTC150 采集的,利用了其电阻值随温度变化而变化的基本原理。

Pt100 和 PTC150 一般埋在低压绕组上方的端绝缘中(对于低压绕组低压超过 3 kV 的,埋在内绕组上方的垫块中,进行间接测温),绕组温度的变化会引起它们阻值的变化,温控器通过把该阻值转换成电压信号,再通过滤波、A/D 电路和一系列算法算出它所反映的温度值,并根据这两路温度信号,一方面通过面板显示其通道号及温度值;另一方面通过逻辑算法,当该温度超过设定值时发出相应的输出控制信号,指令风机起停、报警或跳闸等。用户可通过面板的按键设定具体的风机起停、铁芯报警等系统参数值。另外,通过系统自动检测,当传感器故障或内部硬件故障时,温控器会发出声光报警及故障信号,以便提醒用户。

7. 干式变压器调压装置

干式变压器调压分为无励磁调压和有载调压两种。

(1)无励磁调压。切换分接抽头时必须将干式变压器从电网中切除,停电后进行。

通常,无励磁调压通过调整绕组上的分接片来实现,出厂时设定为额定分接,当低压输出电压偏高时,将分接片向上调(匝数增加),电压将下降;当低压输出电压偏低时,将分接片向下调(匝数减少),电压将上升。无励磁的调压范围较小,调压时必须停电,停电时间较长(数分钟到数十分钟),既影响生产,也没有随时可调性,这是无励磁调压的主要缺点。

(2)有载调压。干式变压器有载调压采用有载分接开关,在变压器励磁或负载状态下,通过改变绕组匝数完成调压操作。

干式变压器使用的有载分接开关,按结构形式可分为组合式和复合式两大类。

①组合式开关。它由分接选择器和切换开关组合而成,分接选择器触头是在无负荷下选择分接头之后,切换开关触头把负荷电流转换到已选的另一分接头上。真空有载分接开关属于组合式开关,切换开关触头使用真空管。目前用于干式变压器真空有载分接开关有柜式开关和 33 kV 的德国 MR 开关。

②复合式开关。它把分接选择器和切换开关的功能结合在一起,其触头是在带负荷下选择分接头。此时电动机构既可以完全独立,也可以与分接开关结合为一体。空

气有载分接开关属于复合式开关,以空气作为绝缘和灭弧介质。空气有载分接开关主要用于 10 kV 配电变压器。

8. 变压器的主要技术参数

变压器在规定的使用环境和运行条件下,主要技术数据一般都标注在变压器的铭牌上。主要包括:额定容量、额定电压及其分接、额定频率、绕组联结组以及额定性能数据(阻抗电压、空载电流、空载损耗和负载损耗)和总重。

①额定容量(kV·A):在额定电压、额定电流下连续运行时,能输送的容量。

②额定电压(kV):变压器长时间运行时所能承受的工作电压。为适应电网电压变化的需要,变压器高压侧都有分接抽头,通过调整高压绕组匝数来调节低压侧的输出电压。

③额定电流(A):变压器在额定容量下,允许长期通过的电流。

④空载损耗(kW):当以额定频率的额定电压施加在一个绕组的端子上,其余绕组开路时所吸取的有功功率。与铁芯硅钢片性能及制造工艺、和施加的电压有关。

⑤空载电流(%):当变压器在额定电压下二次侧空载时,一次绕组中通过的电流。一般以额定电流的百分数表示。

⑥负载损耗(kW):把变压器的二次绕组短路,在一次绕组额定分接位置上通入额定电流,此时变压器所消耗的功率。

⑦阻抗电压(%):把变压器的二次绕组短路,在一次绕组慢慢升高电压,当二次绕组的短路电流等于额定值时,此时一次侧所施加的电压。一般以额定电压的百分数表示。

⑧相数和频率:三相开头以 S 表示,单相开头以 D 表示。我国标准频率 f 为 50 Hz,有些国家使用 60 Hz。

⑨温升与冷却:变压器绕组或上层油温与变压器周围环境的温度之差,称为绕组或上层油面的温升。油浸式变压器绕组温升限值为 65 K、油面温升为 55 K。冷却方式也有油浸自冷、强迫风冷,水冷,管式、片式等多种。

⑩绝缘水平:有绝缘等级标准。高压额定电压为35 kV级,低压额定电压为 10 kV级的变压器绝缘水平表示为 LI200AC85/LI75AC35,其中 LI200AC85 表示该变压器高压雷电冲击耐受电压为 200 kV,工频耐受电压为 85 kV;LI75A35 表示低压雷电冲击耐受电压为 75 kV,工频耐受电压为 35 kV。

⑪联结组标号:根据变压器一、二次绕组的相位关系,把变压器绕组连接成各种不同的组合,称为绕组的联结组。为了区别不同的联结组,常采用时钟表示法,即把高压侧线电压的相量作为时钟的长针,固定在时钟的 12 位置上,低压侧线电压的相量作为时钟的短针,看短针指在哪一个数字上,就作为该联结组的标号。如 Dy,n11 表示一次绕组是(三角形)联结,二次绕组是带有中心点的(星形)联结,组号为(11)点。

五、干式变压器检修

国标《干式电力变压器》对干式电力变压器的定义为"铁芯和线圈不浸在绝缘液体中的变压器"。干式变压器的铁芯和绕组一般为外露结构,不采用液体绝缘,不存在液体泄漏和污染环境的问题;干式变压器结构简单,维护和检修较油浸变压器要方便很多;同时干式变压器都采用阻燃性绝缘材料。基于这些优点,被广泛应用在对安全运行要求较高的场合。许多国家和地区都规定,在高层建筑的地下变电站、地铁、矿井、人流密集的大型商业和社会活动中心等重要场所必须选用干式变压器供电。

干式变压器的结构如图 4-14 所示。

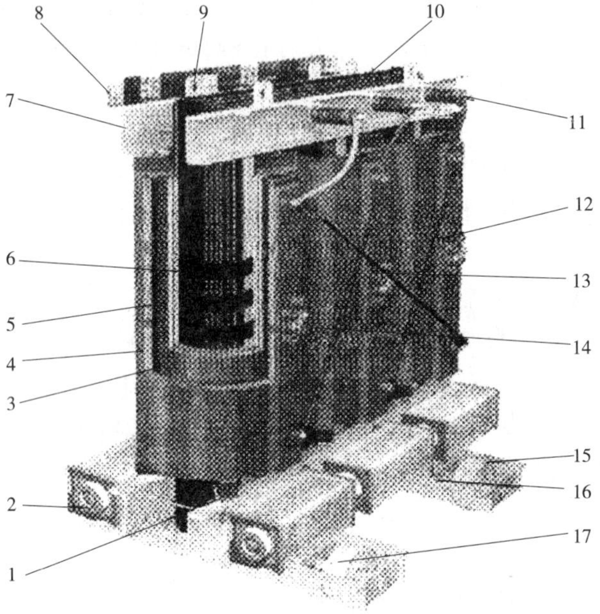

图 4-14 干式变压器的安装结构图
1—垫块;2—风机;3—冷却气道;4—高压线圈;5—低压线圈;6—铁芯;7—夹件;
8—低压出线铜排;9—吊环;10—上铁轭;11—高压端子;12—高压连接杆;
13—高压分接头;14—高压连接片;15—底座;16—连接螺钉;17—双向轮

1. 干式变压器检修标准

1)检修周期

(1)定期保养。不定时,视设备状态进行。

(2)小修。两年(动力变压器),1 年(整流变压器)。

(3)中修。10～12 年。

(4)大修。达设计寿命或经综合诊断分析。

(5)预防性试验。两年。

2)定期保养标准

(1)绝缘子瓷体清洁、是否放电、瓷釉剥落面积,检查电气连接部分应连接牢固、接触良好。

(2)设备的声响正常,无异味。

(3)设备安装牢固,无倾斜、外壳无严重锈蚀、接地良好,基础、支架应无严重破损剥落。

(4)通风检查。

(5)外壳外观检查。

(6)夜间绝缘闪络放电、熄灯检查,应无明显放电和电晕。

(7)检查变压器各绝缘支撑件的紧固情况。

3)干式变压器(整流变/动力变)小修标准

(1)完成保养项目内容。

(2)检查清扫外壳,必要时局部涂漆。

(3)绝缘子、支撑件应清洁,无放电现象,剥落面积不超过30%。

(4)电气连接部份应连接牢固,接触良好,接触压力按厂家标准。

(5)设备安装牢固,无倾斜、外壳无严重锈蚀、接地良好,基础、支架应无严重破损。

(6)高低压绕组间的通风道,应清洁无积灰,用不大于100kPa(1bar)的干燥压缩空气吹(与自然通风的方向相反)。

(7)检查调压板位置,当电网电压高于额定电压时,将调压板连接在1挡、2挡,反之连接在4挡、5挡,等于额定电压时,连接在3挡处,最后应把封闭盒安装关闭好,以免污染造成端子间放电。

(8)变压器的接地,必须可靠。

(9)感温装置完好,变压器顶部的连接端子紧固。

(10)检查温控箱,显示正确、功能完好

(11)用2 500 V兆欧表测量绝缘电阻,符合标准。

(12)按有关电气设备预防性试验规程等规定进行测量和试验。

4)干式变压器(整流变/动力变)中修标准

(1)同小修项目。

(2)检修铁芯线圈。

(3)检查并测量铂电阻Pt100阻值;测量测温回路电阻阻值。

(4)检修分接抽头。

(5)检查感温元件发现有破损,须立即更换。

(6)按有关电气设备预防性试验规程等规定进行测量和试验。

5)干式变压器(整流变/动力变)大修范围和标准

(1)完成相关中修项目。

(2)根据具体情况,更换某相绕组。

(3)根据具体情况,更换整台变压器。

(4)按相关交接试验标准进行试验。

2. 干式变压器检修内容

1)干式变压器基础、支架及外罩检修

(1)用水平尺检查其倾斜度是否能满足设计标准,若不满足应对进行相应调整,使之满足设备运行要求。

(2)外壳、基础和支架等锈蚀破损部分,用除锈剂或者细砂纸除锈,然后做涂漆防锈处理。个别部位破损严重的,可整体更换相关部件。修后设备应达到安装牢固,无倾斜,外壳无严重锈蚀,基础支架表面无破损剥落。

(3)电缆穿孔用防火泥进行封堵,孔洞封堵应符合要求。

(4)外罩清洁。用吸尘器或者抹布对外罩进行清洁处理。

2)干式变压器铁轭、铁芯、穿心螺杆检修

(1)检查螺母是否有松动,用力矩扳手进行紧固处理,切勿用呆扳手或者活动扳手,以防用劲过大,造成螺杆滑丝。

（2）检查铁芯和铁轭是否有脱漆、锈蚀。用细砂纸进行研磨除锈,然后涂抹上漆。

（3）检查铁芯和铁轭是否有变形。如果有变形,应进行硅钢片调整或部分更换或整体更换。检修后的铁芯、铁轭外表应平整无翘片,无严重波浪状,叠片紧密;检修后的硅钢片叠片接缝间隙不应超过 0.5 mm。

3）干式变压器高低压侧连接部件检修

（1）检查电气连接部件(高压连接杆、高压连接片、高压端子等)是否有松动、锈蚀、放电现象。用细砂纸打磨除锈,用力矩扳手紧固,确保其接触良好,在连接部位涂抹导电膏。

（2）检查高压侧电缆终端头导电部位的机械强度、变形与接触情况;检查高压侧电缆终端头绝缘硅胶是否有放电、爬电现象,检查原因必要时整体更换。

（3）对硅胶绝缘裙边结构(终端冷缩头)用清洁的抹布擦拭干净。

（4）检查高压侧电缆终端头的地线是否绑扎牢固,防止高压侧导体对电缆终端头地线短路。

（5）用力矩扳手检查无载调压连接片是否连接紧固,同时对连接片进行除锈处理。

（6）检查干式变压器低压侧与低压开关柜的连接导体是否有变形、放电、烧灼、松动现象;用细砂纸打磨除锈,涂抹导电膏;对软连接要注意是否有散股、松动、断股现象,如果有此现象应进行绑扎、固定、加强处理,必要时整体更换。

4）接地系统检修

（1）检查外罩、底座、箱体和铁芯是否可靠接地,确保铁芯单点接地。

（2）如接地部分有锈蚀现象,应用除锈剂进行除锈处理。

5）干式变压器高、低压绕组的检修

（1）对高、低压绕组表面进行清洁处理。

（2）高、低压绕组间的通风道灰尘处理。用不大于 1bar 的干燥压缩空气吹(与通风的方向相反);在用抹布清理时,切勿用棉质抹布去尘,以防棉质抹布在物体上引起放电现象。

（3）高压绕组表面爬弧、放电处理。对爬电部位用细砂纸轻轻打磨表面的发黑部分,对龟裂部位采取环氧树脂绝缘填充胶填充,最后涂抹绝缘漆。

6）干式变压器绝缘子、支撑件、上下部绝缘衬垫块检修

（1）用抹布或吸尘器对绝缘子、支撑件、上下部绝缘衬垫块进行除尘处理。

（2）检查各部件是否有放电痕迹。

（3）检查绝缘子或绝缘衬垫是否有开裂、破损现象,有则进行更换。

（4）检查绝缘子或绝缘衬垫是否有移位松动,有则进行位移调整,使之满足运行要求。

3. 干式变压器典型故障处理

1）环氧树脂绕组表面的爬电故障处理

（1）工器具、材料备件

①材料有酒精、凡士林、环氧树脂绝缘填充胶(由对应的变压器厂家提供)、抹布、吸尘机、砂纸、绝缘胶带、硬质毛刷、绝缘漆。

②工器具有力矩扳手、呆扳手、小压尺、变比测试仪、绝缘测试仪、交流耐压试验仪及日常电工工器具等。

（2）步骤及方法

①做好相关的技术措施和组织措施。

②变电所的风机停电。

③用吸尘器和抹布对绕组进行除尘处理。注意抹布要用涤纱抹布,切勿用棉质抹布。

④用变比测试仪、绝缘测试仪和交流耐压试验仪,对绕组进行测试,并记录数据。

⑤绕组有变色、放电痕迹,则在附着炭黑的部位用细砂纸进行研磨处理,尽量磨平至平滑,用抹布蘸着酒精将研磨部位的粉末擦拭干净。

⑥把环氧树脂绝缘填充胶塞进绕组龟裂的部位并压实,使龟裂的部位均匀填充,并用细砂纸研磨平整,然后用抹布擦拭干净。

⑦用硬质毛刷蘸上绝缘漆对龟裂填充部位和细砂纸研磨过的所有部分进行均匀涂刷处理。注意涂刷时不能有水分和灰尘黏附在涂漆部位。

⑧自然烘干 12 h 后,对改变绕组变比和绝缘的进行交流耐压测试。前后对照数据,如果数据符合相关的试验标准后,恢复前面所做的技术措施、组织措施,出清工具,然后恢复变压器送电运行。如果数据不符合相关标准,建议联系厂家,与厂家进行协调解决,查明原因,采取相应措施。

2）干式变压器异常声响的处理

（1）材料、工器具

①材料有酒精、凡士林、抹布、吸尘机、砂纸、铁芯涂漆、绝缘胶带、硬质毛刷等。

②工器具有力矩扳手、呆扳手、橡胶锤、木锤、0.5 mm 塞尺及日常电工工器具等。

（2）步骤及方法

①对需检修的干式变压器做好停电检修相关安全工作措施。

②针对干式变压器不同的异响进行处理。

a. 铁芯励磁声音高。过电压或者负载中采用晶闸管等器件可造成铁芯励磁声音高,处理措施是改变变压器的分接头位置。

b. 振动共振声。变压器安装不稳固或共振会造成异响,需对变压器停电,重新进行稳固安装,消除共振条件。

c. 铁芯机械振动声。铁芯机械振动声产生的原因是铁芯和铁轭的穿心螺杆、螺母未拧紧,应采取以下措施。

（a）用力矩扳手对铁芯和上铁轭的穿心螺杆进行松动处理,注意只进行半松动处理,切勿把穿心螺杆的螺母全部拧出,以防铁轭夹件掉下,造成人员伤亡,但是过于松动容易造成夹件与支撑部件位移偏离。

（b）用木锤对上铁轭进行适度敲压,力度不能过大（力量大小可以咨询厂家技术人员）,使得上铁轭和铁芯硅钢片叠片接缝间隙尽量密贴,然后用橡胶锤敲压,使得铁芯和上铁轭叠片接缝间隙足够密贴。注意:由于木锤硬度大,橡胶锤硬度小,因此敲压时木锤敲压的力量应小一点,橡胶锤敲压的力量应大一点。

（c）用 0.5 mm 塞尺对上铁轭和铁芯的叠片接缝间隙进行测量,结果应符合运行要求。检修中注意使上铁轭外表平整无翘片,无波浪状,叠片紧密。

（d）对敲打过的铁芯和上铁轭部位用的铁芯进行补漆处理,待铁芯涂漆烘干后对上铁轭和铁芯进行检查。

d. 放电声响。湿度等造成部件绝缘下降,可对变压器停电,采取涂绝缘漆等加强绝缘的措施。

e. 风扇声音不正常。风扇声音不正常大部分为风扇轴承转动不畅或风叶变形造成,应检查风扇轴承,补润滑油,更换扇叶或整体更换风扇。

注意:对干式变压器异常声音处理后,需对变压器各部件进行清洁工作;检查所有工器具;进行绕组绝缘检查;恢复所有安全工作措施后重新投入运行。

3)干式电力变压器温升异常故障处理

(1)当同时装有温控和温显装置时,可分别读取温控和温显装置的温度显示值,判定测温装置的准确性。

(2)检查干式电力变压器的负载和各线圈的温度,并与记录中同一负载条件下的正常温度进行核对。

(3)检查干式电力变压器冷却装置或变压器室的通风情况,当温度升高的原因是由于风冷装置的故障时,按现场规程,调整变压器负载至允许运行温度下的相应容量。

(4)在正常负载和风冷条件下,干式电力变压器温度不正常并不断上升,且经温控与温显比较证明测温装置指示正确,可认为干式电力变压器发生内部故障应立即停运。

(5)干式电力变压器在各种超铭牌电流方式下运行,温升限值超过最高允许值时应立即降低负载。

4)干式电力变压器的保护动作跳闸故障处理

(1)对照图纸,检查继电保护装置及直流等二次回路是否正常,重点检查二次线接触不良、短路、绝缘能力降低等情况。

(2)对继电保护装置进行定性和定量校验,有故障则进行更换。

(3)检查温控仪装置状态是否正常,具体方法如下:

①对温控装置进行检查和校验,若为异常,则对温控装置进行更换。

②对照图纸检查温控回路(Pt100 铂电阻和 PTC 热敏电阻回路),若有问题,则对该回路进行修复。

(4)检查外观上有无明显反映故障的异常现象,如有闪络和放电痕迹,则对闪络和放电的部位进行清洁,涂抹绝缘漆,烘干后进行相关的测试,测试合格后可以对变压器进行空载试送电。

(5)检查输出侧电网和设备有无故障,若有故障,对输出侧电网和设备进行切除处理,对变压器进行相关的测试,测试合格后可以对变压器进行空载试送电。

(6)进行必要的电气试验。

①若为变压器绝缘问题,对绝缘进行加强处理。

②若为局部放电问题,对放电的部位进行绝缘修复和加强处理。

③若为变压器绕组内部问题需对绕组进行更换处理。

六、干式变压器预防性试验

1)干式变压器预防性试验的一般规定

(1)预防性试验宜为每三年一次,当发生故障时应视需要提前进行,预防性试验记录应详尽准确,测试内容包括:测量绕组直流电阻、绕组绝缘电阻、铁芯绝缘电阻、工频耐压、感应耐压数据。

（2）对于曾经处于短期急救等超负载运行状态的干式电力变压器，还应测试空载损耗、负载损耗、空载电流数据。

（3）局部放电试验应每隔 3～5 年定期进行一次。当局放值大于 50PC（PC 为局部放电量的单位，叫做"皮库"，表示视在电荷量 Q）时，应进一步加强监视和缩短测试周期；当局放值异常增大至 100 PC 时应停止运行。

（4）温控和温显装置应有一定数量的备品或使用后重新送检合格的产品，预防性试验时应将温控和温显装置送原制造厂或计量机构进行周期检定，超过使用期的装置都应及时更新。

（5）风冷装置电动机的绝缘电阻和噪声水平的测量周期，应根据风冷装置的累积工作时间决定。

2）干式变压器预防性试验项目

（1）绝缘电阻、吸收比和极化指数测量。

（2）泄漏电流测量。

（3）介质损耗角正切测量。

（4）交流耐压试验。

（5）变压器直流电阻测量。

（6）变压器极性组别和电压比试验。

以上各试验内容及方法同油浸式变压器。

第二节　GIS 组合电器

把断路器、隔离开关、接地开关、互感器、避雷器、母线、连接件等单元，全部封装在接地的金属壳体内，壳内充以压力为 0.2～0.5 MPa 的 SF_6 气体，作为相间和对地的绝缘，这样的组合电器称为 GIS。由于 GIS 既封闭又组合，故占地面积小，占用空间少，基本不受外界环境影响，不产生噪声和无线电干扰，运行安全可靠，且维护工作量少，在地铁建设和改造工程中得到了广泛的应用。

一、GIS 的结构

1. 总体结构

SF_6 全封闭组合电器的总体结构决定于所用的组合元件的形式和使用部门的要求。此外还要考虑到发生大事故后，能够很快地把各元件隔离和拆开检修的可能性。

GIS 由各自独立的标准元件组成，各标准元件制成独立的气室（也称气隔），再辅以一些过渡元件（如弯头、三通、伸缩节等），便可适应不同形式的主接线要求，组成成套配电装置。

组合电器的外壳可以用钢板或铝板制成。独立气室中装有防爆膜，以防止因内部电弧故障时，产生超压力现象致使外壳破裂。大容积的气室及母线管道，一般不会产生危及外壳的超压力现象，不需要装防爆膜。

在合适的位置应装置弹性件（如波纹管），以减小因温度变化或安装误差所引起的机械应力，避免采用与地基或构架全部刚性连接的结构。可采取一处刚性连接，其余各处具有一定弹性连接的复合方式。

壳体可以制成三相的或单相的。三相共壳的 GIS 主要用在 110 kV 及其以下系统中。

图 4-15 是 ABB 的 145 kV ELK-04 型 GIS 标准结构示意图。

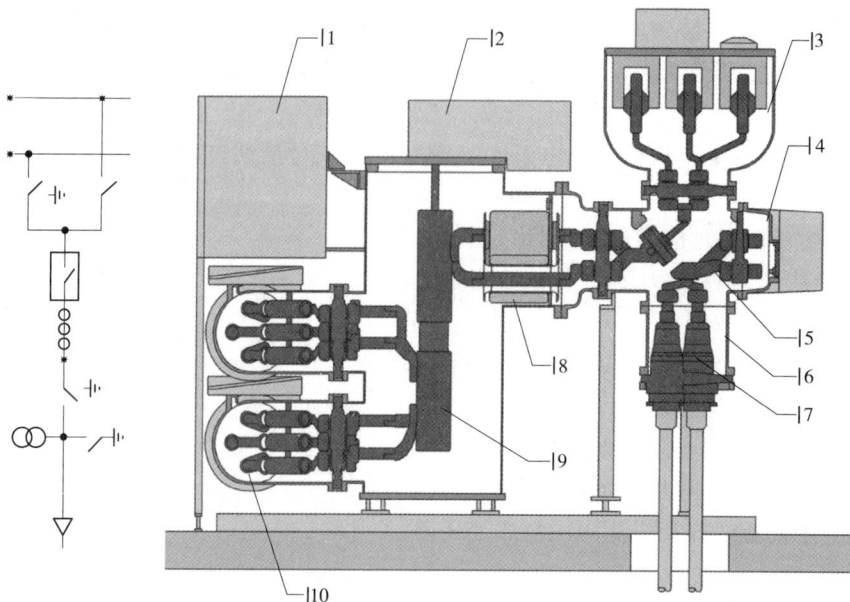

图 4-15　GIS 结构示意图

1—就地控制柜；2—断路器操作机构；3—电压互感器；4—快速接地开关；

5—线路隔离/接地组合开关；6—电缆终端筒；7—电缆终端头；

8—电流互感器；9—灭弧室；10—母线隔离/接地组合开关

2. GIS 中的高压开关

(1)断路器

它是全封闭组合电器的主要元件，需要配用开断性能好、电气寿命长、运行安全、维护方便的无油断路器，主要为 SF$_6$ 断路器和真空断路器。

可以是单压式或双压式 SF$_6$ 断路器，目前使用最多的是单压式。这种断路器有水平断口和垂直断口两种类型。选用不同断口的断路器，也就决定了组合电器内其他元件的布置方式、组合电器的高度和宽度，及其断口检查的难易程度。常配用的操作机构有电动储能弹簧机构、液压机构和气动机构三种。

真空断路器具有体积小、寿命长、不需净化灭弧介质、开断性能稳定等优点。目前，由于单个灭弧室的最高工作电压所限，仅在 C-GIS 中应用。

(2)隔离开关

GIS 中使用的隔离开关由本体和操动机构两部分组成。本体结构有直线型、"T"型和角型三种。通常，每相只有一个断口。动触头可以作直线运动，也可以作旋转运动。无论采用何种类型，都希望它能开断小电容电流和环流。

一般为三相联动，配用动力型简易操作机构，如电动机构、气动机构、弹簧机构等，并要求可以就地手动操作。为监视断口工作状态，常在操纵机构输出轴或操作杆上装有分、合闸位置指示器。根据功能,隔离开关可分为无分合能力的和有分合能力的两类。前者只能起隔离作用,后者具有灭弧能力。

(3)接地开关

GIS 用的接地开关,其结构形式一般为三相联动。动触头的运动方式有直动和转动两种。可以单独布置,也可以与隔离开关、负荷开关、套管和电缆连接装置等组装在一起。接地开关是主回路接地元件,按其功能可分为如下 5 种:

①工作接地开关。其作用是释放主回路上的残余电荷,并应能耐受短时电流。确保设备检修时的人身安全。一般配用人力操动机构,安装在断路器两侧和母线上。

②有关合短路能力的接地开关。标准规定,应能关合两次额定动稳定电流。如不能预先确定回路不带电,则应采用这种接地开关。一般装在 GIS 进(出)线单元的线路侧。

③能开合感应电流的接地开关。当 GIS 的进(出)线为长距离平行共塔线路时,安装在线路入口处的接地开关除应能释放线路残留电荷和承受短时电流外,还应具有分合电磁感应电流和静电感应电流的能力。

④保护用接地开关。为了实现对 GIS 内部电弧故障的保护作用,操作机构需带有脱扣装置,并与保护装置相配合。当内部故障发生时,能及时发出合闸命令,起动脱扣装置,快速关合,造成人为的接地通路,使故障电弧电流转移。电弧熄灭后,最终由下级保护切除故障。

⑤能释放电力电缆残留电荷的接地开关。由于电力电缆对地电容大,残留电荷量多,安装在电缆进线入口处的接地开关接地时,会产生很高的瞬时振荡过电压,常需装设合闸电阻。

上述后 4 种接地开关都必须备有简易熄(耐)弧装置,配用动力型操动机构,能快速进行合闸或(和)分闸操作,一般平均速度大于 1 m/s 的,称之为快速接地开关。

接地开关还常常被用来作为 GIS 主回路参数和特性的测试接地端子,为此,要求接地开关的接地端子能与地电位(即 GIS 外壳)绝缘,且应具有一定的通流能力和绝缘能力。

在中压 GIS 中,为简化设备、节省投资、减少设备尺寸,常采用三位置隔离开关(常称为"三工位开关"),其具有连接、断开、接地三个功能,即作为隔离开关和接地刀闸使用。该三工位开关安装在母线和断路器之间,可使用手动操作或电动操作。断路器与接地刀闸之间具有联锁,即断路器在运行位置,接地刀闸不能合闸,只有断路器和隔离开关在分闸位置,接地刀闸才能进行合闸、分闸;在线路检修时利用三工位开关的接地作为检修电缆时的安全防护措施,断路器在合闸位置,设挂锁防止远方及当地误分闸。

二、GIS 组合电器检修周期

1. 检修周期

①定期保养。不定时间,视设备状态进行。

②小修。2 年(37 kV),1 年(110 kV)。

③中修。无。

④大修。达设计寿命或经综合诊断分析。

⑤预防性试验。两年。

2. 定期保养

①GIS 外壳清理、检查。

②电气连接部份应连接牢固,接触良好,无发热、松动。

③设备的气压正常,无异味。

④设备安装牢固,无倾斜、外壳无严重锈蚀、接地良好,基础、支架应无严重破损剥落。

⑤设备无放电声,无电晕现象。

⑥防爆筒检查应无破裂、密封良好。

⑦GIS 连接部份无泄漏,气压正常。

⑧隔离开关,断路器位置指示正确;防止凝露的加热器工作正常。

⑨必要时,用气体检漏仪进行气压泄漏测试。

3. GIS 小修标准

①同保养项目。

②对气压偏低的气室进行充气达到标准值。

③检查、清扫外壳、套管和引线,必要时对外壳进行局部涂漆。要求各部分无灰尘和污垢,绝缘体应无破损和裂纹,无爬电痕迹;引线无断股、松股,连接牢固;外壳无锈蚀,接地可靠。

④检查底架固定螺栓紧固良好。

⑤检查调整操作机构。各摩擦及活动部分应注润滑油,保证动作灵活。各辅助接点及转换开关动作应可靠准确。电动机及二次回路绝缘应良好,接线正确,端子紧固,接触良好。加热器工作正常。操作机构箱无锈蚀现象,必要时局部涂漆。

⑥检查 SF_6 气体压力。利用带有接头的压力表,检查 SF_6 气体压力,气体压力应符合出厂规定。

⑦检查密度继电器的动作压力值。压力降低,其报警及闭锁值应符合要求。

⑧检查防爆装置,不应爆裂,变形。

⑨检查三工位开关动作正常。

⑩检查电压互感器、过电压保护装置、保护单元等应无明显发热。

⑪检查压力表和密度继电器,并使之发"SF_6 压力上升"、"漏 SF_6 气体"和"SF_6 密度最小"等信号。

⑫必要时,测量各气室 SF_6 的浓度和含水量,符合标准。

⑬必要时,拆装检查高压电缆头,进行开关、电缆测量和试验。

4. GIS 大修标准

①完成小修项目;

②按厂家要求的技术标准进行。

③恢复后的试验,按各自的交接标准进行。

三、GIS 组合电器检修内容

由于外界因数,诸如灰尘、潮湿等不会影响 GIS 的运行可靠性。因此 SF_6 气体绝缘金属封闭开关设备 GIS 实际上几乎是免维护的。

鉴于对 SF₆ 气体绝缘金属封闭开关设备 GIS 投入带电运行后的状态检查,建议对气体绝缘金属封闭开关设备 GIS 投入带电运行后的检查维护项目如下:

1. GIS 设备外观目视检查

外观目视检查包括 GIS 金属外壳及其连接件;开关操作机构外观及内部元件;就地控制柜外观及内部元器件;二次电缆及连接线外观;GIS 设备接地连接等可以由目视检查出的部分。要求外观完整,元器件完好,连接紧固;外表整洁,连接电缆电线外观良好。

2. 气室 SF₆ 气体密度检查

检查 GIS 设备的气室 SF₆ 气体密度,可以简单判别气室的气密性。根据温度压力曲线检查气室压力应符合产品技术要求的额定压力。

3. SF₆ 气体微水含量检测

对各个气室的 SF₆ 气体进行微水含量检测。断路器气室体积含量不大于 0.3‰,其他气室体积含量不大于 500×10^{-6}。

4. GIS 设备回路模拟试验

GIS 设备回路模拟试验即功能试验,包括隔离接地开关、快速接地开关现地手动/电动分合闸操作;断路器现地电动分合闸操作;开关、断路器的联锁闭锁试验;断路器防跳跃试验;故障报警信号检查;间隔加热器功能检查等。

要求开关、断路器动作正确可靠,位置显示准确灵敏,报警信号正确;各项性能满足设备的运行操作、监控等要求。

5. SF₆ 气体密度继电器校验

密度继电器设有两级报警输出机构,继电器的报警值不可调。使用专用的 SF₆ 气体密度继电器校验仪进行校验,其动作值应符合其精度要求(精度 2.5 级)。

6. 二次回路绝缘检查

二次回路绝缘电阻应大于 1 MΩ,采用 500 V 或 1 000 V 兆欧表;二次回路交流耐压值为 1 kV,可采用 2 500 V 兆欧表代替;耐压试验后的绝缘电阻值不应降低。注意:带有电子元件的回路,试验时应将其取出或将其两端短接。

7. 断路器机械特性测试

测量断路器的三相分合闸时间及不同期时间。利用 GIS 设备的快速接地开关或套管作为 GIS 设备的三相导体的引出线,进行断路器机械特性测试。

8. 主回路直流电阻测量

GIS 设备是组合电器,在现场正常的维护中不需要对设备进行解体。主回路直流电阻是由一个或多个模块的直流电阻叠加值,利用 GIS 设备的快速接地开关或套管作为主回路导体的引出线进行测量。测量的数据不大于产品的技术参数要求的 1.2 倍。

9. GIS 远方监控回路检查

相应的远方报警信号、开关位置显示应正确;远方操作或保护动作时开关应动作正确可靠。

10. GIS 设备互感器、避雷器检查

互感器、避雷器的性能应满足其产品技术参数要求。

11. GIS 设备接地检查

接地线完整、连接牢固等。

12. GIS 设备一次主回路绝缘交流耐压试验（可根据设备实际运行状况选择项目）

在 GIS 设备大修或必要时，进行主回路交流耐压试验。试验在 SF_6 气体额定压力下进行，不包括其中的电磁式电压互感器及避雷器。交流耐压的试验电压为出厂试验电压值的 80%。

在维护检查过程中，不需要开启 GIS 设备的相关气室；该间隔必须退出运行并可靠接地。若检查数据不合格，则有可能需要打开 GIS 的气室。根据 GIS 设备投运的年限，每隔 三年进行一次设备检查：

第一次停电检查（投运第二年），检查项目为上述 1～4 项；

第二次停电检查（投运第五年），检查项目为上述 1～9 项；

第三次停电检查（投运第八年），检查项目为上述 1～12 项。

四、SF_6 断路器

SF_6 断路器本体解体检修应在无风沙、无雨雪、空气相对湿度小于 80% 的条件下进行，并采取防尘、防潮措施，室内应干燥、通风良好，室内应保持至少有 18% 的氧气密度。SF_6 断路器本体解体检修需得到厂家的技术认可或在厂家技术人员指导下进行。使用的清洁剂、润滑剂、密封脂和擦拭材料必须符合产品的技术规定；所有螺栓的紧固均应使用力矩扳手，其力矩应符合产品的技术规定。SF_6 断路器本体解体检修时，当断路器气室内未充入额定压力的 SF_6 气体时，不得进行快分、快合操作；断路器在调整中应进行慢分、慢合的操作，确认无卡涩，各部件的紧同螺栓应紧固，并充有额定压力的 SF_6 气体时，方可进行快分、快合的操作；无论是液压机构、弹簧机构、气动机构、电磁机构，检修前一定要先释放分、合闸能量，取下操作熔丝和合闸熔丝后才能开始检修。

1. SF_6 断路器检修项目

1）SF_6 断路器设备维护检修项目

（1）断路器、隔离开头、接地开头、快速接地隔离开头的位置指示是否正常。

（2）各种指示灯、信号灯的指示是否正常，加热器是否按规定投人或切除。

（3）从窥视孔中检查隔离开关、接地隔离开头的触头接触是否正常。

（4）密度继电器、压力表的指示是否正常。

（5）断路器、避雷器的指示值是否正常。

（6）裸露在外的母线（接地汇流排），其温度的指示是否正常。

（7）CT、PT 二次侧端子有没有发热现象，熔丝、熔断器的指示是否正常。

（8）在 GIS 设备附近有无异味、异声。

（9）设备有无漏气、漏油的现象。

（10）所有阀门的开、闭位置是否正常，金属支架有无锈蚀、发热现象。

（11）可见的绝缘件有无老化、剥落、裂纹的现象。

（12）所有金属支架和保护罩的外壳有无油漆剥落现象。

（13）接地端子有无发热现象，金属外壳的温度是否超过规定。

（14）所有设备是否清洁、齐整、标志完善。

（15）室内行车操作是否正常。

（16）各气室 SF_6 气体含水量的测量。

（17）氧化锌避雷器阻性电流测量。

（18）断路器、隔离开头机构目检，液压机构有无渗漏油、二次侧接线有无发热的现象。

2）SF_6 断路器常规小修项目及质量

（1）密度继电器、压力表的校验。

（2）各主接线的导电回路接触电阻测量（主元件接触电阻）。

（3）SF_6 气体补充。

（4）断路器、隔离开头（地刀）操动机构检查（检修项目另附）。

（5）不良紧固件的更换。

（6）断路器、隔离开头、接地开头、快速接地隔离开头的闭锁位置及功能核对检查。

（7）主接线回路绝缘测量。

（8）SF_6 气体含水量测量。

（9）断路器、隔离开头、接地开头、快速接地隔离开关传动操作试验。

3）SF_6 断路器部分（全部）解件大修项目

（1）各气室内的 SF_6 气体回收干燥、过滤。

（2）吸附剂的更换。

（3）更换密封环。

（4）更换部分磨损了的零件。

（5）更换部分断路器、隔离开头等的导电触头。

（6）更换不良的绝缘零件。

（7）清扫 SF_6 气室的金属微粒、粉末。清除 SF_6 气体的分解物。

（8）氧化锌避雷器测试。

（9）断路器机械特性测试。

（10）绝缘耐压试验。

2. 含水量超标的处理原理

SF_6 气体含水量超标处理主要依靠抽真空的方法。若含水量大于 1.5‰ 体积分数，属严重超标应考虑更换吸附剂。

用回收装置回收高压断路器内的 SF_6 气体，并利用真空泵对其进行抽空。含水量偏高，主要是提升杆等有机材料的绝缘件及瓷套内壁面存在水分，抽真空即可使这些部件内部绝缘表面存在的水分在趋于真空状态下汽化，然后抽出体外。一般水分在一定的真空度便开始汽化蒸发，但汽化需一定的时间，短时间内不可能使材质内部的水分完全汽化释放出来，因此采取抽、停间歇性地反复进行抽真空，并保持高真空度状态，即可使水分缓慢地释放，同时充入高纯氮气相互置换。

3. SF_6 气体运行异常情况的处理

1）运行中发生 SF_6 气体微量泄漏的检查处理

在日常巡视检查维护中，若表计异常、表压下降，有刺激性嗅味或自感不适，应即向值班负责人报告，按下列步骤检查处理。

（1）根据压力表及气路系统确认气室。

（2）以发泡液法或气体检漏仪查找漏气部位。

（3）对压力表的可靠性进行鉴别,检查压力表阀门有无完全开启。

（4）经检漏,确认有微量泄漏,一方面将情况报调度和值班室,一方面加强监视,增加抄表次数。

2）压力告警动作发讯

在运行中,若"压力异常"光字牌亮、警铃响,需按下列步骤进行检查处理,并应记录事故发生时间、复归音响后即到现场：

（1）根据就地控制屏上信号继电器的掉牌情况及压力表的读数,确认漏气气室。

（2）对漏气气室进行外表检查,注意有无异声、异味,并记录压力及相应的温度、负荷情况。

（3）将检查结果报有关部门及调度。

（4）加强监视。

（5）若泄漏情况严重,则根据当时的运行方式立即切断有关开关断路器,事后报调度。

3）压力低闭锁操作

在运行中,若"压力异常"、"SF$_6$压力闭锁"光字牌亮,警铃响,说明该间隔断路器气室发生较严重的泄漏,按下列步骤检查处理：

（1）记录事故发生时间、复归音响。

（2）在就地控制屏及断路器操作机构箱确认信号继电器掉牌情况及压力表读数,确认漏气气室。

（3）对漏气气室进行外观检查,注意有无异声、异味,并记录压力表读数及相应环境温度及负荷情况。

（4）拉开断路器电源,并将断路器锁定在合闸位置（即插入分闸闭锁钉）,但注意：此时不能拉开回路信号电源。

（5）加强监测。

（6）若在现场发现有明显大量泄漏,则根据当时的运行方式,立即拉开电源,事后报有关部门。

4）设备解体时的安全保护

（1）对于回收利用的 SF$_6$ 气体,需进行净化处理,达到新气标准后方可使用。对排放的废气,事前需作净化处理（如采用碱吸收的方法）,达到国家环保规定标准后方可排放。

（2）设备解体前,应对设备内 SF$_6$ 气体进行必要的分析测定,根据有毒气体含量,采取相应的安全防护措施。设备解体工作方案,应包括安全防护措施。

（3）设备解体前,用回收净化装置净化 SF$_6$ 运行气,并对设备抽真空,用氮气冲洗三次后,方可进行设备解体检修。

（4）解体时,检修人员应穿戴防护服及防毒面具。设备封盖打开后,应暂时撤离现场 30 min。

（5）在取出吸附剂,清洗金属和绝缘零部件时,检修人员应穿戴全套的安全防护用品,并用吸尘器和毛刷清除粉末。

(6)将清出的吸附剂、金属粉末等废物放入酸或碱溶液中处理至中性后,进行深埋处理,埋深度应大于 0.8 m,地点选在野外边远地区、下水处。

(7)SF_6 电气设备解体检修净化场地要密闭、低尘降,并保证有良好的地沟机力引风排气设施,其换气量应保证在 15 min 内换气一次。排气口设在底部。

(8)工作结束后使用过的防护用具应清洗干净,检修人员要洗澡。

5)处理紧急事故时的安全防护

(1)当防爆膜破裂及其他原因造成大量气体泄漏时,需采取紧急防护措施,并立即报告有关上级主管部门。

(2)室内紧急事故发生后,应立即开启全部通风系统,工作人员根据事故情况,在佩戴防毒面具或氧气呼吸器后,才能进入现场进行处理。

(3)发生防爆膜破裂事故时应停电处理。

(4)防爆膜破裂喷出的粉末,应用吸尘器或毛刷清理干净。

(5)事故处理后,应将所有防护用品清洗干净,工作人员要洗澡。

(6)SF_6 中存在的有毒气体和设备内产生的粉尘,对人体呼吸系统及黏膜等有一定的危害,一般中毒后会出现不同程度的流泪、打喷嚏、流涕,鼻腔咽喉有热辣感,发声嘶哑、咳嗽、头晕、恶心、胸闷、颈部不适等症状。发生上述中毒现象时,应迅速将中毒者移至空气新鲜处,并及时进行治疗。

(7)要与有关医疗单位联系,制定可能发生的中毒事故的处理方案和配备必要的药品,以便发生中毒事故时,中毒者能够得到及时的治疗。

五、GIS 绝缘预防性试验

GIS 绝缘预防性试验分为两类,一类是 GIS 内绝缘气体品质及气体泄漏试验,另一类是组成 GIS 的各电力设备的试验。

1. GIS 内绝缘气体的湿度和气体泄漏试验

(1)SF_6 湿度测量

GIS 运行中,气体水分含量的测试及控制是 SF_6 及其混合气体绝缘设备运行维护的主要内容之一。SF_6 及其混合气体中的水分(特别是在 GIS 中绝缘部件上凝露时)会使气体绝缘设备的绝缘强度大为降低。此外,气体中的水分还参与电弧作用下的分解反应,生成许多有害物质,这些电弧副产物的形成不但造成设备内部某些结构材料的腐蚀、老化,而且在设备有气体泄漏处时或在设备解体维修时,都可能对工作人员的健康产生影响。

SF_6 气体湿度的测量采用微水测定仪,《电力设备预防性试验规程》规定 SF_6 气体中水分含量标准见表 4-10。

表 4-10　SF_6 气体水分含量标准(体积分数)　　　　(‰)

项　目	大修后	运行中
断路器灭弧室气室	0.15	0.3
其他气室	0.25	0.5

由于各种微水测定仪性能有明显差异,且所用气体的管路及操作方式不同。因此,可能造成不同的微水测定仪测试结果不同,甚至存在巨大差异,所以不同微水测定仪之间的测量数据没有可比性。测定 GIS 中的 SF_6 水分应严格执行操作程序,保证每次取样过程、测量操作方式基本一致,对同一台设备坚持用同一台微水测定仪测试,这样更容易掌握 SF_6 气体中含水量的变化,以提高实测数据的可比性。

因为在一年当中气体中水分含量随气温升高而升高,所以测试宜在夏天进行,以获得绝缘设备中水分含量的最大值。

(2)SF_6 气体泄漏检测

漏气是 SF_6 断路器的致命缺陷,所以其密封性能是考核产品质量的关键性能指标之一,它对保证断路器的安全运行和人身安全都具有重要意义。GIS 中 SF_6 气体易漏部位主要包括各检漏口、焊缝、SF_6 气体充气嘴、法兰盘连接面、压力表连接管、滑动密封底座、操动机构、导电杆与环氧树脂密封处等。

SF_6 气体检漏仪虽多种多样,但通常都由探头、探测器和泵体三部分组成。当大气中有 SF_6 气体时,探头借助真空泵的抽力将 SF_6 气体吸进探测器,引起探测器二极管产生电晕放电,使得二极管电极的电流减小,电流减小的信号通过电子线路变成一种可以听得到、见得着的声、光报警信号,泄漏量越大,声、光信号越强。

图 4-16 所示为一种典型 SF_6 气体检漏仪的工作原理图。合上探测器中汞灯电源,一定波长的紫外线透过石英玻片再通过阳极网照射在光阴极上,产生光电子,当待测气体进入阴、阳极板之间时,气体中的 O_2 和 SF_6 被其间产生的光电子结合成 O_2 和 SF_6 的形式,这些离子按照各自的速度移动,从而在两极板之间产生电磁场。因为 O_2 和 SF_6 的移动速度不同,引起载流子流量的变化,可通过测试电阻检测出 SF_6 的含量。

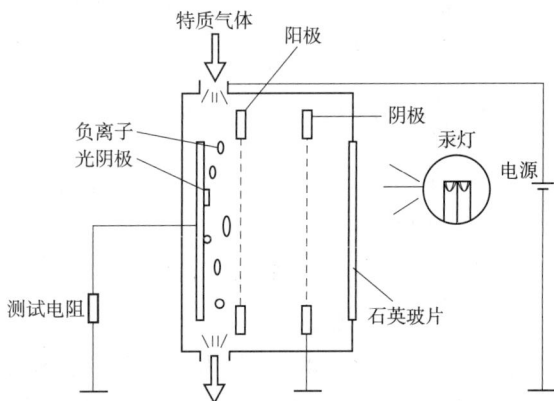

图 4-16　SF_6 气体检漏仪检测原理图

常规 GIS 气体泄漏检测通常采用定性检测。用 SF_6 气体探测仪探测 GIS 外部易泄漏部位和检漏处,根据探测仪发出的声、光报警信号及仪器的指示,大致判断泄漏位置及浓度,必要时进行定量检测。

对于大型 GIS 进行定量检测,通常是通过设备制造中预留的检漏口挂瓶检漏,采集一定时间的 SF_6 气体,再测量气体浓度,计算漏气率。对于小型 GIS 设备也有采取整体扣罩法,将设备整体罩住,一定时间后用检漏仪测定罩内的 SF_6 气体的浓度。《电力设备预防性试验规程》规定,GIS 设备年漏气率不得大于 1%。

2.GIS 中电力设备的其他绝缘检测

GIS 中主要的电力设备有断路器、并联电容器、电流互感器、电压互感器、氧化锌避雷器等。

(1)断路器及并联电容器绝缘检测

SF$_6$断路器除 SF$_6$ 气体湿度检测、气体泄漏检测外，其他试验项目包括绝缘电阻测量、导电回路电阻测量、耐压试验、合闸电阻测量、并联电容器的电容量和 tanδ 测量等。这些测试项目的测试方法和油断路器的测试方法相同。

《电力设备预防性试验规程》规定：110 kV 及以上的 SF$_6$ 断路器，用 2 500 V 兆欧表测量高压回路对地的绝缘电阻，其值不低于 5 000 MΩ；用 500 V 兆欧表测量辅助回路和控制回路的绝缘电阻，其值应大于 2 MΩ。500 kV 的 SF$_6$ 断路器，用 1 000 V 兆欧表测量辅助回路和控制同路绝缘电阻，其值应大于 2 MΩ。

对于 500 kV 的 SF$_6$ 断路器，要求测量断口间并联电容器的电容值和介质损耗 tanδ，测得的电容值与出厂值比较应无明显变化，允许偏差为 ±5%。20% 时油纸绝缘并联电容器的 tanδ 应不大于 0.5%。在大修及运行中，敞开式 SF$_6$ 断路器每相导电回路的电阻应不大于制造厂规定值的 120%。

GIS 中断路器的交流耐压或操作冲击耐压的试验电压为出厂试验电压值的 80%，试验时间为 5 min，试验在 SF$_6$ 气体额定压力下进行。罐式断路器的耐压试验是分别在合闸对地和分闸两端加压，而瓷柱式定开距型断路器只做断口间耐压试验。在交流耐压试验的同时测量局部放电。辅助回路的控制回路交流耐压试验电压为 2 kV，耐压试验前、后绝缘电阻不应降低。

GIS 中断口间并联电容器在大修后或运行中需要进行绝缘电阻测量和电容量、tanδ 测量。对瓷柱式断路器要和断口同时测量，测得的电容值和 tanδ 与原始值进行比较，应无明显变化；对罐式断路器的并联电容器按制造厂规定执行。断路器的并联电容器的绝缘电阻，用 2 500 V 兆欧表测量应不低于 5 000 MΩ；单节并联电容器的极对壳绝缘电阻，用 2 500 V 兆欧表测量应不低于 2 000 MΩ。

(2)避雷器检测

GIS 的避雷器主要进行运行电压下的交流泄漏电流试验，工频参考电流下的工频参考电压试验以及放电计数器检查。

测量运行电压下的全电流、阻性电流或功率损耗，测量值与初始值比较应无明显变化。当阻性电流增加 1 倍时，应停电检查。测量时，应记录环境温度、相对湿度和运行电压。测量应在瓷套表面干燥时进行。

必要时，在环境温度 5～35 ℃下，测量每节避雷器在工频参考电流下的工频参考电压。整相避雷器有一节不合格，应更换该节避雷器或整相更换。

3. GIS 现场耐压试验

1)GIS 现场耐压试验的必要性

GIS 在工厂中制造、试验后，采用运输单元的方式运往现场进行装配，因此 GIS 在现场组装后必须进行现场耐压试验。现场耐压试验的目的是检查总体装配的绝缘性能，防止运输时出现绝缘故障。

现场耐压试验主要是为了消除运输和安装中可能造成的导致内部故障的意外因素，因此只要求其试验电压值不低于工厂试验电压的 80%。但是，由于现场试验时被试设备的尺寸大、对地电容量大，给现场耐压试验带来较大的困难，因此现场耐压试验的方法与常规的高压试验方法是不同的。

例如，GIS 的单相母线单位长度的电容量为：

$$C/L = \frac{2\pi\varepsilon_0\varepsilon_r}{\ln\dfrac{r_s}{r_c}}$$

式中　r_s——外壳的内半径；

　　　r_c——导体的外半径。

由于 $\varepsilon_r \approx 1, r_s/r_c \approx e$，所以可近似地写为

$$C/L \approx \frac{1}{18\times10^9} = 55.5\times10^{-12}(\text{F/m})$$

由此可见，GIS 的电容量很大，所以试验电源的容量必须很大。同时试品发生击穿时，由于放电能量大，因而破坏作用大。进行 GIS 的现场试验宜通过断路器和隔离开关，将整个设备分成几部分进行试验，以减小试验电源的容性负载，限制击穿时的放电能量。

不同试验电源的电压波形，对检测 GIS 中缺陷的能力是不一样的。交流电压试验对检查介质污染（如导电微粒）是相当灵敏的，雷电冲击试验对检查异常电场情况（如电极损坏）特别灵敏，操作冲击波试验能检查出自由导电微粒的污染。与交流电压相比，操作冲击波对检测异常电场的灵敏度要高些。直流电压试验对交流 GIS 是不适合的，这是因为自由导电微粒在直流下的运动特性和交流下的情况不同，直流下的闪络电压规律与交流下的也是不同的。

2）GIS 现场耐压试验的要求

现场耐压试验应在设备完全安装好并充以额定密度气体的情况下进行。现场耐压试验电压值为：

（1）交流电压试验不低于出厂电压的 80%，耐压 1 min。

（2）雷电冲击和操作冲击试验时，分别不低于工厂中相应试验电压的 80%。正、负极性各施加三次试验电压，且在进行冲击耐压前应先使试品承受 5 min 的最高工作电压（中性点接地系统为 $U_m/\sqrt{3}$，中性点非有效接地系统为 U_m）。

对于 220 kV 级及以下的 GIS，工厂中不做操作冲击电压试验，这种情况下现场操作冲击耐压值取为现场雷电冲击试验电压的 80%。

第三节　C-GIS 高压开关设备

箱式或柜式的 GIS 简称为 C-GIS，因为密封壳体为方箱型，充气压力不能太大，多为 10～35 kV 产品采用。它是把 GIS 的 SF₆ 绝缘技术、密封技术与空气绝缘的开关柜制造技术有机地相结合，将各高压元件设置在密封箱内，使之充入较低压力的 SF₆ 或混合气体，制作而成的成套系列化的中压开关柜产品。

与空气绝缘相比，SF₆ 充气柜的安装面积为其 26%，体积为其 27%，同时，由于充气柜配用性能良好的无油开关，大大减少了维修和检修工作量。既适合网络节点或用户终端的要求，又满足各种二次变电站对紧凑型开关柜灵活使用的需要。特别适用于机场、地铁、铁路等用电要求较高的场合，C-GIS 适应了小型化、智能化的要求。

一、C-GIS充气柜结构

开关柜的气室外壳由不锈钢板经激光切割并焊接而成。高压带电部分由绝缘气体绝缘并封闭在气室中,可以永久有效防止污秽、潮气、异物及其他有害影响。

模块化设计,将相同的高压元件组成若干标准模块。通过模块组合可以满足各种单、双母线的接线要求,可根据要求进行扩展且不涉及 SF$_6$ 气体的任何操作。同时,相同规格的零部件互换性强,便于维修。各厂家的结构有所不同,结构示意图如图 4-17和图 4-18 所示。

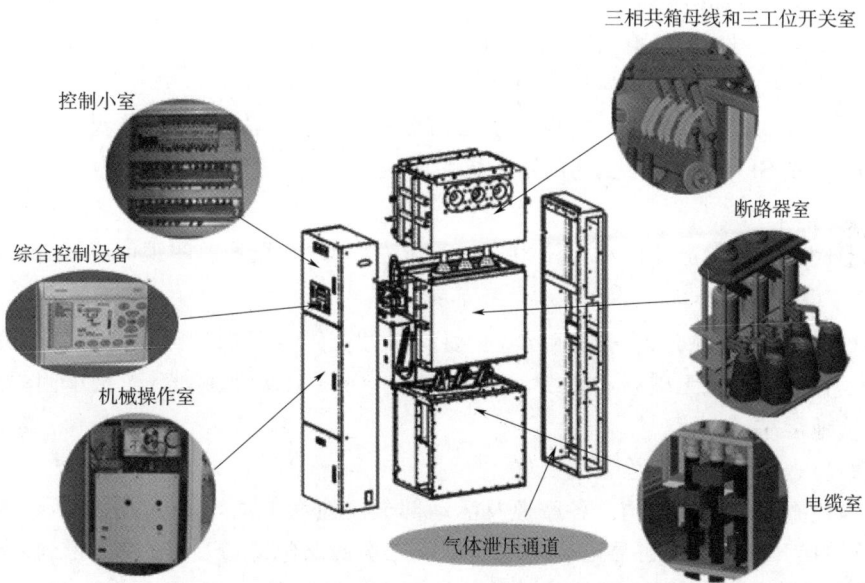

图 4-17　C-GIS 整体结构(HMGS-G20 型)示意图

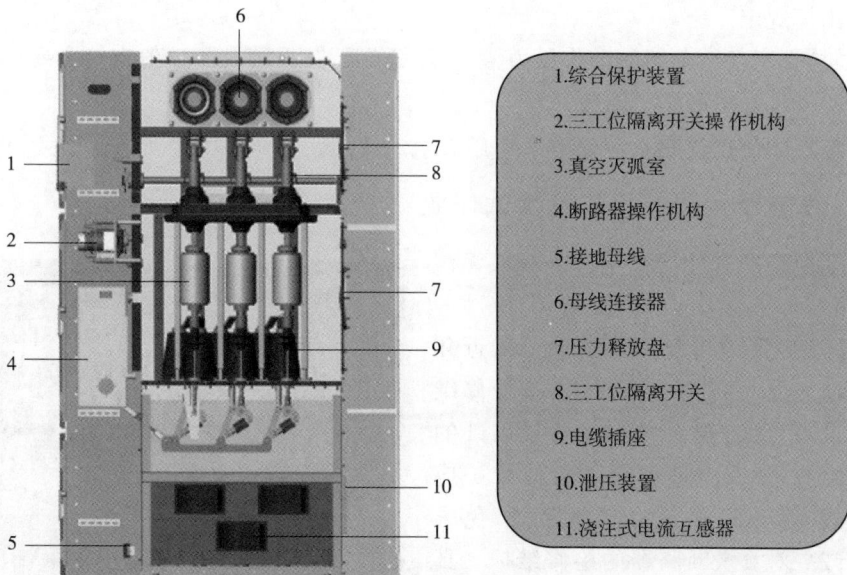

1.综合保护装置

2.三工位隔离开关操作机构

3.真空灭弧室

4.断路器操作机构

5.接地母线

6.母线连接器

7.压力释放盘

8.三工位隔离开关

9.电缆插座

10.泄压装置

11.浇注式电流互感器

图 4-18　C-GIS 的内部结构(HMGS-G20 型)

二、C-GIS 检修标准

1. C-GIS 检修周期

(1)定期保养。不定时间,视设备状态进行。

(2)小修。两年。

(3)中修。无。

(4)大修。达设计寿命或经综合诊断分析需要。。

(5)预防性试验。两年。

2. C-GIS 定期保养标准

(1)检查、清扫外壳、套管和引线,必要时对外壳进行局部涂漆。

(2)检查底架固定螺栓紧固良好。

(3)检查调整操作机构。各摩擦及活动部分应注润滑油,保证动作灵活。

(4)检查 SF_6 气体压力。利用带有接头的压力表,检查 SF_6 气体压力,气体压力应符合出厂规定。

(5)检查密度继电器的动作压力值。若压力降低,其报警及闭锁值应符合要求。

3. C-GIS 小修标准

(1)检查、清扫外壳、套管和引线,必要时对外壳进行局部涂漆。要求各部分无灰尘和污垢,绝缘件应无破损和裂纹,无爬电痕迹;引线无断股、松股,连接牢固;外壳无锈蚀,接地可靠。

(2)检查底架固定螺栓紧固良好。

(3)检查调整操作机构。各摩擦及活动部分应注润滑油,保证动作灵活。各辅助接点及转换开关动作应可靠准确。电动机及二次回路绝缘应良好,接线正确,端子紧固,接触良好。加热器工作正常。操作机构箱无锈蚀现象,必要时局部涂漆。

(4)检查 SF_6 气体压力。利用带有接头的压力表,检查 SF_6 气体压力,气体压力应符合出厂规定。

(5)检查密度继电器的动作压力值。压力降低,其报警及闭锁值应符合要求。

4. C-GIS 大修标准

根据厂家使用说明及技术要求由厂方组织实施。

三、真空断路器的检修及预试作业

真空断路器以其体积小、性能好、无污染、寿命长等诸多优点,广泛应用于 10～35 kV 电压等级的中低压电网中。从近几年真空断路器运行情况来看,由于检修维护不到位,仍然出现一些产品质量以外的问题。因此,对真空断路器的检修维护应足够重视,切不可轻信真空断路器“免维护”,而减少对真空断路器的检修维护。真空断路器外观如图 4-19 所示。

真空灭弧室是真空断路器的关键部

图 4-19　C-GIS 中的真空断路器

件,玻璃或陶瓷外壳最为脆弱,遇有受力不均匀或撞击、强力振动等,都会导致灭弧室损坏或漏气,丧失开断性能。因此,真空灭弧室在检修维护过程中严禁强行用力拆装或拍打,每次进行检修必须对灭弧室认真检查,必要时检测其真空度。

室内真空断路器一般都是安装在开关柜内,有一些金属全封闭开关柜,散热条件差,致使开关室内、外温度悬殊,遇高温季节、突发暴雨天气,极易形成凝结水,附着在开关柜内的绝缘支撑件表面,造成绝缘闪络事故。所以,除保持开关设备表面清洁外,还要长期保持开关室内干燥。一台真空断路器,由多达数百个机械零件和电气元件组成。任何一个零部件出现异常,都必然导致断路器非正常运行,严重的还会构成事故。所以,要定期认真检查这些部件,如有松动、卡涩、脱落、磨损、老化等都应及时检修处理。

《电力设备预防性试验规程》对运行中真空断路器的试验周期与项目做了具体规定,但对于早期不够完善的产品,这些规定显得过于宽松。在当前在线检测手段还不够成熟、状态检修还没有全面开展的情况下,应根据所在地域的环境条件,制定符合实际的检修周期和现场检修试验规程,定期进行电气绝缘检测,测量相间、断口极间、带电部分对地的绝缘强度。

真空断路器的机械参数是保证真空断路器性能的重要参数,如触头开距,触头弹簧的压缩行程,合、分闸速度,合闸弹跳时间,分闸反弹幅值,导电回路接触电阻等,检修时应尽可能保证其符合制造厂规定的标准。特别是动触头速度的测量和调试,因为速度过快时振动强烈,容易造成真空灭弧室损坏;速度过慢时又满足不了合分性能。断路器在经过一段时间的运行后,转动部位润滑老化或金属零部件疲劳,都可能影响断路器速度。所以,建议任何形式的真空断路器都必须做合分闸速度检测。

目前,变电站大都采用较为先进的继电保护装置与真空断路器配合运行,对真空断路器的机械、电气性能要求特别严格。电力系统中因二次回路故障原因造成的事故、设备损坏等屡见不鲜,通常有辅助开关转换不灵、二次侧元件触点熔化、腐蚀、断线、受潮、接线端子松动等,所以二次侧部分同样是不可忽视的问题,检修维护必须到位。早期投入的真空断路器存在的不足,必然要影响到供电安全可靠性;新开发的真空断路器,虽然理论上较为完善,但毕竟没有经过运行时间的检验,也应是运行维护中不可忽视的,只有通过认真的检修、维护及必要的改进才能保证真空断路器的安全运行。目前,国内的高压真空断路器生产厂家对高压真空断路器的维护与检修关注较少,有的生产厂家只给出了操动机构(主要部分)的一些数据,这给真空断断路器的维护与检修造成了一定的困难。鉴于此,需按检修计划进行检修,并将内容记录建档,为真空断路器的维护和正常运行提供保障。

1. 真空断路器的检修项目

真空断路器的检修主要包括开关部分和操动机构部分两个项目。目前真空断路器和 GIS 组合开关电器一起使用,真空断路器安装于 GIS 室内,正常情况下不能用一般方法检查真空断路器使用情况的好坏,给真空断路器检修带来较大的难度。

2. 检修前的准备工作

(1)真空断路器的开关柜一般为拼装式,即一段母线与开关柜安装在一起,检修真空断路器时,若仅仅是本开关柜停电不能保证开关柜的停电安全,需将检修的开关柜本段母线全部停电。若为母联断路器检修时,还需考虑两段母线是否也应停电。

(2)相应的检修工具和仪器仪表准备见表 4-11,检修 SF_6 的处理设备、抽真空处理装置等设备和检修 GIS 设备的装置一样。检修工具有各种扳手,具体参照供电大修的工具准备。仪器有继电保护测试仪,开关特性测试仪,耐压试验测试仪。

表 4-11　工具和仪器配备表

序号	设备名称	数量	规格型号	主要工作性能指标
1	油压千斤顶	6 个	CBR~2A	16T
2	油压千斤顶	6 个		1T
3	油压起道器	6 个	QD-15	15T
4	机械千斤顶	8 个		5T
5	液压搬运小车	8 辆		3T
6	重物运行架	4 个		
7	搬运转向架	4 个		
8	手扳葫芦	6 个		5T
9	倒链	8 条		3T

(3)材料有备用断路器的真空管,断路器的支撑绝缘子,各种螺钉、铜连接片。

(4)检修工作计划安排。一般地,真空断路器检修不能在一个工作日内完成,需要停电时间长,影响范围大,对设备的检修要求高,因此需制订详细的检修计划和日程安排。

(5)熟悉现场设备的图样资料,技术说明书,有关技术参数,做好现场的技术交底工作。

(6)对真空断路器进行电气性能试验,主要项目为:断口的绝缘强度,回路的接触电阻、绝缘电阻,以便检修前后进行比较。

3.断路器的拆卸、清洗、维修和组装

真空断路器是以基本不需要维修的真空灭弧室(又称真空管)为主体及相关附件组合而成的,它的操动机构由于动作行程短、结构简单、零部件少,因而故障少,被称为免维护电器。但是,真空断路器并不是完全不需要维护的,它在额定短路、开断电流、开断次数,或机械操作次数达到规定的次数后,都要进行维护。

1)拆卸

(1)将断路器的操动机构连杆与断路器分离,在拆卸前要做好螺纹孔的标记,操动机构行程的标记号,同时将操动机构的能量完全释放。

(2)将断路器的外围 GIS 气室的气体抽出,放置于 SF_6 气体装置和气瓶中。若隔离开关与断路器共气室时,还需将隔离开关气室的气体抽出。

(3)戴好防毒面具,保持室内的通风良好,打开断路器的 GIS 气室,将各物品做好编号标记,特别注意室内的部件必须放在干净的容器或盒子里,防止金属粉尘的污染。

(4)拆除真空断路器的导电连接部件、绝缘支撑部件、操动机构动导电杆连接部件、绝缘固定部件。

(5)拆除断路器的真空管,在拆除过程中应小心轻放,确保真空开关泡不被损坏。有些真空管外装有绝缘子或用树脂浇注。

2)清洗

(1)对能拆卸的各部件及绝缘子进行清洗,清洗时用无纱棉布和无水工业酒精进行。检查绝缘支撑部件受力件有无裂纹,真空管有无裂纹,真空管内有无异常杂质。

(2)对不能拆卸的GIS室的四壁进行全面清洁,一般应清洁三次,确保气室内无任何金属粉尘存在。

(3)对真空管内的绝缘部瓷体小心清洁,确保核心部件不被损坏。

3)维修

(1)真空灭弧室。真空灭弧室是真空断路器的主要元件。它是在一只管形的玻璃管(或陶瓷管)内密封着所有的灭弧元件,分合闸时通过动触杆运动,拉长或压缩波纹管而不破坏灭弧室内真空的装置。

①检查外观有无异常、外表面有无污损。如果绝缘外壳表面沾污,应用干布擦拭干净。

②动、静触头累积磨损厚度超过3 mm,就要更换真空管。

③真空度的检查主要通过工频耐压法检查,在真空断路器处于开断状态下,在真空灭弧管的触头间加上规定的预防性工频试验电压1 min,中间应无异常。

④每一次维护都要对真空断路器的触头开距、压缩行程、三相同期性进行检查及调整。

(2)高压带电部分。高压带电部分是指真空灭弧室的静导电杆和动导电杆接到主回路端子以接通电路的部分,它由支持绝缘子、绝缘套管等绝缘元件支撑在真空断路器的框架上。

①检查导电部分有无变色、断裂、锈蚀,固定连接部分元件有无松动,绝缘有无破损、污损。

②测试主回路相对地、相与相之间以及绝缘提升杆的绝缘电阻应不小于规定值。

③断路器在分、合闸状态下,分别进行主回路相对相、相间及断口的交流耐压试验1 min应合格;绝缘提升杆在更换或干燥后也必须进行耐压试验。

④测试真空灭弧室两端之间、主回路端之间的接触电阻,应不大于规定值。

(3)操动机构部分。真空断路器的操动机构一般采用电磁操动机构、电动或手动弹簧储能操动机构。

①检查紧固元件有无松动,各种元件是否生锈、变形、损伤,更换不合格的部件,涂上防锈油。

②多次进行分、合闸操作试验、自由脱扣试验、通电合闸操作试验,断路器均应无异常。

③测试电磁操动机构在65%~120%的额定电压范围内,分、合闸操作应无异常;在30%额定分闸电压进行操作时,应不得分闸;在85%~110%的额定电压范围内,分、合闸内操作应无异常。

(4)控制组件。控制组件是操作断路器不可缺少的部分。主要检查各个接线端子有无松动变色。微动开关、辅助开关的动作是否到位,触头有无烧损,各个电气及控制回路元件的绝缘电阻应不小于2 MΩ。分、合线圈及合闸接触器线圈的直流电阻值与产品出厂试验值相比应无明显差别。有手持遥控装置的,还要进行遥控测试,其直线遥控距离一般不低于8 m。

（5）真空断路器分合闸缓冲器。真空断路器分合闸缓冲器用于减轻分闸或合闸时的冲击力，分闸缓冲器还用来限制动、静触头的"开距"，要求分闸缓冲器性能可靠；合闸缓冲器可以减少合闸"弹跳时间"。但为了保证缓冲效果，动、静触头接触后，静触头必须跟随动触头继续前进一个缓冲距离，这就导致真空灭弧室静触头外壳与静触头的整体强烈振动，很容易造成真空灭弧室外壳或与静触头连接处损伤。所以，在检修真空断路器的合闸缓冲器时，不一定过分强调"弹跳时间"，要兼顾保证有良好的缓冲性能。

4）组装

（1）将试验合格的真空管安装于固定基座，安装时需小心轻放，防止真空管碰撞和损坏。

（2）支撑绝缘子和底座绝缘子要安装牢靠。

（3）检查绝缘操作连杆无裂纹损坏后进行清洁，将绝缘连杆与空真管的动触头活动杆相连接。

（4）将绝缘操作连杆与断路器操动机构相连接后，调整真空断路器与操动机构的行程，防止断路器与操动机构的行程过小，造成真空开关不能合闸；或操动机构的行程过大，使真空断路器受力过大损坏真空管。同时一定要与拆卸前标记的断路器操动机构位置相符一致。

（5）组装后，将 GIS 气室内所有元件全部用干布擦拭一次，确保气室内无任何金属粉尘、杂质。

（6）更换密封圈，涂上密封胶，封装 GIS 气室，将各个螺钉用力矩扳手拧紧固定。

（7）对手动合闸、电动合闸断路器，检查开关的各种状态是否良好，对 GIS 气室进行抽真空处理，用氮气冲洗，再进行真空处理，最后按要求气压充入气体，并进行检漏处理。

（8）高压真空断路器有许多的机械参数，如合闸速度、分闸速度、触头行程、触头合闸弹跳时间、触头分闸反弹幅值等，这些机械参数都是用以保证高压真空断路器技术性能而设定的。

5）注意事项

（1）需要用手触及真空断路器进行维护的，断路器必须处于开断状态；同时，还应断开主回路和控制回路，并将主回路可靠接地。

（2）采用储能弹簧操作机构的，要松开合闸弹簧才能维修。

（3）松动的螺栓、螺母之类的零件要完全拧紧，弹簧垫片之类的零件用过之后必须更换，禁止再使用。

（4）对有怀疑的真空管、试验电压不符合要求、短路次数、机械寿命达到次数的断路器，有裂纹的真空管要进行整体更换处理，切不可再继续使用。

4. 预防性试验及防故障措施

1）一年检修一次的参数如下：

（1）合闸时间。直流电磁不大于 0.15 s；弹簧储能不大于 0.15 s；分闸时间不大于 0.06 s；三相分闸的同期性不大于 2 ms。

（2）合闸触头弹跳时间不大于 2 ms。

（3）平均合闸速度（0.55±0.15）m/s。

（4）平均分闸速度（接触油缓冲器前）±0.3 m/s。

2）测量额定绝缘水平。一般只测 1 min 工频耐压 42 kV，无闪络；无条件可以不做真空度测量，但必须进行相间、断口间工频耐压试验，要求 42 kV 或更高（无工频条件可用直流代替）。使用 5～10 年的真空断路器需由生产厂家调整触头开距、接触行程、油缓冲器缓冲行程、相间中心距、三相分闸同期性、合闸触头接触压力、弹跳时间、动静触头累计允许磨损厚度等。

3）对断路器真空度的测量，若无条件时可用断路器的断口耐压来进行，若断路耐压达不到规定值时要查找原因，确定是真空度达不到要求还是别的原因。灭弧室也可用磁控真空计来确定。

4）在合闸过程中，真空断路器触头接触后的弹跳时间是该断路器的主要技术指标之一，弹跳时间过长，弹跳次数也必然增多，引起操作过电压也高，对电气绝缘和安全不利，一般 35 kV 断路器弹跳时间应不大于 2 ms。

真空断路器由于行程较小，一般用电子示波器及临时安装的辅助触头来测定主触头实际行程与所耗时间比较难，因此可适当放宽。

5）防故障措施。由于地铁所采用的 SF_6 组合开关电器柜的断路器安装于气室内，发生断路器爆炸和损坏时的维修是很难进行的，同时断路器安装于气室内，平常较难进行巡视以预先进行事故预防工作，因此防故障必须做好以下工作：

（1）必须定期做好断路器的预防试验工作，特别是断路器有断口耐压试验，当试验数据出现较大的偏差时应及时查找原因，一旦认定是真空管故障时一定要进行更换处理。

（2）当出现断路器开断短路电流次数达到规定值，或开断近端短路电流值较大时，要对断路器的回路电阻和绝缘电压进行测试。

（3）当出现 GIS 气室爆炸时，很可能是真空断路器真空管爆炸引起，要将上一级电源停电后方可进行处理，同时由于 SF_6 气体在高温时会分解产生有毒气体，要注意防毒处理，如戴上防毒面具，穿上防护服，开启排风系统。

（4）操动机构的防故障处理与其他操动机构相似。

四、事故处理

真空断路器出现的故障主要有两个方面：一是真空灭弧室漏气，一般在运行约一年内发生的居多，一年以后较少，基本上还未构成事故，绝大多数都在检查中发现后立即予以更换；二是操动机构故障，曾出现有合、分闸不良、烧坏合、分线圈等故障。

1. 常见故障的原因

（1）真空灭弧室。真空灭弧室是一个相对娇嫩的元件，真空管出厂之后，经过多次运输颠簸、安装振动、意外碰撞等，都有可能产生玻璃或陶瓷封接的渗漏。因此，应在投运前进行工频耐压试验，用间接方法检查其真空度，用时亦应证实它的绝缘水平。投运后应加强检查，有条件的最好在投运后半年内耐压检查一次，可以尽早发现管子漏气及时更换处理。以后可按正常年检试验检查。

（2）操动机构。操动机构的故障有可能源自电气回路，也可能源自机械部分。

①短路。送电操作时，表现为断路器不动作，电流很大甚至使熔断器熔断，导线发热软化，电气元件也可能烧坏，切断操作电流时触头产生很大弧光。产生故障的原因

有:操作线路接错;机构本身接线有差错,受电回路未接入负载线圈;内部接线松脱,构成短路点;布线受外部机械砸伤形成短路点。

②断路器拒动。给断路器发出操作信号而不合闸或不分闸。产生故障的原因可能有:操作电源无电压;操作回路未接通;合闸线圈或分闸线圈断线,或未接入受电回路;机构上的辅助开关触点未到位或接触不良。

③合闸和分闸操作中其中一个拒动。产生故障的原因与②相似,很可能是辅助开关触点位置调整不当,一对触点接触量过大,而另一对触点却不接触。

④合不上闸或合后即分断。产生故障的原因可能有:操作电压太低;断路器动触杆接触行程过大;辅助开关联锁电接点断开过早;操动机构的半轴与掣子扣接量太小(对 CD17 型机构或弹簧机构),或 CD10 操动机构的"一"字板未调整好等。

⑤分不了闸。产生故障的原因可能有:分闸铁芯内有织物使铁芯受阻、动作不灵;分闸脱扣半轴转动不灵活;分闸的铜撬板太靠近铁芯的撞头,使铁芯分闸时无加速力;半轴与掣子扣接量太大。

⑥烧坏分闸线圈。产生故障的原因可能有:由于在断路器分闸操作中辅助开关没有联动旋转至分闸位(可能是机械连接卡滞或松脱);辅助开关振松移位,造成分闸后辅助开关的分闸电接点没有断开。

⑦烧坏合闸线圈。产生故障的原因可能有:由于二次线路上的原因造成合闸后直流接触器不能断开;直流接触器被异物卡阻,合闸后分不了闸或分闸延缓;辅助开关在合闸后没有联动转至分闸位(可能是机构连接受阻或松脱);辅助开关松动移位,造成合闸后控制接触器的电接点没有断开。

⑧分闸或合闸电磁铁稍动或动作缓慢。产生故障的原因可能有:电磁铁铁芯位置或行程调整不当;由两个线包串联(220 V 时)或并联(110 V 时)组成的电磁铁芯线圈,相互极性接反;线圈内部产生匝间短路,此时回路中电流很大而电磁力却很小;零部件锈蚀严重;铁屑或灰尘落入铁芯间隙或导槽中。

真空断路器出现故障后,应根据事故现象仔细研究分析找出主要原因,事故原因清楚了,处理就容易了,而且可以吸取教训,采取措施,杜绝后患。

2. 分断短路事故后的检查

在发生短路事故分断动作后,不论真空断路器是否成功分断事故,为稳妥起见,值班员都应检查断路器,特别是真空灭弧室。对其有疑问时,应在设备停电安全的情况下,用手触摸灭弧室外壳,如感到外壳温度相当高时,应对灭弧室断口进行二频耐压检查。若工频耐压达不到要求,则真空管内部可能已烧损或漏气应及时更换处理。对灭弧室正常的断路器,亦应进行连续 8~10 次以上的空载操作检查,确认断路器一切正常时方可投入运行。

第四节　直流开关设备

直流开关设备主要作为控制和保护设备来给轨道交通系统提供直流牵引电源的分配。正极电压分配给接触网。开关柜由独立的适合室内工作的金属柜体、可拉出式断路器、电缆及其他设备组成。所有这些设备在安装过程中,都必须正确、安全地操作。南京地铁所用开关柜设备主要由以下4种柜体组成：

(1)负极柜。将轨道的负极与整流器的负极相连。

(2)进线柜。将整流器的正极连接到直流开关柜的主母排上。

(3)馈线柜。将正极电压馈出到线路上。

(4)端子柜。柜间接口及对外接口。

直流柜由一个固定的柜体及可拉出式手车组成。该固定的柜体包括母排及电缆接线室。手车由金属框架组成，包括断路器、电压测量设备、低压室、保护和控制单元（比如：SEPCOS）系统和其他控制元件等。

直流快速断路器安装在可以很方便拉出的手车上。该手车可以利用动静触头与母排断开或接通，同样可以利用多极触头与二次回路断开或接通。在"工作"位置，无论一次电缆还是二次电缆都与相应的接口完全连接，并且断路器处于正常工作状态。在"试验"位置，一次电缆断开，并与相应的母排保持一个特定的安全距离，活门被关闭，只有二次回路仍然接通。在"隔离"位置，手车、断路器及其控制线路被完全从手车室中拉出来，所有线路均被切断。电气及机械互锁用来防止当断路器合闸时断路器手车被移出"工作"位置。柜子前方的位置指示灯"ON"（红）或"OFF"（绿）表明了断路器的状态。在柜子正前方你可以对直流断路器（简称 HSCB）进行各种电气控制操作，也可进行手动分闸操作。保护单元控制整个直流断路器的操作。

一、直流开关设备的检修标准

1. 直流断路器检修

1)直流断路器检修周期

(1)定期保养。不定时间，视设备状态进行。

(2)小修。1年。

(3)中修。无（因直流开关动作频繁，故保养及小修项目多，无需进行中修）。

(4)大修。达设计寿命或经综合诊断分析。

(5)预防性试验。2年。

2)直流断路器定期保养

(1)检查绝缘子清洁、是否放电。

(2)电气连接部份应连接牢固，接触良好，无发热、松动。

(3)设备的声响正常，无异味。

(4)设备安装牢固，无倾斜、外壳无严重锈蚀、接地良好，基础、支架应无严重破损剥落。

(5)正极、负极、框架母排及其绝缘子逐一清扫。

(6)动静防护挡板检查及清洁。

(7)挡板工作拐臂连接情况逐一检查。

(8)主回路触指检查及清扫。

(9)测试回路插头检查及清扫。

(10)检测回路（电阻、接触器、熔断器）及其绝缘子逐一清扫。

(11)开关位置指示检查。

(12)开关动作，保护跳闸检查。

(13)在运行位的开关连接可靠,在试验位的开关制动杆稳定,信号显示正确。

(14)灭弧罩电弧检查,动静触头接触力检查。

(15)二次回路及保护单元检查。

3)直流断路器小修标准

(1)同定期保养项目。

(2)清扫空气开关各部分。要求无尘、无污垢,特别是灭弧室和绝缘套管要求清洁、无灰尘。

(3)清扫断路器各部分。要求无尘、无污垢,特别是灭弧室和各绝缘板要求清洁、无灰尘。

(4)检查灭弧室罩壳。应无裂纹和破损,观察内部零件应无氧化变色或失去银铜形成小珠;内部零件无脱落变形,导电触头接触面积不少于壳上无大片金属沉积物。

(5)检查灭弧室罩壳。应无裂纹和破损;内部零件无脱落变形,导电触头接触良好,触头表面无大片金属沉积物。

(6)检查主导电回路。连接应无裂痕破损,连接紧固,接触良好,隔离触指应完整无损,无烧伤痕迹,压力足够。

(7)检查各极板、底板及限弧板等,应无裂纹破损、脏污及表面闪络等现象,其局部损伤值不大于原厚度的 $1/2$。

(8)检查操作机构。各部分零件齐全,无破损、变形,动作灵活可靠,分合闸指示正确,辅助开关完好无损,动作灵活,准确可靠,接触良好,对各运动部件加注润滑油。电磁线圈无发热和老化。

(9)按照说明书要求,调整开关本体触头开距、行程、超行程及操作机构各部间隙,使之符合规定。

(10)按照说明书要求,测量断路器触头合闸后结构间隙宽度值符合规定。

(11)避雷器检修测试。

(12)防止凝露的加热器工作正常。

(13)手动分合闸操作及电动分合闸操作各三次,开关各部应灵活可靠,无卡滞现象。

(14)按有关规程规定进行测量和试验。

4)空气断路器大修标准

(1)同小修项目。

(2)更换灭弧室。

(3)检修导电回路,检查导电板有无变形、断裂,如有应予更换,更换软连接及隔离触指。

(4)传动机构检修。检查水平拉杆及绝缘拉杆,应无断裂,否则应予更换,对绝缘拉杆应进行干燥处理。检查垂直拉杆应无变形、不弯曲,更换连接头。检查电磁线圈,其动力应符合出厂规定。

(5)传动机构检修,更换损坏件。

(6)支架、绝缘座检修。支架应完好,无破损,否则应进行更换。绝缘底座应完好无损,无爬电痕迹,并进行干燥处理。

(7)支架、绝缘座检修。支架应完好,无破损,否则应进行更换。

(8)框架整体除锈涂漆。

(9)手动、电动分合闸操作各5次,各部应动作灵活可靠,无卡滞现象。

(10)按有关规程规定进行测量和试验。

2. 隔离开关(1 500 V 负极隔离开关)

1)检修周期

(1)定期保养。不定时间,视设备状态进行。

(2)小修。1年。

(3)中修。无(因动作频繁、设备结构简单,故保养及小修项目多,无需进行中修)。

(4)大修。达设计寿命或经综合诊断分析。

(5)预防性试验:2年。

2)定期保养

(1)检查绝缘子清洁、是否放电。

(2)电气连接部份应连接牢固,接触良好,无发热、松动。

(3)设备的声响正常,无异味。

(4)设备安装牢固,无倾斜、外壳无严重锈蚀、接地良好,基础、支架应无严重破损剥落。

(5)主回路触头检查及清扫。

(6)开关位置指示检查。

(7)防止凝露的加热器工作正常。

(8)各活动部分应保持润滑,保证这些装置能够灵活传动、可靠动作。

3)隔离开关小修范围及标准

(1)清扫、检查绝缘子;检查引线和接地装置。要求各部分无灰尘,无污垢,支持绝缘子无裂纹、破损及爬电痕迹,引线无断股,连接牢固,接地良好。

(2)打磨、调整触头。触头接触面光滑,无烧损和锈蚀,闭合时接触良好。分闸时分闸角度与带电部分的距离符合规定。

(3)打磨、调整触头。触头接触面光滑,无烧损和锈蚀,闭合时接触良好。

(4)检查调整操作机构。各零部件完好,连接牢固;止钉间隙符合规定;转动灵活,连锁、限位器作用良好可靠,各转动部分注油。对于电动隔离开关,应对电动操作机构的分合闸电机进行检查,打磨碳刷,清扫整流子;限位开关位置正确,动作灵活可靠;打磨分合闸接触器触头;紧固端子牌及其他电气回路的接线。电动操作应灵活、可靠。

(5)检查构架及支撑装置并进行局部除锈涂漆。

(6)检查各联锁条件,满足要求。

(7)按有关规程规定进行测量和试验。

4)隔离开关大修范围及标准

(1)同小修项目。

(2)解体检修触头和操作机构,按工艺重新装配调整。

(3)检修构架及支撑装置,并全面除锈、涂漆。

(4)更换不合格元件。

(5)按交接试验项目标准进行试验。

二、直流开关柜的作业内容和方法

本节主要包含了一些直流开关柜检修内容及处理方法等内容。它不可能涵盖所有可能发生的问题。在试图检修作业之前,首先应确定任何相关的开关设备及柜子本身已停电,并采取相应安全措施,而不是仅靠外部操作的成功与否。

1. 本变电所及相邻两牵引所牵引系统停电及采取安全措施

(1)配合电调完成倒闸操作,确认本变电所牵引供电分区已停电。

(2)将开关转为检修状态,35 kV整流变一次侧合上接地刀闸,直流开关手车拉至隔离位置,作业地点设置标识牌。

2. 开关柜柜体清扫

(1)使用无纺清洁布、软毛刷及酒精对柜面、柜顶、柜门及柜体内部、电缆室清扫,各部位应清洁无灰尘。

(2)柜体安装牢固、接地良好,柜内封堵良好,对封堵不好的部位重新封堵。

3. 开关手车的检查维护

(1)手车外观检查与清理,清扫手车内断路器开断元件、灭弧罩、绝缘件、传动装置,要求器件清洁、无变形、螺栓紧固。

(2)断路器本体的维护,检查主回路触头接触压力正常、无熔银,无弧黑,必要时用金属刷对触头进行打磨;检查火花避雷器、脱扣装置、绝缘件、传动装置,检查所有螺栓螺母垫片有无松动并对螺栓进行紧固,合闸状态下测量W值是否在规定值内;清扫擦拭灭弧室内角板、隔板、去离子板并检查各部件烧损情况;检查大电流脱扣指示值是否在整定范围内;测试手车主回路对支座绝缘电阻≥5 MΩ(1 000 V摇表);测试断路器分合闸线圈阻值不超过出厂标称值±10%;断路器短路跳闸后及预防性试验的检修,需测量断路器回路电阻值不得>100 μΩ。

(3)断路器辅助装置检查,检查手车机械指示翻板与主回路动作一致、机械翻板连杆动作灵活,如卡涩,需对卡涩部分进行润滑;检查辅助接点盒内各端子接线有无松动,并进行紧固。

(4)线路测试板的维护,对线路测试板除尘;检查各连接线无松动及老化现象;检查熔断器接触可靠、辅助接点动作灵活;必要时,对绕线电阻、测量放大器及稳压装置等进行校验及调整。

(5)电流电压采样回路检查,检查分流器安装牢固、无损坏;检查测量放大器、稳压器状态正常,必要时校验各测量放大器。

(6)SEPCOS保护装置检查维护:依次取出电源板、VIUC板、VPC196板、VMI及VMO板进行清理,并检查各板件外观正常、发热正常及无明显虚脱焊现象;检查输入输出指示正常;各板件接插线接触良好;必要时对SEPCOS保护装置进行校验。

(7)手车低压室检查维护,检查并紧固低压室内各端子、检查各端子及连接导线标识应清晰,对标识不清晰及丢失的重新标注;低压室内各空开应分合正常、限流电阻、加热器、继电器、分合闸接触器、凝露控制器应正常。

4. 直流柜体的检查维护

(1)各柜内导轨、柜内活门及柜顶部泄压活门检查应正常,必要时涂抹润滑脂。

（2）各柜顶部 X300 端子接线牢固、各端子及连接导线标识应清晰，对标识不清晰及丢失的重新标注。

（3）各柜内航空插头及其连接线及护套检查应正常、航空插头检查不应有缩针现象。

（4）柜内母排、电缆头及绝缘子检查：应安装牢固、绝缘子无裂纹及放电现象，对不合格绝缘子进行更换；一次电缆与铜排安装牢固、无发热及异常受力现象。

（5）各柜后门行程开关检查应安装牢固无松动，接点动作灵活、行程适中。

（6）柜内避雷器绝缘测试及伏-安特性试验应合格。

（7）测量柜体在断开接地点后柜体与变电所接地母排间绝缘应＞1 MΩ(1 000 V 兆欧表)，如阻值低于推荐值，检查并处理泄漏原因后再进行一次测试，若绝缘较低且暂时无法恢复，则进行框架泄露保护校验，校验正常可继续投入运行。

（8）检查柜内母线电压测量板。接线牢固、连接线无老化、测量放大器及稳压装置应正常，必要时进行校验。

（9）将手车推进柜体直到挡块挡住为止（即试验位置），不压下解锁踏板，拉住手车把手向外拉，检查手车不应该被拉出。

（10）将各柜手车推入至运行位置检查，此时手车隔离触头与铜排连接应可靠并确保完全卡入铜排。

5. 端子柜的检查维护

（1）检查端子柜内各元件、端子排及二次导线标识清晰，对标识不清晰及丢失的重新标注。

（2）检查端子柜内各空开、继电器、PLC、通信装置及柜内照明应正常；对分合过于灵敏及卡涩的空开进行更换。

（3）联跳回路检查。采用闭路原理设计的联跳回路，需分别测量本变电所正常供电方式及越区供电方式下的联跳输入阻抗及输出阻抗，对阻抗过大的回路检查并排除原因，更换联跳回路中接触电阻过大的继电器。

（4）检查端子柜柜面各指示灯、转换开关工作正常，对指示变暗的指示灯进行更换；对转换不灵活或接触电阻过大的转换开关进行更换或喷涂绝缘清洗剂进行修复。

6. 整组功能试验

断路器、上网刀闸分合闸及手车进退正常，后台指示对应。

7. 工作结束与送电

（1）工作许可人与工作负责人共同检查设备检修情况。

（2）拆除安全措施。接地线、接地刀闸，标志牌及临时遮栏。

（3）配合电调完成送电，将检修设备恢复到运行状态。

三、直流断路器检修与试验

直流断路器也称为直流快速断路器，广泛用于地铁、轻轨、冶金、化工等领域，所有灭磁开关均为直流快速断路器。直流快速断路器是无极性单极装置，具有电磁吹弧，直接瞬时过电流释放，间接快速释放（可选用在 3 000 A 以上），自然空气冷却和电气操作系统。在应用 12 000 A 及以下时为机车、工业领域半导体整流装置和铁路小型馈电装置的分断断路器。

带有大电流脱扣装置的直流快速断路器是直流牵引行车供电的重要设备,对其进行必要的预防性检修和试验,以及故障后的检修、修后试验,使其电气参数和机械参数满足相关要求、标准,对确保牵引供电的可靠性有十分重要的意义。

1. 断路器的检修

1)断路器灭弧罩的解体检修

(1)用扳手松开位于灭弧罩两端及两极板端部的连接搭扣,并旋转 90° 松开角形导弧板。

(2)用扳手松开灭弧罩与断路器的两个固定螺钉。

(3)卸下灭弧罩放置在工作台上,检查灭弧罩外壳有无弧黑和积灰,用干抹布对将壳擦拭干净。若单面裂纹超过 1 cm 或双面对应处出现裂纹均需更换。

(4)用套筒扳手松开灭弧罩外壳六个固定螺栓和顶部手柄四个固定螺钉和垫圈。

(5)把灭弧罩侧翻 180°,拆下灭弧罩一侧盖板,逐一取出灭弧罩内的每片大、小树脂灭弧栅片和偏转铁板,检查大、小树脂灭弧栅片表面有无弧黑和积灰,并用干抹布擦拭干净。

(6)当局部烧毁留下的标记大于 1/2 原始厚度(2.5 mm)或出现裂纹时,需及时更换。检查角形导弧板,当横截面积达到其原始面积(20 mm×4 mm)一半时须及时更换。

2)断路器与小车的分离及外观检查

(1)拆除断路器与计数器的连接线。

(2)拆下断路器与小车支架的连接地线螺钉。

(3)拆下固定断路器与小车支架之间连接的 4 个螺栓。保存好所有的螺栓、螺母、弹簧垫圈。

(4)将断路器拆下放于工作台上,进行外观检查。

3)上顶板的拆卸和动、静触头,左、右隔离板及两极板的检查及更换

(1)将左、右隔弧板从断路器中取出,检查有无弧黑和积灰并使用干抹布擦拭干净。当局部烧毁留下的标记,其厚度达到其原始厚度(20 mm)的一半时,须及时更换该零件。

(2)用内六角扳手拆下静触头上固定两个散热片的螺钉,并取下散热片。

(3)用套筒扳手拆下连接前极板与框架连接板的两个螺钉和垫圈。

(4)用内六角扳手拆下断路器顶板的 6 个螺钉和垫圈。

(5)将上顶板放于工作台上,检查上接线端子铜排表面。上接线端子铜排表面应光滑,无过流痕迹。

(6)检查动、静触头有无明显烧损,有无熔银,有无弧黑和积灰。动、静触头表面应无麻点,如果有必须用砂纸将其打磨光滑,以确保动、静触头接触良好。

(7)检查两极板有无熔银,有无弧黑和积灰,并使用干抹布擦拭干净。当两极板横截面积达到其原始面积(20 mm×4 mm)的一半时,须及时更换该零件。

(8)两极板的更换。拆卸后极板与静触头连接螺钉和垫圈;拆卸两边连接搭扣的固定螺钉和垫圈,取下连接搭扣;拆下前、后两块极板的装备螺钉;拆下前、后两块极板。

(9)测量触头磨损尺寸 W 值。W 值必须在断路器处于合闸状态下测量,不同型号规格的断路器 W 值的测量方法不同,应遵照厂家说明书执行。

4)断路器框架的拆卸及检查

(1)用内六角扳手拆下前挡板上的螺钉和垫圈,取下前挡板;用扳手拆下两根引弧导线与框架支撑板连接的螺栓,取出框架支撑板。

(2)用内六角扳手拆下框架支撑板与左右盖板连接的螺钉。

(3)用内六角扳手拆下左右盖板与断路器主体部分连接的螺钉和垫圈。

(4)用一字旋具撬下左右盖板上用于固定螺钉的4个橡胶托座。

(5)用内六角扳手和扳手拆下框架底部及两端同定的螺栓和垫圈。

(6)将断路器框架侧翻,打开左右盖板,取出断路器的主体部分,将其与左右盖板放于工作台上。检查左右盖板有无积灰,并使用干抹布擦拭干净。若左、右盖板单面裂纹超过1 cm或双面对应处出现裂纹均须更换。

5)断路器主体机构的解体检查

(1)用扳手拆下两根引弧导线与框架支撑板连接的螺栓。

(2)用内六角扳手拆下减震器的固定螺钉和垫圈,用手推动动触头,取下减震器。

(3)取下透明外盖。

(4)用十字旋具拆下弹簧驱动装置轴承上的螺钉,用内六角扳手拆下条形导向块上的螺钉和垫圈,然后用手推动动触头,微微撬起弹簧片使动触头的棘轮杆释放,取下弹簧驱动装置;检查储能弹簧和弹簧驱动装置的各个组件。

(5)用挡簧钳拆下固定动触头棘轮杆的转轴两端的弹簧圈,取出弹簧圈和垫圈,把动触头推到合适位置,用小的十字旋具推动转轴,取出转轴,卸下棘轮杆;检查转轴。

(6)用内六角扳手拆下主体部分上盖板的固定螺栓。

(7)用内六角扳手拆下固定合闸线圈的螺钉和固定限位板,拆下合闸线圈电源连线及可见到的连接点并做好标记,取下合闸线圈;检查合闸线圈表面有无积灰,并使用干抹布擦拭干净;检查合闸顶杆动作是否灵活;测量合闸线圈的电阻。

(8)卸下辅助接点外壳上的螺钉,取下辅助接点外壳,使用干抹布擦拭干净。

(9)用内六角扳手拆下大电流脱扣整定装置上的螺钉,取下整定装置。

(10)拆开断路器主体机构的上外壳;检查下接线端子铜排表面;检查下接线端子与动触头连接软连接;检查大电流脱扣可动铁轭与分闸顶杆动作过程。

2. 断路器的预防性试验

(1)断路器动、静触头接触电阻的测量。试验电流300 A,不大于规定的电阻值,超过时用细砂布打磨触头接触部位。

(2)合闸线圈直流电阻的测量。换算到20 ℃时符合厂家规定的电阻值,温度换算公式为

$$R_2 = R_1(T+t_2)/(T+t_1)$$

式中　R_2、R_1——温度为t_1、t_2时的电阻值;

T——计算用常数,铜导线取235,铝导线取225。

(3)合闸保持电阻的测量。用万用表测量。

(4)合闸线圈最小合闸电流的测量。该试验接线如图4-20所示。合上外接开关S,滑线电阻RP 130 Ω全部接入电路中(置于图中A点处);合上外接开关SK,从A点向B点逐渐调节(减小)RP的阻值,注意观察电流表PA挡位置于10 A的读数,直到断路器完全合上为止,读取电流表PA的值,立即断开外接开关SK。

197

第四章　变配电设备检修

(5)最小合闸保持电流的测量,试验接线如图 4-20 所示。在完成合闸动作电流的测试后,向 A 点方向调节(增大)RP 的阻值,直到断路器完全断开为止,读取电流表 PA 的值(中途短接电流表两接线端换挡至 1 A)。

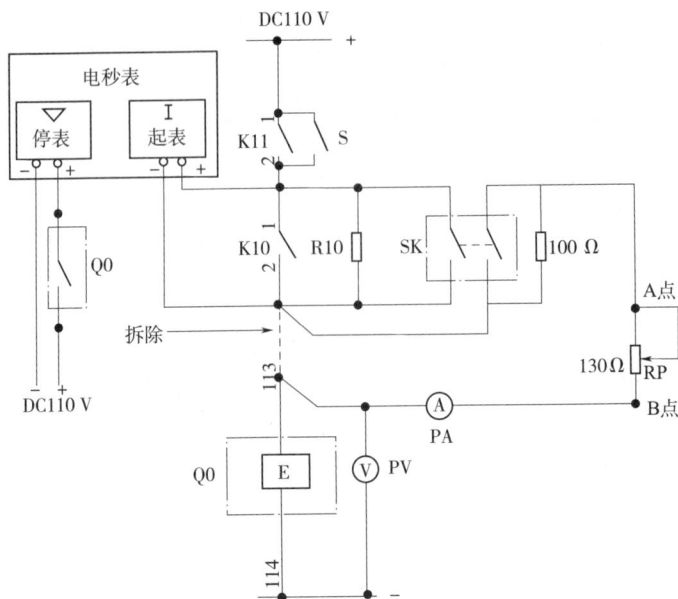

图 4-20　DC 1 500 V直流断路器特性试验接线图

(6)断路器合闸最小启动控制电压的测量。试验接线如图 4-20 所示,用可调直流电源代替 110 V 电源,合上外接开关 S,滑线变阻器 RP 调至零;合上外接开关 SK,逐渐调节(增加)直流电源的电压值,直到断路器完全合上为止,读取可调直流电源的电压值,立即断开外接开关 SK,流电压值即为 R10 等于 100 Ω 时的断路器合闸最小启动控制电压。

(7)断路器合闸时间的试验接线如图 4-20 所示。在额定电流下测量(短接 100 Ω 电阻,RP 置于 B 点处),合上外接开关 SK,断路器完全合上后立即断开外接开关 SK,读取电秒表的值,标称值为(100±15)ms。

(8)断路器分闸时间的试验接线如图 4-20 所示。在额定电压下测量(短接 100 Ω 电阻,RP 置于 B 点处),断路器在合位,分开外接开关 SK,断路器分开,读取电秒表的值,标称值应<90 ms。

(9)断口之间、导电部分对地之间的绝缘电阻。用 2 500 V 兆欧表测试,绝缘电阻≥5 MΩ或换算至同一温度下,与前一次测试结果相比应无明显变化;温度换算公式为

$$R_2 = R_1 \times 1.5(t_1 - t_2)/10$$

式中　R_1、R_2——在温度为 t_1、t_2 时的绝缘电阻值。

(10)主回路对小车外壳及二次回路绝缘电阻的测量。采用 2 500 V 兆欧表测量。

(11)辅助回路对地绝缘电阻的测量。试验电压为 1 000 V,绝缘电阻应≥2 MΩ。

(12)断路器断口间工频耐压试验。确认相关安全措施做好后,采用交流工频耐压设备进行 1 min 的工频耐压试验。

(13)主回路对地工频耐压试验(断路器于合位时)。将二次回路短接并接地,确认相关安全措施做好后,采用交流工频耐压设备进行 1 min 的工频耐压试验。

(14)60 V 辅助回路工频耐压试验。将保护装置的所有接线拆除,短接所有电流、电压及直流回路的端子,并将电路回路的接地点拆开,确认相关安全措施做好后,采用交流工频耐压设备进行 1 min 的工频耐压试验。

(15)大电流脱扣跳闸值和时间($di/dt \geq 5 \times 10^{-6}$。A/s)。在断路器合闸状态时,用直流大电流发生器对直流断路器一次侧设备升流,电流值升至 15 kA,来校验断路器大电流脱扣值和动作时间。

四、直流开关柜的一般故障检测

以下内容主要包含了一些问题的产生原因及处理方法,它不可能涵盖所有可能发生的问题。在试图排除故障之前,我们首先应确定任何部件的问题确实源自直流开关柜本身,而不是外部不当的操作造成的。为确定故障位置须依据线路检查的结果。

1. 负责故障处理人员所需的资格

(1)能阅读各项图纸。

(2)须了解线路配件及其主要特性,例如输入及输出电压或电流。

(3)须了解线路功能,及在后续操作中线路如何及何时操作。

(4)能理解集成线路中某一线路的功能作用。

(5)能分晓故障是机械故障还是电动故障。

2. 故障处理范例

在故障处理过程中,我们要首先确定故障是否是设备的通电与断电引起的。

(1)设备通电时的故障处理

这个问题通常是由于线路的断电或有缺陷的元器件等因素引起。首先搞清产生问题的元器件是否仍能工作,如果不能,必须更换。

(2)设备断电时的故障处理

在当前状态下,所有的线路都被切断了电源,这时可用一个蜂鸣器来查找故障。

但是应该考虑到蜂鸣器可能由于并联线路而响,也可能通过一个继电器线圈而响,所以在用蜂鸣器检测之前,最好断开线路的两端,对于并联线路至少得有一端断开。

当检查有线圈的元件时,你可能听不到蜂鸣声或只是一点点很微弱的声音,最好用万用表配合检查,使用万用表检查该元件的电阻,与正常值进行比较。如果电阻很大说明开路了,当然如果线圈只有两三匝短路了,电阻变化将不是很大。还需要观察有没有烧毁痕迹,尽管有时这样的烧毁痕迹很小,但还是能观察到的。

(3)间歇性的故障

这些故障是最难确定位置的,它们通常包括:电线或螺栓松脱;接触强度不够;触头之间的灰尘;元件上有缺陷或松落的组件;电压不稳。要想找到这些间歇性的故障,建议按如下步骤操作。

第一步:找出故障可能涉及到的所有部分(例如端子柜、断路器柜等)。

第二步:注意问题的症兆是什么,例如何时发生及发生了什么情况。比如故障是不是只有在进行特殊操作时才会产生,或者当手车拉出/推入、元件受到冲击时才发生,是否有某些功能没有启动,等等,请注意所有的细节,这样对故障的处理很有帮助。

第三步:如果你本人无法解决故障问题,及时向你的同事或上级请教,或通知生产厂商。请准备书面的有关故障的详细目击记录,主要包括以下几点:问题元件或功能元件在设备中的确切位置;故障首次出现时正在进行的操作;故障出现之前的操作(例如维护之后或更换保险丝);电压值等。总之,你必须提供尽可能详细的有关问题的描述,这样才有可能得到解决问题的准确方法。

(4)如何使用故障处理图

图表中只列出了主要的故障,每个故障都有许多关于设备不能正常工作的可能原因,至于解决方法需要针对不同的情况,在表中有比较详细的叙述,但这些方法也只是大多数情况下能用的方法,有一些方法需根据实际情况作出调整。

下面举例是以镇江大全赛雪龙牵引电气股份有限公司的 KMB 柜为例,具体参见表 4-11(仅供参考)。具体处理要根据现场设备实际型号、规格以及相关维修指导书的建议执行。

表 4-12 中相关缩写字母的含义:HSCB—直流断路器;SEPCOS—直流保护;LOCAL—就地;DS—隔离开关;MCB—微型断路器。

表 4-12　直流开关柜故障处理一览表

故　障	造　成　原　因	采　取　措　施
1. 母线无 1 500V 的直流电压	①缺少辅助控制电压 ②HSCB 处于分闸状态 ③HSCB 手车没有正确推入 ④DS 不能正常工作 ⑤馈线 HSCB 经常跳闸	①检查下列设备的轴助回路中的微型开关 • 控制柜 • 直流馈线柜 ②检查 HSCCB 是否跳闸 • 检查 HSCB 分闸是否是由于合闸回路的问题,重新合闸并发现问题所在 ③ 检查 HSCB 的正确推入及相关的 HSCB 室后底部的行程开关 ④DS 电机的热保护继电器动作 ⑤HSCB 的过流脱扣器设定值太低,改变设定值 • SEPCOS 保护继电器设置不正确
2. 当选择开关处于远方位置时,直流馈线 HSCB 不能合闸	①遥控线路有问量 ②选择开关位置有问量 ③其他原因	①转到 LOCAL 位置,并合上 HSCB。如果成功的话,检查遥控线路 ②转到 LOCAL 位置,并合上 HSCB。如果成功的话,检查接点间的联接性。如果必要,替换开并 ③转到 LOCAL,并查询下栏
3. 当模式选择开关处于 LOCAL 位置时,直流馈线 HSCB 不能合闸	①选择开关位置有问题 ② 电源控制线路的 MCB 断开 ③设备其它部分的错误设有复位 ④SEPCOS 系统不以能正常工作	①转到 REMOTE,通过中央控制室的开关合上 HSCB(用 SCADA 系统)。如果成功的话,检查接点间的连接性。如果必要,替换开头 ②重新将控制回路中分闸的 MCB 合上 ③复位有故障的其他设备 ④替换 SEPCOS 装置

故　障	造 成 原 因	采 取 措 施
4. 馈线 HSCB 上的所有位置指示灯熄灭	控制回路的 MCB 微型断路器断开	重新合闸或更换有问题的 MCB,将 MCB 合闸之后 HSCB 将自动分闸
5. 隔离开关不能操作	①行程开头是否有问题 ②指示灯指示控制回路的 MCB 断开了 ③电机有问题 ④DS 被机械锁住(用手柄或钥匙打开)	①检查位置指示器,如果行程开关没有提起来,重换开关,或将它调到正确位置 ②重新将控制线路中 MCB 合闸 ③检查碳刷或触头(每个电机两个)如果需要的话可以更换 ④解锁 DS • 确保复位行程开关到正确位置
6. 复位之后,错误指示灯依然亮着	①故障依然存在 ②由于保护继电器故障再次出现(继电器可能有问题)	①务必不要多次重设故障指示灯。检查确保没有主要故障存在,如果有的话,首先复位主要故障。在再次复痊或合上故障指示灯之前,发现问题 ②通过切断相关保护继电器的输出触头来隔离它。现场将其重合(不要用 SCADA,必须检查好了一切正常,而且有故障时可以手动跳闸)。同时观察相关的断路器。同时观察相关的断路器。同时观察相关的断路器。检查在保护继电器断开之后故障是否会重现。若不再有故障,则保护继电器就有问题,换一个新的继电器,重试
7. 缺少控制电压	①MCB 控制回路断开 ②与继电器并联的二极管有问题	①重新合上 MCB(检查主 MCB 的断开位置在控制柜中的什么地方) ②换掉有问题的二极管,当时将二次回路中的熔断器换掉或重新合上 MCB

第五节　电力监控设备

一、电力监控设备检修的一般规定

1. 有计划对设备进行拆卸、更换、移位、测试的工作

　　凡有计划对设备进行拆卸、更换、移位、测试的工作,需中断设备使用时,应填写"施工作业申请计划表"报维修调度和电力调度,施工前应按调度命令,在"设备检查登记表"中登记,经车站值班人员同意并签字确认后方可作业,但作业前应告知电力监控系统值班人员。

2．临时对设备进行拆卸、更换、移位、测试的工作

临时对设备进行拆卸、更换、移位、测试的工作，必须在"设备检查登记表"上登记，经车站值班员同意签认后，方可作业，但作业前应告知电力监控系统值班人员，若作业涉及其他相关作业设备，必须取得相关专业人员认可后，在相关专业的监护下方可作业。

3．一般性检查

不松动电气接点，不拆断电气连线，不更换零配件和不分离机械设备的一般性检查，可不登记，但应加强与车站值班人员和电力监控系统值班人员的联系。

4．在白天进行的 SCADA 系统日常检查、维护和检修工作

SCADA 系统的日常检查、维护和检修工作在白天进行，时间必须予与以充分保证，并列入日、月计划。SCADA 系统维修班组实行每日设人值班制度，有专用的值班室，通信设施。电力调度员及各变电站值班员发现 SCADA 系统设备发生故障由维修班长组织检修和抢修。凡是需要停机检修的工作，在停机之前应征得电力调度同意后方可停机，抢修工作除外。

5．设备的年度检修计划

设备的年度检修计划应每年编写一次。某些 SCADA 设备（如变送器和远动装置等）的检修时间应尽可能结合一次设备的检修进行，并配合断路器，隔离开关的检修，检查相应的铜芯电缆和接线端子并作联动实验。SCADA 系统设备的维护应以预防为主，按计划检查测试，根据运行状况进行抢修，把技术维护管理的重点放在日常维护工作中去。

二、电力监控系统检修管理

1．检修安全管理

1）电力监控系统维护人员必须坚持"安全第一，预防为主"的方针，严格执行国家的有关安全生产的法规和法令，严格遵守运营分公司、部门、中心的安全规章制度。

2）电力监控系统维护人员必须认真执行"三不动"（即未联系登记好不动、对设备性能状态不清楚不动、正在使用中的设备不动）、"三不离"（即检修完不复查试验好不离开、发现事故不排除不离开、发现异味和异声不查明原因不离开）、"三预想"（工作前，预想联系、登记、检修设备、预防措施是否妥当；工作中，预想有无漏检、漏修和只检不修造成伤害的可能；工作后，预想是否都检修彻底，复查实验，加封加锁，清点手续是否完备）等安全措施

3）在安排作业时，必须有完备的安全措施

（1）未授权的任何人严禁对本系统所有应用软件作任何改动，电调人员应严格按照有关操作程序进行操作和控制，并对自己的操作负责。

（2）电力监控系统维护人员每年参加中心组织的安规考试，经考试合格方可上岗。

4）检修计划管理

（1）检修计划根据 SCADA 设备检修周期表制定，经中心审核后上报，批复后方可实施。

（2）根据公司要求和设备运行实际情况，电力监控系统维护人员编制专业年度、月度检修计划并按时上报。

（3）对年度、月度检修计划除认真执行外，可以根据系统实际运行情况和生产实际对计划项目给予适当调整，但计划的变更必须按规定程序办理。

（4）每周工作总结中统计当周检修计划完成情况，及时上报中心。

5）检修技术管理。技术档案主要分两大类建档，竣工文件档案（包括工程竣工所有图纸及资料，按类别建档竣工资料）及运行、维修技术档案（包括接管以后的运行、维修的技术性文件、技术性数据报表收集、分析等资料）。

（1）电力监控系统维护人员设专人管理技术文本、编制管理台帐、设备台帐和生产台帐，并进行归档管理。

（2）在安装及调整中校正的设计资料（竣工原理图，竣工安装图，技术说明书，电缆清册等）。

（3）设备厂提供的技术资料（说明书，合格证明，出厂试验报告等）。

①调整实验报告。

②符合实际情况的现场安装接线图，原理图和现场调试，测试记录。

③设备的专用检验规程。

④设备故障和处理记录（如设备缺陷记录薄）。

⑤相关机构间使用的变更通知单和整定通知单。

⑥系统资料，如程序框图，文本及说明书和软件维护记录薄等。

（4）定期对监控系统的数据进行采集、分析、备份，对统计结果留档备查。

①运行资料应由专人管理，应保持齐全，准确，要建立技术资料查看及借阅制度。

②磁盘等应设专库（柜）存储，由专人管理，并制定管理制度。

③运行中的设备要做改进时，应该充分讨论，提出书面改进方案待主要领导批准后才能进行，对变动的部分，设备专职负责人要及时修改资料并作好保存工作。

④对运行设备的记录要按月统计分析，按规定上报。

⑤在公司批准的情况下，由厂家对系统进行远程在线维护升级。

（5）主要运行、维修记录及技术要求。

①控制中心 SCADA 值班记录。

②SCADA 设备维修记录。

③SCADA 设备更换记录表。

④SCADA 专业软件修改记录表。

⑤SCADA 站级设备巡视记录表。

⑥SCADA 主变电站设备巡检记录。

⑦电池充放电记录。

⑧SCADA 设备故障统计与分析。

⑨遥测的总精确度应不低于±1.5%，即从变送器入口至调度显示终端的总误差表示的值不大于+1.5%，不少于-1.5%。

⑩计算机系统的电源要稳定、可靠，应采用不停电电源，失电时的维持时间不少于1 h。

⑪各类仪表、仪器和测试设备应有专人管理，使其处于良好状态，要建立记录卡和记录薄，将检修、检验及上级计量部门检验的结果登记备查。

(6)各类仪表,仪器和测试设备,应按量值传递标准,按周期进行校验。

6)维修质量管理。系统维修后应能够满足正常运行的条件,系统功能均可以正常实现。维修中所涉及的各类记录、图纸、表格应清晰、齐全,条理分明。监控系统维护人员随时配合各级部门的检查、鉴定、验收工作。

三、维修内容

维修工作内容主要包括控制中心主站设备和各变电站远动终端设备的维修。

控制中心主站设备有主服务器、存储器、输入输出设备、双机切换系统、通信专用电缆和控制电缆、计算机软件、电力调度终端设备、不间断电源设备。

各变电站设备有远动终端设备、远动专用变送器、通信专用电缆和控制电缆、远动柜、UPS 机组。

1. UPS 机组维护工作

(1)拿出或更换 UPS 屏内直流电容器时,至少需要 15 min 完全放电,用电压表检查。

(2)UPS 设备内装的风扇,正常工作寿命为 20 000 h,达到 20 000 h 需更换。

(3)UPS 设备柜的灰尘,至少每年清理一次,清理工作可用毛刷和真空吸尘器或用干燥压缩空气来吹扫(最大压力为 1 Pa)死角地方。

2. 铅酸阀控式电池维护工作

(1)蓄电池容器要经常保持清洁和干燥;

(2)注意电池电压异常,定期对电池做容量考核试验;

(3)阀控蓄电池组的恒流限压充电电流和恒流放电电流均为 I_{10}(10 h 率放电电流),额定电压为 2 V 的蓄电池,放电终止电压为 1.8V;额定电压为 6V 的组合式电池,放电终止电压为 5.25 V;额定电压为 12 V 的组合蓄电池,放电终止电压为 10.5 V。只要其中一个蓄电池放到了终止电压,应停止放电。在三次充放电循环之内,若达不到额定容量值的 100%,此组蓄电池为不合格。

3. 直流屏维护

(1)运行监视人员应定期记录直流屏的运行情况,电压、电流值,发现问题及时处理。

(2)日常维护,检查各信号灯工作是否正常;保持蓄电池外部清洁;检查蓄电池组运行状态,若发现蓄电池漏液应立即查出原因予以处理,以免影响整组蓄电池的绝缘;蓄电池在浮充状态时不发热,若发现个别电池有发热现象应立即检查原因,及时处理,若发现整组电池发热,首先应检查电池的运行状态(强充或放电均有一定的温升),是否浮充电流过大或电池组发生外部微短路等现象,发现问题应及时处理。蓄电池常见故障请参照蓄电池部分;检查蓄电池组的连接点,接触是否严密,有无氧化,并涂以凡士林油。

4. 直流屏常见故障的处理方法

1)进线电源失电。交流进线电源失电,将会产生进线开关、高频开关电源同时发出失电信号,待电源恢复正常后,自然消除。高频开关电源直流输出端快熔熔断,或直流输出端空气开关脱扣,发单一信号,更换同规格的快熔或合上空气开关,故障消除。交流电源缺相,直流输出电压只能达到额定值的 60%～70%,用万用表测输入端三相电压即可,查出失相原因,处理后即可恢复正常。

2)高频开关电源失电的处理。高频开关电源失电,充电电源只能在高频开关电源工作正常时才能工作,若高频开关电源失电或故障,充电电源自动切断蓄电池组,由浮充转为放电状态工作,待高频开关电源恢复正常,即可起动充电电源;电池组强充终止,当蓄电池组充到 2.4 V/只时,表示蓄电池已充足,充电过电压继电器动作,自动切断充电电源,将强充、浮充选择开关置于"浮充"位置,按下充电起动按钮,即可恢复正常工作。

3)蓄电池充电回路开路,充电电源无法启动,无电流。

4)蓄电池组低电压。电池组放电结束,电池组电压低至 1.8 V/只,就不能继续放电,应立即关断电池组开关。电池组回路开路,应找出开路点,予以可靠连接。

(1)直流系统绝缘不良,出线回路或蓄电池组绝缘不良,绝缘监视继电器动作,根据运行方式、操作情况、气候影响等进行判断可能接地的的处所,采取拉路寻找分段处理的方法,以先信号和照明部分后控制部分,先室外部分后室内部分的原则,在切断各专用直流回路时,切断时间不得超过 3 s,不论回路接地与否均应合上,当发现某一专用回路有接地现象时,应及时找出接地点尽快消除;操作前应采取必要措施防止直流失电可能引起保护装置误动。

(2)注意事项:查找接地点禁止使用灯泡寻找的方法;用仪表检查时所用仪表的内阻不应低于 2 000 Ω/V;当直流发生接地时禁止在二次回路上工作;排除故障的操作应由两人进行。

5.定期维护

(1)每月测量一次蓄电池组的电压及单体电池的电压,每只电池电压应在 2.25～2.4V,若发现电池的电压偏低或不均匀,应采取补充电的方法使电池的电压及容量恢复均匀。

(2)模拟失电试验:有意识让蓄电池向直流母线放电,动作正常后,立即送交流电源,蓄电池应能自动切断放电回路,该试验的操作时间不超过 3 s,由于机组及发电运行极为重要不可间断,模拟失电试验具体时间最好安排在停机时间,且规定每月一次。

(3)每年对蓄电池核对容量一次,对蓄电池核对容量有两个目的:了解蓄电池的实际运行容量;对蓄电池组进行一次活化,使电池容量均匀,电池核对容量试验,先对蓄电池补充电,然后按标准放电至 1.80 V/只,计算蓄电池的放电容量,若容量达到额定值的 90%,则说明蓄电池容量基本符合要求,经标准充电后即可投入浮充运行。

(4)每年对电压继电器进行校验,校正继电器的动作值,确保设备保护系统动作无误。

(5)每年按计量要求对所有计量仪表进行定期校验,消除误差,确保设备的安全投运,保持设备原有的性能。

四、检修作业要点和销点要求

(1)联系、请点前,必须核对准确检修作业地点、需要检修的设备、检修内容及对其他设备的影响范围。

（2）联系、请点和登记工作，由电力监控系统维护人员负责办理。

（3）登记的时间、地点和作业性质、设备编号和影响范围等内容，一经车站值班人员同意签字确认后，任何人不得涂改。

（4）登记要点的维修作业，一般应在给定的时间内完成，遇有特殊情况需延长时间时，必须重新办理登记手续。

（5）作业完成清理现场后，应及时销点。

第六节　整流器装置

在地铁供电系统中，牵引变电所高压侧的电压多为 AC 35 kV（或 AC 10 kV），而接触网的电压为 DC 1 500 V（或 DC 750 V），所以需要降压和整流。整流机组的作用就是将 AC 35 kV（或 AC 10 kV）降压、整流，输出 DC 1 500 V（或 DC 750 V）电压给地铁接触网，实现直流牵引，如图 4-21 所示。

一、整流机组工作原理

1. 整流机组接线选择的考虑

在考虑变压器的联结组别时，一个重要的因素就是考虑高次谐波的影响。国际上公认谐波"污染"是电网的公害，所以必须采取措施加以限制。在国家标

准 GB/T 14549—1993《电能质量 公用电网谐波》中对谐波作出了限制。整流机组作为大功率整流设备，属于非线性负荷，从电网吸收非正弦电流，引起电网电压畸变，因此整流机组属于重要的谐波源。为了抑制整流机组谐波对电网的影响，通常的措施是将变压器的一次或二次绕组接成三角形，使励磁电流的 3 次谐波或零序分量能够流通，使 3 倍次谐波或 3 的整流倍次谐波电流不注入电网。同时增加变压器二次侧的相数，波形会更平滑，可以有效地减少谐波。因此，在确定地铁整流机组的规格时，考虑采用带三角形联结的变压器，同时尽可能地增加整流的相数，以减少谐波"污染"。

2. Dy,11d0-Dy,1d2 联结法

基于以上考虑，可选择两台变压器，一台（T_1）联结组别为 Dy,11d0，另一台（T_2）为 Dy,1d2，其中 D 联结绕组为延边三角形，如图 4-22 所示。根据两台变压器的接线，可作出其相量图如图 4-23（T_1）和图 4-24（T_2）所示。

分析图 4-23 和图 4-24 的相量图可知，若以水平右方向为参考方向，则可得其他电压相量的相位角分别为：

（1）对于变压器 T_1

一次侧电压相量 U_{A1B1} 的相位角为 112.5°。

二次侧电压相量 U_{a2b2} 的相位角为 142.5°（y 结），U_{a3b3} 的相位角为 112.5°（d 结）。

图 4-21　整流器柜

A B C   A B C

A_1 B_1 C_1 A_1 B_1 C_1

T_1 T_2

a_2 b_2 c_2 a_3 b_3 c_3 a_2 b_2 c_2 a_3 b_3 c_3

1号整流变压器   2号整流变压器

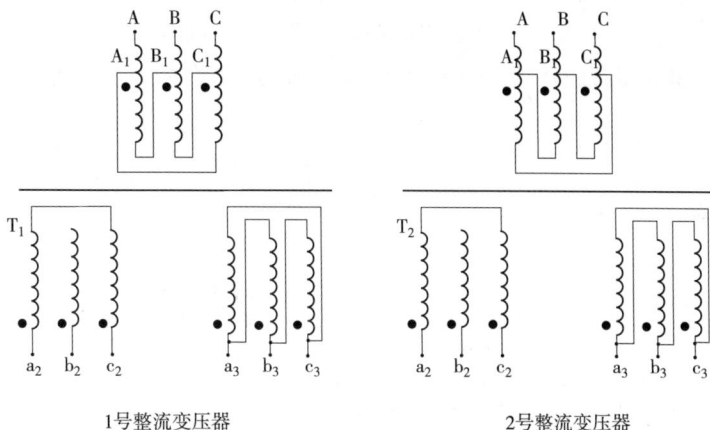

图 4-22　Dy11d0-Dy1d2 变压器联结图

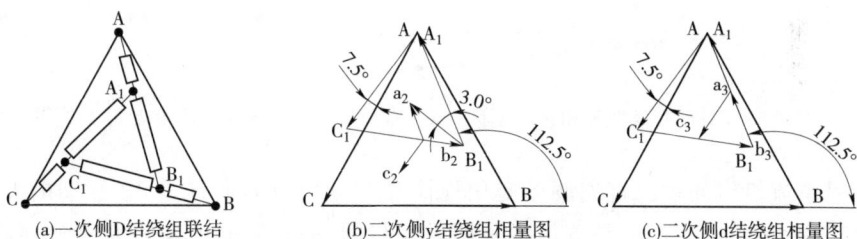

(a)一次侧D结绕组联结　　(b)二次侧y结绕组相量图　　(c)二次侧d结绕组相量图

图 4-23　变压器 T_1 的结构及相量图

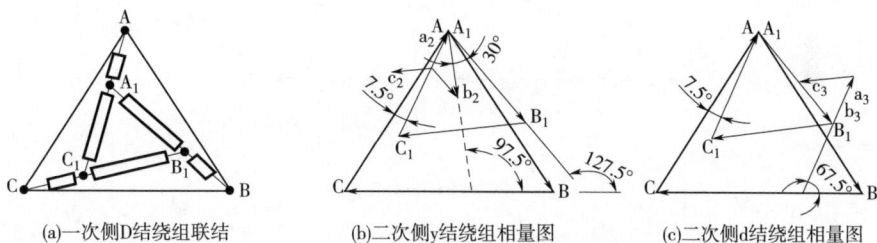

(a)一次侧D结绕组联结　　(b)二次侧y结绕组相量图　　(c)二次侧d结绕组相量图

图 4-24　变压器 T_2 的结构及相量图

（2）对于变压器 T_2

一次侧电压相量 U_{A1B1} 的相位角为 127.5°。

二次侧电压相量 U_{a2b2} 的相位角为 97.5°（y 结），U_{a3b3} 的相位角为 67.5°（d 结）。

由图 4-23 和图 4-24 的相量图并利用上面分析结果可知，对于同一台变压器，其阀侧（二次侧）绕组同名端线电压的相位差为 30°（142.5°-112.5°=97.5°-67.5°=30°）；而两台变压器网侧（一次侧）并联接入电网时，相当于其一次侧电压各移相 7.5°（不同的旋转方向），使 T_1 变压器一次侧三角形绕组电压与 T_2 一次则三角形绕组线电压有 15°的相位差（127.5°-112.5°=15°），而两台变压器二次侧对应的线电压相角差为 45°（142.5°-97.5=112.5°-67.5°=45°），上述的结果如图 4-25 所示。

3. 整流机组的输出波形

两台变压器分别接入整流器整流，构成两台整流机组，1号整流机组由变压器 T_1

207

第四章　变配电设备检修

和整流器组成,2 号整流机组由变压器 T_2 和整流器组成,各自接入的整流器如图 4-26 所示。如果只考虑 1 号整流机组整流后输出的直流电压波形时,可得到其直流波形如图 4-27 所示,其输出直流波形在一个周期中脉动 12 次,每个波动的间隔为 $30°$ 电角度。

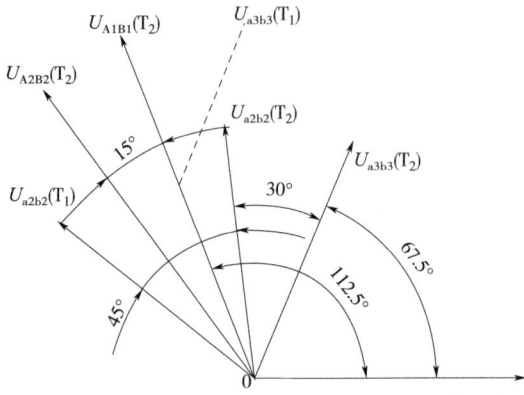

图 4-25　两台变压器的相量关系图

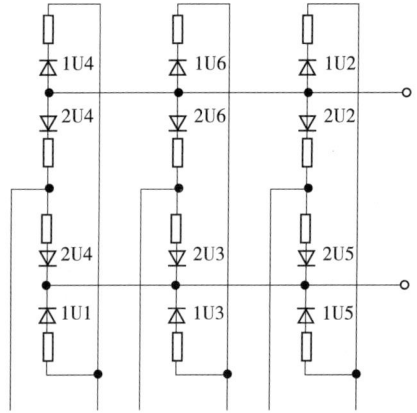

图 4-26　整流器接线图

2 号整流机组的输出直流波形变化规律和 T_1 一样的,同样是 12 脉动的波形,如图 4-27 所示。但由于两台整流机组是同时运行的,而且其直流输出是并联接在直流母线上的。前面已经分析过,变压器 T_1 和 T_2 的一次绕组通过延边三角形的结法移相后,具有 $15°$ 的相位差,因此其整流后输出的波形也具有 $15°$ 的相位差。

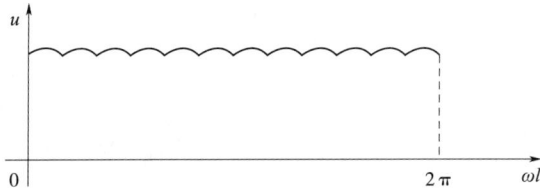

图 4-27　单台变压器整流后输出的波形(一个周期)

两台整流机组并联运行后输出的直流波形如图 4-28 所示,即在一个周期内为 24 脉波。图 4-28 可由图 4-27 的波形叠加其本身平移 $15°$ 后的波形处理后得到。

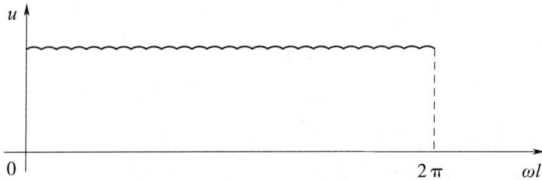

图 4-28　两台变压器整流后输出的波形(一个周期)

由上述分析可知,地铁牵引变电所中获得的 24 脉波整流是由两台整流机组并联运行等效而成的。即单台整流器由两个三相 6 脉冲全波整流桥组成,其中一个整流桥接至变压器二次侧"Y"形绕组,另一个整流桥接至变压器二次侧"D"形绕组。两个整流桥并联连接构成 12 脉波整流。为了实现 24 脉波整流,在两台变压器的一次侧将绕组接成延边三角形,使其分别顺时针和逆时针移相 7.5°。两台变压器的二次侧电压相位差为 45°而两台整流机组的直流输出波形实际上有 15°的相位差,将其并联运行就等效成 24 脉波整流。

二、整流器检修标准

整流器是地铁供电系统中的一个环节,它前面有交流开关接入电网,后面有直流开关接通负荷。所以在通电或断电时,整流器虽然没有直接操作,但为安全起见,通电前和断电后必须对其进行检查。原则上整流器及其部件可以免维护,只需定期停电检查、清扫灰尘。

1. 整流器检修周期

(1)定期保养。3 个月。

(2)小修。1 年。

(3)中修。12～15 年。

(4)大修。达设计寿命或经综合诊断分析。

2. 定期保养

(1)检查清洁绝缘子瓷体、是否放电、瓷釉剥落面积。

(2)电气连接部份应连接牢固,接触良好。

(3)设备的音响正常,无异味。

(4)设备安装牢固,无倾斜、外壳无严重锈蚀、接地良好,基础、支架应无严重破损剥落。

(5)二极管的熔断器无熔断。

(6)散热器散热正常,RC 回路工作正常。

(7)电器连接螺丝检查,应紧固,无发热、松动。

(8)RC 回路无过热现象。

(9)PLC 运行无异常。

3. 整流器小修标准

(1)同定期保养。

(2)用力矩扳手检查母排连接,电缆进、出线连接,无松动、符合力矩要求。

(3)用纯棉布清洁或吸尘器或不大于 100 kPa 的干燥压缩空气,清扫二极管、散热片、熔断器、电阻。

(4)用纯棉布清洁或吸尘器或不大于 100 kPa 的干燥压缩空气,清扫绝缘件、电容无积尘,无污垢,无放电痕迹。

(5)用纯棉布清洁或吸尘器或不大于 100 kPa 的干燥压缩空气,清扫母排无积尘、无污垢,表面无氧化,必要时连接处涂导电膏。

(6)检查温度保护模块连线无松动。

(7)用 2 500 V 兆欧表测量主回路绝缘(甩保护模块进线、表计线后测正、负母排),应大于 1.5 MΩ。

4. 整流器中修范围和标准

(1)同小修项目。

(2)检修架构及支撑装置,并全面除锈涂漆。

(3)甩保护模块进线、表计线后进行均流测试,应符合标准。

(4)整组试验,整流管检测并更换不合格件,更换电阻、电容、PLC等元器件

(5)按有关规程规定进行测量和试验。

5. 整流器大修标准

(1)同中修项目。

(2)检修更换绝缘子。

(3)检修设备连接母线,更换不符合标准的母线。

(4)检修外壳、解体。

(5)更新检修二极管,熔断器。

(6)用万用表测量每个二极管支路含熔断器正向电阻,所测得值与原始值对比,差值不大于5%。

(7)用475 A电流进行二极管正向电压测试,所测得值与原始值对比,差值不大于5%。

(8)用475 A电流进行二极管正向电阻测试,所测得值与原始值对比,差值不大于5%。

(9)对不合格元件进行更换。

(10)按交接试验项目标准进行试验。

三、常规维护

整流器的常规维护主要是设备的清洁、紧固以及元件的功能性检查。常用工器具及材料有活动扳手、螺丝刀、力矩扳手、钢丝钳、尖嘴钳、剥线钳、两用扳手、毛刷、万用表、兆欧表、无水酒精、润滑油、抹布、导电膏、全能水、绑扎带、除锈剂等。

1. 外观检查

(1)按图样检查主电路和辅助电路接线是否正确。

(2)检查所有紧固件是否紧固、弹簧垫圈是否压平。

(3)检查母线有无过热发黑,电阻器、电容器有无过热烧焦,以及电流互感器绝缘包有无过热变色现象。

(4)清扫屏柜通风网孔灰尘。

(5)用毛刷或吸尘器清扫绝缘子、二极管、熔断器、电容器表面的灰尘。

2. 二极管检查

用万用表电阻挡,检查各二极管的正、反向电阻值有无异常现象。在实际电路中,二极管的周边电阻一般都比较大,大都在几百或几千欧以上,这样就可以用万用表的R×10 Ω或R×1 Ω挡来测量PN结的好坏。测量时,用R×10 Ω挡测PN结应有较明显的正反向特性(如果正反向电阻相差不太明显,可改用R×1 Ω挡来测量),一般正向电阻在R×10 Ω挡测量时表针应指示在上百欧,在R×1 Ω挡测量时表针应指示在几十欧(根据不同表型,可能略有出入)。如果测量结果正向阻值太大或反向阻值太

小，都说明这个 PN 结有问题，这只二极管也就有问题了。实际判定还要参考二极管的型号、参数。

用阻容电表或万用表检查保护电阻、电容参数有无异常、是否接入电路。

3. 保护装置检查

（1）检查控制电源是否工作，柜内照明是否正常。

（2）采用拆线、短接、外接电路等方式，定性检查整流器保护装置动作情况。

在整流器中每只二极管支路均串有快速熔断器进行保护。当发生内部短路时，熔断器熔断，给出信号用于报警或跳闸，并且熔断器上具有明显熔断标志——红色报警牌。检查时可以人工抠出一个熔断器的红色报警牌，使辅助触点闭合，观察显示屏有无相应桥臂报警信号显示；抠出两个报警牌，观察显示屏有无跳闸信号显示。

四、大修项目

1. 工作准备

（1）技术准备主要是对参检人员进行技术强化，对待修设备进行技术摸底，包含三方面的内容：首先是参加检修人员要全面掌握设备的工作原理、构造，熟读图样资料，对检修工艺加以强化，在技术水平上保证检修的顺利进行；其次要充分了解设备运行情况，如声音、发热等，有无故障记录；第三是收集整流器投运以来的试验报告、检修记录，进行系统的分析，同时可对比其他整流器的情况，尤其注意是否有遗漏的问题等，作为本次检修的关注项目。

（2）人员配置。综合检修包括维护、试验、保护校验三个方面，各方面人员都要配备充足，适当考虑预留人员，但不宜过多。各部分人员尽量不交叉分配，作业时要划清范围。

（3）工具材料准备除常用工器具外，还应准备测试用工具物料，并按设备的具体型号准备备品、备件，一般应准备整流管、绝缘子、散热器、保护模块等。

2. 典型大修项目

整流器大修时要对其解体，清扫灰尘，对主要部件性能进行测量，并进行相关试验。

1）主要部件清洁、紧固。整流堆主要由二极管、散热器及其附件组成。检修时要进行外观检查、清洁、压装力检查和元件测试。清扫或清洗整流堆散热器片间、绝缘套管、二极管瓷环表面的灰尘。检查紧固件的压装状态，例如，垫圈有无裂纹，绝缘套管、绝缘垫块有无放电痕迹，对照安装说明书用力矩扳手逐个检查压装力，用反向测试仪对每个二极管施加反向重复峰值电压，其反向峰值电流应在使用限度之内。

2）电容电阻状态检测。用阻容表测量电容值、电阻值。测量压敏电阻的压敏电压 U_{lmA}（所谓压敏电压，即击穿电压或阈值电压，是指在规定电流下的电压值，大多数情况下用 I_{lmA} 直流电流通人压敏电阻时测得的电压值）。测量值与标准值进行对比，不符合要求需及时更换。

3）保护显示动作检查及校验。整流器的保护校验主要针对电量和非电量保护。

电量保护一般指过流和逆流保护,非电量保护一般指温度保护。

①过流保护。指二极管支路串有快速熔断器进行保护。当发生内部短路时,熔断器熔断,给出信号用于报警或跳闸,并且熔断器上具有明显熔断标志。

当一个桥臂内有一个熔断器熔断或不同桥臂同时各有一个熔断器熔断时,发出报警信号。当一个桥臂内同时有两个熔断器熔断时,发出跳闸信号。

校验时人工抠出一个熔断器的红色报警牌,观察显示屏有无相应桥臂报警信号显示;抠出两个报警牌,观察显示屏有无跳闸信号显示,并做好校验记录。

②逆流保护。整流器逆流保护作为二极管内部故障的后备保护,虽然关于其设置的必要性仍有讨论,但目前一般还会设置此保护,即在每个整流桥臂上串联一个电流互感器。当二极管击穿、快速熔断器失效不动作时,检测桥臂逆流,并给出跳闸信号。

校验时,卸开每个桥臂的电流互感器二次端子,从二次端子加入直流电压(交直流均可,数值参考具体型号),观察显示屏有无逆流跳闸信号。

③温度保护。在整流器预测温度最高元件的散热器上设置温度继电器,用于监视元件散热器的温度。当整流器测试点的温度超过报警设定值时,发出报警信号。

④注意事项。无论定量检验还是定性校验,都要准确全面地收集信号,包括整流器柜保护装置显示、动作情况,站内 SCADA 监控系统情况,设置中央监控系统的信号情况。生产中整流器的桥臂和二极管数量都比较多,作业要有一定次序,不要多做和漏做。对于需要拆线或短接完成的校验项目,作业后需确认恢复接线不要遗漏。

4)组装后试验。整流器型式试验主要包括绝缘强度试验、功能试验、均流试验、空载试验。

(1)绝缘强度试验。绝缘强度试验包括耐压试验和绝缘电阻测量,前者的目的在于检查整流器的绝缘状况,后者的目的在于防止不必要的高电压破坏。

①试验前,将主电路的各交流母排短接,直流输出端短接,交流与直流母排短接,过电压保护电容器、压敏电阻器两极间短接,电流表、电压表测量线短接。

②将逆流护板插头、故障显示盒插头、通信板插头拔除。

③将各辅助电路导线、快速熔断器的熔断指示器引出线、温度继电器引出线、电流互感器二次侧引出线全部短接在一起。

④在进行绝缘试验之前,应选用 1 000 V 兆欧表测量受试部分的绝缘电阻。在环境温度(20±5) ℃和相对湿度为 90％的情况下,其数值一般不小于 1 MΩ,绝缘电阻只作为耐压试验参数。

⑤将辅助电路短接后接机壳,在主电路与机壳之间施加工频交流电压 5 kV, 1 min应无击穿和闪络现象。

⑥直流电压表及操作电路对地施加 1 500 V 试验电压,1 min 应无击穿或闪络现象。

(2)功能试验。在检查装配,放线均无误的情况下,接通控制、辅助回路电源进行以下试验。试验目的是为了验证电气线路的所有部分以及控制系统的连接是否正确,选用低压电器元件能否与主电路一起正常工作,设备的电气特性是否能满足设计规定要求。

①一个整流管损坏时,快熔熔断并发出报警信号。

②当二个整流管损坏时,快熔熔断并发出跳闸信号。

③压敏电阻回路熔断器熔断并发出跳闸信号。

④当整流器测试点温度超过设定值,发出相应信号。

⑤辅助回路检验。门打开,接通辅助控制电源,柜内照明灯亮,关闭灯暗。用短接法检验指示器分合闸显示是非正确。

(3)空载电压试验。测试电路如图 4-29 所示。

按上图要求将测试设备输出 A1,B1,C1 接至被测流器装置,将 Ty 调压调至最低输出电压,再合上 Q1 空气断路器,逐渐调节 Ty 调压器,观察牵引整流器上电压表调至额定电压的 1.1 倍,如在 750 V 额定输出电压时,电压表读数应为 830 V,在 1 500 V额定输出电压时,电压表读数应为 1 650 V。

(4)均流试验。测试电路如图 4-30 所示。

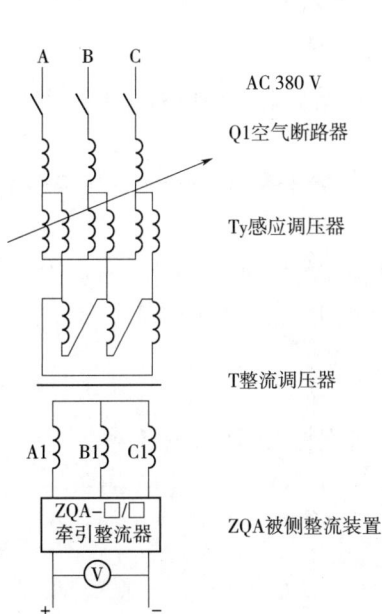

图 4-29 整流器空载试验接线图   图 4-30 整流器均流试验接线图

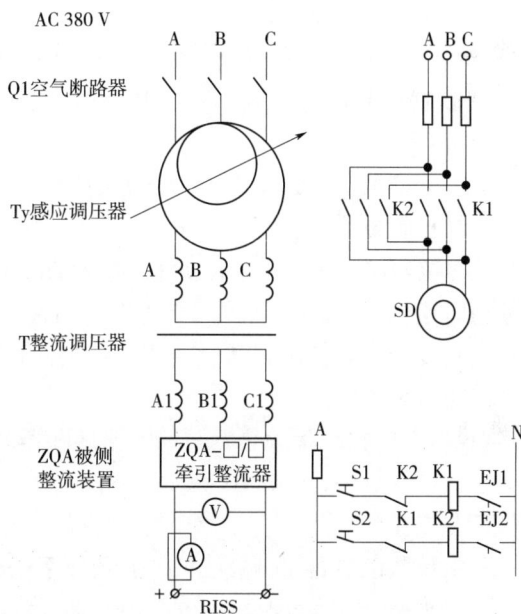

按上图完成接线并将牵引整流器正、负用铜排短接,图中 Q1 为进线空气断路器,Ty 为电动感应调压器,SD 为调压器伺服电机,EJ1 升压限位开关,EJ2 降压限位开关,S1 升压按钮,T 为低压大电流变压器(460/10)。

先接通辅助操作回路,按 S2 按钮,将调压器调至最低输出电压,合上空气断路器Q1,按 S1 按钮,提高变压器输出电压,观察分流器上电流表,读数到额定电流的 1.5倍。通电 2 h 后测牵引整流器的均流系数。

五、常见故障处理

以 12 脉波整流器为例,常见故障现象、原因及处理方法见表 4-13。

表 4-13 整流器常见故障现象、原因及处理方法

故障现象	故障原因	处理方法	备注
温度过高	(1)通风网孔堵塞 (2)环境温度过高	(1)清扫通风网孔 (2)打开室内排气扇	照常运行
控制电源断电	控制电源失电	检查控制电源	
一个快速熔断器断开	(1)桥臂一只二级管损坏 (2)不同桥臂各有一只二级管损坏	记录二极管损坏位置,并在停运时更换	
同一桥臂两个快递熔断器断开	同一桥臂有两只二极管损坏	更换损坏的二极管,同时要对通过正向短路电流的二极管进行检查,看有无损坏	停运
桥臂有一只二极管损坏	快速熔断器不能正常开断,逆流保护动作跳闸	更换不能正常开断的快速熔断器和损坏的二极管	停运
超过设定跳闸温度	二极管超过允许工作温度或屏柜通风网孔堵塞	检查过热原因,清扫通风网孔	停运

以 ZQA—1467/1500(2 200 kW)型整流器为例,介绍二极管更换的基本方法。

1)工具

M16 套筒扳手 1 套,M16～M18 扳手两件,导电脂一盒,分析纯酒精、药用纱布若干。

2)二极管备品

从整流器出厂履历本查看损坏二极管的峰值电压 U_{FM} 或压降分级,并从备品中找出与其相同等级的二极管,将该二极管在反向测试仪上施加反向重复峰值电压 4 400 V,其反向重复峰值电流 I_{RRM} 不大于出厂值的两倍即可使用。

3)更换步骤

(1)拆下装在块状散热器前的快速熔断器和与母排的连接线。

(2)进行二极管压装,图 4-31 所示为 ZQA—1467/1500(2 200 kW)型整流器的二极管压装图。

①从块状散热器 11 端用 M16 套筒扳手松开螺母。

②退出螺母、弹簧垫圈、平垫圈和压板 14。

③用左手托住中间的二极管元件 16,并夹紧两个双头螺杆 9。

④用右手把块状散热器 11、绝缘垫块 1、导柱 12 和蝶形垫圈 13 向外移出一定距离,使损坏的二极管刚好能取出,新的二极管能放入。

注意:外移块状散热器时,双头螺杆不能向左移动,否则置于条状散热器后的钢珠、垫块等可能掉落。

⑤用纱布蘸酒精将块状散热器和条状散热器与二极管接触的台面擦干净并晾干。

注意:勿将棉纱遗留在台面。同样,用酒精把要换上的二极管两边台面擦干净,擦干净后手指不能再触及台面。

⑥把备品二极管按原来的极性方向放入散热器之间,注意检查二极管的极性,大裙边是负极,小边是正极。极性千万不能放错,否则通电就会发生短路。

⑦将各附件按原来顺序逐个放入,并使用 M16 套筒扳手拧紧螺母。拧紧时,要注套筒扳手加压到一定程度后,改用力矩扳手施压,每个螺母压力保持在 23～25 kN。

⑧把快速熔断器和与母排的连接线装上,恢复原位。

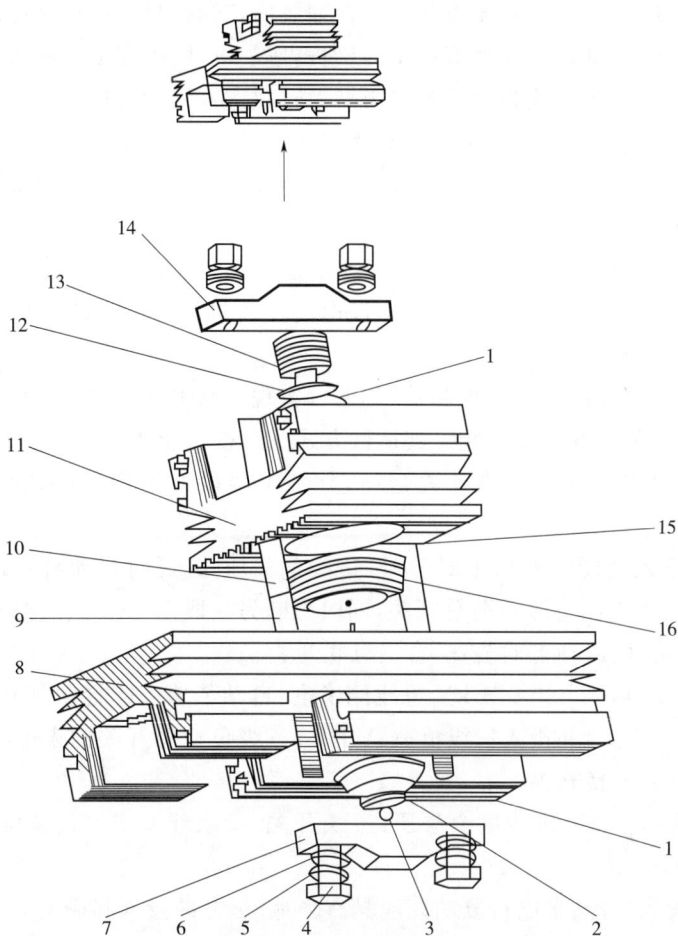

图 4-31 ZQA-1467/1500(2 200 kW)型整流器二极管压装示意图

1—绝缘垫块;2—垫块;3—钢珠;4—紧固螺母;5—弹簧垫圈;6—垫圈;7—压板 1;8—条形散热器;9—双头螺杆;10—绝缘套管;11—块状散热器;12—导杆;13—蝶形垫圈;14—压板 2;15—定位销;16—二极管

第七节 低压开关设备

一、低压开关柜

低压开关柜也是按一定的接线方案要求将有关的设备组装而成的成套装置。一般作为动力和照明等用电设备之配电线路的配电设备。低压开关柜又称低压配电柜,户内型按结构分有固定式和抽屉式两大类型。

1. 固定式

固定式低压开关柜是最简单的配电装置。其正面板上部为测量仪表,中部为操作手柄(面板后有刀开关),下部为向外双开启的门,内有互感器、继电器等。母线应布置在屏的最上部,依次为刀开关、熔断器、低压断路器。互感器和电度表等都装于屏后,这样便于屏前后双面维护,检修方便,价格便宜,多为变电所和配电所用作低压配电装置。

2. 抽屉式

抽屉式低压配电屏,将主要设备均装在抽屉内,其封闭性好,可靠性高。故障或检修时将抽屉抽出,随即换上同类型抽屉,以便迅速供电,既提高了供电可靠性又便于设备检修。但是,它与固定式相比设备费用高,结构复杂,钢材用量多。

一般地铁变电所内低压开关柜的柜型分为两类,回路电流≤250 A 为抽屉式,回路电流≥400 A 为固定安装的抽出式开关,含框架断路器、塑壳断路器、ATS 双电源进线开关、有源滤波、PLC 等设备。

变电所 0.4 kV 开关柜主要类型有:进线柜、母联柜、馈线柜、过渡柜、转接柜等。进线开关、母联开关、三级负荷总开关均设电动操作机构,可实现就地/远动的合分闸操作。

母联柜设置独立的可编程控制器(PLC),实现进线开关、母联开关和三级负荷总开关的自动投入和来电自复功能。其运行方式及自投功能要求如下:

(1)正常运行时,两个进线开关合闸,分别向两段 0.4 kV 母线供电,母联开关分位。

(2)自动投入功能。当 0.4 kV 一段进线侧失压,经延时自动跳开进线开关和两段 0.4 kV 母线 3 上的三级负荷总开关,同时判断另一段 0.4kV 进线侧有压且该段进线开关处于合位,则启动自动装置,合上母联开关。

(3)来电自复功能。当 0.4 kV 进线侧来电,自动装置应能自动分开母联开关,恢复两路进线供电方式,并投入三级负荷总开关;三级负荷总开关的来电自复功能应单独设置投入/撤除转换开关。

(4)当两路 0.4 kV 进线侧全失压,进线开关、母联开关将保留原位置不动,待来电后进入自投或自复。

(5)自动投入功能、来电自复功能应具有当地/远方的投入和撤出功能。

(6)对于由于母线或馈出线故障引起的中断供电,应闭锁自动装置。

(7)对于手动操作动力变高低压两侧开关分闸,不应启动自动装置。

(8)自动投入功能、来电自复功能均由母联柜内自动装置 PLC 来实现,其自投、自复及各开关跳闸的延时均通过编程在 PLC 内整定,整定范围不小于 0~8 s。

二、低压开关柜作业内容和方法

1. 转移负荷及采取安全措施

(1)配合电调完成倒闸操作,确认负荷已转移至其他开关供电。

(2)将运行开关转为检修状态,35 kV 动力变高压侧维护接地、检修的本段进线断路器 400 母联。

(3)断路器分闸并拉直隔离位。

(4)作业地点设置标识牌,带电设备设置遮栏并悬挂警示标识。

2. 开关柜柜体检查清扫

(1)清扫柜面、柜顶、柜门及二次接线室、电缆室,各部位应清洁无灰尘。

(2)柜体安装牢固无锈蚀、接地良好,并结合预防性试验测量柜体接地电阻应符合要求,柜内封堵良好,对封堵不好的部位重新封堵。

3. 一次设备检查维护

(1)低压母线的检查维护,绝缘支撑件检查应无裂纹、母线无明显温度及变色现象、母线受力均匀,母线室内无杂物,进线电流互感器外观正常、接线无松动、接地良好。

(2)框架断路器检查维护,从柜体中抽出框架断路器,检查隔离触头光滑、接触良好,触点应无烧损痕迹,无明显发热变色现象;断路器短路跳闸后需检查灭弧罩及触头有无烧损;检查电子脱扣器显示正常,定值正确,电池电量充足,结合预防性试验对个定值进行校验。

(3)塑壳断路器检查维护,从柜体抽屉内取下各个抽屉式塑壳断路器,检查隔离触头接触紧密无发热变色现象;检查抽屉内母排与塑壳断路器连接牢固无发热迹象,对松动部分紧固。

(4)查抽屉内互感器、电流表状态正常;检查操作手柄传动正常,机械转动部分酌情加注润滑脂。

(5)电容补偿装置检查维护,检查功率因数自动补偿装置工作应正常,进线刀熔开关、各接触器、熔断器检查正常。

(6)低压馈出电缆检查维护,各馈出回路电缆连接螺栓连接紧固、无发热变色现象,各回路标识牌清晰,对标牌模糊及丢失的重新标记。

4. 二次设备检查维护

(1)信号指示情况。检查柜内各指示灯指示正常,更换损坏及亮度不清晰的指示灯。

(2)PLC运行情况检查。PLC各接线紧固,输入输出指示正确、通信正常。

(3)端子排检查与紧固。对柜内各电源端子、模拟量端子及控制回路端子进行紧固,各端子号及导线线号标识清晰,对标识不清楚的重新加以标注。

(4)柜内二次元器件检查与维护。检查柜内空开、电压继电器、中间继电器等工作正常、无过度发热现象、空开分合正常;柜内加热器、凝露控制器工作正常。

5. 整组功能试验

停送电时进行自投自复功能验证并与后台指示对应。

6. 工作结束与送电

(1)工作许可人与工作负责人共同检查设备检修情况。

(2)拆除安全标志牌及临时遮栏。

(3)配合电调完成送电,将检修设备恢复运行状态。

三、交直流电源

变电所内一般设置一套交、直流电源设备。直流电源由所内交流盘提供两回交流0.4 kV电源,两路电源互为备用,并设置电源自动投切装置,相关信号送至电力监控系统。直流自用电系统由蓄电池和充电机两部分组成。输出电压为 DC 110(220) V。正常运行时,负担全所直流用电,蓄电池在浮充电状态;交流失电后,蓄电池组容量保证所内经常性、冲击、事故负荷停电 2 h 的放电容量及事故放电末期最大冲击负荷容量的要求。

交流盘采用单母线。由变电所 AC0.4 kV 两段母线分别引入两回电源,作为交流所用电系统的进线电源。两回电源互为备用,实现两路电源自动投切功能。交流输出电压为 AC0.4/0.23 kV。正常时,一回进线电源投入工作;当电源失电时,另一路进线自动投入。

直流系统采用单母线分段接线,由一套充电模块,一组蓄电池,馈线空气开关,一套直流母线自动(手动)调压装置,一套微机绝缘监测装置,一套智能监控单元,一套防雷器,一套蓄电池组监测系统(含蓄电池自动活化装置)等组成。

交流侧由所内交流盘的双电源切换装置的输出端经断路器引入一路三相交流AC400 V,作为直流系统的输入电源。正常供电时,充电单元对蓄电池组进行充电或浮充电,同时为全所的经常性直流负荷提供电源,由蓄电池向冲击负荷供电。

交流进线失电后,由蓄电池向所内全部负荷包括经常性负荷和冲击负荷供电;而当交流进线电源恢复正常时,充电装置能自动启动进入工作,若满足自动均充条件时,充电装置自动投入均充,均充结束时能自动回到正常浮充状态。

四、常见故障处理

1. 交流电源故障

直流自用电系统交流电源故障多由交流自用电失压或缺相运行、运行中的硅整流充电装置的交流接触器或空气开关跳闸等原因造成。

当出现上述故障时,在可手动调节降压硅链的变电所内,值班人员应首先调整降压硅链手动操作转换开关,以保证控制母线电压维持正常,然后再检查交流电源部分。如蓄电池组容量不足而不能维持正常供电时,应派专人监视仪表,以便一旦发生一次系统短路故障而且断路器拒绝动作时,可手动断开有关的断路器。

1)交流电源丢失或充电模块报警启动时应检查如下各项

(1)对应的交流屏开关跳闸或动力变失电;

(2)交流电源电压严重偏高或偏低;

(3)三相严重不平衡或缺相;

(4)三相电源谐波太大;

(5)零线不对,如对地电压偏高。

2)两路交流电输入不能自动投切可能引起的原因

(1)交流接触器线圈烧断;

(2)交流接触器辅助接点接触不好;

(3)控制转换旋转开关接点接触不好。

3)缺相保护电路

由于交流缺相将引起充电机直流输出电压的质量降低,故在交流电源的输入端设有缺相保护电路。该电路由缺相保护器及中间继电器组成。当任一路交流发生缺相故障时,相应侧的中间继电器线圈失电,其常开接点断开,禁止该路交流接触器闭合或断开,同时中间继电器常闭接点闭合,发出交流缺相告警信号。出现这种情况时需检查三相电压是否正常,以及中间继电器、交流接触器是否良好。

2. 直流母线电压消失或过低

产生直流母线电压消失的原因,除交流电源故障外,在由整流装置单独供电时,可能是因为过负荷运行导致硅整流元件击穿或充电模块故障不工作;直流两点接地造成熔断器熔断或直流接触器、空气开关跳闸等。在由蓄电池组单独供电时,可能是降压硅链操作转换开关调整后未到位或接触不良、直流两点接地造成熔断器熔断等。由整流充电装置与蓄电池组共同向直流负荷供电时,应根据熔断的熔断器保护范围及失去指示的直流电压表确定故障范围。如整流充电装置回路上的熔断器熔断,仅充电回路的直流电压表无指示,而直流母线电压表指示值变化又不大时,一般可认为直流负荷各支路和蓄电池组正常,系整流充电装置回路故障。但是,若在断路器合闸的同时发现这种现象,可以考虑为蓄电池组容量不足引起整流充电装置过负荷所致。如仅蓄电池组熔断器熔断,直流母线电压表无指示,一般可认为是蓄电池切换器或蓄电池组故障。如两处熔断器均熔断,充电回路及直流母线电压表均无指示,则一般考虑为直流母线短路。

产生直流母线电压过低的原因,除电源侧交流电压过低或缺相运行外,还有蓄电池切换器接触不良、直流回路中各种元件和触点接触不良、直流回路绝缘不良或一点接地以及蓄电池极板短路等。判断故障范围与直流母线电压消失大致相同,只是此时熔断器不会熔断。

当出现直流母线电压消失或过低时,应首先判断故障范围。当母线有明显短路时,立即将故障母线段所供的一切负荷转移到另一段(或另一组)母线上运行,然后对故障母线停电检修。当整流充电装置故障时,应改由蓄电池组单独供电。若直流母线无明显故障,应在断开该组直流母线所带的全部负荷后,向空载母线试送电。当试送电成功后,可按先重要后次要的顺序依次向直流负荷送电,一旦送至某支路出现故障时则应对该支路停电检修。

当整流装置停机或故障无法启动时,除检查控制回路外,可能因某些模块,如采样模块或参考模块故障不工作而致,此时,需检查各模块的输入和输出是否正常,如确定为模块故障需及时更换。对于采用 ATC 系列智能高频开关电源模块的,进行更换时应按以下步骤进行。

1)更换故障模块步骤

(1)确认模块故障,并记下故障现象及故障模块的通信地址等。

(2)关掉故障模块及集中监控器。

(3)先拔掉均流并机线及输出、输入航空插头,退出故障模块。

(4)安装新模块,使均/浮充电压整定、输出限流最大整定值应与其他模块尽量一致,并机运行前均流电位器置于中间位置。

(5)并机均流线插好,先必需对其模块逐台关机后重新开机进行复位,使模块直流输出都处于初整定值,以确保在带监控器运行时有均流效果。

(6)模块均流调整好后,将监控器打开,试验模块的操作性。如均/浮充、调压性能等其他功能试验是否正常。

2)模块通电调试步骤

(1)通电的模块"启动"开关(或三相空气开关)应处于关断;"开关机"按钮、"均浮充"按钮处于松开状态;并检查后面板熔断器是否拧紧、风扇电源插头是否插好;限流挡位应设置在"Ⅳ"挡。

（2）接插交流输入航空插头。插入前用万用表测量交流电源的电压，包括线电压和相电压，注意插头第 4 脚应为零线；交流电压应在输入许可范围内（额定值的80%~120%），如超出范围或三相不稳定甚至缺相则不应接入模块，而应先检查交流电源进线回路。

（3）打开启动开关（或三相空气开关）。

（4）开关合上后即应有蜂鸣报警声响，此时前面板无任何显示，约 1.3 s 后，告警消失，同时输入绿色发光二极管指示灯亮，表示交流输入电源正常。显示电压、电流为零，限流挡位指示灯点亮，模块直流输出表计交替显示电压、电流。如若不亮则应检查交流电源熔断器或交流开关是否可靠合上。

（5）手按"开/关"按钮，模块开始工作，输出状态指示"正常"灯亮并闪烁；表计显示有电压，风扇开始启动。如若"故障"灯亮并声响报警，则可检查系统电源调节电位器是否顺时针调节得过大，将其逆时针调动后重新启动。

（6）按下"均/浮充"按钮，"均充"指示灯亮，通过"均充电压"、"电位器"可调节均充电压整定值。松开按钮，也能回到"浮充状态"。

（7）模块并联运行时，应注意均浮充状态，限流标志应与其他模块一致，与监控通信地址区别顺序设置。

3. 直流接地

直流接地故障按性质可分为绝缘降低和直接接地；按极性可分为正极接地和负极接地；按接地点数目可分为一点接地和多点接地。只要是直流系统绝缘监察装置发出预告信号即可认为出现了直流接地的故障（装置误动作除外）。

由于断路器的跳、合闸线圈和继电保护装置的出口中间继电器线圈一般均直接接于负极电源，如果这些回路正极发生接地就容易引起继电保护及自动装置或断路器误动，如果负极发生接地则有可能造成继电器保护及自动装置或断路器的拒动，今以图 4-32 为例说明。

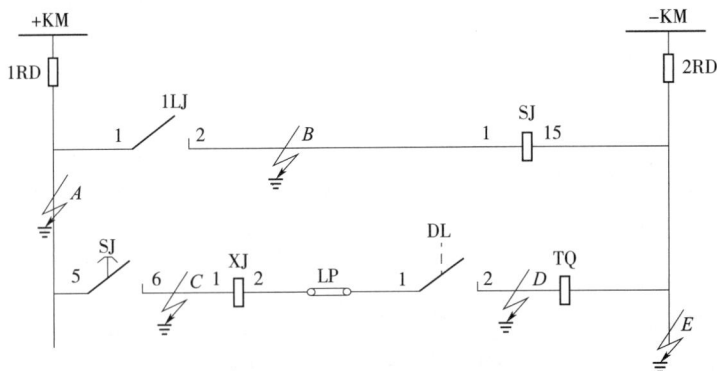

图 4-32　直流接地造成危害的示意图

在图 4-32 中，当出现 A、B 两点接地时，电流继电器触点 $1LJ_{1-2}$ 短接，从而使时间继电器 SJ 启动；A、C 两点接地则将时间继电器的触点 SJ_{5-6} 短接；A、D 两点接地又将断路器辅助触点 DJ_{1-2} 短接，上述情况均将造成断路器的误跳闸。而当 B、E 两点或 C、

E 两点或 D、E 两点接地时,均将造成断路器的拒动。当出现 A、E 两点接地时将引起熔断器 1RD、2RD 熔断。B、E 或 C、E 或 D、E 两点接地且恰逢继电保护装置动作时,不但断路器拒动,而且还可造成熔断器熔断并烧损触点 $1LJ_{1-2}$。

直接接地故障主要由于直流系统中的设备或回路绝缘不良,以及检修、试验中误操作造成。例如在运行中蓄电池的外壳、瓷垫以及母线支持瓷瓶脏污,尤其在充放电时,逸出的电解液和酸雾的污染使绝缘大大降低;当用水电阻放电时,盛水的容器直接与地接触;控制、信号、合闸用的直流电缆终端头在制作、运行或检修中线芯绝缘被损坏;用插座代替端子排连接且经常插入和拔出的移动电缆,以及易被油污染的变压器瓦斯继电器用的电缆等均易发生直接接地。而在控制屏、配电屏、端子箱面板上安装的各种转换开关的接线端子或引线裸露的金属部分过长而离面板距离过近;直流回路中各种线圈,特别是合闸接触器及跳、合闸线圈,因长时间带电而过热等都是引致绝缘不良的原因。

鉴于直流接地给变电所的运行安全带来极大的危害,因而一旦出现这种故障时,应迅速查找并排除。查找直流接地故障应根据直流系统当时的运行方式、操作、检修以及气象情况等综合分析。按先室外后室内,先低压后高压,先备用后运行设备的原则进行。

1)出现直流接地信号后,首先查看绝缘监察表及对地电压表,并判断出属哪一极接地,进而分析接地性质并判断出故障范围。

2)查看正在进行的倒闸和检修作业,了解有无误操作的情况。

3)外观检查房屋有无漏雨、漏水,蓄电池放电用水电阻及直流母线支持瓷瓶有无接地的可能,必要时进行清扫,并在清扫的同时观察对地绝缘有无明显提高以作出进一步的判断。

4)检查直流母线、充电装置、蓄电池等有无明显的接地。

5)进行各回路的拉、合试验。依次瞬间拉、合事故照明回路、信号回路、整流充电回路、户外合闸回路、户内合闸回路、35 kV 断路器控制回路、110 kV 断路器的控制回路、直流母线、蓄电池等。由于 1 500 V 断路器采用电保持合闸形式,在运营阶段进行此拉、合试验时,应及时与调度沟通及采取相应临时措施方可进行,以免影响正常的运营。由于合闸回路一般采取环路供电方式,因此在拉开该回路前,应首先拉开环路开关。

在设有直流母线分段联络开关的变电所,在检查直流母线、硅整流装置、蓄电池时应拉开联络开关并转移直流负荷后分段查找,以缩小直流负荷停电的范围和时间。

6)在确定了发生接地的回路后,应在这一回路内再分别拉、合各支路的熔断器或拆线,以进一步缩小故障范围。

7)为保证人身及设备安全,在查找直流接地故障时应注意以下事项:

(1)查找故障前通知电力调度,尽可能避免倒闸操作,凡拉、合回路涉及电力调度管辖范围时,还应取得电力调度的同意。

(2)查找和处理故障时,至少须有两人同时参加,即必须有专人监护并监视信号。注意不得造成短路或另一点接地,同时还应停止其他二次回路上的所有工作。

(3)应尽量不切断或少切断直流回路,以使电气设备不脱离保护。当必须切断专用直流支路时,事先应采取必要措施防止直流失压后的保护误动。无论该直流回路或支路是否接地,拉开后均应尽快合上,其切断时间不应超过 3 s。无论是哪一极接地,在拔取直流熔断器时,均应按先正极后负极的顺序操作,恢复时顺序相反,以免由于寄生回路的影响造成误动作。

(4)严禁使用灯泡法查找接地点。通常用内阻不低于 2 000 Ω/V 的直流电压表测量比较安全方便。

4. 蓄电池的故障

造成蓄电池故障的原因很多,除正常的自然耗损及制造质量及运输保管等的影响之外,大多数是由于维护不当产生的。在蓄电池故障发生初期,就应及时正确分析原因,采取有效措施加以排除,否则会扩展很快,一旦恶化后很难恢复原有的性能。

运行中一般可以根据极板的颜色和状况、电解液的颜色和气味、沉淀物的情况,以及运行记录中端电压、密度、温度、充放电量等方面进行综合分析和判断。阀控蓄电池的故障及处理:

1)阀控蓄电池壳体异常造成的原因有充电电流过大、充电电压超过 2.4 V×N、内部有短路或放电、温升超标、阀控失灵等。处理方法相应是减小充电电流、降低充电电压、检查安全阀体是否堵死等。

2)运行中浮充电压正常,但一放电,电压很快下降到终止电压值。原因是蓄电池内部失水干涸、电解物质变质。处理方法是更换蓄电池。

五、常用低压断路器

低压断路器(low voltage circuit-breaker)又叫低压自动空气开关,是低压系统中既能分合负荷电流又能分断短路电流的开关电器。低压断路器的类型很多,常用的有框架式低压断路器、塑料外壳式低压断路器等。下面以施耐德框架断路器为例作具体介绍。

施耐德框架断路器 Masterpact MT(N)系列如图 4-33 所示,有抽屉式和固定式两种类型。所有 Masterpact MT 断路器都带有 Micrologic 控制单元,可在现场更换。控制单元用于电源回路和负荷的保护。且带有 Modbus 通信选件。通过 Modbus 通信选件,监控系统可以实现对 MT 断路器的遥信、遥测、遥控和遥调。

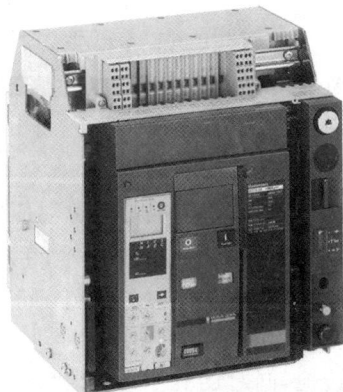

图 4-33 框架断路器

1. 抽屉式断路器结构(图 4-34)

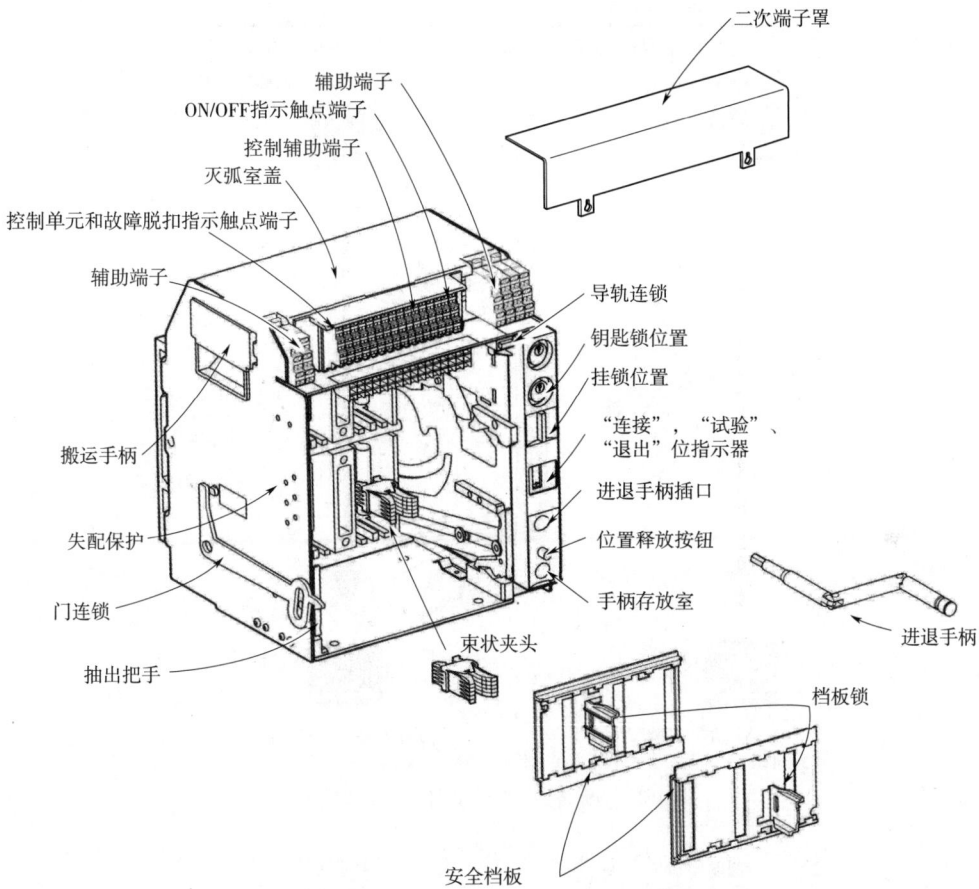

图 4-34　抽屉式断路器基本结构

2. 抽屉式断路器的操作

抽屉式断路器有三种位置状态："连接"、"试验"、"退出",操作可参照图 4-35、图 4-36 进行。

(1)根据图 4-35 所示操作,从"连接"位到"试验"位,然后至"退出"位。

(2)根据图 4-36 所示操作,从"退出"位推到"试验"位,然后至"连接"位。

3. 施耐德框架断路器维护操作

在进行维修工作前,设备需断电且要根据安全标准上锁以做警示。

(1)灭弧栅

①如图 4-37 所示,取下固定螺丝。

②检查灭弧栅:小室有无损坏,隔离片有无腐蚀。如果需要,更换灭弧栅,如图 4-38 所示。

③检查触头。

④重新装上灭弧栅并用螺钉紧固,紧固力矩 1.5 N·m。

预备条件

为了连接或退出 Masterpact MT，必须使用摇柄。钥匙锁，挂锁和内部
互锁都禁止使用摇柄。

抽出断路器，从"连接"到"试验"位，然后至"退出"位。

断路器在"连接"位   断路器在"试验"位置

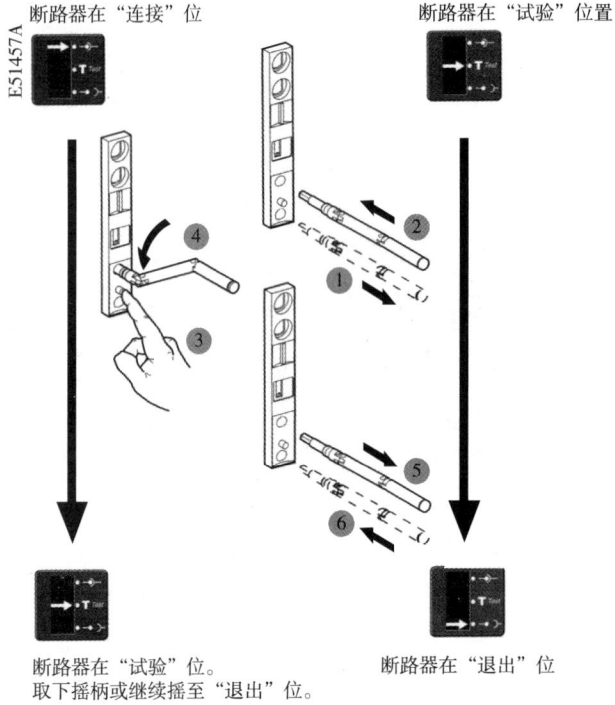

断路器在"试验"位。   断路器在"退出"位
取下摇柄或继续摇至"退出"位。

图 4-35　断路器从"连接"位到"试验"位

将断路器从"退出"推至"试验"位，然后至"连接"位。

装置在"退出"位   装置在"试验"位

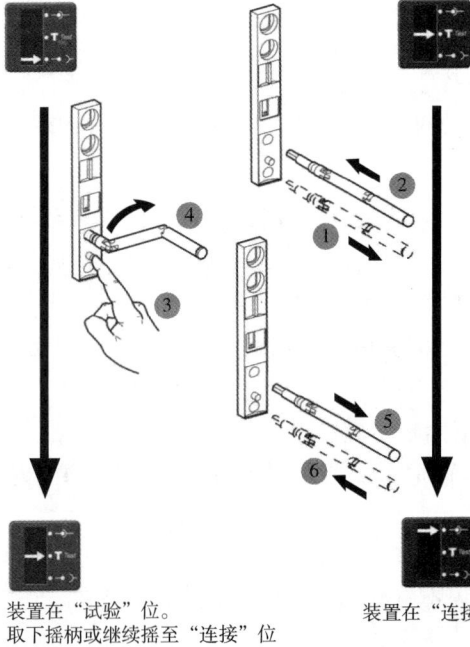

装置在"试验"位。   装置在"连接"位
取下摇柄或继续摇至"连接"位

图 4-36　断路器从"退出"位到"试验"位

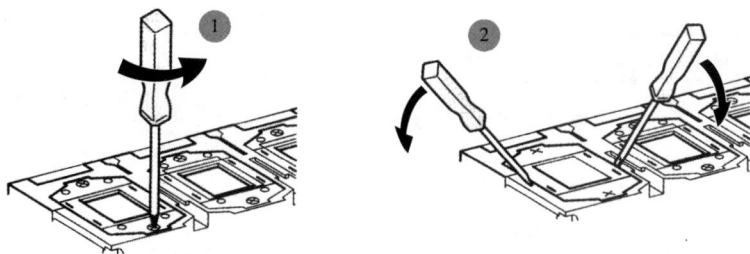

图 4-37　取灭弧栅螺丝示意图

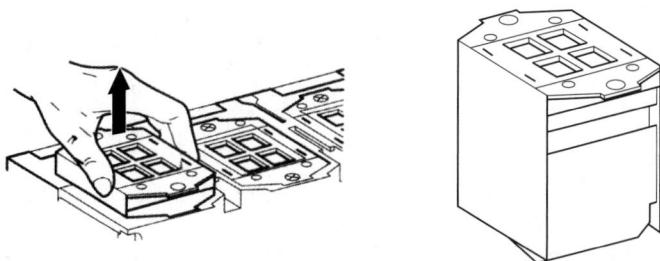

图 4-38　更换灭弧栅示意图

（2）束状夹头

①使用指定的润滑油。

②按下列步骤检查夹头：断开断路器-母排断电-退出断路器-取出断路器-检查接点齿（应显示无铜痕迹）。

4．故障原因和解决（表 4-14）

表 4-14　施耐德框架断路器故障处理

问　题	原　因	解　决
断路器不能就地或远方合闸	■ 断路器被挂锁或钥匙锁锁定在"分闸"位置	□ 拆除锁
	■ 断路器内部联锁	□ 改变内部联锁位置
	■ 断路器没有完全连接好	□ 复位按钮指示器
	■ 按钮指示器指示故障跳闸,但未复位	□ 如果断路器没装有 MCH 齿轮电机,手动储能
	■ 断路器未储能(弹簧机构)	□ 如果装有 MCH 齿轮电机,检查齿轮电机的电源
	■ MX 分励脱扣线圈带电	□ 有分断指令
		找出指令的来源
		断路器合闸前必须取消指令
	■ MN 欠压脱扣线圈不带电动作	□ 有分断指令
		找出指令的来源
		□ 检查电压和电源回路($U>0.85\,U_n$)
	■ XF 合闸线圈连续供电,但断路器不处于"准备合闸"状态(XF 没有与 PF 接点串联)	□ 切除 XF 合闸线圈的电源,然后当断路器处于"准备合闸"状态时重新通过 XF 发出合闸指令

问　题	原　因	解　决
断路器不能远方合闸，可就地合闸	■XF 合闸线圈没有足够电源	□ 检查电压和电源回路（$U>0.85U_n$）
意外跳闸（按钮指示器没有发出故障跳闸信号）	■ MN 欠压脱扣线圈电压过低	□ 检查电压和电源回路（$U>0.85U_n$）
	■ 卸载指令由其他设备给出	□ 检查配电系统的总负荷
		□ 如果需要，修改安装系统中的装置设定值
	■ MX 分励脱扣线圈发出分闸指令	□ 找出指令的来源
意外跳闸（按钮指示器发出故障跳闸信号）	■ 过负荷	□ 找出并清除故障
	■ 接地故障	□ 断路器重新投入运行前检查它的状态
	■ 短路时合闸	
每次试图合闸后断路器瞬时跳闸	■ 热记忆	□ 参见控制单元用户手册
		□ 复位按钮
		□ 修改配电系统或控制单元的设定
	■ 合闸时瞬态过流	□ 断路器重新投入使用前检查 Masterpact MT 的状态
		□ 复位按钮
		□ 清除故障
	■ 短路时合闸	□ 断路器重新投入使用前检查 Masterpact MT 的状态
		□ 复位按钮
断路器不能远方分闸，可就地分闸	■ 分闸指令不是由 MX 分励线圈完成	□ 检查电压和电源回路（$U>0.85U_n$）
	■ 分闸指令不是由 MN 欠压线圈完成	□ 电压降不够或剩余电压（$U>0.35U_n$）跳过欠压线圈端子
断路器不能电动储能，可手动储能	■ MCH 齿轮电机电源电压过低	□ 检查电压和电源回路（$U>0.85U_n$）
断路器不能退出（摇出）：不能插入摇柄	■ 抽架上锁或联锁功能有效	□ 取消锁功能
断路器不能退出（摇出）：不能操作	■ 复位健没有按下	□ 按下复位键
断路器不能从抽架上取下	■ 断路器不在退出位置 ■ 导轨没有完全抽出	□ 转动摇柄直到断路器位于退出位置 □ 完全拉出导轨
断路器不能连接（导入）	■ 失配保护	□ 检查断路器与抽架是否匹配
	■ 安全挡板上锁	□ 拆下锁

问　　题	原　　因	解　　决
断路器不能锁定在退出位置	■ 束状夹头位置不对	□ 重新放置束状夹头
	■ 允许抽架锁定	□ 取消抽架锁功能
	■ 复位键没有按下	□ 按下复位键
	■ 断路器没有完全插到机构中	□ 完全插入断路器
	■ 断路器位置不正确	□ 检查断路器的位置确定复位按钮没有按下
	■ 摇柄还在抽架中	□ 取出并放好摇柄
断路器不能锁定在连接,试验或退出位置	■ 检查所装锁的类型 ■ 断路器位置不正确 ■ 摇柄还在抽架中	□ 联系我公司售后服务部 □ 检查断路器的位置确定复位按钮没有按下 □ 取出并放好摇柄

第八节　电　力　电　缆

电力电缆用于电能的传输与分配网络,它必须满足输电、配电网络对电力电缆的各项要求:必须能承受电网电压;必须满足传输功率要求;必须满足正常和故障下的电流通过要求。电缆在满足电力网络的前提下,还必须满足安装、敷设和力学对强度和弯曲度的要求,并耐用可靠。

一、电缆的结构和型号规格

1. 电缆的结构

如图 4-39 所示,一般电缆最基本的结构有导体、绝缘层及保护层,根据要求再增加一层其他结构,如屏蔽层、内护层或铠装层等,为了电缆有圆整性再辅加一些填充材料。

导体是传输电流的载体,其他结构都是作防护用。防护的性能根据电缆产品的需要总体上有三种:一种是保护电缆本身各单元不相互影响或减少影响,如耐压、耐热、防电磁场产生的损耗等;另一种防护是保护导体中的电流不对外部产生影响,如防止电流外泄、防电磁波外泄等;最后一种防护是保护外界不对电缆内部产生影响,如抗压、抗拉、耐热、耐燃、防水等。

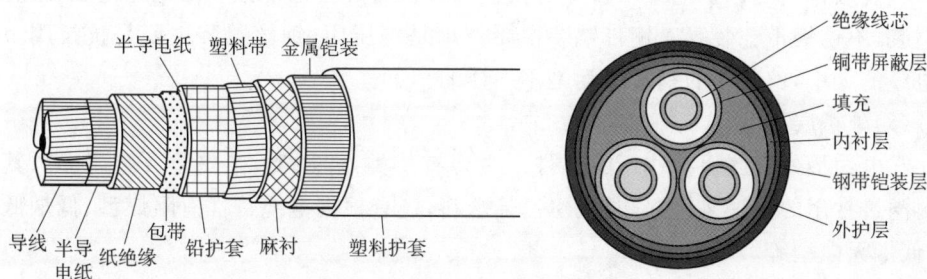

图 4-39　电缆结构示意图

227

第四章　变配电设备检修

(1)导体(或称导电线芯)

其作用是传导电流。有实芯和绞合之分。材料有铜、铝、银、铜包钢、铝包钢等,主要用的是铜与铝。铜的导电性能比铝要好得多。铜导体的电阻率国家标准要求不小于 $0.017\,241\ \Omega \cdot mm^2/m$(20 ℃时),铝导体的的电阻率要求不小于 $0.028\,264\ \Omega \cdot mm^2/m$(20 ℃时)。

(2)耐火层

只有耐火型电缆有此结构。其作用是在火灾中电缆能经受一定时间,给人们逃生时多一些用电的时间。现在使用的材料主要是云母带。

(3)绝缘层

包覆在导体外,其作用是隔绝导体,承受相应的电压,防止电流泄漏。

绝缘材料多种多样,如聚氯乙烯(PVC)、聚乙烯(PE)、交联聚乙烯(XLPE)、橡皮、氟塑料、尼龙、绝缘纸等。这些材料最主要的性能就是绝缘性能要好,其他的性能要求根据电缆使用要求各有不同,有的要求介电系数要小以减少损耗,有的要求有阻燃性能或能耐高温,有的要求电缆在燃烧时不会或少产生浓烟或有害气体,有的要求能耐油、耐腐蚀,有的则要求柔软等。

(4)屏蔽层

在绝缘层外、外护层内,作用是限制电场和电磁干扰。

对于不同类型的电缆,屏蔽材料也不一样,主要有:铜丝编织、铜丝缠绕、铝丝(铝合金丝)编织、铜带、铝箔、铝(钢)塑带、钢带等绕包或纵包等。

(5)填充层

填充的作用主要是让电缆圆整、结构稳定,有些电缆的填充物还起到阻水、耐火等作用。主要的材料有聚丙烯绳、玻璃纤维绳、石棉绳、橡皮等,种类很多,但有一个主要的性能要求是非吸湿性材料,当然还不能导电。

(6)内护层

内护层作用是保护绝缘线芯不被铠装层或屏蔽层损伤用。

内护层有挤包、绕包和纵包等几种形式。对要求高的采用挤包形式,它是以热塑性或热固性材料挤包形成绝缘;要求低的采用绕包或纵包形式,绕包用的材料也多种多样,如钢带铠装的内护层,有采用 PVC 带绕包的,也有采用聚丙烯带绕包的。

(7)铠装层

铠装层作用是保护电缆不被外力损伤。最常见的是钢带铠装与钢丝铠装,还有铝带铠装、不锈钢带铠装等。钢带铠装主要作用是抗压用,钢丝铠装主要是抗拉用。根据电缆的大小,铠装用的钢带厚度是不一样的。

(8)外护层

在电缆最外层起保护作用的部件。主要有三类:塑料类、橡皮类及金属类。其中塑料类最常用的是聚氯乙烯塑料、聚乙烯塑料,还有根据电缆特性有阻燃型、低烟低卤型、低烟无卤型等。

以上讲的是一般电缆的基本结构,有些电缆只有导体和绝缘层,有些电缆没有铠装层或屏蔽层,不同型号的电缆其结构不尽相同。

2. 电缆的表示方法

(1)型号的含义

电线电缆的型号主要由以下 7 部分组成：

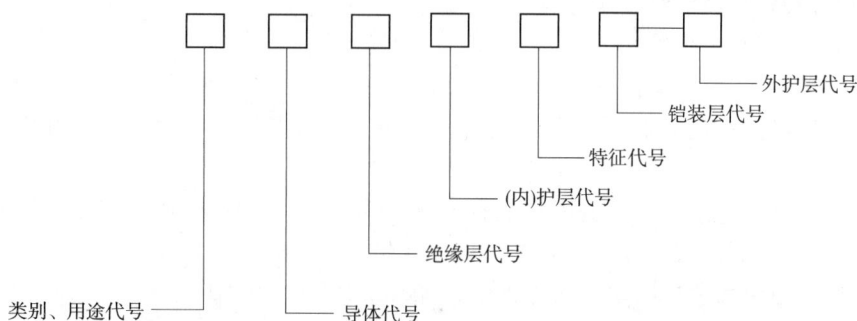

①类别、用途代号

A—安装线，B—绝缘线，C—船用电缆，K—控制电缆，N—农用电缆，R—软线，U—矿用电缆，Y—移动电缆，JK—绝缘架空电缆，M—煤矿用，ZR—阻燃型，NH—耐火型，ZA—A 级阻燃，ZB—B 级阻燃，ZC—C 级阻燃，WD—低烟无卤型

②导体代号

T—铜导线(省略)，L—铝芯

③绝缘层代号

V—PVC 塑料，YJ—XLPE 绝缘，X—橡皮，Y—聚乙烯料，F—聚四氟乙烯

④护层代号

V—PVC 套，Y—聚乙烯料，N—尼龙护套，P—铜丝编织屏蔽，P2—铜带屏蔽，L—棉纱编织涂蜡克，Q—铅包

⑤特征代号

B—扁平型，R—柔软，C—重型，Q—轻型，G—高压，H—电焊机用，S—双绞型

⑥铠装层代号

2—双钢带，3—细圆钢丝，4—粗圆钢丝

⑦外护层代号

1—纤维层，2—PVC 套，3—PE 套

(2)最常用的电气装备用电线电缆及电力电缆的型号示例

VV—铜芯聚氯乙烯绝缘聚氯乙烯护套电力电缆

VLV—铝芯聚氯乙烯绝缘聚氯乙烯护套电力电缆

YJV22—铜芯交联聚乙烯绝缘钢带铠装聚氯乙烯护套电力电缆

KVV—聚氯乙烯绝缘聚氯乙烯护套控制电缆

BV，一般用途单芯硬导体无护套电缆

RV，一般用途单芯软导体无护套电缆

BVV，轻型聚氯乙烯护套电缆

RVV，轻型聚氯乙烯护套软线

BV—铜芯聚氯乙烯绝缘电线

BVR—铜芯聚氯乙烯绝缘软电缆

BVVB—铜芯聚氯乙烯绝缘聚氯乙烯护套扁平型电缆

JKLYJ—交联聚乙烯绝缘架空电缆

YC、YCW—重型橡套软电缆

YZ、YZW—中型橡套软电缆

YQ、YQW—轻型橡套软电缆

YH—电焊机电缆

(3) 规格

电缆规格由额定电压、芯数及标称截面组成。电线及控制电缆等一般的额定电压为 300/300 V、300/500 V、450/750 V;

中低压电力电缆的额定电压一般有 0.6/1kV、1.8/3 kV、3.6/6 kV、6/6(10)kV、8.7/10(15) kV、12/20 kV、18/20(30) kV、21/35 kV、26/35 kV 等。

电线电缆的芯数根据实际需要来定,一般电力电缆主要有 1、2、3、4、5 芯,电线主要是 1~5 芯,控制电缆是 1~61 芯。

标称截面是指导体横截面的近似值。为了达到规定的直流电阻,方便记忆并且统一而规定的一个导体横截面附近的一个整数值。我国统一规定的导体横截面有 0.5、0.75、1、1.5、2.5、4、6、10、16、25、35、50、70、95、120、150、185、240、300、400、500、630、800、1 000、1 200 mm² 等。这里要强调的是导体的标称截面不是导体的实际横截面,导体实际的横截面许多比标称截面小,有几个比标称截面大。实际生产过程中,只要导体的直流电阻能达到规定的要求,那么该电缆的截面是达标的。

二、电缆故障及检修

电力电缆作为电力线路的一部分,因其故障率低、安全可靠、出线灵活而得到广泛应用。但是一旦出现故障,维修难度和危险性较大,因此,日常巡视和检修试验显得特别重要。

1. 电缆检修要求

(1)电缆附件安装不应在风、雨、雾天进行。必须在这类环境中进行时,应搭设专用帐篷。安装过程中应防止尘埃、杂物落人绝缘内。

(2)制作电缆终端和接头前,应熟悉安装工艺资料,检查材料、工器具是否符合下列要求:

①电缆绝缘状况良好,不受潮,电缆内不得进水。

②附件规格应与电缆一致,结构尺寸符合要求;零部件应齐全无损伤;绝缘材料不得受潮;密封材料不得失效。

③电缆线芯连接时应采用符合标准的连接管和接线端子,其内径应与电缆线芯紧密配合,间隙不应过大;截面积宜为线芯截面积的 1.2~1.5 倍。采用压接时,压接钳和模具应符合规格要求。

④施工用机具齐全,便于操作,状况良好,消耗材料齐备。

(3)制作电缆终端与接头时,从剥切电缆开始,应连续操作直至完成,尽量缩短绝缘暴露的时间。剥切电缆时,不应损伤线芯和保留的绝缘层。

(4)电缆接头两侧的金属屏蔽层(或金属套)、铠装层应分别连接良好,不得中断。

(5)电缆终端处的金属护层必须接地良好,每相铜屏蔽和钢铠应连接接地线。电缆通过零序电流互感器时,接地线须与零序电流互感器保持一定距离。零序电流互感器位于铠装层外时,接地线不可以穿过零序电流互感器,应直接和接地网相连接;零序电流互感器位于铠装层内时,接地线必须穿过零序电流互感器后,再和接地网连接。

(6)电缆终端上应有明显的相色标志,且应与系统的相位一致。

(7)电缆终端与电气装置的连接,应符合现行国家标准《电气装置安装工程母线装置施工及验收规范》(GB 50149—2010)的有关规定。

(8)检修工作结束后,应按照电力电缆预防性试验、定期检修有关管理规定的相关要求进行试验。

2. 电缆检修的安全注意事项

(1)电力电缆停电工作应填用第一种工作票,不需停电的工作应填用第二种工作票。工作前应详细查阅有关的路径图、排列图及隐蔽工程的图样资料,必须详细核对电缆名称标示牌是否与工作票所写相符,在安全措施正确可靠后方可开始工作。

(2)敷设电缆时,应有专人统一指挥。挪动电缆时,严禁用手搬动滑轮,以防压伤。移动电缆接头时一般应停电。

(3)锯断电缆前,必须证实确是需要切断的电缆且该电缆无电,然后用接地带木柄(或环氧树脂柄)的铁钎钉入电缆芯后方可工作。扶木柄的人应戴绝缘手套并站在绝缘垫上,并应特别注意保证铁钎接地良好。

(4)在进入电缆沟(井)工作前应进行通风,以排除沟内的有毒或可燃气体。在电缆沟内工作应戴安全帽,并做好防火措施。电缆井口应有专人看守。

3. 电缆线路检修项目

(1)做好电缆终端维护检修准备工作。

(2)清扫电缆沟并检查电缆,排除电缆沟内积水,采取堵漏措施。

(3)清扫电缆终端,检查有无电晕放电痕迹。

(4)检查终端接点接触是否良好。

(5)核对线路铭牌、相位颜色。

(6)检查支架及电缆铠装。

(7)检查接地线。

(8)测量电缆护层绝缘。

三、电缆中间接头与终端头制作

1. 安装制作要求

电力电缆线路各种形式的电缆附件是整个线路安装的重要组成部分,也是整个电缆线路的薄弱环节。因此,在电缆线路的施工过程中,选择适合本地安装条件的电缆附件和安装工艺,确保电缆附件的安装质量,对电缆线路的长期安全运行意义重大。安装各种附件的基本要求,大致可以归纳为以下几点:

(1)导体连接良好。对于电缆终端头,要求电缆线芯和出线接梗及出线鼻子有良好的连接;对于中间接头,则要求电缆线芯与连接管之间有良好的连接。良好的连接主要是指接触电阻要小而稳定,即运行中的接头电阻不大于电缆线芯本身(同截面、同长度)电阻的 1.2 倍。

（2）绝缘可靠。要有满足电缆线路在各种状态下长期安全运行的绝缘结构，并有一定的裕度。

（3）密封良好。可靠的绝缘要由可靠的密封来保证。一方面要保证环境中的水分及导电介质不侵入绝缘；另一方面要使电缆和接头内的绝缘剂不流失，这就要求有良好的密封。

（4）足够的力学强度。电缆要适应各种运行条件的要求。电缆与电缆或与其他电气设备连接时，连接处的抗拉强度不得低于导体本身抗拉强度的 50%，并应具有一定的耐振动性能。

（5）防腐蚀性。在安装电缆附件时，要使用焊剂、清洁剂、填充物和绝缘胶等材料，这些材料必须是无腐蚀性的，并且在接头部位的表面采取防腐蚀措施，以防止周围环境对接头产生腐蚀作用。

2. 电缆中间头与终端头制作

由于产品型号、规格等不同，制作要求也不统一，具体实际安装请按相关电缆附件生产厂家提供的剥切尺寸和安装要求进行安装。以下简单介绍 35 kV 电缆中间头与终端头及其附件的安装工艺和基本要求，以说明不同附件制作的工艺要求和技术要领。

（1）交联电缆热缩终端头的安装

①确定终端位置及电缆引至设备的接线长度，留有 200～300 mm 余量，并锯掉多余电缆。

②确定分芯长度，然后剖塑、锯钢铠、焊接地线。具体要求按附件厂家提供的图纸剥切。

③将护层端口、三叉口焊接地线位置用密封胶或相应带材填充，然后套入分支手套并热缩，将三芯变成单芯。

④剥除铜屏蔽带、外半导电层，剥切芯线绝缘，处理绝缘表面，压接接线端子。

⑤清洁绝缘表面，在铜带端口处包绕少许应力控制胶，搭外半导电层 5 mm、搭绝缘 5 mm，分别套上应力控制管、绝缘管热缩。

⑥套入防雨裙加热收缩。户外终端需再套入密封热缩管加热收缩。

（2）交联电缆预制式户内终端头的安装

预制终端具有安装工艺简单、安装时间短等优点。户内和户外终端安装工艺基本一致，主要区别是户外终端的增爬距离比户内长，因此尺寸大些。另外终端的接线端子采用特殊的密封结构。其安装工艺如下：

①确定终端位置及电缆引至设备接线处的长度，留有 200～300 mm 余量，并锯掉多余电缆。

②按附件厂家提供的安装图纸，确定电缆分芯长度，然后剖塑、锯钢铠、焊接地线，缩上分支手套、热缩套管，将三芯变成单芯。热缩前，接地线应用焊锡焊出一道20 mm长的防潮段。

③按尺寸要求剥去铜带，切削外半导电层、绝缘层，将绝缘层表面用砂纸打磨光滑。

④用 PVC 胶带将线芯导体端口包绕两层，用清洁剂清洁绝缘层表面，在绝缘层表面及预制终端内口涂抹少许硅脂，插入预制终端，然后压接接线端子。

（3）交联电缆单芯全冷缩式中间接头的安装

①安装前的准备工作。检查电缆是否受潮进水；准备好安装所需的工具；确认附件的配置齐全，并与要安装的电缆匹配；读懂安装图纸；保证安装环境符合安装要求，防潮、防尘，下雨时不宜施工；清洁并校直被安装部分的电缆。

②电缆预处理。电缆预处理在电缆附件的安装中是非常重要的环节，电缆预处理质量的优劣直接影响电缆附件的安全可靠运行，甚至安装的成败。

a.逐层剥除外护层、屏蔽层、绝缘层，注意尺寸要求和避免损伤，如图 4-40 所示。在制作电缆终端和中间接头时，电缆主绝缘表面如有划伤痕迹（尤其是在靠近屏蔽口20 mm 的范围），要用绝缘砂布（粒度 120 或 240）彻底打磨光滑，以防残留气隙引起局部放电，如图 4-41 所示。

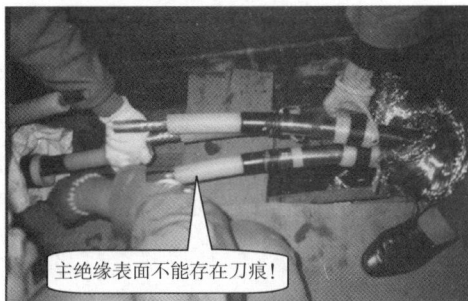

图 4-40　逐层剥除外护层、屏蔽层、绝缘层　　　　图 4-41　用砂布打磨绝缘层

b.用清洁剂清洁电缆，如图 4-42 所示。CC-3 清洁剂虽然无毒，但其溶性非常大，因此不能碰到半导电层。清洁时，先清洁主绝缘，不允许用清洁过接线端子或金属接管的 CC-3 再清洁主绝缘。

c.剥除铜屏蔽带、导体屏蔽层时，不要划伤主绝缘。铜屏蔽带和外屏蔽带的切断口应平整、圆滑，不能有翻边、尖角及缺口，如图 4-43、图 4-44 所示。

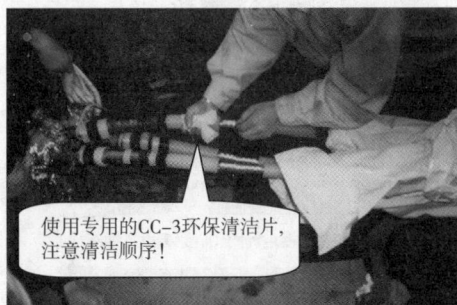

图 4-42　用专用清洁剂清洁电缆　　　　图 4-43　屏蔽层断口应平整

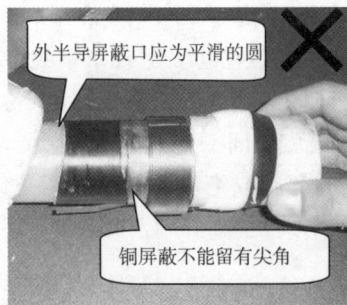

d.压接导体时，不得随意开断线芯或改变接管内径，接管压接到位。压接前，如发现线芯表面有氧化，应先用砂布打磨，压接后，应用锉刀或砂布磨去接线端子、接管和线芯上的尖角、毛刺和棱边并清洁。注意千万不要用磨过金属的砂布打磨电缆主绝

缘层,打磨金属时,小心金属屑落在主绝缘上,必要时可事先用报纸或布将主绝缘部分遮住,如图 4-45 所示。

屏蔽口绝对不能有台阶!

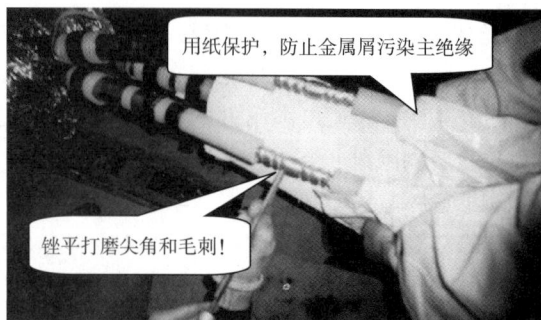

用纸保护,防止金属屑污染主绝缘

锉平打磨尖角和毛刺!

图 4-44　屏蔽口不能有台阶　　　　　　　图 4-45　线芯导体压接

③冷缩电缆附件安装。

a. 许多冷缩式电缆中间接头都是整体预制式,安装完毕后,从外面无法了解其位置准确与否,因此要严格按安装说明上规定的尺寸和步骤进行,必须做到准确无误。尤其是铜屏蔽带和外半导电带的剥离尺寸以及中心定位尺寸,任何步骤不得随意省略。图 4-46 是 3M 公司的 QS1000 中间接头尺寸。

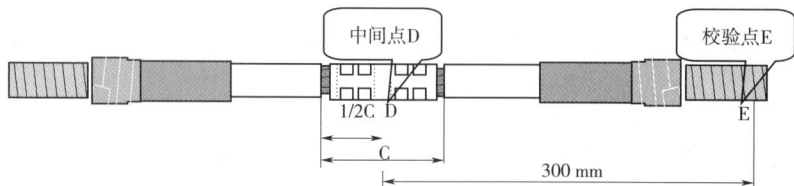

中间点D

校验点E

1/2C　D

C

300 mm

E

图 4-46　QS1 000 中间接头中心定位尺寸

b. 为防止半导电带由于黏性不好而导致在中间接头附件收缩时移位(尤其在北方冬季),建议采用一段 PVC 胶带将半导电带尾收口端扎住,但不允许将半导电带全部盖住。

c. 安装中间头前,须按厂家要求用所配的硅脂或绝缘混合剂涂满主绝缘表面,尤其是在外屏蔽口处,如图 4-47 所示。

d. 在收缩完中间接头后,应在规定时间内按工艺要求进行中心校验和调位。

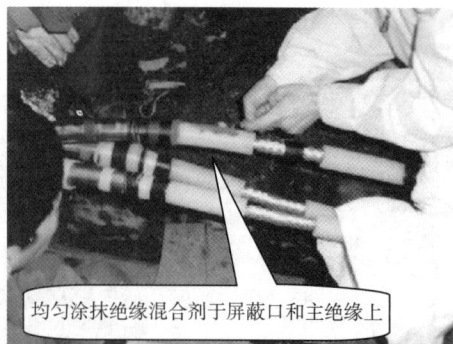

均匀涂抹绝缘混合剂于屏蔽口和主绝缘上

图 4-47　在主绝缘和屏蔽口涂抹硅脂或绝缘混合剂

e. 绕包专用防水绝缘胶带进行防水密封时,应将其拉伸至原来的 3/4 宽,包完后,用手在绕包的地方用力挤压以保证密封良好,如图 4-48 所示 。

f. 制作中间接头时,须保证接管的长度及外径符合安装说明的规定。

图 4-48　绕包专用防水绝缘胶带

四、电缆的异常运行、故障和事故处理

1. 电力电缆的异常运行

(1)电压异常。运行中电力电缆的电压不得超过额定电压的 15%,超过规定应视为异常,因其容易造成电缆绝缘击穿。

(2)温度异常。电力电缆运行中的长期允许工作温度,不应超过厂家规定。限制其最高允许温度的原因主要是电缆过热会加速绝缘老化,缩短使用寿命并可能造成事故。

电力电缆运行中的温度高低,主要取决于所带负荷的大小,因此值班人员可以通过监视和控制其负荷,使电力电缆不致于温度过高。

2. 电力电缆的常见故障

(1)电缆头产生电晕,套管闪络破损。产生电晕放电的原因可能是电缆头三芯分叉处距离较小,芯与芯之间形成一个电容,在电场作用下空气发生游离所致。另外,空气潮湿、绝缘降低也会导致电晕产生。

电缆头套管闪络破损主要原因有电缆头引线接触不良造成过热,或电缆头制作工艺不良,使潮气进入造成绝缘击穿,发生这种情况应立即将其停用。

(2)机械损伤。如外力伤害可能使电缆铠装破坏、铅包断裂等。若铠装断裂脱落但铅包完好,说明内部绝缘未受到伤害,可以继续使用。又如雷击、冰雹、水淹、台风袭击、鸟害、虫害、鼠害、地沉、地震等原因,也会使电缆损伤或发生事故。

3. 电力电缆的事故处理

(1)电缆头绝缘破坏。电力电缆的端部(电缆头)通常有铸铁外壳式、环氧树脂式、干包式等几种。由于制作、检修和维护不当、绝缘材料不合规格、安装方式不当及安装机械不良等原因,致使电缆头电场分布不均匀,容易引起电缆头绝缘破坏。如果运行中的电缆头发生破坏(放电严重、瓷件破裂等),该电缆应立即停止运行。

(2)电缆头溢胶、冒烟。运行中的电缆头,因线夹接触不良,而导致严重发热,引起电缆头渗胶、漏胶,严重过热可使胶冒烟分解。此时,应立即停电或尽快减少负荷,等候处理。

(3)电缆头引线过热烧断或折断。电缆引线严重过热,可能将引线或线卡烧断,或因外力而折断时,电缆应退出运行。

五、电缆预防性试验

1. 电缆预防性试验的一般规定

(1)对电缆的主绝缘做直流耐压试验或测量绝缘电阻时,应分别在每一相上进行。对一相进行试验或测量时,其他两相导体、金属屏蔽或金属套和铠装层一起接地。

（2）新敷设的电缆线路投入运行 3～12 个月时，一般应做一次直流耐压试验，以后再按正常周期试验。

（3）试验结果异常，但根据综合判断允许在监视条件下继续运行的电缆线路，其试验周期应缩短，如在不少于 6 个月时间内，经连续三次以上试验，试验结果不变坏，则以后可以按正常周期试验。

（4）对金属屏蔽或金属套一端接地、另一端装有护层过电压保护器的单芯电缆主绝缘做直流耐压试验时，必须将护层过电压保护器短接，使这一端的电缆金属屏蔽或金属套临时接地。

（5）耐压试验后，使导体放电时，必须通过限流电阻反复几次放电直至无电火花后，才允许直接接地放电。

（6）做直流耐压试验时，应在试验电压升至规定值后 1 min 以及加压时间达到规定时测量泄漏电流。泄漏电流值和不平衡系数（泄漏电流最大值与最小值之比）只作为判断绝缘状况的参考，不作为是否能投入运行的判据。但如发现泄漏电流与上次试验值相比有很大变化，或泄漏电流不稳定，随试验电压的升高或加压时间的增加而急剧上升时，应查明原因。如系终端头表面泄漏电流或对地杂散电流等因素的影响，应加以消除；如怀疑电缆线路绝缘不良，可提高试验电压（以不超过产品标准规定的出厂试验直流电压为宜）或延长试验时间，以确定能否继续运行。

（7）运行部门根据电缆线路的运行情况、以往的经验和试验结果，可以适当延长试验周期。

2.35 kV 电缆试验项目及周期要求

35 kV 电缆试验项目及周期要求见表 4-15。

表 4-15　35 kV 电缆试验项目及周期要求

序号	项目	周期	要求	说明
1	电缆主绝缘的绝缘电阻	3 年	自行规定	使用 2 500 V 或 5 000 V 绝缘电阻表
2	电缆外护套绝缘电阻	3 年	每千米绝缘电阻值不应低于 0.5 MΩ	本项试验只适用于三芯电缆的外护套
3	电缆内衬层绝缘电阻	3 年	每千米绝缘电阻值不应低于 0.5 MΩ	采用 500 V 绝缘电阻表，当绝缘电阻低于 0.5 MΩ 时，应判断内衬是否进水
4	铜屏蔽层电阻和导体电阻比	(1)投运前 (2)重做终端或接头后 (3)内衬层破损进水后	对照投运前出厂数据自行规定	
5	电缆主绝缘直流耐压试验	(1)投运前 (2)重做终端或接头后 (3)内衬层破损进水后	(1)65 kV/30 min (2)90 kV/5 min (3)或按厂家规定	

3. 电缆常用试验项目试验方法步骤

1)绝缘电阻和吸收比试验

绝缘电阻和吸收比试验是电气设备绝缘预防性试验中最简便、最常用的试验方法。

(1)试验步骤

①选择绝缘电阻表。通常绝缘电阻表按其额定电压分为 500 V、1 000 V、2 500 V、5 000 V 几种,应根据被测试设备的额定电压来选择绝缘电阻表,如 35 kV 电缆可使用 2 500 V 电阻表。

②检查绝缘电阻表。使用前,应检查绝缘电阻表是否完好。检查方法是先将绝缘电阻表的接线端子间开路,按绝缘电阻表额定转速(120 r/min)摇动绝缘电阻表手柄,绝缘电阻表指针应该指"∞";然后将线路和地端子短路,摇动手柄,指针应该指"0"。

③对被测试设备断电和放电。对运行中的设备进行试验前,应确认该设备已断电,而后还应对地充分放电。对于电容量较大的被测试设备(如发电机、电缆、大中型变压器、电容器等),放电时间不少于 2 min。

④接线。接线时,由绝缘电阻表到被测试物体的连接线应尽量短,线路与地端子的连线之间应相互绝缘良好。

⑤摇测绝缘电阻和吸收比。保持绝缘电阻表为额定转速,均匀摇转其手柄,观察绝缘电阻表指针的指示,同时记录时间,分别读取摇转 15 s 和 60 s 时的绝缘电阻 R_{15} 和 R_{60},R_{60}/R_{15} 的比值即为被测试物体的吸收比。通常以 R_{60} 作为被测试物体的绝缘电阻值。

⑥对被测试物体放电。测量结束后,被测试物体对地还应充分放电。对电容量较大的被测试设备,其放电时间同样不应少于 2 min。

⑦记录。记录的内容包括被测试设备的名称、编号、运行位置、试验现场的相对湿度以及测试所得的绝缘电阻值和吸收比值等。

(2)对试验结果的判断。对 35 kV 电缆所测得的绝缘电阻和吸收比,应按其值的大小,通过比较进行分析判断。

①绝缘电阻和吸收比的数值。所测得的绝缘电阻和吸收比应不小于一般允许值。若低于一般允许值,应进一步分析并查明原因。

②试验数值的相互比较。将所测得的绝缘电阻和吸收比数值与该设备历次试验的相应数值进行比较,与其他同类设备比较,其数值都不应有较大的差别。

2)交流耐压试验

(1)试验步骤及要点

①将与试品电缆相连接的电气设备全部断开,将试验设备和试品电缆的接地极全部采用裸铜线可靠接地,并记录试验环境条件。

②采用兆欧表对试品电缆各相分别进行绝缘电阻试验,记录试验值。

③试品电缆的电容量在试验设备负载电容能力范围内时,可以将试品电缆三相线芯并联后,同时对地进行耐压试验。

④用柔性连接电缆将试验设备与试品电缆相连接,合上电源,开始升压试验。升压过程中应密切监视高压回路,监听试品电缆是否有异常响声。升至试验电压时,即开始记录试验时间并读取试验电压值。

⑤试验时间到后,先将电压降至零位,然后切断电源,连接接地线。试验中若无破坏性放电发生,则认为通过耐压试验。

⑥在升压和耐压过程中,如发现电压表指针摆动较大,电流表指示急剧增加,调压器继续升压时电压基本不变甚至呈下降趋势,而电流增加幅度较大,试品电缆发出异味、产生烟雾或异常响声或闪络等现象,应立即停止升压。降压停电后,查明原因。如查明这些现象是试品电缆绝缘部分薄弱引起的,则认为耐压试验不合格;如确定是试品电缆由于空气湿度或表面脏污等原因所致,应将试品电缆做清洁干燥处理后,再进行试验。

⑦试验过程中,如果遇非试品电缆绝缘缺陷而失去电源,使试验中断,在查明原因恢复电源后,应重新进行全时间连续耐压试验,不得仅进行补足时间试验。

(2)注意事项

①容升效应和电压谐振。由于试品电缆为容性负载,在超低频(0.1 Hz)耐压试验时,容性电流在电压发生器绕组上产生频抗压降,造成实际作用在试品电缆上的电压值较高,超过按变比计算的高压侧所输出的电压值,产生容升效应,试品电缆电容量及电压发生器的阻抗越大,则容升效应越明显。因此,要求在试品电缆端进行试验电压值测量,以免试品电缆承受过高的电压作用而损伤。

②测量仪器。现场使用较多的电压表所测得试验电压值是电压有效值,应改用峰值电压表进行超低频(0.1 Hz)耐压试验电压值的测量。

③低压保护回路。为保护测量仪表和控制回路元件,可在测量仪器的输出端并联适当电压的放电管或氧化锌压敏电阻器、浪涌吸收器等;控制电源和测量仪器用电源应采取良好的隔离措施和接地措施,防止试品电缆闪络或击穿时,在被接地线上产生较高的暂态地电位,将仪器和控制回路元件反击损坏。

④人体将会触及到的所有操作,均应在接地线经确认连接良好后方可操作。

第九节　杂散电流防护

一、杂散电流的形成与危害

1. 杂散电流的形成

直流牵引供电系统在理想的状况下,牵引电流由牵引变电所的正极出发,经由接触网、电动列车和回流轨(即走行轨)返回牵引变电所的负极。但钢轨与隧道或道床等结构钢之间的绝缘电阻不是无限大,这样势必造成流经牵引轨的牵引电流不能全部经由钢轨流回牵引变电所的负极,有一部分的牵引电流会泄漏到隧道或道床等结构钢上,然后经过结构钢和大地流回牵引变电所的负极,这部分泄漏到隧道或道床等结构钢上的电流就是杂散电流,也称做迷流。

走行轨铺设在轨枕和大地上,由于轨枕等的绝缘不良和大地的导电性能,地下的杂散电流如图 4-49(a)所示那样杂散地流入大地,然后在某些地方又重新流回钢轨和牵引变电所的负极。在走行轨附近埋有地下金属管道和其他任何金属结构时,杂散电流的一部分就会由导电的金属体上流过,如图 4-50 所示。此时钢轨和地下金属各点对大地的电位分布如图 4-49(b)和图 4-49(c)所示。

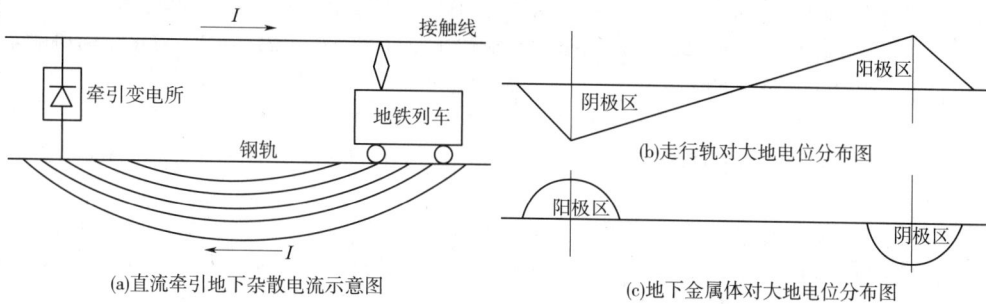

图 4-49   地铁杂散电流和电位

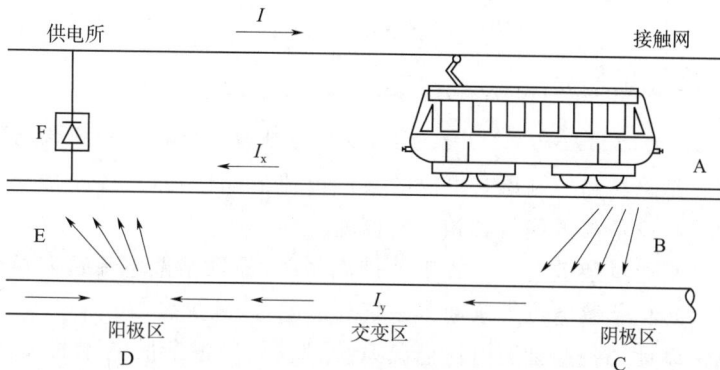

图 4-50   地铁杂散电流腐蚀原理图

2. 杂散电流的影响和危害

城市轨道中的杂散电流是一种有害的电流,会对地铁中的电气设备、设施的正常运行造成不同程度的影响,以及对隧道、道床的结构钢和附近的金属管线造成危害。这种危害主要表现在如下几个方面。

(1)若地下杂散电流流入电气接地装置,将引起过高的接地电位,使某些设备无法正常工作。

(2)若钢轨(走行轨)局部或整体对地的绝缘变差,则此钢轨(走行轨)对大地的泄漏电流增大,地下杂散电流增大,这时有可能引起牵引变电所的框架保护动作。而框架保护动作,则整个牵引变电所的断路器会跳闸,全所失电,同时还会联跳相邻牵引变电所对应的馈线断路器,从而造成较大范围的停电事故,影响地铁的正常运营。

(3)对城市轨道隧道、道床或其他建筑物的结构钢筋以及附近的金属管线(如电缆、金属管件等)造成电腐蚀。如果这种电腐蚀长期存在,将会严重损坏地铁附近的各种结构钢筋和地下金属管线,破坏了结构钢的强度,降低其使用寿命。

3. 腐蚀特点

杂散电流腐蚀一般的特点有腐蚀激烈、集中于局部位置;当有防腐层时,又往往集中于防腐层的缺陷部位。杂散电流腐蚀和自然腐蚀有较大的差异,具体见表 4-16。

表 4-16　杂散电流腐蚀和自然腐蚀的差异

项目		自然腐蚀	杂散电流腐蚀
钢铁	外观	孔蚀倾向较小,有黄色或黑色质地较疏松的锈层,创面边缘不整齐,清除腐蚀产物后创面较粗糙	孔蚀倾向大,创面光滑,有时是金属光泽,边缘较整齐,腐蚀产物似碳黑色细粉状,有水分存在时,可明显观察到电解迹象
	环境	几乎在土壤中均可发生	在土壤电阻率大于 10 000Ω·cm 环境下,腐蚀较困难
铅	外观	腐蚀均匀,有空洞时亦表浅皿状,腐蚀物为不透明的粉状物	空洞内面粗糙,创面呈壕状,长行分布不匀或沿电缆呈一直线分布,腐蚀物为透明的或白色的结晶物
	环境	水的 pH 值一般在 6.8~8.5 范围之外,氯化物浓度大	地下水为中性,普遍会有氯化物、碳酸盐、硫酸盐

二、杂散电流的防护

1. 杂散电流的防护应采取"以堵为主,以排为辅,防排结合,加强监测"的原则

(1)堵。就是隔离和控制所有可能的杂散电流泄漏途径,减少杂散电流进入城市轨道的主体结构、设备及可能与其相关的设施。

(2)排。就是通过杂散电流的收集及排流系统,提供杂散电流返回至牵引变电所负母线的通路,防止杂散电流继续向本系统外泄漏,以减少腐蚀。

(3)监测。设计完备的杂散电流监测系统,监视、测量杂散电流的大小,为运营维护提供依据。

2. 杂散电流防护的措施

(1)确保牵引回流系统的畅通,使牵引电流通过回流系统流回牵引变电所,从根本上减少杂散电流的产生。

(2)为保护整体道床结构钢筋不受杂散电流腐蚀及减少杂散电流扩散,利用整体道床内结构钢筋的可靠电气连接,建立主要的杂散电流收集网,收集由钢轨泄漏出来的杂散电流,在阴极区经钢轨流回牵引变电所。

(3)对于需设置浮动道床的区段,浮动道床内的纵向钢筋也应电气连接,并和整体道床内的杂散电流收集网电气连接。使隧道内所有的道床收集网钢筋在电气上连为一体。

(4)在条件允许情况下,尽可能增强整体道床结构与隧道、车站间的绝缘。

(5)为保护地下隧道、车站结构钢筋不受杂散电流腐蚀及减少杂散电流向外部的扩散,利用隧道、车站结构钢筋的可靠电气连接,建立辅助杂散电流收集网,收集由整体道床泄漏出来的杂散电流,在阴极区经整体道床和钢轨流回牵引变电所。

(6)在盾构区间隧道,采用隔离法对盾构管片结构钢筋进行保护。在盾构区间相邻的车站,两车站的结构钢筋用电缆连接起来,使全线的杂散电流辅助收集网在电气上连续。

(7)在高架桥区段,桥梁与桥墩之间加橡胶绝缘垫,实现桥梁内部结构钢筋与桥墩结构钢筋绝缘,防止杂散电流对桥墩结构钢筋的腐蚀。为保护高架桥梁的结构钢筋及减少杂散电流的扩散,利用桥梁顶层结构钢筋和轨道梁内结构钢筋的可靠电气连接,

建立杂散电流收集网,收集由钢轨泄漏出来的杂散电流,使之在阴极区经钢轨流回牵引变电所。

(8)在高架桥车站内,车站结构钢筋和车站内高架桥结构钢筋要求在电气上绝缘,防止杂散电流对车站结构钢筋的腐蚀。

(9)牵引变电所设置杂散电流排流装置,以便在轨道绝缘降低致使杂散电流增大时,及时安装排流装置使收集网(主收集网、辅助收集网)中杂散电流有畅通的电气回路。

(10)直流供电设备、回流轨采用绝缘法安装。

(11)各类管线设备应尽量从材质或其他方面采取措施,减少杂散电流对其腐蚀及通过其向轨道外部泄漏。

(12)轨道专业应采取以下的一些措施

①走行回流钢轨尽量选用重型轨(如 60 kg/m 型轨),并焊接成长钢轨。钢轨接头的电阻应小于 5 m 长的回流钢轨的电阻值,以减少回流电阻。若采用短钢轨,则应用鱼尾板连接,并在道岔与辙岔的连接部位的两根钢轨之间加焊一根 120 mm² 及以上的绝缘铜电缆连接线,并应做到焊接可靠。

②钢轨与轨枕或整体道床间采用绝缘法安装,保证钢轨对轨枕或整体道床的泄漏电阻不小于 15 Ω·km。为了达到此要求,在钢轨与混凝土轨枕之间;在紧固螺栓、道钉与混凝土轨枕之间,以及在扣件与混凝土轨枕之间采取绝缘措施,加强轨道对道床的绝缘,以减少钢轨对地的泄漏电流。其具体做法是:

a. 钢轨下加绝缘垫;

b. 使用绝缘扣件;

c. 钢轨采用绝缘套管固定安装;

d. 轨枕下加绝缘垫;

e. 道岔处加强绝缘;

f. 在有导轨处,导轨与走行轨之间加绝缘。

③钢轨底部与整体道床之间的间隙不小于 30 mm。

④利用整体道床内结构钢筋形成杂散电流收集网。

(13)隧道、地下车站采取的措施。

①隧道、地下车站主体,结构的防水层,必须具有良好的防水性能和电气绝缘性能;车站、隧道内应设有畅通的排水措施,不允许有积水现象。

②为保护隧道、地下车站结构钢筋不受杂散电流腐蚀及减少杂散电流向外扩散,利用这些结构钢筋的可靠电气连接,建立辅助杂散电流收集网。其所收集的由整体道床泄漏出来的杂散电流,经整体道床、钢轨或单向导通装置流回牵引变电所。

③在盾构区间隧道,采用隔离法对盾构管片结构钢筋进行保护。

④在过江隧道的轨道两端设立单向导通装置与其他线路单向隔离。

⑤车站动力照明采用 TN-S 系统接地形式。

⑥车站屏蔽门应绝缘安装并与钢轨有可靠的电气连接。

3. 杂散电流监测系统

杂散电流监测系统有分散式监测系统和集中式监测系统两种。分散式杂散电流监测系统由参考电极、道床收集网测试端子、高架桥梁收集网测试端子、隧道收集网测试端子、测试盒、测试电缆、杂散电流综合测试端子箱及杂散电流综合测试装置构成。

集中式杂散电流监测系统由参考电极、道床收集网测试端子、高架桥梁收集网测试端子、隧道收集网测试端子、传感器、数据转接器、测试电缆及杂散电流综合测试装置构成。

其中道床收集网测试端子、高架桥梁收集网测试端子、隧道收集网测试端子可利用伸缩缝处的连接端子,不单独引出测试端子,如图 4-51 所示。

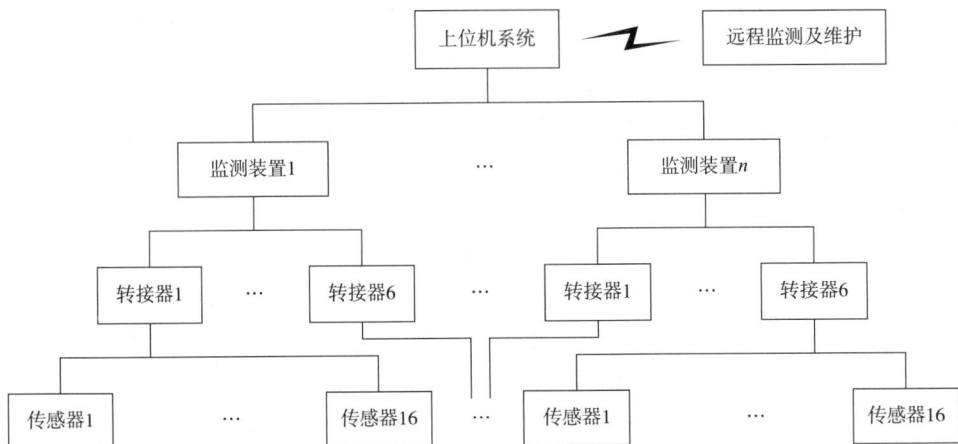

图 4-51　地铁杂散电流监控构成图

三、杂散电流防护系统的维护

(1)定期利用杂散电流综合测试装置(杂散电流监测系统)在高峰小时测试整体道床结构钢筋、车站隧道结构钢筋、高架桥梁结构钢筋相对周围混凝土介质平均电位,以此电位作为判断有无杂散电流对结构钢筋腐蚀的依据。如测试到某段结构钢筋电位超过标准 0.5 V 的,则该区段杂散电流超标,应对钢轨回路及钢轨泄漏电阻进行测试检查,然后结合测试结果进行维护。

(2)每月定期对全线轨道线路清扫,保持线路清洁干燥,尤其是轨道扣件及钢轨绝缘垫要保持清洁干燥,不能有易导电的物质在钢轨扣件和绝缘垫表面,因为这些物质将导致轨道对地的泄漏电阻下降。

(3)在前面所述监测及测试后,针对测试结果,查出引起杂散电流腐蚀严重原因,若是钢轨回流系统出现电气导通"断点"所引起(如钢轨间的接续线是否连接良好和脱落等),则应及时将"断点"处焊接及连接至设计要求标准;若是某处钢轨泄漏电阻太小,则应检查钢轨是否为积水、灰尘污染或钢轨安装绝缘设备破坏引起,并及时清扫或对绝缘设备维护。

(4)如果全线钢轨泄漏电阻普遍降低,简单清扫或维护不能解决问题时,则应将牵引变电所的排流柜开通(如果牵引变电所内装有排流柜的话),使杂散电流收集网与整流机组负极柜单向连通,以单向排流来保护结构钢筋免受杂散电流腐蚀。

(5)定期检查各杂散电流收集网之间的连接线是否连接良好,连接螺栓是否生锈等,如果这些连接部件状态不良,则应及时进行修复。

(6)定期检查负回流电缆及均流电缆的连接是否良好,如有问题要及时修复。

(7)定期检查并测试单向导通装置的工作状态是否良好(检查单向导通装置中的二极管、隔离开关、消弧角等的工作状态),发现问题及时处理。

(8)定期检查杂散电流监测系统的参比电极、智能传感器、转接器及其连接是否良好,发现问题予以处理。

四、钢轨电位异常的处理

在直流牵引供电系统中,不论是接触轨式系统还是架空接触网式系统均是利用走行钢轨作为牵引回流媒介流回变电所的负极。因此,钢轨也是牵引供电系统中的重要组成部分。同时,我们也知道钢轨除为列车提供走行导向外,还为轨道交通的信号系统提供通路,另外,在装设站台屏蔽门的系统中,为了保证乘客的安全,还将屏蔽门的非导电金属部分与钢轨相连。于是,为了运营安全和防护杂散电流,必须要求城市轨道交通供电部门与车辆维修、工务、信号等部门紧密联系、加强沟通,共同做好对钢轨的维护工作。下面介绍两例可能出现的钢轨电位异常及其处理方法。

1. 钢轨电位升高造成电压型框架保护动作

在直流牵引供电系统中,为了防止直流牵引供电设备内部绝缘降低时造成设备危害而设置了直流系统框架泄漏保护,该保护包含反映直流泄漏电流的过电流保护和反映接触电压的过电压保护。当钢轨电位升高造成电压型框架保护动作时,该牵引变电所供电区域的牵引负荷全部失电。其故障引起的断电范围较大,因此对行车影响亦较大,必须引起足够的重视。

一般来说,引起钢轨电位升高的原因较复杂,可能与车辆的牵引特性、钢轨的绝缘程度(含信号装置)、屏蔽门绝缘程度、变电所牵引设备绝缘情况、变电所保护配置等情况有关。

在对整个系统进行检查时,需详细了解车辆的牵引状况;全面仔细检查钢轨的绝缘程度,是否存在多个钢轨直接接地的情况;检查信号装置的安装情况,特别是道岔处信号装置的接地情况;检查屏蔽门非金属部分的接地情况是否良好等。

在运行的应急处理中,当确认电压型框架保护动作是由于该变电所牵引供电设备内部绝缘降低引起的,可将该牵引变电所退出运行,使用越区供电方式来保证牵引供电。而在判断为由于系统钢轨电位异常升高导致电压型框架保护动作时,作为临时应急措施,可强行合上钢轨电位限值装置,以抑制钢轨电位。

2. 其他接口装置绝缘不佳,导致钢轨电位升高

当由于某种原因,信号装置、屏蔽门的非导电金属框架的接地情况不佳、接触电阻增加时,可能引起该装置的接地处有放电现象,甚至起火导致钢轨电位升高。此时应详细检查相关接口装置的接地良好情况及绝缘安装的情况。

第十节　避雷器与接地系统

供配电系统在正常运行时,电气设备或线路上所受电压为其相应的额定电压。但由于某些原因,使电气设备或线路上所受电压超过了正常工作电压要求,并对其绝缘构成威胁,甚至造成击穿损坏,这一高电压称为过电压(over voltage)。

过电压按产生原因,可分为外部过电压和内部过电压。外部过电压(亦称为大气过电压或雷电过电压)是供配电系统的设备或建筑物由于受到大气中的雷击或雷电感

应而引起的过电压;内部过电压是由于供配电系统正常操作、事故切换、发生故障或负荷骤变时引起的过电压。

接地是最古老的电气安全措施,英文表示为 earthing 或是 grounding。接地是指在供配电系统的某些部位,由于工作的需要或安全的需要而和大地进行直接连接。按实施接地的目的不同可分为工作接地、保护接地和防雷接地。

接地是安全用电的重要措施。为了保证达到目的,接地装置必须正确设置(包括正确的布置,正确的连接,采用适当的散流电阻等)并且连接可靠,否则,不仅达不到安全用电的目的,还可能带来不利的影响。

一、避雷器的结构与维修

1. 保护间隙

保护间隙又称放电间隙,是最简单的防雷保护装置,它由主间隙、辅助间隙和支持瓷瓶组成。主间隙按结构型式不同,分为棒型、环型和角型。在供配电系统中,角型保护间隙使用最广泛,如图 4-52 所示。主间隙 S_1 由两个金属电极构成,两极间有一定的空气间隙,一个极接于供电系统,一个极与大地相连。当供电系统遭到大气过电压时,保护间隙作为一个薄弱环节首先击穿,并将雷电流释放到地中,减轻了供电系统的过电压,保护了供电系统的绝缘。辅助间隙 S_2 的作用是为了防止主间隙被异物短路引起误动作。

保护间隙构造简单,成本低廉,维护方便,但由于无专门灭弧装置,灭弧能力很差。规程规定,在具有自动重合闸的线路中和管型避雷器或阀型避雷器的参数不能满足安装地点的要求时,可以采用保护间隙。

2. 管型避雷器

管型避雷器是保护间隙的改进,如图 4-53 所示,由产气管、内部间隙和外部间隙三部分组成。产气管由纤维、有机玻璃或塑料制成。内部间隙装在产气管内部,一个电极为棒形,另一个电极为环形。外部间隙设在避雷器和带电的导体之间,其作用是保证正常时避雷器与电网的隔离,避免纤维管受潮漏电。

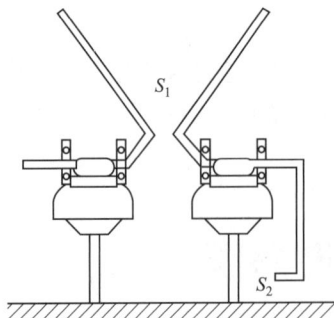

244

图 4-52　角型保护间隙

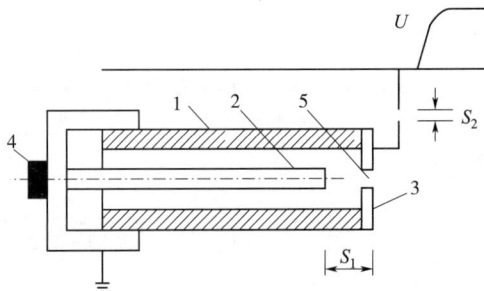

图 4-53　管型避雷器示意图
1—产气管;2—棒形电极;3—环形电极;4—接地螺母;
5—喷弧管口;S_1—内部火花间隙;S_2—外部火花间隙

当线路遭受雷击时,在大气过电压的作用下,管型避雷器的内外部间隙相继被击穿。内部间隙的放电电弧使管内温度迅速升高,管子内壁的纤维材料分解出大量的气体,由环形电极端面的管口喷出,产生纵向吹弧。当交流电弧电流第一次过零时,电弧熄灭。这时外部间隙恢复了绝缘性能,管型避雷器与电网断开,恢复正常运行。

由于管型避雷器结构上的特点,其伏-秒特性线较陡,不易与变压器的伏-秒特性相配合,且在动作时有气体喷出,因此,管型避雷器主要用于室外线路上。

3. 阀型避雷器

阀型避雷器由装在密封磁套管中的火花间隙组和具有非线性电阻特性的阀片串联组成,如图4-54所示。火花间隙组是根据额定电压的不同采用若干个单间隙叠合而成,如图4-55所示,每个间隙由两个黄铜电极和一个云母垫圈组成。由于两黄铜电极间间距小,面积较大,因而电场较均匀,可得到较平缓的放电伏-秒特性。阀片是由金刚砂(SiC)和结合剂在一定的高温下烧结而成,具有良好的非线性特性和较高的通流能力。阀片的电阻值随着所加电压变化而变化,当阀片上所加电压增大时,电阻值减小;当阀片上电压减小时,电阻值增大。这样,在通过较大雷电流时,使避雷器上出现的残压不会过高,对较小的工频续流又能加以限制,为火花间隙的切断续流创造了良好的条件。

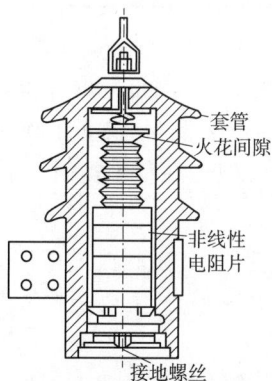

图4-54　SF₆型阀型避雷器的结构(一)

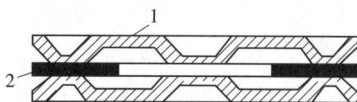

图4-55　SF₆型阀型避雷器的结构(二)

由于阀型避雷器具有伏-秒特性线比较平缓,残压较低的特点,因此,常用来保护变电所中的电气设备。

4. 金属氧化物避雷器

金属氧化物避雷器(metal oxide lightning arrestor)又称压敏避雷器。它在结构上没有火花间隙,由氧化锌或氧化铋等金属氧化物烧结而成的压敏电阻片(阀片)组成。这种避雷器的阀片具有优异的非线性伏-安特性,在工频电压下,阀片具有极大的电阻,呈绝缘状态,能迅速有效地阻断工频续流,因此无需火花间隙来熄灭工频电压引起的电弧;当电压超过一定值(称为起动电压)时,阀片"导通",呈低阻状态,将大电流泄入地中;当危险过电压消失以后,阀片迅速恢复高阻绝缘状态。因此,在电力线上安装氧化锌避雷器后,当雷击时,雷电波的高电压使压敏电阻击穿,雷电流通过压敏电阻流入大地,使电源线上的电压控制在安全范围内,从而保护了电气设备的安全。

金属氧化物避雷器具有无间隙、无续流、通流量大、残压低、体积小、重量轻等优点,因此很有发展前途,世界上许多国家都已用它取代了碳化硅阀式避雷器。

氧化锌避雷器的工作原理是在额定电压下,流过氧化锌避雷器阀片的电流仅为 10～5 A 以下,相当于绝缘体,因此它可以不用火花间隙来隔离工作电压与阀片。当作用在氧化锌避雷器上的电压超过定值(启动电压)时,阀片"导通"将大电流通过阀片泄入地中,此时其残压不会超过被保护设备的耐压,达到了保护目的。此后,当作用电压继续降到动作电压以下时,阀片自动终止"导通"状态,恢复绝缘状态,因此整个过程不存在电弧燃烧与熄灭的问题。

二、避雷器试验

运行中的阀型避雷器的试验项目包括绝缘电阻测量、泄漏(电导)电流测量和工频放电电压测试(对有并联电阻的避雷器,在解体检修后才做),对有并联电阻的避雷器,在解体检修后还应进行密封检查。对绝缘电阻、电导电流的测试值应规算到 20 ℃。

1. 测量绝缘电阻

阀型避雷器主要检查并联电阻通断和接触情况,绝缘电阻值与前一次或同一类型的测量数据进行比较不应有显著差异。

某些避雷器还要检查密封情况,是否由于密封不良而引起内部受潮。这些避雷器的绝缘电阻交接时应不小于 2 500 MΩ,运行中应不小于 2 000 MΩ。

对运行中的氧化锌避雷器,可以用 2 500 V 兆欧表测量,测量的绝缘电阻值应不低于 1 000 MΩ;对 35 kV 以上的避雷器,用 5 000 V 兆欧表测量,测量的绝缘电阻值应不低于 3 000 MΩ。避雷器的试验周期通常为一年,一般选在每年雷雨季节之前。

2. 测量工频放电电压

测量避雷器的工频放电电压是检查避雷器的保护性能,其工频放电电压必须在规定的范围之内。测量直流 1 mA 时的避雷器临界动作电压 U_{mA},主要是检查其阀片是否受潮,确定其动作性能是否符合要求。

测量接线通常可采用单相半波整流电路,各元件的参数随被试避雷器电压等级不同而不同。试验变压器的额定电压应略大于 U_{mA},硅堆的反峰电压应大于 2.5 U_{mA},滤波电容的电压等级应能满足临界动作电压最大值的要求,电容为 0.1～0.5 μF。根据规定,整流后的电压脉动系数应不大于 1.5%,经计算和实测证明,当 $C=0.1$ mF 时,脉动系数小于 1%。

测量中应注意的问题是准确读取 U_{mA}。因泄漏电流大于 200 mA 以后,随电压的升高,电流急剧增大,故应仔细地升压,当电流达到 1 mA 时,准确地读取相应的电压 U_{mA}。测量时,应防止表面泄漏电流的影响,测量前应将瓷套表面擦拭干净;同时应考虑气温的影响,避雷器阀片的 U_{mA} 的温度系数为 0.05%～0.17%,即温度每增高 10 ℃,U_{mA} 约降低 1%,必要时可进行换算。

对测量结果采用比较法进行判断,U_{mA} 与初始值相比较,《规程》中规定变化应不大于 5%。

测量 0.75 U_{mA} 直流电压下的泄漏电流。由于 0.75 U_{mA} 直流电压值一般比最大工作相电压(峰值)要高一些,测量此电压下的泄漏电流主要检查长期允许工作电流是否符合规定,因为这一电流与避雷器的寿命有直接关系(一般在同一温度下此泄漏电流与寿命成反比)。测量时应首先测出 U_{mA} 然后再在 0.75 U_{mA} 下读取相应的泄漏电流值。根据《规程》规定,0.75 U_{mA} 下的泄漏电流值应不大于 50 μA。

三、故障处理分析

1. 泄漏电流表指示为零

可能引起该现象的原因有：

(1)表计指示失灵。处理方法是用手轻拍表计看是否卡死，无法恢复时，报告调度，安排检修人员进行修理或更换。

(2)屏蔽线将电流表短接。处理方法是用令克棒将屏蔽线与避雷器导电部分的相碰之处挑开，即可恢复正常。

2. 泄漏电流表指示偏大

根据历史数据进行分析，如发现表计打满，应判断避雷器有问题，应立即汇报调度，将避雷器退出运行，由检修人员进行检查。

3. 避雷器瓷套管破裂放电

在工频情况下，避雷器的瓷套管用于保证避雷器必要的绝缘水平，如果瓷套管发生破裂放电，则将成为电力系统的事故隐患。遇此种情况应及时停用、更换。

4. 避雷器内部有放电声

在工频情况下，避雷器内部是没有电流通过的，因此不应有任何声音。若运行中避雷器内有异常声响，则应认为避雷器损坏失去作用，而且可能会引发单相接地。这种情况，应立即汇报调度，将避雷器退出运行，予以更换。

四、阀型避雷器

1. 运行中的日常巡视与检查

(1)检查避雷器瓷套表面情况。在日常运行中，应检查避雷器瓷套表面的污秽状况，因为当瓷套表面受到严重污染时，将使电压分布很不均匀。在有并联分路电阻的避雷器中，当其中一个元件的电压分布增大时，通过其并联电阻中的电流将显著增大，则可能烧坏并联电阻而引起故障。此外，也可能影响阀型避雷器的灭弧功能，降低避雷器的保护特性。因此，当发现避雷器的瓷套表面有严重污秽时，必须及时安排清扫。

(2)检查避雷器的引线及接地引下线有无烧伤痕迹和断股现象以及放电记录器是否烧坏。通过检查，最容易发现避雷器的隐形缺陷。因为在正常情况下，避雷器动作以后，接地引下线和记录器中只通过雷电流且幅值很小（一般为 80 A 以下）、时间很短（约 0.015 s）的工频续流，所以除了使动作记录器的指示数字变动外，一般不会产生烧损的痕迹。当避雷器内部阀片存在缺陷或不能灭弧时，则通过的工频续流的幅值和时间都会增大，接地引下线的连接点上会产生烧伤的痕迹，或使放电记录器内部烧黑或烧坏。当发现上述情况时，应立即设法断开避雷器，进行详细的电气检查，以免发生事故。

(3)检查避雷器上端引线处密封是否良好。避雷器密封不良会进水受潮，易引起事故，因而应检查瓷套与法兰盘连接处的水泥接缝是否严密。对 10 kV 阀型避雷器上引线处可加装防水罩，以免雨水渗入。

(4)检查避雷器与被保护电气设备之间的电气距离是否符合要求。避雷器应尽量靠近被保护的电气设备。

(5)避雷器在雷雨后应检查记录器的动作情况,表面有无闪络放电痕迹,引线及接地引下线是否松动,避雷器本体是否有移动。

(6)检查泄漏电流、工频放电电压大于或小于标称值时,应进行检修和试验;放电记录器动作次数过多时应进行检修;瓷套及水泥接合处有裂纹、法兰盘和橡胶垫有脱落时应进行检修。

(7)避雷器的绝缘电阻应定期进行检查。测量时用 2 500 V 绝缘摇表,测得数值与前一次的结果比较,无明显变化时可继续投入运行。绝缘电阻显著下降时,一般是由于密封不良而受潮或火花间隙短路所引起的;当低于合格值时,应做特性试验。绝缘电阻显著升高时,一般是由于内部并联电阻接触不良、断裂以及弹簧松弛和内部元件分离等造成的。

(8)为了能及时发现阀型避雷器内部的隐形缺陷,应在每年雷雨季节之前进行一次预防性试验。

2. 阀型避雷器异常现象与故障处理

阀型避雷器在运行中常发生异常现象和故障,应对异常现象进行分析判断,并及时采取措施进行故障处理。

(1)天气正常发现避雷器瓷套有裂纹,应立即停止运行,将故障相避雷器退出运行,并更换合格的避雷器。雷雨中发现瓷套有裂纹,应维持其运行,待雷雨过后再行处理;若因避雷器瓷套裂纹而造成闪络,但未引起系统接地者,在可能条件下应将故障相避雷器停用。

(2)避雷器内部异常或瓷套炸裂,这种现象可能会引起系统接地故障。处理时,人员不得靠近避雷器,可用断路器或人工接地转移的方法,断开故障避雷器。

(3)避雷器在运行中突然爆炸,在这种情况下,当尚未造成系统永久性接地时,可在雷雨过后拉开故障相的隔离开关,将避雷器停用,并及时更换合格的避雷器。若爆炸后已引起系统永久性接地,则禁止使用隔离开关来操作故障的避雷器。

(4)避雷器动作指示器内部烧黑或烧毁,接地引下线连接点烧断,避雷器阀片电阻失效,火花间隙灭弧特性变坏,工频续流增大等,以上这些异常现象,应及时对避雷器做电气试验或解体检查。

五、接地系统的要求与接地装置维修

1. 接地系统的组成

(1)一般要求

地铁接地系统采用综合接地系统的概念,使全线形成统一的高低压兼容、强弱电合一的接地系统,满足车站内各类设备的工作接地、安全接地及防雷接地功能。

(2)接地网

全线地下车站设置独立人工,地面和高架车站利用建筑结构钢筋与人工接地网合建综合接地网,接地网的接地电阻一般应不大于 0.5 Ω,困难情况下应符合 $R \leqslant 2\,000/I$,并校验接触电势和跨步电势。接地网一般应满足如下要求:

①为减少工程开挖量,地下车站接地网应设置在车站结构底板下,接地体与结构板间的距离不小于0.6m;地面和高架车站(包括车辆段和停车场)利用建筑结构钢筋和周围空地设置综合接地网;

②为满足防腐和导电的要求,接地体选用铜材;

③考虑地下水的影响,引上线引出结构底板处应采取防水措施;

④接地网设置强电设备引出端子和弱电设备引出端子,强、弱电设备引出端子间的距离应大于20m;

⑤接地引出端子应避开线路、结构底梁和结构柱,强电引出端子应尽量位于变电所电缆夹层中或靠近强电电缆井,弱电接地引出端子应靠近弱电电缆井或弱电设备处,以缩短接地回路的长度,并节省电缆投资。

(3)变电所设备接地

变电所设备应满足工作接地、保护接地和安全接地要求,采取如下措施:

①在牵引降压混合变电所、降压变电所和跟随式降压变电所设备房中或电缆夹层内设置设备接地主母排,各接地主母排通过电缆与接地网引出端子连接;

②变电所设备用房内沿墙敷设接地体用作接地干线,接地干线过门洞、设备运输通道处应预埋在装修层中;

③接地干线与设备基础预埋件间通过支线接地体相互连接,支线接地体预埋在装修层中;

④设备保护接地、工作接地通过电缆直接与变电所设备接地主母排连接;

⑤变电所内电缆支架上设接地扁钢,接地扁钢通过电缆与变电所设备接地主母排连接。

2. 接地装置维护

在运行中,接地装置的接地线和接地体会因外力破坏或腐蚀而损伤或断裂,接地电阻也会随土壤条件变化而发生变化,因此必须对接地装置定期进行检查和试验。

(1)检查周期

①变(配)电所的接地装置一般每年检查一次。

②根据车间或建筑物的具体情况,对接地线的运行情况一般每年检查1～2次。

③各种防雷装置的接地装置每年在雷雨季节前检查一次。

④对有腐蚀性土壤的接地装置,应根据运行情况一般每3～5年对地面下接地体检查一次。

⑤手持式、移动式电气设备的接地线应在每次使用前进行检查。

⑥接地装置的接地电阻一般每1～3年测量一次。

(2)检查项目

①检查接地装置的各连接点的接触是否良好,有无损伤、折断和腐蚀现象。

②在土壤电阻率最大时(一般为雨季前)测量接地装置的接地电阻,并对测量结果进行分析比较。

③电气设备检修后,应检查接地线连接情况,是否牢固、可靠。

④检查电气设备与接地线连接、接地线与接地网连接、接地线与接地干线连接是否完好。

关键名称与概念

1. 油浸变压器的常见问题

变压器渗油、直流电阻有异常、变压器的保护和监视装置误发信号、运行后变压器本体油色谱异常、分接开关故障、变压器运行时声音异常、变压器运行时的短路故障等。

2. 有载分接开关大修项目

分接开关芯体的吊芯检查、维修、调试;分接开关油室的清洗、检漏与维修;驱动机构的检查、清扫、加油与维修;储油柜及其附件的检查与维修;瓦斯继电器、压力释放装置的检查;自动控制箱的检查;储油柜及油室中绝缘油的处理;电动机构及其他器件的检查、维修与调试;各部位密封检查,渗漏油处理;电气控制回路的检查、维修与调试;分接开关与电动机构的联结校验与调试。

3. 干式变压器预防性试验项目

绝缘电阻、吸收比和极化指数测量;泄漏电流测量;介质损耗角正切测量;交流耐压试验;变压器直流电阻测量;变压器极性组别和电压比试验。

4. GIS 预防性试验

GIS 绝缘预防性试验分为两类,一类是 GIS 内绝缘气体品质及气体泄漏试验,另一类是组成 GIS 的各电力设备的试验。

5. 直流开关柜

负极柜将轨道的负极与整流器的负极相连;进线柜将整流器的正极连接到直流开关柜的主母排上;馈线柜将正极电压馈出到线路上;端子柜柜间接口及对外接口。

6. 整流器典型大修项目

主要部件清洁、紧固;电容电阻状态检测;保护显示动作检查及校验;组装后的型式试验,包括绝缘强度试验、功能试验、均流试验、空载试验。

7. 电力电缆安装各种附件的基本要求

导体连接良好;绝缘可靠;密封良好;足够的机械强度;防腐蚀性。

8. 杂散电流的防护原则

以堵为主,以排为辅,防排结合,加强监测。

复习题

1. 油浸变压器小修的项目有哪些?(适合【初级工】)

2. GIS 外观目视检查可检查哪些设备?(适合【初级工】)

3. 如何进行直流开关柜的检修?(适合【中级工】)

4. 简述干式变压器日常维护项目。(适合【中级工】)

5. 整流器有哪些小修项目?(适合【中级工】)

6. 简述高压开关柜的"五防"及如何实现"五防"。(适合【高级工】)

7. 简述城轨交通供电综合接地系统的构成原则。(适合【高级工】)

8. 简述杂散电流的防护原则和措施。(适合【技师】)

9. 编写某一变电设备的大修施工方案。(适合【高级工】)

第五章 继 电 保 护

掌握继电保护的任务和基本要求、保护装置的基本组成,掌握交直流保护的基本原理,了解微机保护的构成和校验方法,熟悉继电保护故障的基本类型。

第一节 继电保护概述

继电保护是一种能在电力系统中电气元件发生短路故障或异常状态时,动作于跳闸或发出信号的自动装置。

一、继电保护的任务

(1)当电力系统中的被保护对象发生故障时,能自动地、有选择地、快速地通过断路器,将故障元件从电力系统中切除。

(2)当电力系统出现异常运行状态时,根据运行维护条件动作并发出信号,减负荷或跳闸。

二、继电保护的基本原理和组成

1. 继电保护基本原理

继电保护的基本原理是利用被保护线路或设备故障前、后某些变化的物理量为信息,当信息量达到一定值时,启动逻辑环节,发出相应的命令。

2. 继电保护装置组成

继电保护原理及组成框图如图 5-1 所示。

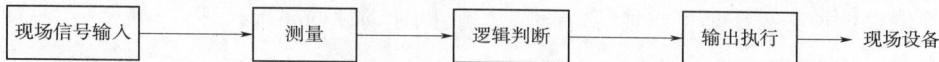

图 5-1 继电保护装置基本结构原理图

(1)测量部分。测量被保护对象的有关物理量,与给定量进行比较,给出"是"或"非"信号。

(2)逻辑部分。根据测量输出的大小、性质、输出逻辑状态,使保护按一定逻辑关系工作,然后确定跳闸或发信号。

(3)执行部分。根据逻辑部分传送的信号,最后完成保护装置所承担的任务。

251

三、继电保护的分类

每个电气元件一般都装设有主保护、后备保护,必要时增加辅助保护。

1. 主保护

反映整个被保护对象的故障,并以最短的时延有选择地切除故障的保护。

2. 后备保护

当主保护或断路器拒动时,用来切除故障的保护,如图 5-2 所示。

(1)近后备。主保护或断路器拒动时,由本保护对象的另一套保护实现后备。

(2)远后备。主保护或断路器拒动时,由相邻元件或线路的保护实现后备。

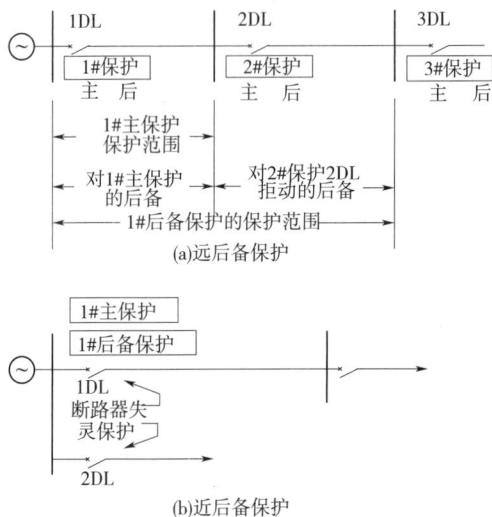

图 5-2 后备保护的构成方式

　　显然,远后备保护的功能比较完备,它对相邻元件的保护装置、断路器、二次回路和直流电源故障所引起的拒动都能起到后备作用,同时它比较简单、经济。因此,宜优先采用。

3. 辅助保护

为补充主保护或后备保护的不足而增设的比较简单的保护。

四、继电保护的要求

继电保护必须满足可靠性、选择性、灵敏性、速动性的要求。

1. 可靠性

在规定的保护区内发生故障时不应该拒动;区外发生故障时不误动。

2. 选择性

保护装置动作时仅将故障对象从电力系统中切除,使停电范围限制在最小的范围内。

3. 灵敏性

在保护区内发生故障时,保护装置反应故障的能力通常用灵敏度来衡量。由于多数短路故障是非金属性短路,计算或测量参数有误差等,要求灵敏度要大于 1。

4. 速动性

应力求保护装置能迅速地切除故障。保护的基本要求是互相联系而又互相制约。继电保护是随着电力系统的发展,在不断解决保护装置应用中出现的对基本要求之间的矛盾,使之在一定条件下达到辩证统一的过程中发展起来的。继电保护的基本要求是分析研究各种继电保护装置的基础。

五、互感器二次回路

1. 电流互感器的接线方式

电流互感器在三相电路中有如图 5-3 所示的 6 种常见接线方案。

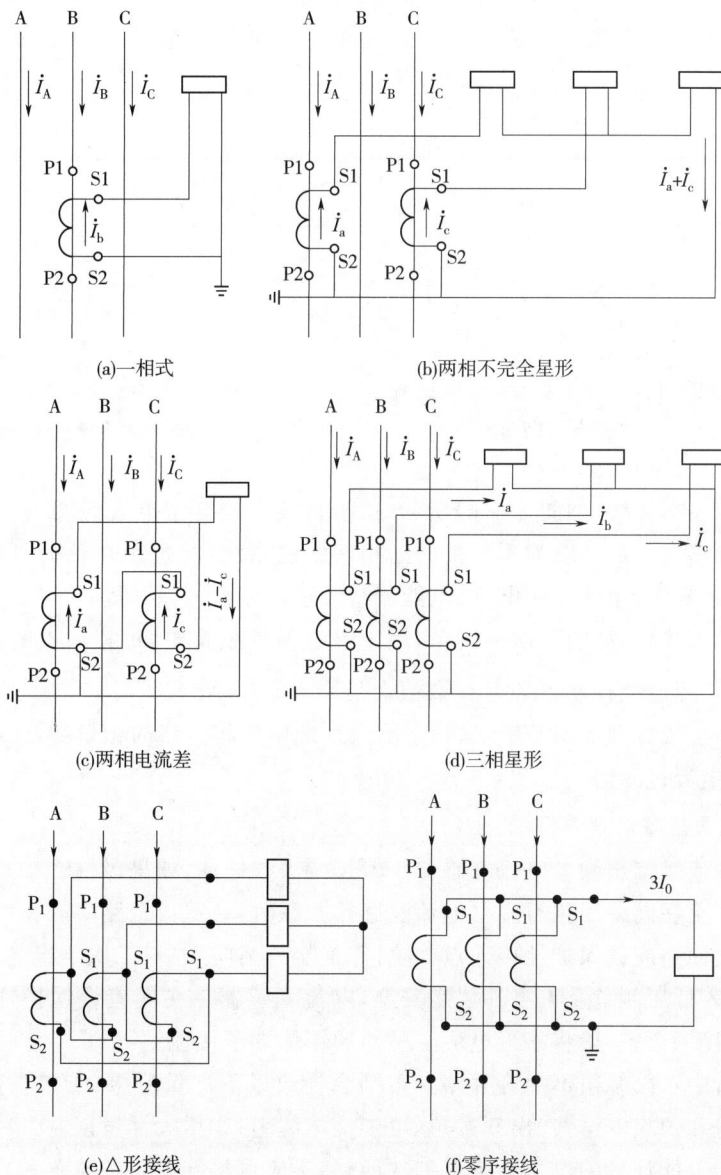

图 5-3 电流互感器的接线方案

（1）一相式接线，如图 5-3（a）所示，电流线圈通过的电流反映一次电路相应相的电流。这种接线通常用于负荷平衡的三相电路，如在低压动力线路中，供测量电流或接过负荷保护装置用。

（2）两相不完全星形接线，如图 5-3（b）所示，在继电保护装置中，这种接线称为两相两继电器接线。此种接线方式广泛用于中性点不接地的三相三线制高压电路中（如 10、35 kV）的三相电流、电能的测量及过电流继电保护。由图 5-4 的向量图可知，两相不完全星形接线的公共线上的电流 $\dot{I}_a = \dot{I}_b = \dot{I}_c$，反映的是未接电流互感器的那一相（B 相）的电流。

（3）两相电流差接线，如图 5-3（c）所示，由图 5-5 的向量图可知，二次侧公共线上的电流为 $\dot{I}_a - \dot{I}_c$，其量值为相电流的 $\sqrt{3}$ 倍。这种接线适于中性点不接地的三相三线制电路中（如 6～10 kV）的过电流继电保护，也称为两相一继电器式接线。

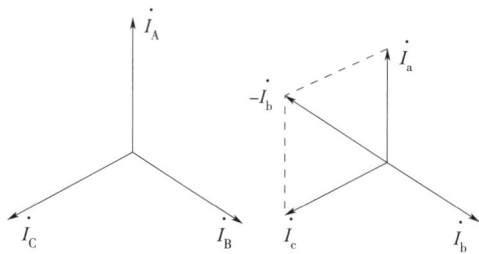

图 5-4　两相不完全星形接线电流互感器
　　　　的一、二次侧电流向量

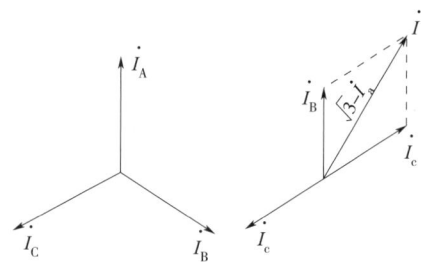

图 5-5　两相电流差接线电流互感器
　　　　的一、二次侧电流向量图

254

（4）三相星形接线，如图 5-3（d）所示，这种接线中的 3 个电流线圈，正好反映各相电流，广泛应用在负荷一般为不平衡的三相四线制系统中，也用在负荷可能不平衡的三相三线制系统中，用作三相电流、电能测量及过电流继电保护等。

（5）三角形接线，如图 5-3（e）所示，用于继电保护装置中，每相输出电流相对于二次绕组电流在相位上移动了 30°，在数值上是原来的 $\sqrt{3}$ 倍。

（6）零序接线如图 5-3（f）所示，用于测量系统中三相电流的相量和，在继电保护装置作为零序电流过滤器。

2. 电流互感器的使用注意事项

（1）极性连接要正确。电流互感器一般按减极性标注，如果极性连接不正确，就会影响计量，甚至在同一线路有多台电流互感器并联时，会造成短路事故。

（2）二次回路应设保护性接地点，并可靠连接。为防止一、二次绕组之间绝缘击穿后高电压窜入低压侧危及人身和仪表安全，电流互感器二次侧应设保护性接地点，接地点只允许接一个，一般将靠近电流互感器的箱体端子接地。

（3）运行中二次绕组不允许开路。否则会导致以下严重后果：①二次侧出现高电压，危及人身和仪表安全；②出现过热，可能烧坏绕组；③增大计量误差。

（4）用于电能计量的电流互感器二次回路，不应再接继电保护装置和自动装置等，以防互相影响。

3. 电压互感器的接线方式

电压互感器在三相电路中有如图 5-6 所示 4 种常见的接线方案。

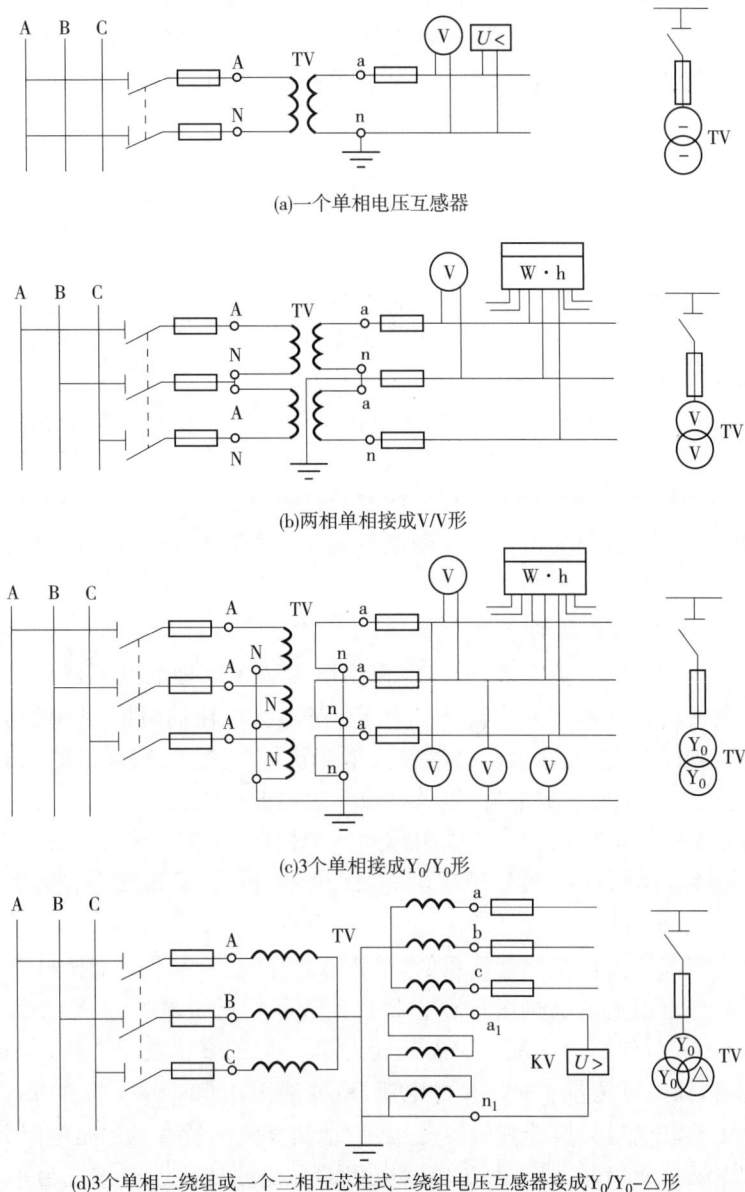

(a)一个单相电压互感器

(b)两相单相接成V/V形

(c)3个单相接成Y_0/Y_0形

(d)3个单相三绕组或一个三相五芯柱式三绕组电压互感器接成$Y_0/Y_0-\triangle$形

图 5-6 电压互感器的接线方案

一个单相电压互感器的接线,如图 5-6(a)所示,可供仪表、继电器接于线电压。

两个单相电压互感器接成 V/V 形,如图 5-6(b)所示,可供仪表、继电器接于三相三线制电路中的各个线电压,它广泛应用在工厂变配电所的 6~10 kV 高压配电装置中。

三个单相电压互感器接成 Y_0/Y 形,如图 5-6(c)所示,供电给要求线电压的仪表、继电器和要求接于相电压的绝缘监视电压表,由于小接地系统在一次侧发生单相接地时,另两相电压要升高到线电压,所以绝缘监视电压表的量程不能按相电压选择,而应按线电压选择,否则在发生单相接地时,电压表可能被烧毁。

三个单相三绕组电压互感器或一个三相五芯柱式三绕组电压互感器接成 Y_0/Y_0-△(开口三角形)5-6(d)所示,其接成 Y_0 的二次绕组,供电给需线电压的仪表、继电器及绝缘监视用电压表,与图 5-6(c)的二次接线相同。接成开口三角形的的辅助二次绕组,接电压继电器。当一次电压正常时,由于 3 个相电压对称,因此开口三角形开口两端的电压接近于零。当一次电路有一相接地故障时,开口三角形两端将出现近 100 V 的零序电压,使电压继电器动作,发出故障信号。

4. 电压互感器的使用注意事项

(1)应根据用电设备的需要,选择电压互感器型号、容量、变比、额定电压和准确度等参数。

(2)接入电路之前,应校验电压互感器的极性。

(3)接入电路之后,应将二次线圈可靠接地,以防一、二次侧的绝缘击穿时,高压危及人身和设备的安全。

(4)运行中的电压互感器在任何情况下都不得短路。由于电压互感器的内阻抗很小,二次回路短路时会出现很大的短路电流,将损坏二次设备甚至威胁人身安全。因此其一、二次侧都应安装熔断器,并在一次侧装设隔离开关。

(5)在电源检修期间,为防止二次侧电源向一次侧送电,应将一次侧的刀闸和一、二次侧的熔断器都断开。

5. 直流分流器、分压器的应用

要测量一个很大的直流电流,就不能使用电磁感应原理的互感器配合电流表了,这时我们用到的是分流器。分流器是一个可以通过大电流的阻值很小的精确电阻,当电流流过分流器时,在它的两端就会出现一个毫伏级的电压,用毫伏电压表来测量这个电压,再将这个电压换算成电流,这就完成了大电流的测量。

分流器在结构上由锰镍铜合金电阻棒和铜带构成,并镀有镍层。分流器有插槽式和非插槽式两种,插槽式一般只用于额定 25 A 以下,非插槽式分流器的额定电流 30 A 到 15 kA 标准间隔均有。

直流电流表和分流器是配套使用的,电流表的表头实际上是毫伏电压表,分流器的额定压降要与电流表的满刻度量程一致。比如我们所说的 60 mV 分流器,是指其额定压降是 60 mV,就要给它配一块满刻度为 60 mV 的毫伏表。当然,60 mV 分流器也有各种规格,如果要测量 1 000 A 的电流,就要选用 0.000 06Q 的 60 mV 分流器。

直流分压器有电阻分压器和阻容分压器,地铁直流测量常见的是电阻分压器。分压器由多个电阻单元串联而成,利用串联电阻的分压原理将大电压变为小电压,比如地铁常见的 2 000 V/5 V。再用电压表配合进行直流电压的测量。

第二节　交流系统保护

按照保护的工作原理,可以将交流系统的保护分为电流型和电压型两种。

一、电流型保护的类型

在正常工作中,电气设备通过的电流一般不超过额定电流,若少量超过额定电流,在短时间内只要温升不超过允许值也是允许的,这也是各种电气设备应具有的过载能力。但当通过电气设备的电流过大,将因发热而使温升超过绝缘材料的承受能力,就会造成事故,甚至烧毁电气设备。在散热条件一定的情况下,温升决定于发热量,而发热量不仅决定于电流大小,而且还与通电时间密切相关。电流型保护就是基于这一原理构成的,它是通过传感元件检测过电流信号,经过信号变换、放大后,控制执行机构及被保护对象动作,切断故障电路。属于电流型保护的主要有短路保护、过电流保护、过载保护等。

1. 短路保护

当电气线路绝缘遭到损坏、负载短路、接线错误时,将产生短路现象。短路时产生的瞬时故障电流可达到额定电流的十几倍到几十倍,使电气设备或配电线路因过流产生电动力而损坏,甚至因电弧而引起火灾。短路保护要求具有瞬动特性,即要求在很短时间内切断电源。当电路发生短路时,短路电流引起电气设备绝缘损坏和产生强大的电动力,使电路中的各种电气设备产生机械性损坏。因此,当电路出现短路电流时,必须迅速、可靠地断开电源。短路保护的常用方法是采用熔断器、断路器或专门的短路保护装置,可以根据实际负荷去选用和整定动作值。

2. 过电流保护

过电流保护是区别于短路保护的一种电流型保护。所谓过电流是指供电线路或负荷超过其额定电流的运行状态,大负载的启动常常引起很大的过电流,由此引起的过电流一般比短路电流小,不超过 6 倍额定电流。在过电流情况下,电气设备并不是马上损坏,只要在达到最大允许温升之前电流值能恢复正常,还是允许的。较大的冲击负载,将使电路产生很大的冲击电流,以致损坏电气设备。过电流保护可以采用低压断路器、热继电器、电动机保护器、过电流继电器等。其中,过电流继电器是与接触器配合使用,即将过电流继电器线圈串联在被保护电路中,电路电流达到其整定值时,过电流继电器动作,其常闭触头串联在接触器控制回路中,由接触器去切断电源。这种控制方法,既可用于保护,也可达到一定的自动控制目的。

3. 过载保护

过载保护是过电流保护中的一种,也属于电流型保护。过载也是指负荷的运行电流大于其额定电流,但超过额定电流的倍数更小些,通常在 1.5 倍额定电流以内。引起过载的原因很多,如负载的突然增加、缺相运行以及电网电压降低等。若长期过载运行,电气设备的温升将超过允许值而使绝缘老化、损坏。过载保护应采用热继电器作为保护元件,热继电器具有反时限特性。但由于热惯性的关系,热继电器不会受短路电流的冲击而瞬时动作。由于过载保护特性与过电流保护不同,故不能采用过电流保护方法来进行过载保护,因为引起过载保护的原因往往是一种暂时因素。例如,由于负载的临时增加而引起过载,过一段时间又转入正常工作,对电气设备来说,只要过载时间内不超过允许温升是允许的。过载保护要求保护电气设备具有反时限特性,即根据电流过载倍数的不同,其动作时间是不同的,它随着电流的增加而减小。

二、电压型保护的类型

电气设备都是在一定的额定电压下才能正常工作,电压过高、过低或者工作过程中非人为因素的突然断电,都可能造成电气设备的损坏或人身事故。因此在电气线路设计中,应根据要求设置失压保护、欠电压保护及过电压保护。

1. 失压保护

对电网来说,许多负荷同时投入,会引起不允许的过电流和过大的电压降,而电热类电气设备则可能引起火灾。为防止电压恢复时电气设备自行投入工作而设置的保护,称为失压保护。采用接触器和按钮控制电气设备的分、合,就具有失压保护作用。因为如果在正常工作中电网电压消失,接触器就会自动释放而切断负荷电源;当电网恢复正常时,由于接触器自锁电路已断开,设备就不会自行启动。但如果不是采用按钮,而是用不能自动复位的手动开关、行程开关等控制接触器,就必须采用专门的零压继电器。对于多位开关,要采用零位保护来实现失压保护,即电路控制必须先接通零压继电器。工作过程中一旦失电,零压继电器释放,其自锁也释放,当电网恢复正常时,设备就不会自行投入工作。

2. 欠电压保护

电气设备在有些应用场合下,当电网电压降到额定电压以下,如 60%~80% 时,就要求能自动切除电源而停止工作,这种保护称为欠电压保护。因为低压设备如电动机在电网电压降低时,其转速、电磁转矩都将降低甚至堵转。在负载一定的情况下,电动机电流将增加而影响设备正常工作,使机械设备损坏,造成人身事故。另外,由于电网电压的降低,如降到额定电压的 60%,控制线路中的各类交流接触器、继电器既不释放又不能可靠吸合,处于抖动状态并产生很大噪声,线圈电流增大,甚至过热造成电气元件和电动机的烧毁。除上述采用接触器及按钮控制方式时,利用接触器本身的欠电压保护作用外,还可以采用低压断路器或专门的电磁式电压继电器来进行欠电压保护,其方法是将电压继电器线圈跨接在电源上,其常开触头串接在接触器控制回路中。当电网电压低于整定值时,电压继电器动作,使接触器释放。

3. 过电压保护

电磁铁、电磁吸盘等大电感负载及直流电磁机构、直流继电器等,在通断时会产生较高的感应电动势,较高的感应电动势易使工作线圈绝缘击穿而损坏,因此必须采用适当的过电压保护措施。通常过电压保护的方法是在线圈两端并联一个电阻,电阻串电容或二极管串电阻等形式,以形成一个放电回路,从而实现过电压保护。

三、数字型的微机继电保护

这种保护装置是把保护元件输入的模拟电气量经模/数转换器(A/D)变换成数字量,利用计算机进行处理和判断。微机继电保护装置由硬件部分和软件部分组成。微机保护硬件部分原理接线图如图 5-7 所示。

被保护元件的模拟量(交流电压、电流)经电流互感器 TA 和电压互感器 TV 进入到微机继电保护的模拟量输入通道。由于需要同时输入多路电压或电流(如三相电压和三相电流),因此要配置多路通道。在输入通道中,电量变换器将电流和电压变成适用于微机保护用的低电压量(±5~±10 V),再由模拟低通滤波器(ALF)滤除直流分量、低频分量和高频分量及各种干扰波后,进入采样保持电路(S/H),将一个时间上连续变化的模拟量转换为在时间上的离散量,完成对输入模拟量的采样。通过多路转换开关(MPX)将多个输入电气量按输入时间前后分开,依次送到模数转换器(A/D),将模拟量转换为数字量进入计算机系统进行运算处理,判断是否发生故障,若发生故障则跳闸信号通过开关量输出通道输出,经光电隔离电路送到出口继电器发出跳闸脉冲给断路器跳闸绕组 YR,使断路器跳闸,切除系统故障部分。

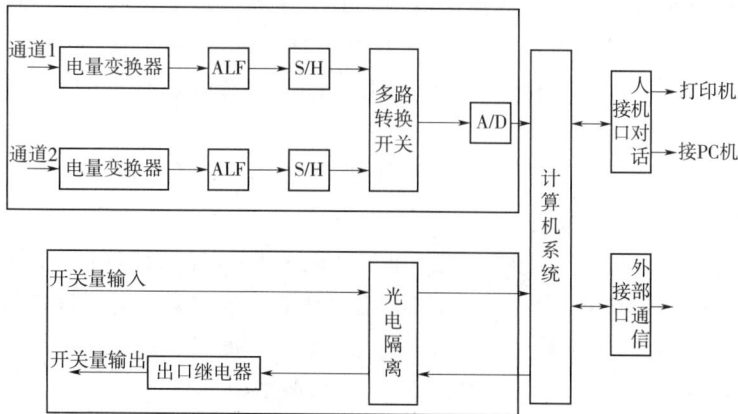

图 5-7 微机继电保护硬件部分原理框图

软件部分是根据保护工作原理和动作要求编制的计算机程序,不同原理的保护其计算机程序不同。微机保护的计算机程序是根据保护工作原理的数学模型来编制的。通过不同的算法实现不同的功能。计算机根据系统运行方式改变能自动改变动作的整定值,使保护具有更大的灵敏性。保护用计算机有自诊断能力,不断地检查和诊断保护本身是否有故障并及时处理,大大地提高了保护装置的可靠性,并能实现快速动作的要求。

四、地铁供电交流 35 kV 系统常用保护配置

1. 定时限零序过电流保护

零序电流保护的基本原理是基于基尔霍夫电流定律:流入电路中任一节点的复电流的代数和等于零,即 $\Sigma I=0$,它是用零序 CT 作为取样元件。在线路与电气设备正常的情况下,各相电流的矢量和等于零(对零序电流保护假定不考虑不平衡电流),因此,零序 CT 的二次侧绕组无信号输出(零序电流保护时躲过不平衡电流),执行元件不动作。当发生接地故障时的各相电流的矢量和不为零,故障电流使零序 CT 的环形铁芯中产生磁通,零序 CT 的二次侧感应电压使执行元件动作,带动脱扣装置,切换供电网络,达到接地故障保护的目的。

动作条件:$\Sigma i > \Sigma I$;$t > T$。保护配置范围:所有 35 kV 开关柜。

2. 速断和定时限过流保护

速断保护是线路的主保护,一般 0 s 跳闸。保护范围为线路全长的 70% 左右。

过流保护是线路的后备保护,一般经延时后跳闸。保护范围为线路全长且延伸到下级线路(如果有的话)的一部分。瞬时电流速断保护与过电流保护的区别:

瞬时电流速断的动作电流值不是躲过最大负荷电流,而是必须大于保护范围内外部短路时的最大短路电流,即按躲过被保护线路末端可能产生的三相最大短路电流来

整定。从而使速断保护范围被限制在被保护线路的内部,从整定值上保证了选择性,因此可以瞬时跳闸。当在被保护线路外部发生短路时,它不会动作。所以不必考虑返回系数。由于只有当短路电流大于保护装置的动作电流时,保护装置才能动作,所以瞬时电流速断保护不能保护设备的全部,也不能保护线路的全长,而只能保护线路的一部分。对于最大运行方式下的保护范围一般能达到线路全长的 50% 即认为有良好的保护效果。对于在最小运行方式下的保护范围能保护线路全长的 15%～20% 即可装设。保护范围以外的区域称为"死区",因此,瞬时电流速断保护的任务是线路始端短路时能快速地切除故障。

动作条件:$i > I$;$t > T$。保护配置范围:所有 35 kV 开关柜。

3. 过负荷保护

当负载的工作电流达到其额定工作电流时,经过一定的时间(设定)发出信号,可以启动报警器或指示灯。当负载的工作电流继续上升达到额定电流时,断路器立即自动跳闸切断负载电源,使负载停止工作,有效地保护了负载的安全。

动作条件:$i > I$;$t > T$。保护配置范围:所有馈出柜。

4. 失灵保护

当系统发生故障,故障元件保护动作而其断路器操作失灵拒绝跳闸时,通过故障元件的保护作用使与本变电站相邻断路器跳闸,有条件的还可以利用通道,使远端有关断路器同时跳闸的接线称为断路器失灵保护。

一般是分相判别的相电流元件动作后,输出两组起动接点,与外部动作保护接点串联后在线路、母联或分段断路器失灵时去起动失灵保护。

动作条件:$i > I$;$t > T$;相关保护跳闸启动后。保护配置范围:所有馈出柜。保护动作范围:本所的进、出线柜和母联柜。

5. 母联自投

当电源线路故障或变压器故障时导致一段母线失电,启动母联合闸,由另一段电源提供整个线路的供电需求,保证供电的可靠性。

动作条件:自投投入;一段母线进线无流;另一段母线有压;母联分闸位置。保护配置范围:母联柜。

6. 电流差动保护

原理:比较线路或变压器两端的电流,即可判断是否发生了内部故障。通常的比较方法是将两端电流相减(向量差),根据差值判断该线路是否发生了内部故障。所以,称为差动保护。

动作条件:$\Delta i > \Delta I$;$t > T$。保护配置范围:主变压器,进、出线柜。保护动作范围:变压器各侧断路器,某一段电缆两个终端的进、出线柜,并且启动母联自投装置。

7. 动力变压器保护

输出报警及合闸闭锁信号的情况:动力变柜门打开;动力变装置故障;温度传感器故障;动力变温控器失电。

输出跳闸信号的情况:动力变超温跳闸。

8. 整流变及整流器保护

整流变保护:电流速断;定时限过电流;过负荷;温度保护(包括整流变超温跳闸、

整流变温控器失电报警、温度传感器故障报警等）。干式变压器温控示意图如图 5-8 所示。

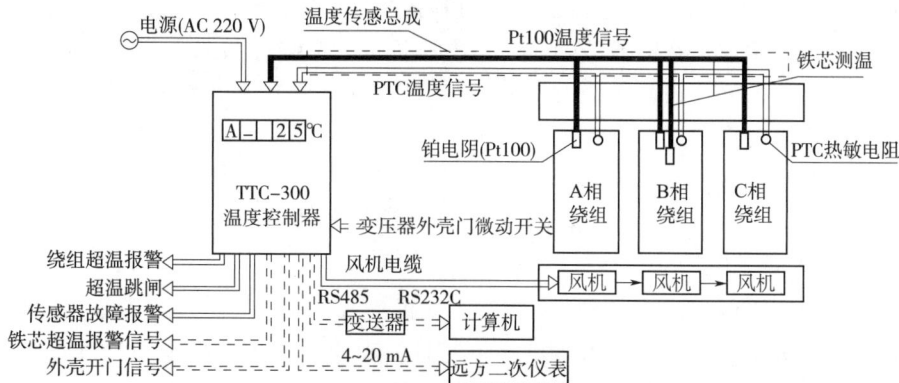

图 5-8 干式变压器 TTC-300 温度显示控制系统示意图

整流器保护：母排超温跳闸；散热器超温跳闸；压敏电阻故障报警；柜门打开未就绪报警；一个快熔熔断报警；两个快熔熔断跳闸。

第三节 直流系统保护

直流系统的保护按照被保护设备分为整流机组保护、直流开关保护、直流柜框架保护和钢轨电位保护等。

一、整流器保护

1. 换相过电压保护

在整流元件换相瞬间，由于载流子积累效应产生过电压，其最大值可以达到正常反向电压的 5～7 倍，为防止整流二极管在承受换相电压时产生过电压而遭到损坏，必须在阳极与阴极之间并接电容保护。电容两端电压不能突变，所以能吸收浪涌电压，为了防止电容与整流二极管组成的回路引起振荡而产生瞬间剧增电流，需串入换相电阻。

2. 交直流侧过电压保护

为限制直流侧或整流器交流进线侧可能出现的过电压，例如开关操作过电压或大气过电压，在整流器直流输出端并联安装 RC 和压敏电阻 R_y 过电压限制回路。RC 电路由串联阻尼电阻 R1 和电容 C1 组成。另外，在整流器的直流输出端还并联起稳压作用的电阻 R2，用于限制整流器的空载电压，如图 5-9 所示。

3. 整流器内部短路保护

当某个二极管失去反向截止能力，即造成整流器交流进线相间短路，我们称这种情况为整流器内

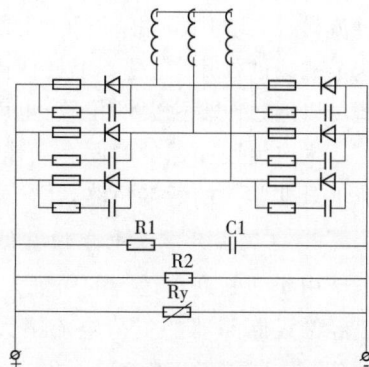

图 5-9 整流桥保护示意图

部短路。针对整流器内部短路故障,可在整流器设置快速熔断器和逆流监视。

4. 整流臂逆流监视单元

对于内部短路故障,可在整流器上设置逆流保护,该逆流保护由逆流电流互感器和逆流保护单元组成。在整流器的每一个整流桥臂上都装有一个穿心式电流互感器,这种电流互感器的铁芯由高等级的镍铁合金组成,具有近似于矩形的磁滞回线。

如果整流桥臂内的某个二极管反向击穿,则在这个二极管支路上的熔断器开始熔断的弧前时间和燃弧时间内,将有故障电流流过这个桥臂,而接在电流互感器二次侧的逆流保护单元就有信号输出,该输出信号可用作熔断器熔断指示信号。

5. 整流器温度保护

整流器内部设两种温度保护,一种是母线温度保护;另一种是二极管温度保护。温度传感器是分别安装在整流器最热部位的母线和二极管散热器上。母线及二极管温度保护分别各设两个定值,一个是报警温度,另一个是跳闸温度。

6. 电流保护

整流机组应设以下电流保护:

(1)过载保护;

(2)过流保护;

(3)电流速断保护。

二、直流开关保护

直流开关设备的主要保护有大电流脱扣保护、DDL保护、热过负荷保护、电流定时限保护(I_{max+},I_{max-})、低电压保护、双边联跳保护、线路测试功能、自动重合闸功能、逆流保护、交流联跳直流等。下面分别就几种保护动作原理及组成逐一做简单介绍。

1. 大电流脱扣保护

大电流脱扣保护是高速直流断路器自带的一种保护类型,由开关生产厂家提供,它采用了电磁脱扣原理,主要用于快速切除近端金属性短路故障(此时故障电流非常大,一般超过10 000 A)。如瑞士赛雪龙(Secheron)公司的直流断路器,在其内设有一个跳闸装置(由一个钢片层压的固定引铁和一个可移动引铁组成),可移动引铁与一个弹簧微调螺钉相连接,用于调节跳闸动作值,另外还有一个动铁芯用于触发跳闸。在过流(短路或过载)的情况下,主回路中的绕组在固定引铁内产生一个磁场,动铁芯受这个磁场的作用,通过一个杠杆推动棘爪,从而释放动触头,使断路器跳闸。跳闸动作值可以通过改变磁路的位置,也就是空气气隙的大小而改变。

大电流脱扣保护的固有动作时间仅几毫秒,所以速动性和灵敏性非常高,尤其电流上升非常快的近端短路,往往先于其他保护动作。

2. 电流上升率及电流增量保护

由于地铁列车运行的密度大,在一个供电区内往往会有几辆列车同时启动,此时流经馈线断路器的负荷电流很大,如果采用普通的过电流保护,往往会造成保护误动作,影响列车正常运行,因此现代地铁供电系统普遍采用电流上升率保护(di/dt)及电流增量保护(ΔI)来解决这一问题。列车正常的启动电流与故障短路电流在电流变化量上有比较明显的区别,假设列车的最大工作电流为4 000 A,列车启动时电流从零增长到最大电流值需要 8 s,那么一列列车正常的启动电流上升率仅为 500 A/s。而故障电流的上升率可达到多列列车启动电流的几十倍甚至上百倍。di/dt 和 ΔI 保护就是根据故障电流和正常工作电流在变化率这一特征上的不同来实现保护功能的。

在实际运用中,di/dt 和 ΔI 是通过相互配合来实现保护功能的,而且这两种保护的启动条件通常都是同一个预定的电流上升率值。在启动后,两种保护进入各自的延时阶段,互不影响,哪个保护先达到动作条件就由它来动作。一般情况下,di/dt 保护主要针对中远距离的非金属性短路故障,ΔI 主要针对中近距离的非金属性短路故障。

在直流牵引供电系统中,由于采用直流供电制,因此在交流供电制中采用的电流互感器、电压互感器等测量元件均不能采用,一般快速断路器与负荷之间设置了一个分流器,电流流过分流器时产生一个低电压,该电压经过隔离放大器的隔离、放大,转换成标准信号送给保护单元,由保护单元进行计算并发出跳闸信号。

(1)di/dt 电流上升率保护(以下简称 di/dt 保护)。在运行中,保护单元不断检测电流上升率,当电流上升率高于保护设定的电流上升率时,di/dt 保护启动,进入延时阶段。若在整个延时阶段,电流的上升率都高于保护设定值,那么保护动作;若在延时阶段,电流上升率回落到保护设定值之下,那么保护返回。

图 5-10 所示为一个电流波形在两种保护整定值下的动作情况,在图 5-10 中分别用"①"和"②"来代表这两种情况。图 5-10 中,在点ⓐ由于电流上升率高于 di/dt 保护整定值,保护启动。在 b 点,对于情况①来说保护延时达到 di/dt 保护延时整定值,且在ⓐ与 b 之电流上升率始终高于 di/dt 保护整定值,保护动作。对于情况②,在 c 点,电流上升率回落到保护整定值以下,而此时保护延时整定值尚未达到,保护返回。

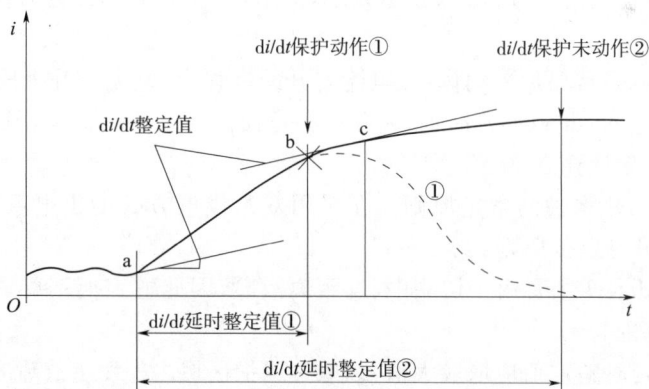

图 5-10 di/dt 保护典型动作特性

(2)ΔI 电流增量保护(以下简称 ΔI 保护)。在 di/dt 保护启动的同时,ΔI 保护也启动,并进入保护延时阶段,保护单元开始计算电流增量。若电流上升率一直维持在 di/dt 保护整定值之上,且电流增量在 ΔI 保护的延时后达到或超过保护整定值,则保护动作。

在计算电流增量的过程中,允许电流上升率在相对较短的时间内回落到 di/dt 保护整定值之下,只要这段时间不超过 di/dt 返回延时整定值,则保护不返回,反之保护返回。图 5-11 所示是 ΔI 保护针对几种典型电流曲线的动作情况。

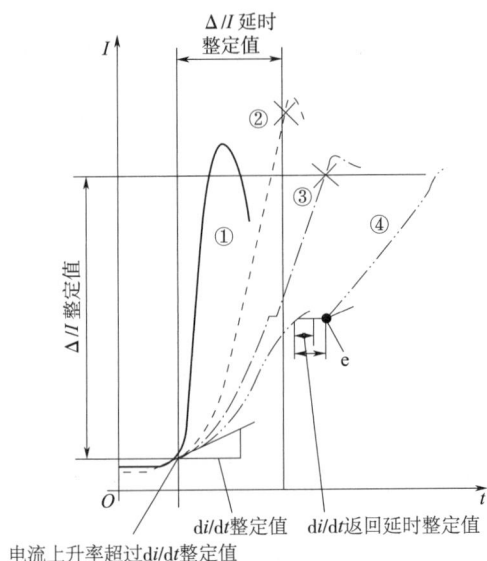

图 5-11　ΔI 保护典型动作特性

电流曲线①：表示保护未动作，电流增量虽然在延时时间段内超过 ΔI 整定值，但延时时间过后电流没有达到 ΔI 整定值。这种保护特性可以躲过列车经过接触网分段绝缘器时的冲击电流和接触网滤波器充电电流。

电流曲线②：表示保护动作，延时后电流增量超过 ΔI 整定值，且在延时时间段内电流上升率一直维持在 di/dt 保护整定值之上。

电流曲线③：表示保护动作，电流增量超过 ΔI 整定值。在电流上升的过程中，虽然电流上升率曾经回落到 di/dt 整定值以下，但未达到 di/dt 返回延时值，因此保护未返回。

电流曲线④：表示保护未动作，在电流上升的过程中，电流上升率回落到 di/dt 整定值以下，且超过 di/dt 返回延时值，因此保护返回。在 e 点保护重新启动，并以 e 点作为新基准点重新计算 ΔI 电流值。

（3）di/dt 和 ΔI 保护的整定原则。在采用双边供电方式的供电系统中，di/dt 和 ΔI 保护整定应遵循以下原则：

①由于 di/dt、ΔI 主要用于切除中、远距离故障，因此整定值不要取得太大，以获得较大的保护范围。

②di/dt 的延时整定值应取较大值，以躲过保护区域之外发生故障时的故障电流，如越区故障。

③ΔI 的整定值应足够大，以躲过列车启动电流、列车经过接触网分段绝缘器时的冲击电流和接触网滤波器充电电流，这点主要利用保护的延时实现。

④供电系统设计时考虑的情况与实际情况往往有一定的差距，di/dt 及 ΔI 保护的整定值除了理论计算外，必须经过相应的现场短路试验来最终确定，并且在投入运行后不断总结修改。

3. 定时限过电流保护

定时限过流保护也是一种基于电流幅值的保护，和前面所介绍的大电流脱扣保护相比，大电流脱扣保护应躲过机车正常启动时的最大电流，而定时限过流保护电流整定值较低，但时限较长，启动时不需躲过机车起动最大电流，而是靠延时来区分故障电流和机车起动电流。其动作时限一般为十几秒到几十秒之间，所以其缺点是不能快速切断故障电流，因而作为一种后备保护。

（1）正向过电流保护。图5-12所示为正向过流保护曲线图，曲线 I_{t1} 的电流两次超过 I_{max+} 值，但持续时间都小于 T_+ 值，所以不被视为故障情况，这种短时间的大电流可能是由于多台机车在某一时刻同时加速而产生的，在曲线 I_{t2} 中的电流超过了 I_{max+} 值，且持续时间大于 T_+ 值，因此被视为故障情况，正向过流保护将动作，向直流馈线断路器发出跳闸信号。

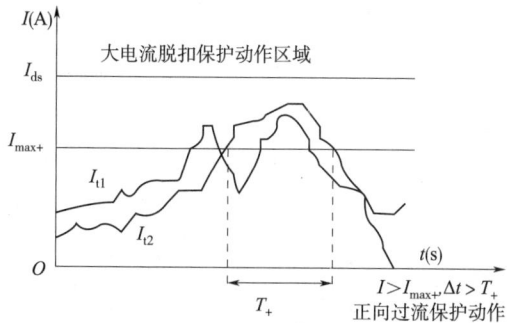

图5-12　正向过电流保护曲线

这是基于电流幅值的判别方法，当馈电电流超过设定电流值 I_{max+} 或 I_{max-} 值，则启动保护，同时定时器计时，当延时达到 t_{set}，断路器跳闸。这是针对电流较小的短路故障设置的后备保护。

（2）反向过电流保护。当机车处于再生状态或当地牵引变电所整流机组退出运

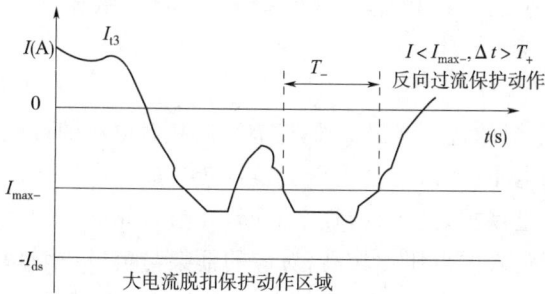

图5-13　反向电流保护曲线图

行，所内直流馈线被用于直流越区供电回路时，如果线路发生故障，会有反向电流通过直流馈线断路器，反向过流保护用于检测并清除该故障。图5-13所示为反向过流保护曲线图。图中曲线 I_{t3}，电流超过 I_{max-} 值，且持续时间大于 T_- 值，因此被视为故障情况，反向过流保护将动作，向直流馈线断路器发出跳闸信号。

4. 接触网过负荷保护

若设备长期处在过负荷运行的情况下，将会导致直流馈出电缆，特别是架空接触网发热甚至瘫痪，发生此类故障时应切除过载运行的线路，待恢复冷却后再投入运行。其工作原理是保护单元连续测量馈线电流，同时根据接触网的电阻率、电阻率修正系数、长度、横截面积、电流，计算出接触网的发热量，从而再根据接触网和空气的比热等热负荷特性及通风量等环境条件，计算出接触网的温度。如果该温度超过设定值，保护单元发出跳闸信号、分开馈线断路器，待一段时间冷却后开关才能重新合闸，如图5-14所示。

不过这种算法比较复杂，在实际应用中一般采用反时限过负荷保护的方式，即电流过载倍数越大，允许持续的时间越短。在保护单元内存储了许多不同大小的动作电流值，对应不同的电流值有不同的跳闸延时，许多值组成了一条跳闸特性曲线，该曲线实际上是一条反时限特性曲线，电流值越大，延时越短，如图5-15所示。

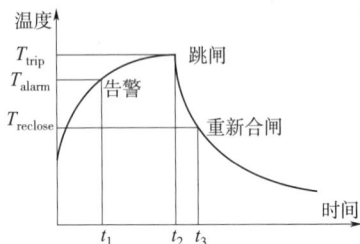

图 5-14　接触网热过负荷保护动作时序图

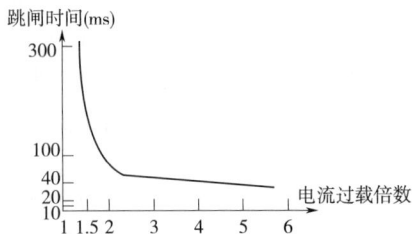

图 5-15　接触网反时限过负荷保护

5. 直流开关柜框架保护

(1)电流型框架保护

为了防止直流牵引供电设备内部绝缘能力降低时造成人身危险,每个牵引降压变电所内设置了一套直流系统框架泄漏电流保护装置,该保护包含反映直流泄漏电流的过电流保护。变电所内直流牵引系统设备(包括直流开关柜、负极回流柜、整流器柜)的外壳不是直接接地,所有的外壳通过电缆接在一起(简称为框架),经过一个分流器再接到大地,对地有一定的电阻。当框架对地有泄漏电流时,电流经过分流器流向大地,这个电流再产生一个电压,通过电流变换器转换成电压信号输入到保护装置内进行判断,如达到保护装置的整定值则保护输出动作,从而保证人身与设备的安全。

(2)电压型框架保护

框架保护除了包含反映直流泄漏电流的过电流保护外,还有反映接触电压的过电压保护。同样,框架与负极(钢轨)间的电压信号,经过电压变换器转换成一个低电压信号输入保护装置,输入的电压信号经过保护装置内的程序判断,并与事先储存的反时限延时曲线比较,当保护单元检测到输入的电压比较高,对应的框架与负极(钢轨)之间的电压已经达到或超过整定值时,输出信号使短路器跳闸。图 5-16 为框架保护的示意图。

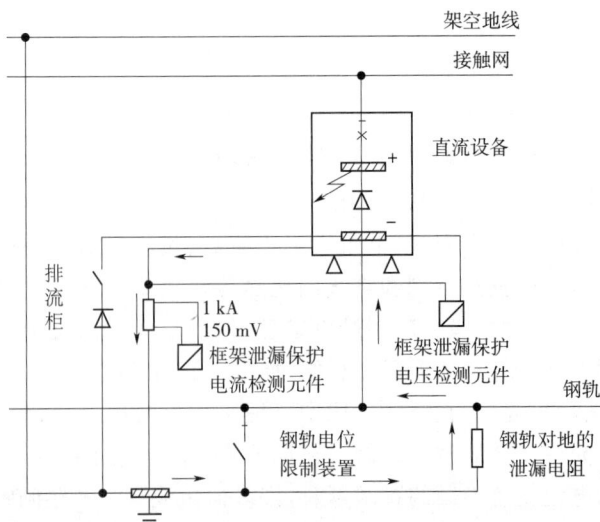

图 5-16　框架泄漏保护及钢轨电位限制装置接线示意图

6. 钢轨电位保护

在利用钢轨回流的直流牵引供电系统中(钢轨对地为绝缘安装),为了防止钢轨电压过高而对人身造成的伤害,在钢轨与保护接地之间安装了钢轨电位限制装置,如图 5-17 所示。其功能是不断地检测钢轨与保护接地之间的电位差,当出现危险电压时,则自动将钢轨与保护接地进行短接。

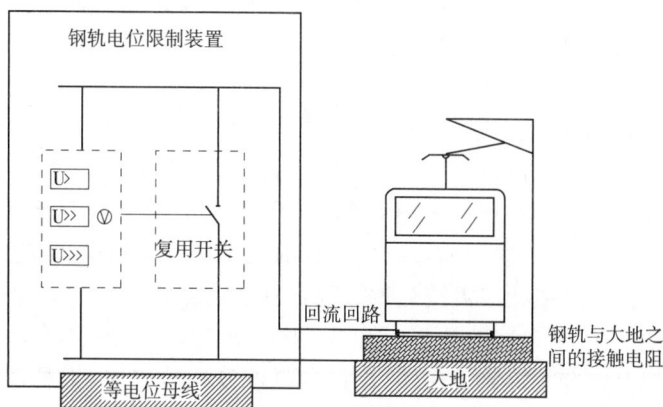

图 5-17　轨电位限制装置

钢轨电位限制装置一般由接触器、晶闸管回路、测量和操作回路、信号接口端子、保护装置、防凝露加热器、状态显示设备等组成。控制原理采用了闭环控制,即使在失去辅助电源的情况下,也可以保持将钢轨和大地短接,保证人身安全。一旦电源恢复,短路装置将恢复断开。

下面以 NPMPD 型钢轨电位限制装置进行原理和应用的说明。

NPMPD 型钢轨电位限制装置主要包含下列元件:复用开关、电压测量元件、PLC 逻辑控制模块。复用开关由直流接触器和晶闸管模块组成;它可以将钢轨与大地通过等电位母线短接。在正常情况下,直流接触器的触头是断开的,同时晶闸管处于截止状态。钢轨与大地之间的电压由电压表检测并显示,而由电压测量元件和晶闸管模块来判断电压并执行相应动作。装置具有:一段电压保护 $U>$,二段电压保护 $U>>$,三段电压保护 $U>>>$,低电压保护 $U<$。图 5-18 是其基本电路。

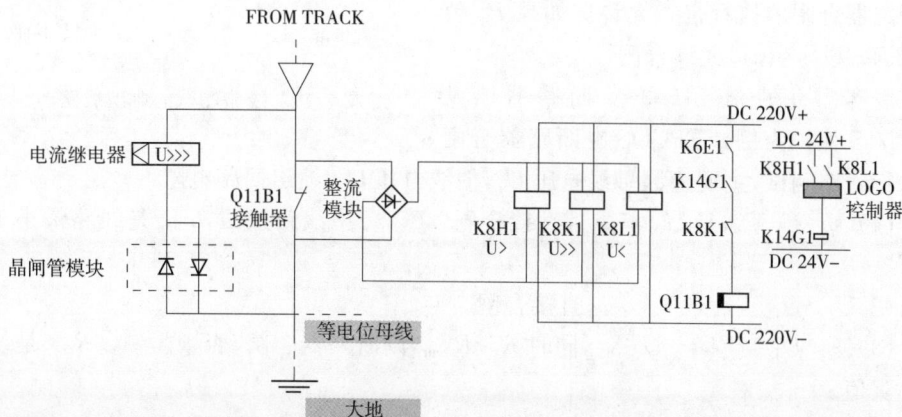

图 5-18　钢轨电位限制装置基本回路原理

（1）当走行钢轨与等电位母线间的电压值小于一段电压保护（$U>$）的设定值，在这种情况下直流接触器是开断的，即主触头断开。

（2）当测得的电压值大于或等于电压测量元件 $U>$ 的阀值，经过一段设定的延时后，该装置将回流回路有效短接。如果这时的电压值小于一段电压保护（$U>$）的阀值，则钢轨电位限制装置经过一段可调整的延时后再进入正常状态。如果电压值又大于一段电压保护（$U>$），则钢轨电位限制装置再次发生短路。此过程一直持续到电压又保持在许可范围内，或短路次数达到预定数，短路装置即会闭锁。当闭锁时，需按复位按钮将其复归。

（3）如果测得的电压值大于或等于二段电压保护（$U>>$）的阀值，接触器立即闭合，钢轨与大地将被无延时短接。短路装置被闭锁，需按复位按钮将其手动复归。

（4）如果电压超过三段电压保护（$U>>>$）的阀值，即当电压大于（600 ± 50）V时，则晶闸管元件立即导通以抵消直流接触器的机械延时，同时直流接触器被激活，而闭锁状态继续保持。闭锁状态需按复位按钮将其手动复归。

（5）本钢轨电位限制装置的控制回路采用闭环原理，一旦控制电源发生故障，装置会自动将钢轨与大地有效短接。这样，在控制电源发生故障时，人员及设施安全得到保障。控制电源的失压能通过远程信号传递。

（6）直流接触器一、二次回路故障发生时，控制器将故障信号输出同时闭锁合闸，需按复位按钮将其手动复归。若直流接触器因故障而不能闭合，在电压大于（600 ± 50）V时，此功能由晶闸管元件执行。若电压小于 $U<$ 定值，经一段时间延时，系统报故障同时闭锁输出。需按复位按钮将其手动复归。

7. 线路测试

每个馈线柜中都有线路检测装置，在合闸前，对线路段进行测试，以防止断路器合到故障线路上，图 5-19 为线路测试的典型线路图。

线路测试接触器短暂的合闸以通过接触网上的变压器（通常为 AC 220 转化为 200 VDC），检测线路侧电阻 R_x，以其值来决定断路器合闸的执行是否允许。如果 R_x 值高于 R_{min} 设定值时，允许合闸。

以赛雪龙直流 1 500 V 断路器以及 SEPCOS 保护为例，SEPCOS 在断路器合闸

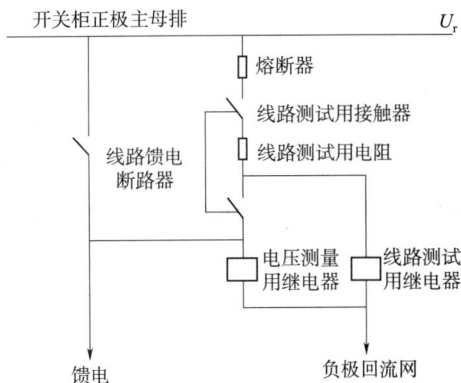

图 5-19　线路测试的典型线路图

前进行线路测试，主要检测母线电压 U_r，馈线电压 U_f，馈出回路电阻 R。

（1）$U_r<U_{residue}$，且 $U_f>U_{flow}$，直接合闸。$U_{residue}$ 指线路残压，U_{flow} 是线路最小工作电压。

（2）$U_r>U_{flow}$，且 $U_f>U_{flow}$，直接合闸。

（3）$U_r>U_{flow}$ 且 $U_f<U_{residue}$，同时 $R\geqslant R_{rmin}$，则断路器合闸，否则闭锁。R_{rmin} 是线路最小阻值。

线路测试电路与重合闸、闭锁之间是紧密结合的，重合闸信号的输出不能直接启动断路器开关的闭合，而是必须经过线路测试，判断能否合闸，并由线路测试来确定断

路器闭合与断开的命令信号。线路测试的测试次数可调,每次测试时间和两次测试间隔也可调。

8. 双边联跳保护

联跳功能(或转移联跳)主要对同一区段供电的断路器柜间的相互联锁控制,保证与故障(例如短路)线路的完全隔离。根据保护装置的工作模式,装置可发出脉冲或持续的联跳信号。只有在工作位置时保护装置才发送联跳信号。

直流双边联跳保护,其功能是通过联跳电缆及两侧直流开关柜中配置的联跳继电器来实现的,双边联跳可通过开关或显示单元投退。图 5-20 是双边联跳示意图。

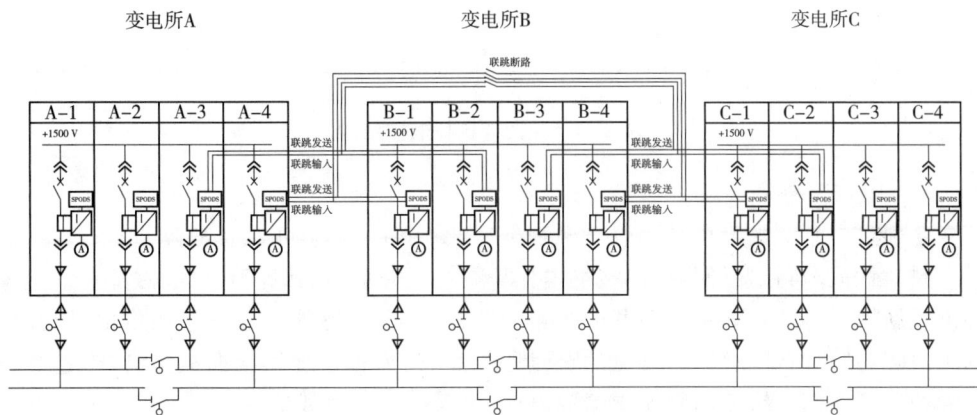

图 5-20 双边联跳示意图

(1)相邻变电所间双边联跳。当本变电所一台断路器跳闸时,必须使相邻变电所内向同一区间供电的断路器同时跳闸;其功能可通过联跳电缆及两侧直流开关柜中的联跳继电器来实现,每条馈线 SEPCOS 数字式保护监控单元的联跳接收与发送采用独立的回路。

其具体实现过程为:首先,由一个变电所的一台馈线柜内 SEPCOS 型微机综合测控与保护装置联跳发送回路发出 联跳信号,然后,经联跳发送继电器及相邻变电所间的联跳电缆,将此联跳信号发送到相邻变电所的向同一区间供电的馈线柜内,最后,经该柜内联跳继电器进入 SEPCOS 型微机综合测控与保护装置,使其实现联跳断路器动作。

(2)越区供电时三个变电所间联跳。当处于中间的变电所退出运行时,合越区隔离开关进行越区供电时,其相邻的两个变电所馈线断路器可以进行联跳信号转换。联跳发送继电器的输出信号通过联跳转换继电器传送给下一牵引变电所的相应馈线柜的联跳接收继电器。联跳转换只与本所馈线柜间接线有关,不需要任何外界连线。

(3)双边联跳控制逻辑。对于框架保护电流元件动作与电流保护动作产生的联跳信号采用不同的节点输出(支持 DC 220 V)框架电流元件动作产生大于 4 s 的联跳信号,联跳并闭锁邻站重合,邻站可就地或远方复归后试送。电流保护动作产生的联跳信号为 2 s 脉冲,邻所断路器与本所断路器各自经线路测试重合闸,具体联跳逻辑可在设计联络中确认。图 5-21 为双边联跳控制逻辑图。

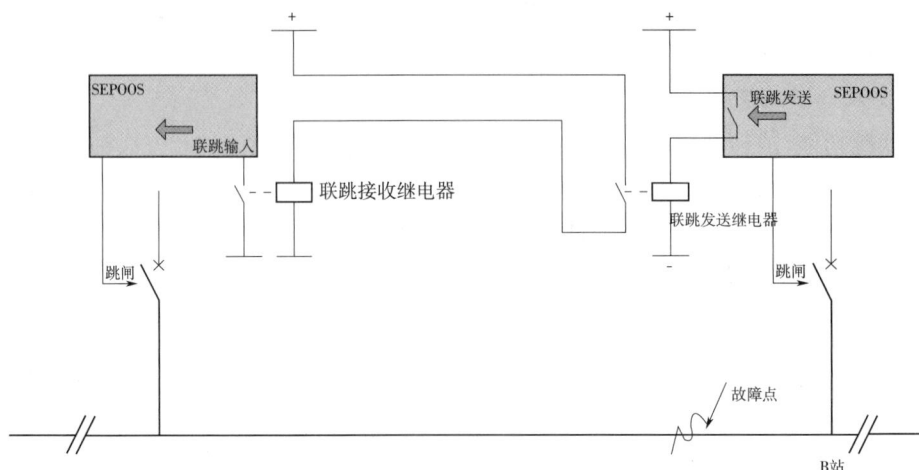

图 5-21　双边联跳控制逻辑图

9. 自动重合闸

牵引供电系统故障可分为以下两种类型,瞬时性故障和永久性故障。

瞬时性故障:在接触网线路被继电保护迅速断开后,电弧即行熄灭,故障点的绝缘强度重新恢复,此时,如果把断开的线路断路器再合上,就能恢复正常的供电,因此称这类故障为"瞬时性故障"。常见的瞬时性故障有:列车逆变器换向故障、雷击过电压引起绝缘子表面闪络或角隙避雷器放电、大风时的短时碰线等。

永久性故障:在线路被断开以后,故障仍然存在,这时即使再合上电源,由于故障仍然存在,线路还要被继电保护再次断开,因而就不能恢复正常的供电。此类故障称为"永久性故障"。

因此,在直流馈线开关柜中设置了自动重合闸功能,通过线路测试回路,计算线路残余电阻来判别故障性质,决定是否进行自动重合闸的功能。

(1)自动重合闸的原则

①正常操作断路器合闸时,对线路进行多次测试(一般设定为三次),通过电流和电压的测量,计算线路残余电阻。线路正常则允许合闸,如线路存在持续性故障,则闭锁合闸。

②当接触网发生故障时,断路器分闸,起动线路测试,并根据测试结果判别故障性质,如故障是瞬时性的,自动重合闸将使断路器重新合闸;如故障是永久性的,直流断路器不进行重合闸。框架保护不起动线路测试及重合闸。

(2)自动重合闸条件

①馈线开关控制单元是否处于"自动模式"。所谓"自动模式"是指馈线开关控制单元在无保护装置动作及故障跳闸的前提下,从接到合闸指令开始,进入的运行模式。是否处于自动模式,决定断路器跳闸后是否进行重合闸。

当接到分闸指令;框架保护动作或接到框架保护联跳信号;或有开关柜内部故障(MCB跳闸、断路器故障、断路器小车故障)信号时,控制单元退出自动模式,不进行重合闸操作。

②馈线断路器处于分闸状态。

③无接触网热过负荷跳闸信号。

④无联跳信号。

（3）重合闸与防跳功能

直流馈线开关的自动重合闸动作过程是通过柜控制单元内部程序来控制的。赛雪龙直流开关柜 SEPCOS 具有通过线路测试回路，判别故障性质的自动重合功能。正常操作断路器合闸时，能对线路进行多次测试，线路正常允许合闸，如果线路存在持续性故障，闭锁合闸。当接触网发生故障时，断路器分闸，启动线路测试，并根据测试结果判别故障性质，如果故障是瞬时的，自动重合将使断路器重新合闸；如果故障是永久的，直流断路器不合闸。框架保护不启动线路测试和重合闸。线路测试次数和测试时间及门限值可调。同时设置防跳功能，防止断路器持续的合闸在故障回路上。

第四节　低压系统保护

在正常工作中，低压电气设备通过的电流一般不超过额定电流，若少量超过额定电流，在短时间内只要温升不超过允许值也是允许的。而低压断路器保护装置的基本功能是在出现大于额定电流（即故障电流）情况下，使脱扣机构跳闸而分断电路，避免由于电气设备或元件的电流过大造成事故，甚至烧毁电气设备。

一、低压保护的类型

1. 短路保护

在电气设备发生短路故障时，由于短路电流的热效应和电动力效应，往往造成电气设备或电气线路的致命损坏，还有可能严重到使系统的稳定运行遭到破坏。因此，当系统中出现短路电流时，必须迅速、可靠地切除电源。在低压系统中，短路保护常用的方法是采用熔断器、断路器或专用的短路保护装置。不同的低压系统，其保护类型和动作定值可以根据实际负荷去选用。

在对主电路采用三相四线制或对变压器采用中性点接地的三相三线制的供电电路中，必须采用三相短路保护。若主电路容量较小，其电路中的熔断器可同时作为控制电路的短路保护；若主电路容量较大，则控制电路一定要单独设置短路保护熔断器。短路保护的特点是整定电流大、瞬时动作。电磁式电流脱扣器（或继电器）、熔断器常用做短路保护元件。

2. 过电流保护

过电流保护是反映故障时电流值增加的保护装置。在本章第二节中，已经对过电流保护做了详细的说明，此处不再做过多讨论。

过流保护分为定时限过流保护和反时限过流保护。继电保护的动作时间固定不变，与短路电流的大小无关，成为定时限过流继电保护。定时限过流继电保护的时间是由时间继电器设定的，时间继电器在一定的范围内连续可调，使用时可根据给定时间进行整定。

继电保护的动作时间与短路电流的大小成反比，称为反时限过流继电保护。短路电流越大，这种保护动作的时间越短；短路电流越小，保护动作的时间越长。

3. 过载保护

发生过载的主要原因有：导线截面选择不当，实际负载已超过了导线的安全电流以及"小马拉大车"现象,即在线路中接入了过多的大功率设备,超过了配电线路的负载能力。线路的过载保护宜采用自动开关。运行时,自动开关长延时动作整定电流不应大于线路长期允许负载电流。如采用熔断器作过载保护时,熔断器熔体额定电流应不大于线路长期负载电流。过载保护的特点是整定电流较小、反时限动作。热继电器、延时型电磁式电流继电器常用做过载保护元件。

二、低压断路器保护装置的保护特性

低压断路器保护装置的基本功能是在出现大于额定电流(即故障电流)情况下,使脱扣机构跳闸而分断电路,但究竟流过多大的电流或者流过电流多长时间才应该使其动作,必须要明确。因为有些过电流,如电动机的启动电流或高压照明灯点亮瞬时的冲击电流,是正常工作必然出现的电流,此时断路器不应当动作。这就要求要有延时特性;相反,在负载短路情况下出现的过电流,则应当瞬时切断电路。

断路器的负载电流大小与其保护动作(分断)时间早晚有关,这种关系称为其保护特性。现以图 5-22 所示的保护特性各段曲线来加以说明,曲线上被几个特殊的转折点分成几段,其中 ah 段的特点是电流越大,动作时间越短,具有反时限特性;cg 段近似水平线,时间很短,具有瞬时动作特性;与 hf 段近似平行的 ce 段,时间稍长,但基本不变;具有短延时特性的 gh 段属于定时限的,即在电流达到某一值后经过一定的短时间才动作。如果比 ce 段时间更长(其近似水平线比 ce 更高,图中未画出),则为长延时定时限特性。

低压保护的对象,如发电机、变压器、电灯、电动机等负载设备,以及连接电缆导线等都具有所谓的允许发热特

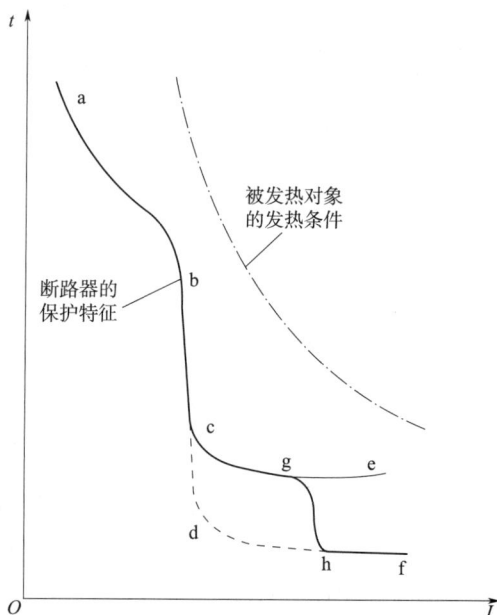

图 5-22　两段和三段保护特性曲线

性,即多大电流允许在多长时间内必须切断其电路。它们也必须与断路器的特性相配合,且在所有情况下均应使前者位于后者之上。如图 5-23 所示的被保护电器的特性曲线 C 应位于断路器特性曲线 A 或 B 之上,这样才能保证断路器在达到负载设备极限允许电流之前断开电路。但是选择不同的断路器,其动作时间就会有所不同。同样能启动保护作用,曲线 A 比曲线 B 更能充分利用保护与被保护电器的能力,曲线 B 会过早地将电路切断。此外,从另外一方面考虑,如果是保护电动机以及路灯等带电感、电容或反电动势冲击作用的负载,其启动和正常运行的电流-时间曲线可能如图 5-23 所示中虚线 D 所示。若选用具有特性 B 的断路器,在 ab 段就可能会使断路器动作,影响这些负载的正常启动,工作时也可能会引起振荡。因此,要求断路器一方面要保障在出现故障产生过电流情况下尽快断开;另一方面又要保证负载启动和正常工作情况下不致误动作。

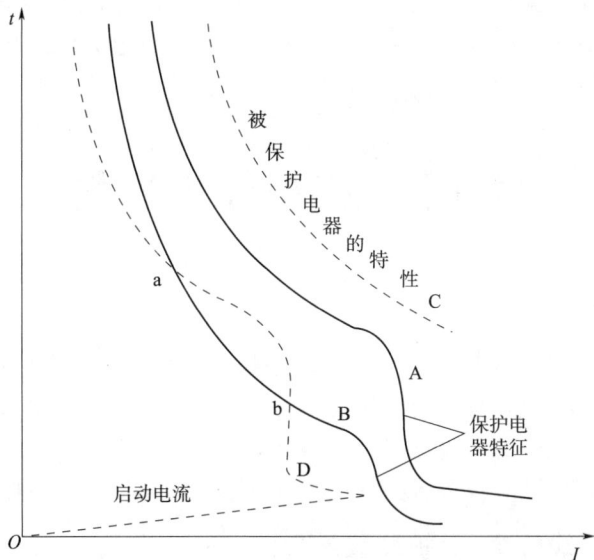

图 5-23　保护电器与被保护设备之间的特性配合

三、低压保护装置之间的动作匹配特性

在通往电气设备的电力传输线路上不只有一个保护电器,在系统内某点产生过载或短路时,如果对应于该故障点及该故障电流值而装设的特定的保护电器动作跳闸,而其他保护电器不动作跳闸,则可称这些保护电器之间的动作是匹配的。实际中,可采用不同的设计方法来确保这种匹配,如有的让各保护电器均衡地分担保护范围或者共同进行保护,而有的则是以一方的保护电器来保护另一方的保护电器设备。

现以图 5-24 所示电路来说明动作匹配中的选择性问题。假设在 K 点处产生短路故障而有短路电流 I_k 时,则当保护电器 A1 和 B 的保护特性如图 5-24(b)所示时,仅保护电器 A1 动作,而 B 不动作。这样,将故障电路 Ll 断开,而非故障电路 L2 仍能继续保持供电,这时可以说保护电器 A1 和 B 具有选择性。反之,如图 5-24(c)所示,A1 和 B 曲线在,I_k 处重合,结果把非故障电路 L2 和故障电路 u 同时进行分断,则 Al 和 B 就不具有选择性。

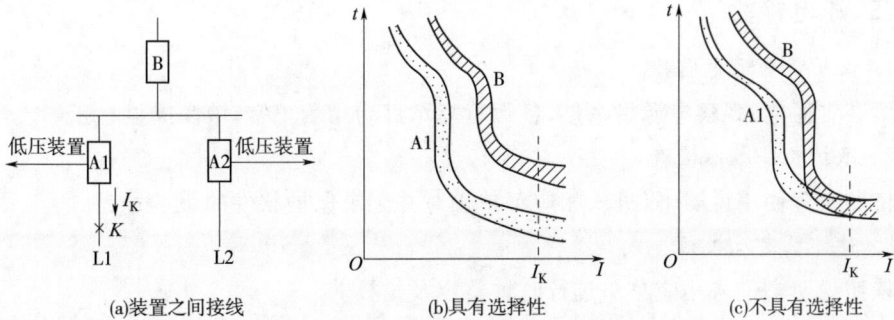

| (a)装置之间接线 | (b)具有选择性 | (c)不具有选择性 |

图 5-24　低压保护装置之间动作匹配的选择性

因此实际中,仅仅关注单台电器的通断容量与限流作用往往是不够的。近年来,人们越来越重视整套设备的性能,决定低压成套设备运行安全性和可靠性的不仅仅是

某一个元件,而是全部元件的协同配合。在这里,每个分支、每台设备、每台装置都应尽可能受到过载和短路保护,通过通断动作来保护沿着供电方向的其他设备不致受到任何影响。

第五节　微机保护校验

一、准备工作

(1)工作前认真阅读图纸、检验规程、上次校验记录,根据方案核对定值通知单,准备好标准作业程序文件与空白试验报告。

(2)分析工作过程中的危险点。

(3)准备需要用的试验设备、仪表、仪器,试验用线及工器具、消耗材料。

二、外观及接线检查,保护装置清扫

(1)安全措施做完后,首先对保护装置和二次回路进行全面清扫、紧固。核对设备接线与图纸一致无误、线头标号字迹清楚;各连接片、把手按钮及小开关名称清楚整洁;二次回路各端子压接紧固牢靠;各电缆头、各回路绝缘层良好无破损;各端子的线头裸露部分不得过长;各端子排完好无破损且端子之间绝缘良好。

(2)检查装置插件完好无损,各部件固定良好,无松动;各插件和底座之间定位良好,插入深度合适;装置后端子接线可靠,无断裂,无松动,绝缘良好;检查背板上各元件的焊接、连线连接均符合要求;检查各插件芯片、集成电路芯片应插紧,连接线(连片)连接情况符合设计和整定要求,插件中各元件完好无损、无虚焊。

(3)检查装置及保护屏接地端子接地情况,应与接地铜网连接可靠;检查保护装置内所有电缆的屏蔽层的接地线应可靠接地;屏上各切换开关、连接片、按钮等部件应完好、操作灵活。

(4)用万用表检查各回路应无短路现象。

(5)保护屏与户外之间的电流互感器、控制回路、电压互感器电缆两端屏蔽层应可靠接地。

三、通电检验

1. 保护装置通电自检

给装置通电,观察电源指示灯、各运行指示灯均指示正常,液晶屏显示正确。

2. 保护软件版本检查

依照装置使用说明书,进入相应菜单校对并记录保护软件的版本号。

3. 时钟整定及校核

依照说明书进入相应菜单进行时钟整定及校核。

四、定值整定

1. 定值修改闭锁功能校验

保护装置送电按装置使用说明书进行,修改定值不输入密码或密码输入错误时,

274

应不允许修改。整定后的定值报告应与修改操作前相同。密码输入正确时,应等显示屏反映可以修改后方能修改定值。定值修改后,应将定值及时保存,整定后的定值应是修改的定值。

2. 整定值输入

依照装置说明书将定值整定通知单上的整定值输入保护装置,然后再将整定后的定值与定值单进行核对,确认定值整定无误。

五、电气量保护定值与功能核验

按照最新有效定值单,对保护功能进行逐条试验。要求保护出口指示灯亮,显示保护动作报告均正确。电气量只能从端子排处加入,采用电压、电流突然变化的方法使保护动作。要求保护出口指示灯显示出正确的保护动作指示,监控计算机保护动作报文均应正确。断路器可以用专用模拟断路器来代替,以减少断路器分合次数。

1. 直流 1 500 V 断路器大电流保护校验

(1)直流断路器的组成。某直流馈线开关柜的断路器是瑞士赛雪龙 UR36/40,是一种直流快速限流断路器,自然冷却。在监测到回路短路的情况下,能自由脱扣,快速分断其一次回路,在整个分断过程中通过产生一个持续的过电压来快速灭弧。断路器结构如图 5-25 所示。

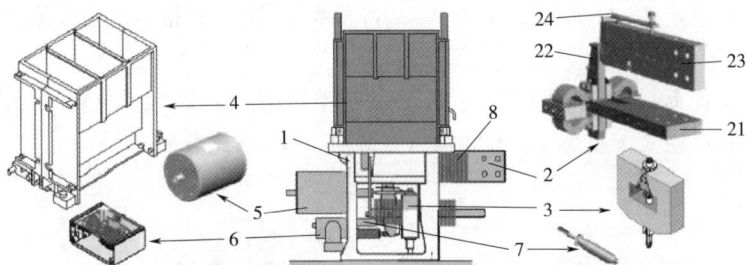

图 5-25　UR36/40 直流断路器组成

1—固定绝缘框架由加强型玻璃纤维聚酯绝缘材料制成;2——次回路,由下部连接排(21)、
动触头(22)、上部连接排(23)、静触头(24)组成;3—瞬时过流脱扣器;
4—灭弧室;5—合闸装置和拨叉;6—带推杆(7)的辅助接点盒

(2)大电流脱扣值整定

①直接脱扣。脱扣装置结构如图 5-26 所示。根据脱扣装置 1 的技术规格,它可能配置也可能不配置可移动铁芯 11,取决于跳闸电流的范围。当它被移动时,请将其置于特殊的卡槽 13 内。

②设定步骤

a. 移动螺帽(6 和 7)。

b. 松动锁定螺母 3。

c. 紧固或松动整定螺母 4 来改变指示器 5 达到整定值。

d. 旋紧锁定螺母 3 且复位螺帽(6 和 7)。

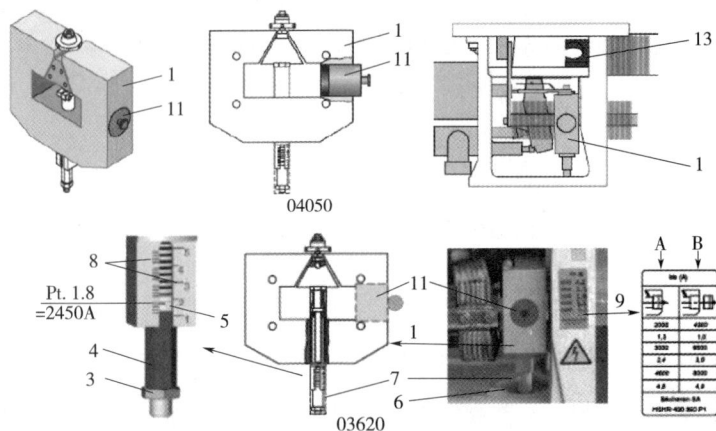

图 5-26　UR36/40 直流断路器脱扣装置

　　脱扣装置 1 已在出厂前校验过,并已被设定到可调范围的最小值或者用户订货要求值;数据牌 9 上标有与脱扣装置刻度 8 相对应的电流值。

　　当脱扣装置有铁芯时,具有两个整定值范围:

　　a. 将铁芯 11 插入脱扣装置 1,根据标签 9(A),设定范围在 2 000 A～4 600 A 之间,相应刻度 5 为 1.3～4.8。

　　b. 铁芯 11 从脱扣装置 1 中移出,根据标签 9(B),设定值为 4 300 到 8 000 A,相应刻度 5 为 1.0～4.9。

　　例如为了设定 Id 最大整定值 6 000 A,根据标签 9 的推断,指示器 5 将设置在 2.4,而且移出铁芯 11。

　　当脱扣装置无铁芯时,根据标签 9(B)设定整定值。例如为了设定 Id 最大整定值 2 500 A,根据标签 2 的推断,指示器 5 将设置在 1.8,如图 5-27 所示。

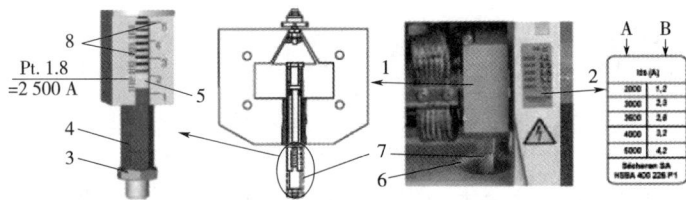

图 5-27　无铁芯的脱扣装置整定值调整

　　2. 轨电位的电压保护校验

　　图 5-28 所示为轨电位的电压保护电路图。正常运行时,轨电位限制装置检测轨道和大地之间的电压,该电压经过 V11 模块整流后施加给 R10(R80);而人工施加的试验电压是通过 S24 旋钮把 AC220 V 电压经过 V12 整流模块整流后施加给 R10(R80)。F21、F22 继电器分别检测 R10(R80)上的电压,当该电压上升到一定值(由用户整定)时,经过一定的延时(用户整定),F21 继电器动作,发出合闸命令;当电压上升到另一较高值时(用户整定)不需要延时,F22 继电器直接动作发出合闸命令。由 F21 继电器动作使断路器合闸的方式称为"一段动作(U>)",由 F22 继电器动作使断路器合闸的方式称为"二段动作"(U>>)。

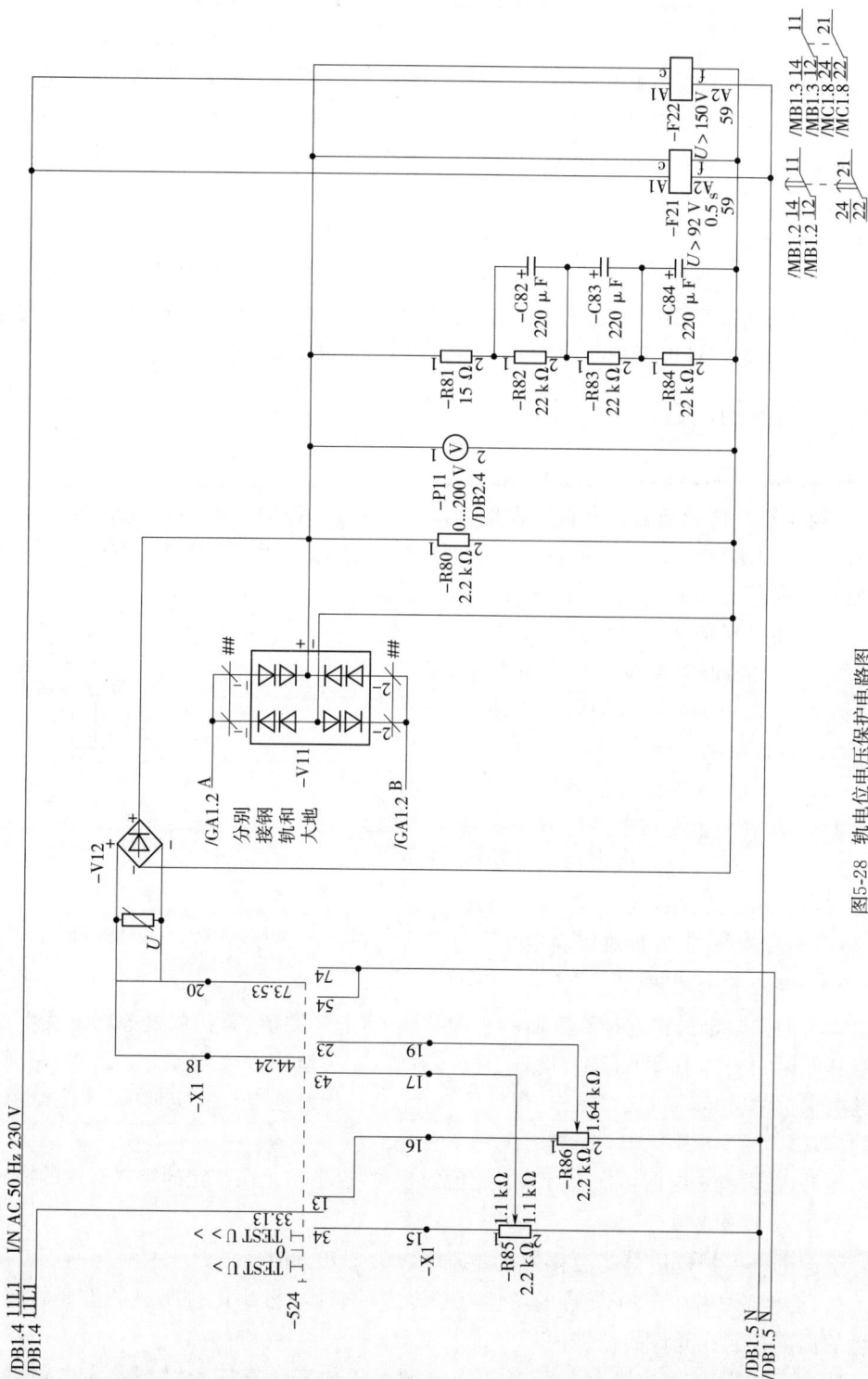

图5-28 轨电位电压保护电路图

第五章 继电保护

第六节　继电保护故障类型

继电保护故障的原因是多方面的,有设计不合理、原理不成熟、制造缺陷、定值问题、调试问题和维护不良等原因。当继电保护或二次侧设备出现问题以后,有时很难判断故障的根源,而只有找出故障的根源,才能有针对性地加以消除,所以找到故障点是问题的第一步。

继电保护的分类对现场的事故分析处理是非常必要的,但是分类的标准不易掌握,因为对于运行设备和新安装设备在管理方面的事故划分显然不同,人们理解和运用标准的水平也有差别,因此故障的分类只能是粗线条的。从技术的角度出发,结合一些曾经发生过的继电保护事故的实例,将现场的事故归纳为以下几种。

一、定值的问题

1. 整定计算的错误

在设备特性尚未被人们掌握透彻的情况下,继电保护的定值不容易定准,主要原因是由于电力系统的参数或元件参数的标称值与实际值有出入,有时两者的差别比较大,则以标称值算出的定值就不准确。

例如,电动机的启动电流达到了额定电流的 6～7 倍,此时电流互感器 TA 出现了饱和,电动机的零序保护因不平衡电流过高而启动跳闸,接线如图 5-29 所示。在这种情况下,如果不能更换 TA 或加装零序 TA 时,只有用提高定值的方法来躲过不平衡电流,这样电动机单相接地故障的灵敏度会受到影响,甚至会失去灵敏度,两者不易兼顾,定值也难以确定。

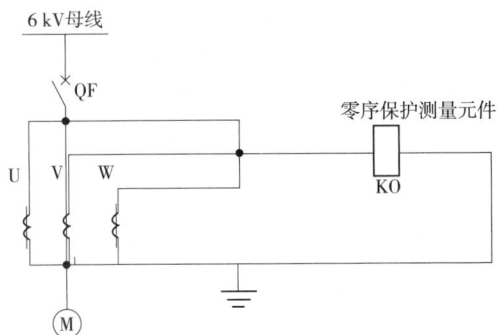

图 5-29　电动机零序保护接线图

2. 设备整定的错误

人为的误整定与整定计算方面的错误类同,有看错数值、看错位置等现象发生过,总结其原因主要有工作不仔细、检查手段落后等,才会造成事故的发生。因此,在现场的继电保护的整定必须认真操作、仔细核对,尤其是把好通电校验定值关,才能避免错误的出现。

另外,在设备送电前再次进行装置定值的校对,也是防止误整定的行之有效的措施。

3. 定值的自动漂移

引起继电保护定值自动漂移的主要原因有以下几方面:

(1)温度的影响。电子元件的特性易受温度的影响,影响比较明显的需要将运行环境的温度控制在允许的范围内。

(2)电源的影响。电子保护设备工作电源电压的变化直接影响到给定电位的变化,所以要选择性能稳定的电源作为保护设备的电源,保证保护的特性不受电源电压变化的影响。

（3）电子元件老化的影响。元件的老化有一个过程，积累的结果必然引起元件特性的变化，同时影响到保护的定值。

（4）元件损坏的影响。元件的损坏对继电保护定值的影响最直接，而且是不可逆转的。

如果定值的漂移不太严重，则不会影响保护的性质。定值的偏差不大于5％，则可忽略其影响；但是当定值的偏差大于5％时应查明原因，处理后才能将保护投入使用。

例如曾出现过无人值守自动化变电站的一条35 kV线路一天内误动20次，原因是采样值漂移超过整定值，更换采样值保持元件后恢复正常。

二、微机本体装置的损坏

在半导体管、集成电路保护中的元件损坏，可能会导致逻辑错误或出口跳闸。在计算机保护中的元件损坏会使CPU自动关机，迫使保护退出。现介绍出口电路三极管损坏的实例。

1. 三极管击穿导致保护出口动作

由三极管构成的出口跳闸电路如图5-30所示。系统正常时，三极管的击穿导通会使出口继电器KCO动作跳闸。

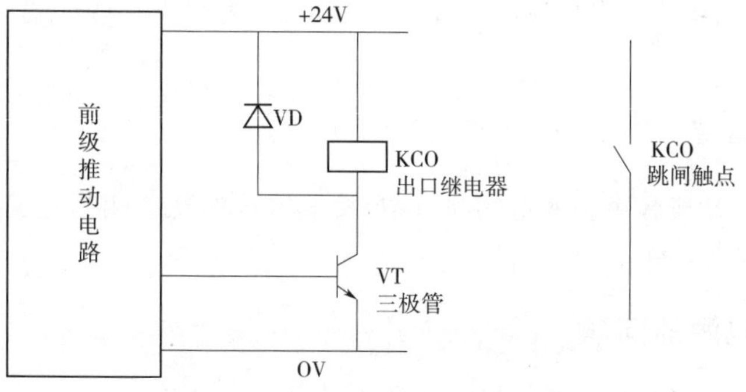

图5-30　三极管启动的出口电路图

2. 三极管漏电流过大导致误发信号

由三极管构成的出口信号电路如图5-31所示。系统正常时，三极管VT处于截止状态，信号继电器及发光二极管中无电流流过，但是当三极管的漏电流过大时，会使发光二极管VL变亮，发出指示信号；漏电流进一步加大，则会启动信号使继电器KS发出触点信号。发光二极管的正常工作电流一般在10 mA左右，当其电流接近1 mA时发暗亮。信号继电器KS的动作电压为十几伏，动作电流有的小于10 mA。三极管VT的漏电流过大，不一定导致保护发出触点信号，但有可能使其误发灯光信号。

3. 抗干扰性能差

运行经验表明，半导体管保护、集成电路保护以及计算机保护的抗干扰性能与电磁型、整流型的保护相比较差，其中集成电路保护的抗干扰问题最为突出。若对讲机在保护屏附近使用，可能导致一些逻辑元件误动作，甚至使出口动作跳闸。

变电站的电子设备运行期间禁止使用无线电通信工具，原因是防止无线电电磁干扰电子设备的正常工作。其实，如果无线电通信工具只接收信号，不发射信号时，不会影响电子设备的正常工作。

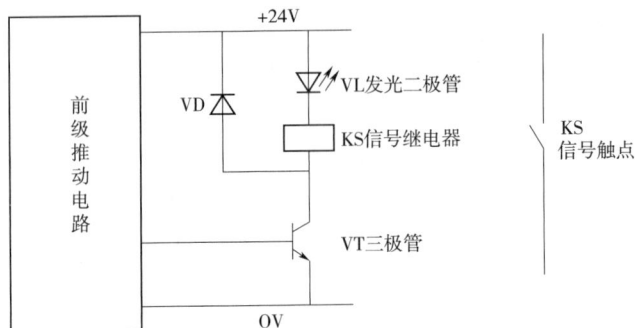

图 5-31　三极管启动的信号电路图

变压器的计算机保护有干扰误动的记录。例如某所主变压器温度信号触点采入保护屏后,经光耦隔离直接送到出口元件,由于外部存在的操作干扰信号,两次使保护误动跳闸失电。最后采取了抗干扰措施,使问题得到解决。

现场电焊机的干扰问题不容忽视。例如,某变电所在运行中的线路附近的管子进行氩弧焊焊接时,高频信号感应到保护电缆上,使保护动作跳闸。

总之,在电力系统运行中,诸如操作干扰、冲击负荷干扰、变压器励磁涌流干扰、直流回路接地干扰、系统或设备故障干扰等非常普遍,为解决这些问题必须采取行之有效的办法。

三、接线错误

新建的变电站或是更新改造的项目中,接线错误的现象相当普遍,由此留下的隐患随时都可能暴露出来。

四、工作电源的问题

保护及二次侧设备的工作电源对其工作的可靠性以及正确性有着直接影响,根据电源的不同种类做如下分析。

1. 逆变稳压电源

目前,运行设备的工作电源采用逆变稳压电源的很多,逆变稳压电源的基本构成框图如图 5-32 所示。逆变稳压电源的工作原理是将输入的 220 V 或 110 V 直流电源经开关电路后变成交流方波,再经逆变器变成需要的 +5 V、±12 V、+24 V,或 −1.5 V、±15 V、+18 V 电压。

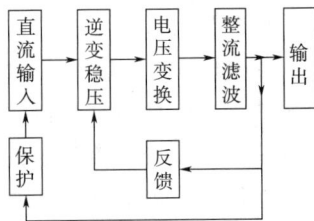

图 5-32　逆变稳压电源的基本构成框图

1)逆变稳压电源的优点

逆变稳压电源之所以得到广泛的应用,是因为它有着以下明显的优点。

(1)输入电源稳定。逆变稳压电源的电源输入是直流,直流电源不受停电的影响,可以由蓄电池保证在电力系统事故时供电的连续性。

(2)稳压性能好。逆变稳压电源的输出电压一般在 24 V 以下,输入电压是 220 V 或 110 V,所以可调节的范围比较大,容易满足稳压的要求。

（3）功耗低。对开关电源来说，出于原理上的考虑，使得输入电流时通、时断，降低了消耗。

2）逆变稳压电源存在的问题

在半导体管设备、集成电路设备以及计算机保护中对电源的性能指标要求较高，但运行中的逆变稳压电源却经常发生故障。

逆变稳压电源有几个环节容易出错，即功率部分、调整部分、稳压部分。现将有关问题分析如下：

（1）纹波系数过高。纹波系数是指输出的交流电压值与直流电压值的比值，交流成分属于高频的范围，高频信号幅值过高会影响设备的寿命，还可能造成逻辑上的错误，导致保护的误动作。调试时，应按要求将纹波系数控制在规定的范围以内。

（2）输出功率不足。电源的输出功率不足会造成输出电压的下降，如果下降幅度过大，会导致比较电路基准值的变化、充电电路时间变短等一系列问题，影响到逻辑配合，甚至逻辑判断功能错误。尤其是在保护动作时有的出口继电器、信号继电器相继动作，因此，要求电源的输出有足够的容量。

（3）稳压性能差。稳压问题有两方面，电压过高或电压过低。电压过高、过低都会对保护性能有影响，如同2）中分析，会造成保护误动作等问题。

（4）保护问题。电压降低或是电流过大时，将快速退出保护并发出报警，这样可以避免将电源损坏。

逆变稳压电源的保护动作会将电源退出，虽然能起到保护电源的作用，但是电源退出后装置便失去了作用，如果供电回路中确有故障存在，则电源退出是正确的。实际上，电源的保护误动作时有发生，这种误动作后果是严重的，对无人值守的变电站危害就更大了。

2. 电池浮充供电的直流电源

发电厂和变电站的直流供电系统正常供电时大都运行于"浮充"方式下，此时浮充充电器一方面提供蓄电池泄漏的能量损失，另一方面向负荷提供电能，其供电系统框图如图5-33所示。由于充电设备滤波稳压性能较差，所以保

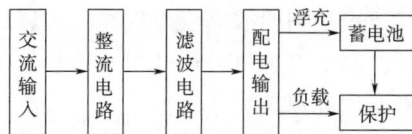

图5-33　电池浮充的供电系统框图

护电源很难保证波形的稳定性，即纹波系数严重超标。

SDZ变电站测得浮充充电器的输出电压的交流值与直流值的比值大于1/10，电子保护设备在此电源下发出很大的震动噪声，对设备寿命及其可靠工作的性能影响是不可忽视的。

3. UPS供电的电源

不间断供电电源（UPS）供电的直流系统也有与浮充充电器一样的问题，在设备的选型与维护时必须注意。在分析对保护的影响时，也应考虑其交流成分、电压稳压能力、带负荷能力等问题。

4. 直流熔丝的配置问题

现场的直流系统的熔丝是按照从负荷到电源一级比一级熔断电流大的原则设置的，以便保证直流电路上短路或过载时熔丝的选择性。但是，有些5 A、6 A、10 A熔丝

的底座没有区别,型号非常混乱,其后果是回路上过流时熔丝越级熔断。对这一问题,设计者最好能加以区分,对不同容量的熔丝选择不同的形式。对已运行的现场设备也应加以重视,尤其是对重要的保护及二次侧设备更应仔细检查,避免此类事情的发生。

保护的工作电源是一个重要的环节,也是经常被忽视的环节。据统计,在以往的设备运行中因为电源的故障而发生了许多事故,在现场的事故分析中应特别注意电源正常的工作参数。

第七节　常见二次回路故障处理的基本思路

在实际工作中,根据不同的事故种类应采取不同的思路,找到故障的根源,最终确定事故处理的办法。另一方面,根据继电保护事故的现象,就可以进一步确定事故的种类,从而求得问题的解决。现介绍最基本的事故处理的思路。

一、正确利用故障信息

要想顺利地查明事故的原因,可以借鉴以往的经验,对于经常出现的简单故障是容易排除的。但是对于少见的复杂故障,仅凭经验并不能解决问题,遇到这种情况时,应根据正确的方法和步骤进行工作。

1. 利用信号判明故障点

在现场的光字牌信号、计算机事件记录、故障录波器的录波图形、装置的灯光显示信号、保护掉牌信号等都是继电保护事故处理的重要依据,要认真分析,去伪存真,再根据有用的信息作出正确判断是解决问题的关键。

一旦判明故障点出现在二次回路上,要尽量维持原状,做好记录,待作出必要的分析并制定出事故处理计划后再开展工作,避免由于原始状况的破坏给事故处理带来不必要的麻烦。

2. 利用一次侧线索判明故障点

根据信号指示,去判断是否一次侧设备发生了故障,这种思路是电气事故分析的基本思维方法。在无法分清是一次系统故障还是继电保护等二次侧设备误动作时,最简单的办法是一次、二次方面同时展开工作。对一次侧设备进行一些观察、检查、检测工作,可以很快得出结论,在此时开展一次设备的故障检查工作,可以在短时间内提供给继电保护工作人员一些极为有价值的参考信息,减少故障处理时间。应该分清,在一次系统故障后若继电保护能够正确动作,则不存在"继电保护事故处理"的问题,若一次系统没有发生故障而继电保护动作,或者一次侧故障与二次侧故障同时存在,才是本节所讨论的中心内容,值得强调的是要利用一次侧的线索判明故障点。

3. 正确对待人为事故

一个值得重视的问题是正确对待人为事故。如果按照现场的信号指示没有找到故障的原因,或者断路器跳闸后没有信号指示,在这种情况下的事故处理比较困难,必须首先弄清楚是人为的事故还是设备的事故。在现场有些工作环境,由于工作人员重视程度不够或措施不得力,容易发生误碰等人为事故。一旦发生了人为事故,必须如实地反映,否则会引起事故分析的一系列困难,结果是白费时间。同时要引以为戒,防止此类事故的再次发生。

二、熟练掌握故障处理技巧

在保护及自动装置故障处理中,以往的经验是宝贵的,它能帮助工作人员快速排除重复发生的故障。但与经验相比,技能更为重要。要想不断提高保护及自动装置故障处理的水平,必须掌握一些技巧,总结如下:

1. 采用电阻测量判别法

利用万用表测量电路电阻值和元件电阻值,确定或判断故障的部位及故障的元件。一般采用回路电阻测量法,即不脱焊电路的元件,直接在印制板上测量,然后判断其好坏。

2. 采用电流测量判断法

利用万用表测量半导体管或集成电路的工作电流、稳压电路的负载电流,可确定该电路工作状态是否正常、元件是否完好。常用的回路电流测量方法有直接测量、间接测量和取样测量三种。

对于小电流(微安级)的测量,可将万用表直接串在电路中进行测量;对于毫安级以上的较大电流,可采用间接测量法,即测量回路中某已知电阻上的电压而求得电流。如果在电路中找不到合适的电阻,可采用取样测量法,具体的做法是找一个适当功率的小量值电阻串在回路中,测量该电阻上的压降,计算出电阻中的电流,即为该回路电流。

3. 采用电压测量判断法

对所有可能出现故障的电路的各参考点进行电压测量,将测量结果与已知的数值或经验值相比较,通过逻辑判断确定故障的部位及损坏的元件。

4. 采用替代、对比、模拟检查法

替代法是用规格相同、性能良好的插件或元件替代保护或自动装置上被怀疑而不便测量的插件或元件。对比检查法是将故障装置的各种参数与正常装置的参数或以前的检验报告进行比较,差别较大的部位就是故障点。模拟检查法是在良好的装置上根据电路原理,对其进行脱焊、开路或改变相应元件的数值,观察装置有无相同的故障现象出现。若有相同的故障现象出现,故障部位及损坏的元件即被确认。

保护及自动装置的事故处理除了技能的因素之外,培养高度的责任心是十分重要的,工作人员只要有良好的技能和认真的态度就能够快速排除一切故障。

三、掌握事故处理的特点

作为电气运行人员或继电保护工作者,要全面掌握事故处理的技巧,除了具备牢固的继电保护的基础知识,全面的二次回路知识,熟练的一次系统知识以及相当的运行知识以外,还应熟悉继电保护检验规程、继电保护检验条例以及继电保护的调试方法,还要清楚各类保护的事故处理的特点。现将多年的继电保护故障现象及事故处理的情况总结如下:

1. 分立元件事故处理的特点

分立元件与集成电路或计算机保护相比,最明显的特点是直观,元件参数及原理

电路都能一目了然,工作原理容易理解。在由分立元件所构成的保护装置中,各元件的工作特性、工作状况都可以用试验的方法进行检查,因此分立元件的保护出现故障后,现场的工作人员能够直接找出故障元件并进行更换,使问题得以解决。

2. 计算机保护事故处理的特点

与分立元件相比,计算机保护的缺点是原理复杂,难以掌握,主要原因是计算机知识的缺乏。计算机保护与其他一般的保护有着共同的一面,装置的测量、判别和输出等环节的工作过程是一致的,保护装置的逻辑框图也基本相同;两者也有不同的一面,即工作方式的不同,计算机保护是用执行逻辑计算程序的方式完成其工作的。问题是能弄清如何将程序输入计算机,计算机又怎样执行程序并进行工作,掌握了这些专业知识,保护的原理也就理解了。最终是固化程序与执行程序,程序的固化必须借助于开发产品的开发系统,利用开发系统把根据保护逻辑编制的程序"写入"程序存储器,然后计算机自动地按照程序的步骤进行工作。

计算机保护在现场的事故处理比较简单。目前运行单位在现场对计算机保护装置的事故处理时,能够进行的工作是更换插件或更换芯片。计算机保护常出现的故障及处理方法举例如下:

(1)显示功能不正常。检查判别推动显示器的芯片是否损坏,确认损坏后更换。

(2)输入信号数值不正确。检查测量通道元件是否损坏,确认损坏后更换。

(3)温度特性不能满足。当环境温度升高,保护性能变换时,应更换温度性能好的芯片或采取限温措施。

3. 新安装保护设备事故处理的特点

新投产的设备在设计、安装、调试、试运行方面有许多的特点区别于运行设备。随着电力系统的不断发展,大量的关于电力基本建设工作的规定、条例等文件相继实施,在基建过程中发挥了应有的作用,使各项工作步入正轨。但在实际工作中,并没有避免事故的发生,原因分析如下:

(1)涉及的新设备多。根据基建工程中新安装的继电保护设备的情况可知,保护设备的新产品一般会首先应用于基建项目中。继电保护发展的规律是半导体管型的保护代替了整流型的,计算机型的代替了集成电路型的。设备不断地更新换代,要求继电保护工作者不断地学习,不断地掌握新的知识,跟上时代发展的需要。但是从整体上分析,设备的水平很不一致,尤其是在低压设备中,电磁型的保护依然具有一定的市场,给基建管理工作带来了麻烦。

(2)出现的问题集中。基建工程涉的新设备多,暴露出的问题也多。其中有设计方面的、制造方面的、安装方面的以及现场调试方面的问题等,应引起相关人员的高度重视。

(3)管理中的漏洞多。继电保护的管理工作被列为电力系统的监督项目,目的是将这一责任重大、专业性强、涉及面厂的专业管理工作纳入正规。发电厂、变电站基建项目的管理也被列为继电保护工作的重点,并对设备到货、开箱验收、安装调试、交接验收等各阶段的监督都作出了规定。但是,根据以往的情况,管理中的漏洞仍然存在。在基建过程中,继电保护的调试工作是最关键的环节,如果调试人员能全面负责、严格把关,对保护的每一种功能、每一种特性、每一个回路都理解得非常清楚,并认真地组织调试,则会减少管理中的漏洞。如果只靠验收过程进行把关,则难以检查出设备的所有隐患,因为验收人员不可能一直介入现场的所有工作,交接验收时又不可能把已完成的调试内容重新演示一遍,再加上调试者的水平及经验的限制,致使有的设备带着缺陷投入了运行,很久以后才暴露出来。

(4)人员配合不够。新建发电厂或变电站是以基建公司为主,而设备的业主是发电厂或电业局。由于基建项目的工期较短、任务繁重,各单位的人员配合也不尽相同,若干的工程需要加班才能完成任务,难免在某些环节上出现差错。统计资料表明,由于基建期间遗留的问题导致的事故中,有不少是因为忽视或省略了某些项目的检查、试验而造成的。

(5)产品质量差,元件特性不稳定。在新装的保护设备中,有的存在原理上的缺陷,有的存在设计上的问题,还有的选用的元件质量不过关。具体表现在试运行期间抗干扰性能差,技术数据与设计指标差别较大,元件温度特性不满足要求,严重时会导致保护误动作。有些产品的质量问题在调试时能够被发现,而有的则要到运行期间才能得到解决。元件的不稳定期一般在一年左右,这期间容易出现元件损坏的故障。

4. 保护事故处理的新特点

随着电网的发展,继电保护事故处理的环境变得宽松了许多,目前,由于系统中有充足的备用容量,可根据事故的具体状况在无法确定是一次系统故障,还是二次侧设备故障的情况下,将相关的一次侧设备退出运行,以便于故障点的进一步查找,也不会使故障的范围扩大,这种观点正在为更多的维修人员所接受。

四、注意事项

在现场的检查过程中,如果发现特性参数与标准值相差很远时,应仔细检查试验接线、试验电源、电流及电压的极性、试验仪器、试验方法等是否存在问题。确认这些方面正确无误后,再考虑被试元件的问题。

1. 对试验电源的要求

在进行保护检验时,要求用单独的供电电源作为试验电源。若条件不允许,则应核实所用电源能否满足三相为正序对称的电压,并检查其正弦波是否良好、中性线连接是否可靠、容量是否足够。

2. 对仪器、仪表的要求

诸如万用表、电压表、示波器一类取电压信号的仪器,必须选用具有高输入阻抗者,以免影响测试的结果。移相器、三相调压器应注意其性能稳定性及对称性。毫秒计的精度要高。另外,可以选用经过鉴定的综合试验仪器,以简化接线。

关 键 名 称 与 概 念

1. 继电保护装置

继电保护装置是一种能在电力系统中电气元件发生短路故障或异常状态时,动作于跳闸或发出信号的自动装置。

2. 继电保护装置的组成

继电保护装置由测量部分、逻辑部分、执行部分三部分组成。

3. 对继电保护的基本要求

继电保护的基本要求有：可靠性、速动性、选择性、灵敏性。

4. 直流开关设备的主要保护

大电流脱扣保护、DDL 保护、热过负荷保护、定时限过电流保护、低电压保护、双边联跳保护、线路测试功能、自动重合闸功能等。

5. 继电保护故障类型

定值的问题、微机本体装置的损坏、接线错误、工作电源的问题、设计导致的保护性能问题等。

6. 继电保护故障查找的一般技巧

采用电阻测量判别法，采用电流测量判断法，采用电压测量判断法，采用替代、对比、模拟检查法等。

复 习 题

1. 简述继电保护装置的概念及其任务、技术要求。（适合【初级工】）

2. 简述城轨供电系统继电保护装置的配置情况。（适合【初级工】）

3. 简述整流机组继电保护的配置情况及其基本原理。（适合【中级工】）

4. 简述电流上升率及电流增量保护（DDL 保护）的概念、原理、保护范围。（适合【中级工】）

5. 简述轨道过电压保护（OVP）的概念、原理、保护范围。（适合【高级工】）

6. 简述框架保护的概念和原理。（适合【高级工】）

7. 简述直流馈线断路器在不同情况下的联跳措施。（适合【高级工】）

8. 简述继电保护二次回路故障处理的基本方法。（适合【技师】）

9. 以某一具体的继保或二次回路故障为例分析其故障原因。（适合【高级工】）

第六章　供电设备施工组织

培训目标 ◄◄◄

　　了解城轨供电施工的相关准备工作,熟悉城轨供电设备施工的具体方法,掌握城轨供电设备施工验收的程序和内容,掌握电气试验报告的填写方法。

　　地铁变电所设备运行到一定年限以后,由于设计、施工安装不合理,或受环境、负荷变化,客流量变化以及科学技术的发展等各种因素的影响,需对变电所进行设备更新、改造、变压器容量扩大等一系列大修施工工作。大修与新建地铁供电系统项目相比,有很多施工方法和内容是相同的,但大修改造施工又有不同之处,首先大修项目是在运营的地铁线路上进行的,必须确保地铁运营正常供电不受影响,其次大修项目受运营的限制,每次施工作业时间较短,同时施工完成后还必须在每天运营开始前送电行车,其施工难度和技术难度均较高,制订好每天的大修计划并按计划严格实施尤为重要。

第一节　施 工 准 备

一、施工调查

　　施工调查前应查阅已掌握的设计文件和资料,制定调查提纲,调查结束后,根据调查情况编写书面的调查报告。施工调查应包括下列内容:

　　(1)线路及其他有关技术设备现状,先期工程进度情况及施工配合问题。

　　(2)工程概况:包括工程环境(场地是否平整、需要进行室内设备安装的房屋建筑是否可进驻开工等)、气候特征(年平均气温、冬季和夏季期限、冻土层厚度等,以及雨季的最大降水量和落雷情况等)、工程地质(地质构造、土壤情况,地区绝对标高等)、水文地质、工程规模数量和特点。

　　(3)工程的施工条件:包括施工运输、水源、供电、通信、场地布置等。

　　(4)当地可供利用的原材料及半成品、交通运输工具、加工厂等及其质量、价格和供应、加工能力,临时工数量及工费。

　　(5)对当地生态、环境保护的一般规定和特殊要求,工程对环境可能造成的近、远期影响。

　　(6)其他尚待解决的问题。

二、设计文件复核

　　施工单位应全面熟悉设计文件,并会同设计单位进行现场核对,当与实际情况不符时,应及时提出修改意见。设计文件的核对重点有以下内容:

（1）设计文件是否符合有关标准、规范、规则的规定。

（2）审查施工图纸，掌握有关技术资料；变电所工程审图的重点：

①设备平面布置图与所内电缆联系图设备布置是否一致。

②接地设计是否齐全，接至同一方向的接地电缆在不同变电所是否一致。

③设备周围的操作通道、检修通道是否满足规范要求。

④电流互感器变比与变压器容量是否一致。

⑤35 kV 高压开关柜和变压器安装螺栓是否与预留螺栓孔尺寸一致。

⑥安装图中各种设备、零部件安装是否满足车辆限界和电气绝缘距离的要求。

⑦平面图中各设备布置是否合理，是否与现场条件相符合。

⑧与接触网及轨道施工的接口是否与现场预留条件相符合。

⑨材料型号是否满足安装形式要求。

（3）外部电源供电方案是否落实。

（4）设计文件中选用的主要设备的生产是否落实，新设备和非标准设备是否附有图纸及安装、检查验收技术标准。

（5）各专业的接口及相互衔接。

（6）施工组织设计是否符合实际情况。

在施工调查和设计文件核对结束后，应将结果及存在的问题呈报监理、设计单位。

三、编制施工方案

施工方案是依据施工组织设计要求，对专业工程施工而编制的具体作业文件，是施工组织设计的细化和完善。施工技术方案以专业工程为对象进行编制，制定专业工程施工工艺，部署专业工程资源、工期，明确 HSE 和质量等要求。施工方案直接指导专业工程施工，保证专业工程施工质量和安全生产。

对于大修改造可以由本单位进行，也可委外进行，若由运营单位自修时要制定详细的施工方案；若委外维修时，也要审查大修方案并协助施工。因此，做好大修改造施工方案的编制极为重要。

施工方案的内容包括：工程概况、编制依据、施工程序、施工方法（含技术要求和质量标准）、进度计划、资源配置计划、安全技术措施、质量管理措施、施工平面布置等。

施工方案的编制原则：方案应有针对性和可行性，能突出重点和难点，并制定出可行的施工方法和保障措施；方案能满足工程的质量、安全、工期要求，并且施工所需的成本费用低。

施工方案的编制依据：施工组织设计、设计技术文件、供货方技术文件、施工现场条件、国家和行业相关标准规范、同类型工程项目施工经验等。

施工方案的编制要点：

（1）工程概况。介绍工程的地点、数量、工程项目的费用预算等。

（2）编制依据。针对工程的具体内容和特点进行列举，规范、标准应是现行有效的。大修项目还应考虑地铁列车时间表，地铁《施工行车通告》及现场调查报告。

（3）施工程序。应明确各工序之间的顺序、平行、交叉等逻辑关系。

（4）施工方法。施工方法是施工方案的核心，应优先选择企业成熟的工法或工艺。施工方法应明确工序操作要点、机具选择、检查方法和要求，明确有针对性的技术要求和质量标准。

(5)进度计划。应按照合同和施工程序,结合工期安排,合理安排平行、交叉作业。

(6)资源配置计划。应依据进度计划进行编制,满足施工工期要求。

(7)安全技术措施。安全技术措施应有针对性。

(8)质量管理措施。制定工序控制点,明确工序质量控制方法。

(9)施工平面布置。应明确本方案中预制区域、材料堆场及检(试)验场所等位置。

四、施工物资、队伍等准备

施工单位应根据批准的技术设计(或扩大初步设计)、施工图及施工调查资料,提出详细的材料、设备申请计划。施工订货时,产品的技术条件应符合设计文件,若订货确有困难需改代用产品时,应事先征得设计和建设单位的同意,必要时应报总公司审批。组织设备和材料运到现场后检查验收的准备工作,熟悉定货合同的有关条款,掌握验收标准。

施工机械、工具、仪器配置是施工单位实力和施工能否顺利完成的重要依据,需提前准备,若机械、仪器不够需组织进行租赁,否则施工工程无法保障。

供电施工应遵循以人为本的原则,根据工程特点、在施工前和施工过程中,对管理人员、作业人员经常进行安全教育,提高自我保护意识。从事施工的作业人员应符合有关劳动法规的规定,持证上岗。施工过程中应对职工加强安全技术交底,对施工人员进行地铁供电新技术、新设备、新施工工艺、新施工机械、安全管理办法等进行培训和安全教育。

施工队伍进场之前,首先解决水、电、吃、住、行等问题,作好防疫及医疗保健的准备工作。施工队伍进场之后,保证职工吃、住方便,环境卫生,并作好夏季防暑降温、冬季取暖供热的安排。

第二节 施 工 作 业

一、施工组织管理的基本任务

(1)采取组织措施对承担的施工任务或建设任务,保质、保量地按期或提前完成。

(2)正确管理施工过程中人力、物力、能源、时间和空间的关系,保证和协调施工的顺利进行。

(3)运用施工的规律,加强信息管理,提高对工程进展的预见性,对施工对象、施工手段和条件,实行科学的组织和管理,提高文明施工水平和施工效率。

(4)深入施工现场,掌握施工实际情况,发现施工中的薄弱环节,及时采取措施,予以解决。

二、施工质量和进度的监控

(1)控制源头,把住材料采购关。各种材料到达现场必须进行验收,投入使用前必须按规范进行试验。

(2)做好技术交底,坚持按章操作。每道工序开始前都进行详细的技术交底,交清设计要求、规范要求、施工技术细则要求、质量要求和操作工艺标准,作业人员必须严格按照技术交底的要求和标准施工。

(3)对于大修改造工程,抓好设备的解体、修理和回装过程的工作。

①设备解体前应收集好设备检修前的技术文件和试验资料,解体后要进行全面检查,查找设备缺陷,掌握设备技术状况,鉴定以往主要检修项目与技术改进项目的效果。

②对于可能影响工期的项目(如设备有可能发生磨损、腐蚀、老化等),以及需要进一步落实技术措施的项目、设备的解体检查应尽早进行。

③解体重点设备或有严重问题的设备时,检修负责人和有关专业技术人员都应在现场,掌握第一手资料,并抓住关键问题,指导检修工作。

④设备解体后,发现新的缺陷,要及时补充检修项目,落实检修方法,并调配必要的工机具和劳动力等,防止窝工。

(4)严格监督管理,把好试验检验关。按照施工规范和试验规程,做好施工前、施工中和施工后的各项试验检测,确保满足设计和规范要求。按照过程监督检查的要求,对每道工序对照质量标准进行验收检查,达不到标准的坚决返工。

(5)各级施工管理人员要注意调查研究,随时掌握施工进度,协助现场做好劳动力、特殊工种、施工进度、施工机具和材料供应等的平衡调度工种。如果工程不能按期竣工,应办理延长工期手续。

(6)在坚持施工"质量第一和保证安全"的前提下,每个施工人员都应树立经济观点,养成勤俭节约的作风,合理使用材料和更换零部件,防止错用和浪费器材。

(7)大修施工过程中要及时做好记录。记录主要内容应包括:设备技术状况、检修内容、系统和设备结构改动、测量数据和试验结果等。记录应完整、正确、简明和实用。

(8)大修施工阶段要抓紧时机,测量实物。

(9)搞好工具、仪表管理,严防工具、机件或其他物件遗留在设备或管道内;重视消防、保卫工作;工程竣工后,做好现场清理工作。

三、干式变压器施工方法

施工流程:设备点件检查→变压器二次搬运→变压器稳装→附件安装→变压器连线→变压器接地→变压器交接试验→送电前的检查→变压器送电运行验收。

1. 开箱检查

开箱检查应有生产厂家、施工单位及建设单位电气专业人员参加,并作好记录。

(1)检查变压器外观应无损伤,油漆层完好,有铭牌,绝缘件无缺损、裂纹。

(2)型号、规格、数量符合图纸要求。

(3)用2 500 V兆欧表检查线圈绝缘应≥6 MΩ。

(4)根据装箱清单逐一检查变压器附件应齐全完好。

(5)查验合格证和随带技术文件,变压器有出厂试验记录。

(6)带有防护罩的干式变压器,防护罩与变压器之间的距离应符合要求。

2. 变压器二次搬运

(1)变压器二次搬运应由起重工作业,电工配合。最好采用汽车吊吊装,也可采用吊链吊装,距离较长最好用汽车运输,运输时必须用钢丝绳固定牢固,并应行车平稳,尽量减少需动;距离较短且道路良好时,可用卷扬机、滚杠运输。

(2)雨天二次搬运时,要加盖防雨布。

3. 变压器稳装

(1)用垫铁找平变压器基础,垫铁要整齐、平整。

(2)变压器就位时,应注意其方位,并找准变压器纵横中心线。

(3)变压器安装到基础槽钢上后,应调整变压器的垂直度和水平度,垂直偏差应小于 1.5 mm/m,水平偏差应小于 2 mm/m。

(4)装有滚轮的变压器,轨距与轮距应配合,滚轮应转动灵活,在变压器就位后,应将滚轮用制动装置固定,并采取抗震措施,变压器制动及防震如图 6-1 所示。

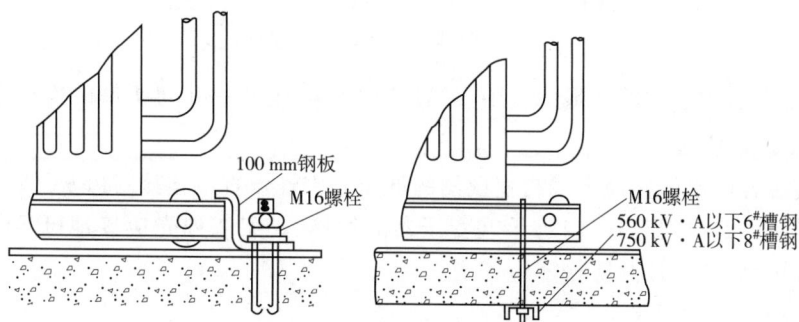

图 6-1　变压器制动及防震

4. 变压器附件安装

(1)测温装置安装

测温装置安装前应进行校验,温度计应进行整定,温度计一次元件应埋在正确位置,二次仪表接线应符合要求,信号接点动作要正确且导通良好。

(2)风机安装

应注意风机转向,正常转向时,风向应从线圈底部向上吹入线圈,否则为反转。

(3)电压切换装置的安装

①变压器电压切换装置各分接点与线圈的连线应紧固正确,且接触紧密良好。转动点应正确停留在各个位置上,并与指示位置一致。

②电压切换装置的拉杆、分接头的凸轮、小轴销子等应完整无损;转动盘应动作灵活、密封良好。

③电压切换装置的传动机构(包括有载调压装置)的固定应牢靠,传动机构的摩擦部分应有足够的润滑油。

④有载调压切换装置的调换开关的触头及铜辫子软线应完整无损,触头间应有足够的压力(一般为 80～100 N)。

⑤有载调压切换装置转动到极限位置时,应装有机械联锁和带有限位开关的电气联锁。

⑥有载调压切换装置的控制箱连线正确无误,手动、自动工作正常,挡位指示正确。

5. 变压器连线

(1)变压器的一、二次连线、地线、控制管线均应符合相应各章的规定。

(2)变压器一、二次接线施工,不得使变压器的套管直接受力,母线与变压器端子连接如图 6-2 所示。

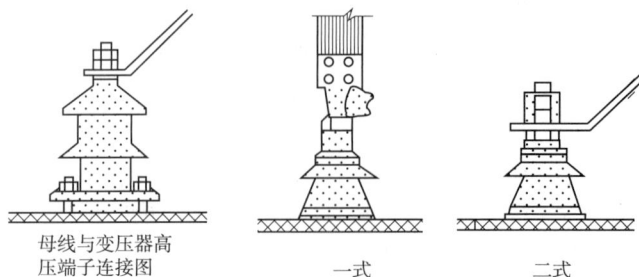

母线与变压器高压端子连接图   一式   二式

图 6-2　母线与变压器端子连接

(3)变压器中性点的接地回路中,靠近变压器处,宜做一个可拆卸的连接点。

6. 变压器接地

接地装置引出的接地干线与变压器的低压侧中性点直接连接;接地干线与变压器的 N 母线和 PE 母线直接连接;干式变压器的箱体、支架或外壳应接地(PE):所有接地连接应可靠,紧固件及防松零件齐全。

7. 变压器交接试验

8. 变压器送电前检查

(1)变压器试运行前应做全面检查,确认符合试运行条件时方可投入运行。

(2)变压器试运行前,必须由质量监督部门检查合格。

(3)变压器试运行前的检查内容:

①各种交接试验单据齐全,数据符合要求。

②变压器应清理、擦拭干净,顶盖上无遗留杂物,本体及附件无缺损。

③变压器一、二次引线相位正确,绝缘良好。

(4)接地线良好。

(5)通风设施安装完毕,工作正常,事故排油设施完好;消防设施齐备。

(6)保护装置整定值符合规定要求;操作及联动试验正常。

(7)干式变压器护栏安装完毕;各种标志牌挂好,门装锁。

9. 变压器送电运行验收

(1)变压器第一次投入时,可全压冲击合闸,冲击合闸时一般可由高压侧投入。

(2)变压器第一次受电后,持续时间不应少于 10 min,无异常情况。

(3)变压器应进行 3~5 次全压冲击合闸,并无异常情况,励磁涌流不应引起保护装置误动作。

(4)变压器试运行要注意冲击电流、空载电流、一、二次电压、温度。并做好详细记录。

(5)变压器并列运行前,应核对好相位。

(6)变压器空载运行 24 h,无异常情况方可投入负荷运行。

(7)变压器开始带电起,24 h 后无异常情况,应办理验收手续。

(8)验收时,应移交下列资料和文件:

①变更设计证明;

②产品说明书、试验报告单、合格证及安装图纸等技术文件;

③安装检查及调整记录。

四、1 500 V直流开关柜、整流器柜、负极柜绝缘安装

(1)按照施工设计图中的排列顺序,将1 500 V直流开关柜、整流柜、负极柜、排流柜等依次搬运到安装位置,并拆除包装底座。

盘柜本体就位后检查盘柜本体及盘柜内的设备或电器与各柜体之间的连接是否牢固,外观有无损伤,绝缘是否良好,盘柜安装位置是否符合设计要求。

(2)参照已预埋的基础槽钢,采用直尺、绳测量和目视观察等方法,将每一列、每一面开关柜调整顺直。

(3)用冲击钻通过开关柜地脚螺栓安装孔,向地坪内钻孔,孔径与深度根据膨胀螺栓规格而定,用吸尘器吸除孔中的粉末。将厂家提供的绝缘膨胀螺栓放入孔内,稍稍拧紧。

(4)将开关柜逐组(个)抬起1～2 cm,并在柜子四周垫上木垫板,用吸尘器等工具清除地面、柜低下、孔四周的灰尘杂质,然后垫入清洁干燥的绝缘板,使柜体与预埋槽钢及地面绝缘。

(5)将开关柜落下,调整并确认整列柜的顺直。

盘柜单独或成列安装时其垂直度偏差为1 mm/m,相邻两盘定都水平偏差应小于2 mm,相邻两盘面的盘面偏差小于1 mm,成列盘面的盘面偏差小于2 mm,盘、柜间的接缝偏差应小于2 mm。

(6)安装并拧紧柜体间的连接螺栓。拧紧地脚绝缘膨胀螺栓。

(7)在1 500 V直流开关柜直流母线接触面上涂抹电力复合脂,将各段母线对齐,然后用强度为8.8级的螺栓进行连接并拧紧,力矩应符合有关要求。

(8)按照二次侧设计图,将小母线接入各开关柜的端子排上。

第三节 施 工 验 收

一、验收程序

由监理单位组织,由地铁运营总工程师主持,参加单位有政府质量安全监督机构、地铁档案资料部、监理单位、设计单位、施工单位等。

(1)施工单位简单介绍工程概况、工程实体及资料整理的完成情况、自检自评的质量等级、目前遗留的工程情况等。

(2)监理单位介绍工程监理情况、质量控制及质量等级的核定情况、目前遗留的问题等。

(3)设计单位介绍情况,并要指出施工单位的施工是否满足设计要求及存在的问题。

（4）与会人员分组检查。其中工程实体组可按不同专业分组现场检查，主要对实体进行观感质量检查，必要时进行现场实测实量。文件资料组（包括科技档案、声像档案）由档案资料部牵头，对施工单位提交的工程档案进行检查。

（5）各检查组须安排专人做好记录，整理后将意见填写至有关分部（分项）工程质量验收记录，以及单位工程质量验收会议记录内容。

（6）各检查组负责人汇报小组检查情况，指出必须整改的问题。

（7）设计单位、勘察单位（土建工程验收）提出对该分部工程的质量等级评定意见。

（8）主持人综合各检查组意见，对工程质量和各管理环节等方面作出全面评价。如能达成统一意见，验收人员共同签署工程验收证明书。若参与验收的各方不能形成一致意见时，应协商提出解决方法；待意见一致后，重新组织验收。

（9）质量监督机构对工程质量验收的组织形式、验收程序、执行验收标准等情况实施监督。

（10）监理单位负责编写验收会议纪要，将要求整改的问题记录在案，并负责整改问题的跟踪检查。

二、变电所工程施工质量验收

1. 一般规定

（1）土建专业移交的接地装置的连接端子数量和接地电阻值应经第三方检测，合格后方能移交。

（2）土建专业移交的设备基础及所内、区间电缆孔洞应对其数量、位置、尺寸进行检查确认，并办理移交手续。

（3）设备基础预埋件施工必须与装修层施工配合进行。在预埋件拼装、调整、固定等工序完成后进行混凝土浇注和地面平整，整个工序完成后应保证装修地面与预埋件顶面平齐。基础预埋件制作及安装必须进行检查验收合格后才能安装电气设备。

（4）电气设备在运输、保管期间应防止受潮、倾倒和遭受机械损伤，并应满足产品的相关技术要求。变电所设备运进设备房间检查时，屋内场地四周应不留杂物，房间清洁，并设有防尘措施，并具有设备安全的保障措施。

（5）硬母线应采用冷弯弯制，严禁使用铁锤加工和电、气焊切割。硬母线与硬母线、硬母线与分支线、硬母线与电器的接线端子搭接时，其搭接面的处理应符合下列要求：

①铜与铜。室外、高温且潮湿或对母线有腐蚀性气体的室内应搪锡，在干燥的室内可直接连接。

②铝与铝。直接连接。

③钢与钢。应搪锡或镀锌，不得直接连接。

④铜与铝。在干燥的室内铜导体搪锡；室外或空气相对湿度接近 100% 的室内，采用铜铝过渡板，铜端搪锡。

⑤钢与铜或铝。钢搭接面应搪锡。

（6）电缆终端头和中间接头应由经过专门培训和熟悉制作工艺的技术工人制作，并严格遵守有关制作工艺规程。电缆终端头和中间接头施工地点应清洁、干燥、施工时环境温度不得低于 5 ℃，相对湿度在 70% 及以下，当湿度较大时，可提高环境温度或加热电缆。电缆终端头和中间接头宜采用预制件结构。

(7)同一电气设备的工作接地线和保护接地线必须分别设置,并直接与接地体可靠连接,不得在与接地体连接之前并联连接。

(8)高压电气设备及其配电装置的试验,按现行国家标准《电气装置安装工程电气设备交接验收标准》的规定进行。

(9)变电所电气传动试验,在受电前必须按设计说明书规定的全部功能进行检查验证。当供电系统配备远动操作装置时,所有的传动试验项目,必须在调度中心进行确认及必要的操作验证。

(10)变电所受电启动方案及送电开通程序应经建设单位或开通领导小组的批准,方可实施;参加受电启动和送电开通的各方严格遵守。受电前对二次回路配线、数据传输电缆进行详细检查和相关绝缘测试,确认合格后方可送电。

2. 设备基础预埋件

(1)各设备基础预埋件的材料、规格、尺寸、制作、安装方式(其中整流器柜、直流开关柜、负极柜设备采用绝缘安装方式)及预埋位置应符合设计要求。

(2)所内供电设备的基础预埋件平行度、平直度及水平度误差不能大于 1 mm/m,全长范围内总误差不大于 2 mm;预埋件与其相应安装设备之间的接触面应平整且符合设计要求。

(3)设备基础预埋件应可靠接地,接地方式、接地数量应满足设计要求。

(4)基础槽钢的安装应符合表 6-1 要求,基础槽钢安装后,其顶部宜高出抹平地面 10 mm;手车式成套柜按产品技术要求执行。安装后的基础槽钢应做防腐处理。

表 6-1 基础槽钢安装的检验标准

符号	项　　目		允许偏差 (mm)	检验频率		检验方法
				范围	点数	
1	不直度	每米	<1	每片槽钢	2	用靠尺、塞尺检查
		全长	<5			
2	水平度	每米	<1		2	用水平尺测量
		全长	<5			
3	位置误差及平行度		<5		2	经纬仪、水平仪及钢尺检查

(5)设备基础预埋件的外观表面应平整光洁,所有焊接处应牢固,焊接应饱满,不应有裂缝、气孔及脱焊现象,更不得有假焊或漏焊现象;表面应进行防腐处理。

3. 网栅

(1)栅栏运达现场应进行检查,其表面应光滑、无毛刺、无变形、防腐层良好,型号、规格应符合设计要求。

(2)整流变压器室中栅栏安装位置及高度应符合设计要求。

(3)遮栏及栅栏的门扇开闭应灵活,铰链与锁孔安装位置及焊接应符合设计要求。

(4)遮栏和栅栏与带电体的距离应符合设计要求。设计无要求时应符合室内配电装置的最小安全净距的规定。

(5)遮栏或栅栏网栅的接地线连接可靠,凡可开启的门扇与整体结构间均用软铜绞线可靠连接。严禁将遮栏或栅栏的接地线与二次回路的接地体连接。

(6)网栅立柱的埋设应垂直牢固、高度一致,同一直线上的立柱在同一平面内,同类间隔的装配方式统一。

(7)板网结构件的钢板或钢板网应平整,板网与边框的焊接牢固,且无外露尖角及毛刺。当板网与边框采用螺栓连接方式时,螺栓和钢板网(网目)的规格及数量应符合设计要求。

(8)网栅整体结构的焊接牢固可靠,金属表面的防腐层完好。

4. 避雷器

(1)避雷器的规格、型号应符合设计要求。外观检查应无裂纹及破损现象。绝缘电阻应符合产品技术规定。

(2)避雷器安装前,需经绝缘试验检测合格,且与出厂试验报告没有明显变化。

(3)避雷器的安装应垂直、固定牢靠;放电计数器应密封良好、动作可靠;接地线连接可靠,防腐涂层完好。

(4)避雷器的铭牌及放电计数器应位于便于观察的同一侧,母线引下线与避雷器的连接牢固可靠,并不得使避雷器承受除母线重量以外的任何外力。

5. 电缆支架及桥架

(1)电缆支架桥架的类型、规格、质量及安装的位置和标高符合设计要求。

(2)电缆支架桥架安装牢固,横平竖直、排列整齐,弯曲度应一致,防腐层完好,安装位置不能超出限界要求。

(3)电缆支架桥架支撑垂直于电缆敷设方向,支架桥架间距符合设计要求。

(4)电缆支架桥架的层间允许最小距离值及最上层、最下层至沟顶、楼板或沟底、地面的距离,符合设计要求;支架桥架全长与接地干线连接不应少于两处;桥架间连接板的两端应保证可靠接地连通。

(5)支架、桥架全长与接地干线连接不应少于两处,桥架间连接的两端应保证可靠接地连通。

(6)电缆支架连接处、螺栓孔等处镀锌脱落要补漆。桥架水平及垂直安装的支架间距不宜大于 2 m,特殊情况按照设计要求安装。

6. 接地装置

(1)土建专业移交的综合接地装置的接地电阻值应符合设计要求。

(2)接地装置接地干线、支线及接地引线敷设位置、规格及长度应符合设计要求。接地装置的安装(包括连接、固定、穿墙、穿门等)应遵照国家建筑标准设计 86D563 图集《接地装置安装》和设计的要求,并符合《电气装置安装工程接地装置施工及验收规范》的规定。

(3)接地干线至少应在不同的两点与接地网相连接,每一设备的工作接地和保护接地应单独与接地干线可靠连接,严禁将几个部件串接接地。所有设备接地线其露出地面部分及埋入地下部分均应作防腐处理。

(4)干线接地扁钢沿墙敷设,距地面垂直高度约 0.2 m,距墙面水平距离约 0.3 m,相邻固定点间接地母线安装支持间距:水平直线为 1 m,垂直部分为 1.5～3 m,转角部分为 0.3～0.5 m。干线接地扁钢设置螺栓并带蝶形螺母及垫圈,供临时接地用。

（5）干线、支线接地扁钢连接方式为搭接焊，扁钢的搭接长度为其宽度的两倍（至少焊接三个棱边），扁钢与角钢连接时，除在扁钢两侧焊接外，还应将扁钢本体弯成直角形（或加焊"L"形扁钢）与角钢焊接成一个整体。所有焊接处应牢固，焊缝应饱满，不应有裂缝、气孔及脱焊现象，更不得有假焊和漏焊现象，焊接部位应做防腐处理。接地扁钢及其安装卡子应热浸镀锌防腐，镀锌后表面应光滑。干线接地扁钢穿墙时应加玻璃钢管保护。

（6）接地母排至少在不同的两点与接地网连接。有需要悬挂临时接地线的地点均应设置接地螺栓或接线板，接地螺栓或接线板应符合设计要求。

（7）干线接地扁钢表面均匀间隔刷涂绿黄条纹，条纹宽度符合设计要求。

7. 变压器

（1）设备运达现场应进行检查，其质量应符合下列规定：变压器的型号、规格应符合设计要求，外壳器身无损伤无异常；器身漆层完整无锈蚀，附件及配件数量齐全与装箱单相符；铭牌齐全，各部螺栓紧固。高低压套管的瓷套表面光滑，无裂纹；瓷铁粘合牢固，无锈蚀。

（2）35(10)kV变压器母线相间对地的安全净距不小于300 mm。

（3）变压器及其附件外壳和其他非带电金属部分，均应有可靠的连接，动力变压器中性点应单独与接地母线相连，必须符合规范规定。

（4）器身内、外所有螺栓紧固，防松螺母锁紧。变压器铁芯应可靠接地，接地电阻满足厂家技术文件要求。

（5）变压器各部安装尺寸应符合设计要求，并应按生产厂家的技术说明书要求安装，变压器应与基础预埋件固定牢固可靠，高低压电缆支架等应安装牢靠。

（6）变压器外连接线路的连接应符合以下规定：变压器的温控装置、热敏电阻应安装正确，动作灵敏，布线合理，连接可靠；连接螺栓的锁紧装置齐全，引入、引出端子便于接线，外连接线应准确无误，器身各附件间连接的导线应有保护管，接线固定牢固可靠；套管及绝缘支柱应完好无损伤，连接母线后无松动且不应使套管受力。

（7）所有母线搭接面的连接螺栓用力矩扳手紧固，其紧固力矩值应符合表 6-2 规定。

表 6-2　钢制螺栓的紧固力矩值

螺栓规格（mm）	力矩值（N·m）	螺栓规格（mm）	力矩值（N·m）
M8	8.8～10.8	M16	78.5～98.1
M10	17.7～23.6	M18	98.0～127.4
M12	31.4～39.6	M20	156.9～196.2
M14	51.0～60.8	M24	274.6～343.2

8. 整流器柜

（1）整流器柜外形尺寸、柜内设备规格、型号、安装位置必须符合设计要求，整流器柜柜体对地应绝缘，绝缘电阻值应符合设计要求。绝缘安装方式满足供货商要求，并得到安装督导人员的确认。

（2）整流器的试验、调整及整机检查结果必须符合设计要求、施工规范和产品技术文件的要求。

（3）整流器管单个参数、配对结果应符合设计及产品技术要求，快速熔断器表面无裂纹、破损，绝缘部件完整。

（4）整流柜本体及其附件安装应符合以下规定：

①整流柜内、外应清洁干净，临时固定电器的绳索标签等应拆除，盘面清洁。柜体安装排列整齐，表面油漆色泽一致、完好，标识正确。

②柜内元器件应完整无损并固定牢固。

③端子排应无断裂变形，接触弹簧片应有弹性。

④元器件出厂时调整的定位标准应无错位现象。

⑤轨、绝缘板与基础槽钢间连接紧密，固定牢固。

（5）整流柜内设备接线应符合以下规定：

①二次回路应满足设计要求功能，与外壳绝缘良好。各项保护、信号功能良好完整齐全、固定牢固、操动部分动作灵活、准确。

②二次接线正确，固定牢靠，导线与电器或端子排的连接紧密，标志清晰、齐全，焊接的连接导线应无脱焊、毛刺、碰壳、短路。

③一、二次电缆连接正确，连接紧固。

④柜内连接母线应平齐，接触面已按要求处理，连接符合要求。

⑤硅二极管接线端的极性必须相同。

⑥非带电部分需接地时，应符合接地装置的规定。

9.盘柜及二次回路接线

（1）设备运达现场应进行检查，其质量应符合下列规定：

①柜、盘（箱）等设备的规格、型号应符合设计规定。

②设备表面油漆涂层完整，无锈蚀及损伤等缺陷。电器产品的规格、型号与原理图规定一致。产品的背面接线图与设计原理接线图经核对互相一致。

③各种接线端子的排列顺序及绝缘间隔与端子排接线图统一。成列盘、柜、箱安装位置应正确，排列整齐。

④二次回路串接的熔断器，其规格、型号应符合设计要求，且导通检查良好。

（2）成列柜、盘的垂直度、水平偏差、盘柜面偏差和盘柜间接缝的允许偏差应符合表 6-3 的规定。

表 6-3　盘、柜安装的允许误差

项　　目		允许偏差（mm）
垂直度（每米）		＜1.5
水平偏差	相邻两盘、柜顶部	＜2
	成列盘、柜顶部	＜5
盘面偏差	相邻两盘、柜面	＜1
	成列盘、柜面	＜5
盘、柜间接缝		＜2

（3）柜、盘（箱）等设备上安装的元器件应完好无损、固定牢靠，瓷件和绝缘表面严禁有裂纹、缺损等缺陷。

（4）高压成套柜内一次设备的质量检验,应符合设计要求及国家标准对相应设备规定的检验要求。

（5）柜、盘(箱)的本体接地方式应符合下列规定,并且接地可靠:采用绝缘法安装的盘、柜接框架保护接地,采用非绝缘法安装的盘、柜直接接地。

（6）柜、盘(箱)的安装方法应符合下列规定:

①35(10)kV开关柜和交直流盘、制动控制柜、制动电阻柜、控制信号屏、轨电位限制装置等采用非绝缘法安装。

②直流设备(包括1 500(750)V直流开关柜、整流器柜及负极柜等)采用下部铺设绝缘垫板,柜体采用绝缘螺栓固定,设备安装完成后应实测绝缘电阻符合设计要求。绝缘安装方式满足供货商要求,并得到其安装督导人员的确认。

③35(10)kV开关柜内断路器及操作机构、电压、电流互感器、避雷器、带电显示装置各项参数均应符合产品技术要求;操作灵活、动作正确,联锁功能符合要求;带气压指示的设备其气压值应符合有关技术要求;在进行母线的连接时,仔细检查开关柜的母线插座和母线本体的插头,必须采用可靠措施避免灰尘、湿气及其他污秽对连接处产生影响,插接头必须准确到位和牢固连接母线端部采用专用堵头可靠密封,保护装置及自动化系统应满足设计要求功能,动作正确、可靠。

④1 500(750)V直流开关柜内直流快速开关、电动隔离开关、操作机构、避雷器、分流器等各项参数均应符合产品技术要求;操作灵活、正确、联锁功能符合设计要求;柜内连接母线应平齐,接触面已按规定要求处理;正、负极对柜间距符合规定,在绝缘支柱上牢固;成套继电保护装置、各类表计及自动化系统应满足设计要求功能,动作正确、可靠。

⑤控制信号屏内自动化系统装置功能应符合规定要求,准确可靠,与通信通道接口良好。

⑥交流屏内交流接触器、继电器、熔断器、各类仪表等应动作到位,显示正确,进线自投功能完善,工作状态指示正确。

⑦轨电位限制装置各连接线应正确,铜排及电缆与铜排连接应符合设计规定。

（7）柜、盘(箱)与基础或构件间的连接应固定牢固,紧固件为镀锌产品且防松零件齐全。盘、柜内清洁、无杂物。

（8）35(10)kV交流断路器、1 500(750)V直流断路器、电动隔离开关和手动隔离开关的操动机构其端口的耐压强度、分、合闸及闭锁装置动作灵活、可靠,复位准确,扣合可靠;辅助开关及闭锁装置动作灵活,准确可靠,触头接触紧密,所有传动部位无卡阻现象,合闸时相间的同期性应符合产品的技术规定。位置指示器与开关的实际位置相符。

（9）1 500(750)V直流柜中的手车式设备,在柜体内推拉应轻便灵活;安全隔板应能随车体的进出而自动开闭,且动作灵活、可靠。接地(框架保护接地)触头接触紧密,接入时触头先接触,退出时接地触头后脱开。主触头的动、静触头中心线应一致,接触紧密;同规格、型号手车式设备的互换性应良好。

（10）柜、盘(箱)内母线与母线、母线与电气接线端子用螺栓搭接时应紧密,连接螺栓应采用力矩扳手紧固。

（11）在现场安装柜、盘(箱)上的电气设备和元件应符合设计要求,动作可靠。

（12）柜、盘(箱)上的标识器件表明被控设备编号及名称,标志牌、标志框齐全、正确清晰、工整、不易脱色。

(13)柜、盘(箱)内二次回路检查试验应符合下列规定：

①二次回路允许采用线槽或线把布线形式，接线方式应根据设备实际情况分别采用插接、锡焊连接及压接端子连接；当采用压接端子连接方式时，压接端子的规格应与导线规格匹配，接线后压接端子的握着力及接触电阻值应符合成品的规定；每个接线端子所接芯线不得超过两根；强电、弱电端子隔离布置；二次回路接线固定牢靠，排列整齐；回路编号正确、字迹清晰。

②熔断器的熔体规格、自动开关的整定值符合设计要求。

③信号显示准确，闭锁装置动作准确、可靠。

④回路中的电子元件不应参加交流工频耐压试验；48 V 及以下回路可不做交流工频耐压试验。

10. 直流电源

(1)直流屏运达现场应进行检查，其质量应符合下列规定：

①直流屏及屏内设备、元器件规格型号、参数、安装尺寸均应符合设计规定。

②充电装置和蓄电池盘柜应符合设计和产品规定。

③充电装置具备的各种状态下的充电功能及装置正负极对地的绝缘电阻值应符合产品的技术规定。

(2)充电装置具备的各种状态下的充电功能及装置正负极对地的绝缘电阻值应符合产品的技术规定。

(3)直流屏试验应将屏内电子器件从线路上退出，检测主回路线间和线对地间绝缘电阻值满足厂家技术文件要求。

(4)具有自动控制功能的充电装置还应符合下列规定：

①装置能根据产品的技术要求，蓄电池在正常充电情况下，装置应由恒流限压状态自动向恒压充电、浮充电正常运行状态转换，且转换过程和持续时间符合技术规定。

②自动控制功能应自动定期对蓄电池组进行均衡充电，确保电池组随时具备额定容量。

③满足远动系统运行要求。具备由远方对电压、电流进行调控的功能。

④在故障状态下，装置应自动或经手动能切换到"当地"运行方式。

(5)蓄电池的规格、容量和电池数量应符合设计规定。

(6)随直流电源屏供货的蓄电池制造厂应提供产品合格证、试验报告、充放电记录及充放电曲线图等。

(7)蓄电池组在屏内台架上的安装应稳固、排列整齐，端子连接紧密整齐可靠，无锈蚀，每只(组)蓄电池间应保持一定间距。

(8)充放电容量或倍率校验等应符合产品的技术规定。

(9)直流屏内母线排列整齐，连接应符合规定要求，采用线槽或线把布线的回路接线固定牢固，编号正确清晰，端子及插件连接良好；直流屏外接母线及电缆应固定牢固，极性标志正确，直流输出电压等级有明显标志。

(10)蓄电池连接条(线)及抽头的连接部分应涂敷电力复合脂。

11. 电力电缆及控制电缆

(1)设备运达现场应进行检查，电力电缆及控制电缆的规格、型号、长度及电压等级应符合设计要求。10 kV 及以上电力电缆其绝缘电阻不应低于 400 MΩ。控制电缆绝缘电阻不应小于 5 MΩ。电缆中间接头及终端头的附件规格、型号及电压等级与电缆的规格、型号互相吻合,且应符合设计要求。

(2)电力电缆及控制电缆与设备的连接方法正确,固定牢固,绝缘良好,终端头接地可靠。各类电缆在终端处留有适当的备用长度。

(3)电缆的敷设路径、终端位置符合设计要求;电缆高度发生变化时,其坡度应平缓;直敷电缆进入建筑物时应根据设计要求采取保护措施,并应有路径示意图。

(4)电力电缆及控制电缆与设备的连接方法正确,固定牢固,绝缘良好,终端头接地可靠。各类电缆在终端处留有适当的备用长度。

(5)电力电缆终端头的相色标志应与系统相位一致,带电部位应满足相应电压等级的电气距离要求。

(6)控制电缆敷设应符合下列规定:

①所有保护、控制电缆、电压电力电缆规格、型号及敷设路径,均应符合设计要求,电缆表面无严重破损、无大面积污染、不得出现拧绞、压扁、护层断裂等缺陷。

②保护控制电缆敷设排列整齐,绑扎牢固,在电缆架上放置应符合设计要求,引入盘柜电缆应避免交叉,便于绑扎固定。

③保护控制电缆与设备连接应正确可靠,绝缘良好,所内电缆不应有中间接头,电缆芯线的所配导线端部均应有回路编号,字迹清晰。

④保护控制电缆在终端头处应预留适当备用长度,并按大于最小允许半径绑扎。

(7)电缆头的制作应符合下列规定:

①所有保护、控制电缆及光缆的规格、型号应与电缆一致,零部件完整齐全,其规格、型号符合设计要求,主要性能应符合相应产品国家标准的规定。

②电缆头结构简单、紧凑。

③电缆终端和中间接头应采取加强绝缘、密封防潮、机械保护措施。6kV 以上电缆接头处有改善电缆屏蔽端部电场集中的有效措施,并确保外绝缘相间和对地距离。

(8)电缆间、电缆与管道、建筑物间的最小净距应符合表 6-4 的规定。

表 6-4　电缆间、电缆与管道、建筑物间的最小净距

敷设条件相关设施		净距(m)		附 加 条 件
		平行	交叉	
电力电缆与控制电缆间	10kV 及以下	0.1	0.5	如用隔板或穿入钢管,平行距离可减少 0.1 m,交叉距离可减少 0.25 m。
	35(10)kV	0.25	0.5	
控制电缆之间			0.5	
电缆与地下管道间	热力管道	3.0	0.5	电缆穿入钢管保护,交叉距离可减少 0.25 m,但要求保护管超出管道每侧 2 m。
	油或燃气管道	1.0	0.5	
	其他	0.5	0.5	
电缆与路基面			0.7	
电缆与建筑物基础边沿		0.6		如不能满足要求时应采取防护措施。
电缆与排水沟		1.0	0.5	
不同使用部门的电缆间		0.5	0.5	

(9)电缆敷设的最小弯曲半径应符合表 6-5 的规定。

表 6-5　电缆允许弯曲半径与电缆直径的倍值

电缆种类	电缆护层结构	允许倍值	
		多芯	单芯
控制电缆		10	
橡皮绝缘电缆	橡皮或聚乙烯护套	10	15
聚氯乙烯绝缘电缆	铠装或无铠装	10	10
交联聚乙烯电缆		15	15

(10)电缆在支架或桥架上的敷设应符合下列规定：

①电缆在支架上的排列层次自上而下依次为控制电缆、电力电缆、高压电缆，电力电缆和控制电缆不得排列在同一层。

②控制电缆在每层支架上的排列不宜超过 1 层，在桥架上的排列不宜超过 2 层。

③电缆在支架或桥架上排列整齐，绑扎牢固；每条电缆的终端处及位于电缆穿墙板处、夹层处或电缆竖井进出口处的显著部位均应挂有标志牌，标志牌规格统一，字迹清晰，挂装牢靠。

(11)金属电缆支架和电缆保护管的接地可靠，电缆保护管的管口封堵严密。电缆保护管垂直引出地面时的高度不宜小于 2 m，且固定牢靠。

(12)单相交流电力电缆的保护管及固定金具不得构成闭合磁路。

(13)电缆的固定应符合下列规定：

①垂直敷设或超过 45 度倾斜敷设的电缆在每个支架、桥架上每隔 2 m 处应加以固定。

②水平敷设的电缆，在电缆首末两端、转弯和电缆接头的两端处加以固定。当对电缆间距有要求时，其固定应符合设计要求。

③单芯电缆的固定应符合设计要求，电缆固定牢固，且便于运营维护。

(14)电缆头和中间接头安装应符合下列规定：

①电缆两端终端头应有明显的相色标志，且与系统的相位一致。电缆线芯压接后，端子或连接管上的凸痕应修理光滑，且保证电缆头表面清洁、无杂物。

②电缆头应安装固定牢固，电缆头的防震措施应符合设计要求，设置在区间的电缆中间接头，三相接头位置应错开。其距离不应少于 0.5 m。

③电力电缆终端头和中间接头的电缆护层剥切长度、绝缘包扎长度及芯线连接强度应符合电缆头制作工艺要求；单相电力电缆的铠装或屏蔽层应有一端接地。

④控制电缆采用干包或热塑形式制作终端头，其性能应保证终端头绝缘可靠，密封良好。控制电缆在制造长度内不允许有中间接头。

⑤电力电缆头附近的电缆应留有适当预留长度。

⑥电缆端头和中间接头与屏蔽层及铠装层连接处采用软铜编织带，软铜编织带应沿电缆尽可能蛇形敷设，避免电缆绝缘或护套收缩时拉断。电缆附件热缩护套与电缆外护套的重叠长度，每处不得小于 500 mm，保证均匀可靠收缩。

⑦电缆终端的接线鼻子和电缆中间接头的连接管与电缆导体的压接采用围压，终端头不得少于两处，中间接头不得少于 4 处（每侧各两处）。

⑧电力电缆终端头的接地线的截面选用标准:当电缆截面为 150 mm² 及以上时,接地线的截面不得小于 25 mm²。当电缆截面为 120 mm² 及以下时,接地线的截面不得小于 16 mm²。

(15)电缆标志牌的装设应符合下列要求:

①在每条电缆终端头、电缆接头、拐弯处、电缆穿墙板处、夹层内、隧道及竖井的两端、人井内的显著部位均应挂有标志牌。变电所内部中间部分每间隔 4 m 左右挂牌一处,区间部分每隔 100 m 左右挂牌一处。

②标志牌上应注明线路编号。当无编号时,应写明电缆型号、规格、起讫点、电缆长度、安装(更换)日期,并联使用的电缆应有顺序号。标志牌的字迹清晰不易脱落。

③标志牌规格宜统一。标志牌应能防腐,挂装应牢固。

12. 变电所综合自动化

(1)变电所综合自动化设备的安装应符合下列要求:

①综合自动化系统设备到达现场应进行检查,设备及附件齐全,外表完好,无破损现象。其规格、型号应符合设计要求,各种接插件的规格应与设备接口相互一致,且符合订货合同要求。

②监控系统各个模块单元的安装应符合产品说明书和设计文件的规定,监控功能完好,系统运行正常,各类数值与现场显示一致。监控主机及其外设的配置方案和位置应便于维护人员操作及监视,所有通信端口的连接应符合产品规定。

③综合自动化系统的操作系统软件和应用软件安装应符合设计和产品技术要求。

④监控终端各输入接口与遥控、遥测、遥信对象的输出接口相互对应。监控终端交、直流输入电源的电压和极性符合产品的技术规定。

⑤电缆接线正确,接线无误,插件连接紧密可靠。

⑥变电所综合自动化系统设备接地应符合设计要求,接地可靠。

(2)变电所综合自动化系统调试应符合以下规定:

①综合自动化系统的当地监控、当地维护、数据采集与传输、数据预处理及当地和远程通信功能应符合设计规定。

②综合自动化系统应能自动接受并正确执行电力调度所下达的全部指令。

③各种保护功能应符合设计要求。

(3)正式向控制信号柜及监控主机送电前,对二次回路配线或数据传输电缆进行详细检查及有关的绝缘测试。确认合格后方可送电。

(4)根据产品的技术规定,通过当地监控主机或利用便携机通过应急控制模块单元,分别对一个间隔内的电气装置进行单体传动试验及相互的闭锁功能检查,结果应符合设计要求。

(5)变电所各种信号装置的显示应满足下列规定:

①配电装置各种保护功能的投入与撤除,能够按规定在控制装置的状态显示窗口准确显示。

②电气设备的位置信号能够在该设备的控制装置及变电所中央信号控制盘或模拟盘上及远动终端准确显示。

③预告及事故音响信号能够在变电所内按规定的方式正确表示。具有自动复归功能的音响信号能够按规定时限自动返回或停止。

④各种信号装置反映的信息应能够完整准确地向上级管理中心传输,并正确再现。

(6)综合自动化系统的设备标识清晰,连接线连接正确,排列整齐。

(7)变电所内任何智能电子装置发生故障均应报警,单个智能电子装置的故障,不影响整个网络的运行。任何智能电子装置的故障报警信息能在控制中心监控系统的综合自动化结构画面上显示并报警。

(8)变电所内智能设备网络通信接口模块以及用于所内监控、软件维护、设备调试的人机接口等的组成应符合设计要求。

(9)变电所的35(10)kV 交流和 1 500(750)V 直流系统采用的综合监控保护设备,实现对供电系统设备的控制和监视及运行数据的测量、保护应符合设计要求。

(10)当地监控主机功能应满足下列规定:

①当地监控主机的控制、测量、信号显示功能应符合设计要求。

②所有回路的保护装置能够自动记录定值修改及保护装置的动作状况,并在当地监控主机中形成事件报告,供随时查询。

③馈出线保护装置在馈出线出现故障时应能够自动形成故障波形、故障报告等一系列事件报告,并在当地监控主机中自动保存,供随时查询。

④在当地监控主机上可以任意查询和打印本变电所的所有按规定保存的操作记录、越限记录、事件记录及其他历史记录。

(11)附属设备

①操作模拟屏、操作安全手套、绝缘鞋、验电器、接地封线、操作手柄和钥匙、临时调度电话已配置,并能完好使用。

②防鼠板和检修孔盖板、爬梯已安装,进出变电所管线孔洞已封堵;变电所操作记录本和进所作业登记簿、安全警示已配置,并能完好使用。

三、交接试验

对于新安装和大修后的电气设备进行的试验,称为交接验收试验,其目的是鉴定电气设备本身及其安装和大修的质量。

1. 电气试验的原则

(1)试验结果应与该设备历次试验结果相比较,与同类设备试验结果相比较,参加相关的试验结果,根据变化规律和趋势,进行全面分析后做出判断。

(2)遇到特殊情况需要改变试验项目、周期或要求时,须经单位技术负责人审查批准后执行。

(3)110 kV 以下的电力设备,应按《电力设备预防性试验规程》进行耐压试验(有特殊规定者除外)。

50 Hz 交流耐压试验所加试验电压的持续时间,凡无特殊说明者均为 1 min,其他耐压试验的试验电压所施加的时间在有关设备的试验要求中规定。

非标准电压等级的电力设备的交流耐压试验值,可根据《规程》规定的相邻电压等级按插入法计算。

充油电力设备在注油后应有足够的静置时间才可进行耐压试验。静置时间若制造厂没有规定,则 110 kV 及以下的电力设备的静置时间在其额定电压下应超过 24 h。

（4）进行耐压试验时,应尽量将连在一起的其他各种设备分离后进行单独试验（制造厂装配的成套设备不在此限），但同一试验电压的设备可以连在一起进行试验。已有单独试验记录的一些不同试验电压的电力设备,在单独试验有困难的情况下,也可连在一起进行试验,此时,试验电压应采用所连接设备中的最低试验电压。

（5）当电力设备的额定电压与实际使用的额定工作电压不同时,则应根据下列原则确定试验电压:

①当采用额定电压较高的设备以加强绝缘时应按照设备的额定电压确定其试验电压;

②当采用额定电压较高的设备作为代用设备时,应按照实际使用的额定工作电压确定其试验电压;

③为满足高海拔地区的要求而采用较高电压等级的设备时,应在安装地点按实际使用的额定工作电压确定其试验电压。

（6）在进行与温度和湿度有关的各种试验时（如测量直流电阻、绝缘电阻、$\tan\delta$、泄漏电流等），应同时测量被试品的温度和周围空气的温度和湿度。

进行绝缘试验时,被试品温度不应低于$+5$ ℃,户外试验应在良好的天气情况下进行,空气相对湿度一般不高于80%。

（7）在进行直流高压试验时,应采用负极性接线。

（8）如产品的国家标准或行业标准有变动时,试验时应作相应调整。

（9）如经实用考核证明利用带电测量和在线监测技术能达到停电试验的效果时,经批准可以不做停电试验或适当延长周期。

（10）可根据具体情况制定各地区或各单位的实施规程。

2.35 kV 及以下设备的大修试验项目

（1）电力变压器的试验项目

①测量绕组连同套管的直流电阻;

②检查所有分接头的变压比;

③检查变压器的三相接线组别和单相变压器引出线的极性;

④测量绕组连同套管的绝缘电阻、吸收比或极化指数;

⑤测量绕组连同套管的介质损耗角正切值 $\tan\delta$;

⑥测量绕组连同套管的直流泄漏电流;

⑦绕组连同套管的交流耐压试验;

⑧绕组连同套管的局部放电试验;

⑨测量与铁芯绝缘的各紧固件及铁芯接地线引出套管对外壳的绝缘电阻;

⑩非纯瓷套管的试验;

⑪绝缘油的试验;

⑫有载调压切换装置的检查和试验;

⑬额定电压下的冲击和闸试验;

⑭检查相位;

⑮测量噪声。

1 600 kV·A 以上油浸式电力变压器的试验,应按全部项目的规定进行。

1 600 kV·A 及以下油浸式电力变压器的试验,可按项目①、②、③、④、⑦、⑨、⑩、⑪、⑫和⑭的规定进行。

干式变压器的试验,可按项目①、②、③、④、⑦、⑨、⑫、⑬和⑭的规定进行。

电压等级在 35 kV 及以上的变压器,在交接时应提交变压器及非纯瓷套管的出厂试验记录。

(2)互感器的试验项目

①测量绕组的绝缘电阻;

②绕组连同套管对外壳的交流耐压试验;

③测量 35 kV 及以上互感器一次绕组连同套管的介质损耗角正切值 $\tan\delta$;

④油浸式互感器的绝缘油试验;

⑤测量电压互感器一次绕组的直流电阻;

⑥测量电流互感器的励磁特性曲线;

⑦测量 1 000 V 以上电压互感器的空载电流和励磁特性;

⑧检查互感器的三相接线组别和单相互感器引出线的极性;

⑨检查互感器变比。

(3)真空断路器的试验项目

①测量绝缘拉杆的绝缘电阻;

②交流耐压试验;

③测量断路器的分、合闸时间;

④测量分、合闸线圈及合闸接触器线圈的绝缘电阻及直流电阻;

⑤测量每相导电回路的电阻;

⑥断路器操动机构的试验。

(4)SF₆ 断路器的试验项目

①测量绝缘拉杆的绝缘电阻;

②交流耐压试验;

③测量每相导电回路的电阻;

④测量断路器的分、合闸时间;

⑤测量断路器的分、合闸速度;

⑥测量断路器主触头分、合闸的同期性;

⑦测量分、合闸线圈及合闸接触器线圈的绝缘电阻及直流电阻;

⑧测量断路器内 SF₆ 气体的微水含量;

⑨密封性试验;

⑩气体密度继电器、压力表和压力动作阀的校验;

⑪断路器操动机构的试验。

(5)隔离开关、负荷开关及高压熔断器的检查项目

①测量绝缘电阻;

②测量高压限流熔断器熔丝的直流电阻;

③测量负荷开关导电回路的电阻;

④交流耐压试验;

⑤操动机构的试验。

（6）套管的检查项目

①测量绝缘电阻；

②测量 20 kV 以上非纯瓷套管的介质损耗角正切值 tanδ 和电容值；

③交流耐压试验；

④绝缘油试验。

（7）绝缘子试验项目

①测量绝缘电阻；

②交流耐压试验。

（8）电流电缆试验项目

①测量绝缘电阻；

②直流耐压试验及测量泄漏电流；

③检修电缆线路的相位。

（9）并联电容器的试验项目

①测量绝缘电阻；

②交流耐压试验；

③冲击合闸试验。

（10）避雷器试验项目

①测量绝缘电阻；

②测量泄漏电流并检查组合元件的非线性系数；

③测量磁吹避雷器的交流电导电流；

④测量金属氧化物避雷器的持续电流；

⑤测量金属氧化物避雷器的工频参考电压或直流参考电压；

⑥测量 FS 型阀式避雷器的工频参考电压或直流参考电压；

⑦检查放电计数器动作情况及避雷器基座绝缘。

（11）二次回路试验项目

①测量绝缘电阻，应符合下列规定：

a. 小母线在断开所有其他并联支路时，其绝缘电阻不应小于 10 MΩ；

b. 二次回路的每一支路和断路器、隔离开关的操动机构的电源回路等，绝缘电阻均不应小于 1 MΩ。在比较潮湿的地方绝缘电阻不可小于 0.5 MΩ。

②交流耐压试验应符合下列规定：

a. 试验电压为 1 000 V 时，当回路绝缘电阻值在 10 MΩ 以上时，可采用 2 500 V 兆欧表代替，试验持续时间为 1 min。

b. 48 V 及以下回路可不做交流耐压试验。

c. 回路中有电子元器件设备的，试验时应将插件拔出或将其两端短接。

3. 试验报告的编写

试验报告的编写，主要的依据是电气试验的项目和标准。大小修还是新设备，其报告内容可有所不同，其格式可按实际情况确定。试验报告的一般格式要求如下：

①标题；

②测试人、试验时间和审核人、审核时间及试验样品型号、编号、软硬件版本；

③试验总结；

④试验目的；

⑤试验依据；

⑥试验项目和方法；

⑦试验仪器及配套设备；

⑧试验数据及结果；

⑨附件；

⑩备注。

下面列举某公司的几个电气设备试验报告,仅作相关技术人员参考(表 6-6~表 6-10)。

表 6-6　试验报告目录

委托单位		试验单位	
试验站点			
试验时间			
试验依据			
试验目的			
主要仪器	数字直流高压发生器 GC-2006A(120 kV)(10506029♯) GCWJB-2 型微机继电保护测试仪(15159913005♯) 接地电阻测试仪 ZC-8 型(92032485♯) HLY-2 型回路电阻测试仪(2005001♯) TQSB 型高压试验变压器(0508116♯) MΩ 表:KYOR（5KV）型(W0025266♯) MΩ 表:ZC11D-10 型(1986♯) MΩ 表:ZC25-4 型(05-8690♯) 电桥:QJ44(130003♯) 电桥:QJ23a(2882♯)		
试验报告	报告名称		份数
1	35 kV 进线间隔继保试验报告		
2	35 kV 馈线间隔(整流变)继保试验报告		
3	干式变压器试验报告		
4	1 500 V 直流进线柜试验报告		
5			
6			
7			

表 6-7　35 kV 进出线间隔试验报告

设备处所			运行编号			
规格型号			制造工厂			
CT. 变比			继保装置型号		1n：	2n：
主要试验设备仪器				试验环境	温度：℃/湿度：%	

继电保护试验记录

继保装置	给定保护定值		相别	电流引入位置 X1：	时间采样位置 X2：	实测动作数据		
						电流（A）	时间（S）	保护联动状况
	过流	AS	AB					
			BC					
			CA					
	零序	AS	AN					
			BN					
			CN					
	差动	AS	AN					
			BN					
			CN					
BZT 试验								
试验结论								
备　注								

审核：　　　　　　　　试验人：　　　　　　　试验日期：

表 6-8　35 kV 馈线间隔（整流变）试验报告

设备处所		运行编号		（　　号整流变）
规格型号		制造工厂		
CT. 变比		继保装置型号		
规格型号		制造工厂		
主要试验设备仪器			试验环境	温度：℃/湿度：%

城市轨道交通变配电检修工

CHENGSHIGUIDAOJIAOTONGBIANPEIDIANJIANXIUGONG

310

一、继电保护试验记录								
继保装置	给定保护定值	相别	电流引入位置	时间采样位置	实测动作数据			
			X1:	X2:	电流(A)	时间(S)	试验结果	
1n	过流	AS	AB					
			BC					
			CA					
	速断	AS	AB					
			BC					
			CA					
	零序	AS	AN					
			BN					
			CN					

试验项目		试验方法	试验结果
变压器超温保护	铁芯超温报警	铁芯温度传感器加热至 130 ℃时	
	线圈超温报警	线圈温度传感器加热至 130 ℃时	
	线圈超温跳闸	线圈温度传感器加热至 150 ℃时	
整流器故障跳闸	二极管熔丝熔断	模拟同组桥内两只熔丝同时熔断	
	散热器超温 150 ℃	短接接点模拟超温动作	
	母排超温 90 ℃		
整流器故障报警	二极管熔丝熔断	短接任一熔丝微动开关时	
	散热器超温 140 ℃	短接接点模拟超温动作	
	母排超温 80 ℃		
	压敏电阻熔丝熔断	短接接点模拟熔丝熔断	
	整流器柜内超温	电吹风加热 PT100 探头至相应温度	
试验结论			
备 注			

审核：　　　　　　试验人：　　　　　　试验日期：

表 6-9　干式变压器试验报告

设备处所		运行编号	
规格型号		制造工厂	
设备容量(kV·A)		电压(kV)	/
联接组别		电流(A)	/　　/
分接位置		阻抗(Ω)	
主要试验仪器		试验环境	温度：℃/湿度：%

试 验 数 据					
一、绕组直流电阻	绕组温度(℃)	A相：	B相：	C相：	铁芯：
	一次侧△(Ω)	A-B	B-C		C-A
	二次侧Y(mΩ)	1a-N	1b-N		1c-N
	二次侧△(mΩ)	2a-2b	2b-2c		2c-2a
二、绝缘电阻(MΩ)	二次对一次及地				
	一次对二次及地				
	铁芯对地				
三、35 kV侧电缆(MΩ)	A				
	B				
	C				
试验结论					
备 注					

审核：　　　　　　试验人：　　　　　　试验日期：

表 6-10　1 500 V直流进线柜试验报告

设备处所			运行编号		
规格型号			制造工厂		
分流器分流比			继保装置型号		
主要试验设备仪器				试验环境	温度：℃/湿度：%
一、开关试验					
运行编号					
保护类型及定值					
本体大电流脱扣	定值(A)				
	装置刻度				
SEPCOS	逆流定值(A)				
	实测动作电流(A/mV)		/		/
保护动作跳闸及后台报文情况	本柜				
	联跳				
	报文				
主回路直流电阻(μΩ)					
主回路绝缘电阻(MΩ)	整体对地				
	断口间				
线圈直流电阻(Ω)					

二、避雷器试验			
运行编号	R1 正负极间	R2 正负极间	＋母线对地
绝缘电阻（MΩ）			
U_{1mA}电压（V）			
75％U_{1mA}泄漏电流（μA）			
试验结论			
备　注			

审核：　　　　　　试验人：　　　　　　试验日期：

四、送电试运行

试运行是供电工程建设的重要环节，是供电设备投产后能否"安、稳、长、满、优"运行的重要保证，试运行的目的是为了检验设备的制造、安装质量和设备性能等是否符合规范和设计要求，保证城轨系统正常运营。

1. 设备检修后的试运行

1）投入试运行前应具备的条件

①供电系统（变电所、环网电缆及所内综合自动化）所有安装、调试（单体调试、所内联调、所间联调）工作全部结束。启动范围的所有一、二次侧设备均应初验收合格，继电保护应按继电保护整定书执行。

②电缆孔洞要用防火堵料进行封堵，电缆沟盖板、人孔井盖板及爬梯应齐全，且符合使用及安全要求。所有启动设备编号及铭牌齐全、清楚。消防设施完好，消防器材要摆放到位，其数量及性能符合消防要求。

③应具有施工部门移交的图样、资料、试验报告及安装调试记录，以及相应的产品使用说明书。有关图样、资料（安装记录、调试记录等）、继电保护整定书齐全，站内现场运行规程已制定，并经审核，值班人员已熟悉设备。制定变电所管理制度、值班制度、倒闸操作制度等相关制度，并张贴在变电所墙上，其中应具有制定并经批准的大修设备现场运行规程。

④所有柜屏门钥匙、设备房门钥匙、专用工具均要集中摆放或挂放在规定位置，并加贴正确清晰的标识。现场应有完好的 DC1 500 V，AC35 kV 及低压验电器和接地线。绝缘工具、绝缘垫等都已经耐压试验合格。绝缘工具（绝缘鞋、绝缘手套等）、验电器等要备好，并放在取用方便的合适位置。

⑤安全警示挂牌（禁止合闸、禁止分闸、有电危险等）挂在相应设备上，并应具有调度部门制定的大修设备投运启动方案。

⑥对所有设备要进行彻底检查和除尘保洁，检查重点是设备内（上）部是否还有遗留物，一次侧导电回路中各连接部位的螺栓是否按要求紧固，各设备接地是否符合规范要求；二次侧设备及交直流系统是否运行正常，各种信息显示是否正确。直流屏运行正常，输出电压符合设计要求。各所倒闸操作命令卡已经运营、且监理批准。

⑦交流屏至少有一路三相临时电源供电，供所内的照明、蓄电池充电完成。

⑧变电所相关设备供货厂家售后服务人员已到达现场,可以及时解决问题。

⑨应具有由启动验收小组或委员会作出的同意大修设备投入运行结论。

2)设备试运行

(1)分步试运行和整体试运行

①分步试运行,由运行负责人主持。检修负责人、有关检修人员和安监人员参加。分步试运行在分段试验合格并核查修理项目无遗漏,检修质量合格,技术记录、有关资料齐全无误后方能进行。

②整体试运行,由技术负责人主持。在核查分段验收、分步试运行资料,并进行现场检查,质量、环境符合要求后,由技术负责人发布启动整体试运行决定。

(2)试运行内容包括各项冷态和热态试验以及带负荷试验(运行时间一般不超过24 h)。

(3)试运行前,检修人员应向运行人员书面交代设备和系统的变动情况以及运行中要注意的事项。在试运行期间,检修人员和运行人员应共同检查设备的技术状况和运行情况。

(4)参加验收的运行人员要重点检查下列内容:

①设备运行是否正常,活动部分是否灵活,设备有无泄漏现象;

②标志、信号是否正确,自动装置、监测和保护装置、表计是否齐全,指示动作是否正常;

③核对设备、系统的变动情况;

④施工设施和电气临时接线是否已拆除;

⑤现场是否整洁。

(5)经过整体试运行,并经全面检查,确认情况正常后,由总工程师批准竣工并报调度可以投入运行。这时就完成检修,验收工作并移交全部工作。

2. 新设备的试运行

(1)新设备投入运行前应具备的条件:

①新设备的投入有分新建变电所和变电所扩建投入两种情况。其投运工作的繁简,可由该工程建设单位组织由设计、施工、运行等部门组成的启动验收小组决定。该小组负责整个工程的验收,检查生产准备及投入运行的有关工作,负责协调和解决在设计、施工、调试及运行等方面存在的问题。

②新设备由调度部门统一命名、编号。

③应具有施工部门移交的图纸、资料、试验报告、安装调试记录及相应的产品说明书,电气设备试验合格,现场传动试验检查达到设计要求。

④外部供电电源已落实,所内交、直流操作电源可靠,具备启动能力。

⑤通信联络设施齐备,措施完善,话路畅通、语音清晰。

⑥应具有制定并经批准的新设备现场运行规程。

⑦应具有经审批新设备投运启动方案。

⑧应具有由验收小组或委员会作出的同意新设备投入运行的结论。

(2)新设备投入运行的程序:

①新设备投入前的检查和准备工作。

a. 变电所内设备应按规定项目进行单体试验和整组试验,试验单位、试验人员均应具备国家认证和资质考核,试验仪表应定期检测合格,试验顺序符合规定,高压试验应有围护和各类绝缘工具,并配有操作人员和监护人员。试验有试验报告,并由试验人员和单位签章。确认每台电气设备均能进行可靠的操作,按设计说明书规定的运行条件及设备操作对象表的顺序,在控制室逐一对本所的所有电气设备进行传动检查。系统调试前应编制调试大纲,对各类保护、控制、信号的功能及联锁、联动、预警、操作、保护按设计及有关规定进行系统调试。

b. 在配备综合自动化功能的变电所,除进行上述试验项目外,还应根据计算机操作菜单显示的功能,进行相应电气设备的顺序操作及程序操作功能的检查。

c. 对于配备远动操作系统的变电所,除进行上述两项试验检查外,还应根据设计要求,对操作对象的位置信号、故障信号、预告信号等配合在电力监控调度中心进行检查确认。

d. 所内母线及设备的相序连接无误,设备编号正确、清晰。

e. 变压器的分接开关均处于指定位置。

f. 所有断路器及隔离开关均处于分闸位置,手车式设备均处于试验位置。

g. 进线隔离开关内侧及馈线隔离开关外侧已加挂临时接地线。

h. 所内各种临时设施和临时电源线路等均已拆除。

i. 受电启动及事故抢修用各类工具和材料准备齐全,各种运行记录簿齐备。

j. 变电所受电启动过程中的操作安全措施已落实。

k. 变电所受电启动完成后,方可送电开通。开通前各馈线的线路调试应完成满足送电条件。

②新设备投入运行,还包括核相、定相、冲击合闸(主变压器 5 次,线路三次),测量不平衡电流等工作。

a. 变压器、断路器、馈线及相关设备的绝缘电阻合格。受电时,其高压侧母线电压、相位及相序,低压侧母线电压、相位以及所用电电压、相位、相序均符合设计要求。

b. 变电所开关动作准确无误,闭锁功能符合设计要求。各种声光信号显示正确,测量仪表指示准确。

c. 各种保护装置动作准备可靠,保护范围符合设计规定。

d. 对于具有远动操作功能的变电所,其"四遥"及程序控制功能符合设计规定。

e. 新设备投入运行后,应加强巡视。

③由施工单位负责带负荷运行 24 h,全所功能满足设计要求且无异常。

④施工单位将新设备移交给运行单位,由运行单位负责新设备的正式运行。

关键名称与概念

1. 变电所工程审图的重点

设备平面布置图与所内电缆联系图设备布置是否一致;接地设计是否齐全,接至同一方向的接地电缆在不同变电所是否一致;设备周围的操作通道、检修通道是否满足规范要求;电流互感器变比与变压器容量是否一致;35 kV 高压开关柜和变压器安装螺栓是否与预留螺栓孔尺寸一致;安装图中各种设备、零部件安装是否满足车辆限界和电气绝缘距离的要求;平面图中各设备布置是否合理,是否与现场条件相符合;与接触网及轨道施工的接口是否与现场预留条件相符合;材料型号是否满足安装形式要求。

2. 施工方案的编制要点

工程概况;编制依据;施工程序;施工方法;进度计划;资源配置计划;安全技术措施;质量管理措施;施工平面布置。

3. 施工组织管理的基本任务

采取组织措施对承担的施工任务或建设任务,保质、保量地按期或提前完成;正确管理施工过程中人力、物力、能源、时间和空间的关系,保证和协调施工的顺利进行;运用施工的规律,加强信息管理,提高对工程进展的预见性,对施工对象、施工手段和条件,实行科学的组织和管理,提高文明施工水平和施工效率;深入施工现场,掌握施工实际情况,发现施工中的薄弱环节,及时采取措施,予以解决。

4. 施工验收的分组检查

主要对实体进行观感质量检查,必要时进行现场实测实量,对施工单位提交的工程档案进行检查。

复习题

1. 施工调查有哪些内容?(适合【中级工】)
2. 编制施工方案的要点有哪些?(适合【中级工】)
3. 直流开关柜安装如何进行?(适合【高级工】)
4. 变压器送电运行验收如何进行?(适合【高级工】)
5. 二次回路试验有哪些项目?(适合【高级工】)
6. 以某一具体变电所为例编制新设备投运启动方案。(适合【技师】)
7. 以某一具体地铁线路为例编制新线验收的技术方案。(适合【高级工】)

[1] 张全元. 变电运行一次设备现场培训教材. 北京:中国电力出版社,2009.

[2] 何江海. 变电检修工. 北京:中国劳动社会保障出版社,2010.

[3] 宋奇吼,李学武. 城市轨道交通供电. 北京:中国铁道出版社,2012.

[4] 李建明. 城市轨道交通供电. 成都:西南交通大学出版社,2007.

[5] 李学武. 城市轨道交通供变电技术. 北京:中国铁道出版社,2012.

[6] 陈英涛. 继电保护与综合自动化系统. 北京:化学工业出版社,2007.

[7] 于小四. 城市轨道交通供电系统安装技术手册. 北京:中国铁道出版社,2011.

[8] 何宗华. 城市轨道交通供电系统运营与维修. 北京:建筑出版社,2006.

[9] 王国光. 变电站二次回路及运行维护. 北京:中国电力出版社,2011.

[10] 陈丽华,李学武. 城市轨道交通供电系统继电保护. 北京:科学出版社,2014.